ITALY

外交故事汇

穿越意大利时光

◎ 郁泉锡 著

世界知识出版社

目　录

中意漫长建交谈判轶闻

1969年初，作为南欧一个有影响的大国，意大利外长南尼就在议会宣布意大利承认中华人民共和国，愿与中国建交。

那个年代，意大利政府的这一举动在世界上的反响是相当大的，尤其轰动了大西洋两岸，大洋彼岸的那个超级大国很惊

1971年意大利外长南尼应周总理邀请来华访问，游览杭州西湖。前排右二为南尼，二排左一为作者。

讶，怎么意大利这个欧洲重要盟国突然宣布承认中国？亚平宁半岛究竟发生了什么？

南尼谈不上是意大利的“戴高乐”，但至少可以说，他有一股政治家的魄力与勇气！

早在1965年中意两国互设商代处不久，他就避开公众视线，在罗马30公里郊外一个著名温泉城——菲乌奇的酒店里会见了中国商务代表。当时他是副总理，向中方明确指出，那场震撼世界的越南战争，美国深陷泥潭，打了几年已经碰得焦头烂额，美国迟早要从越南撤军，只是时间与机会问题；意大利看到中国在亚洲与世界的作用会越来越大，愿同中国发展正常关系，他们正在寻找时机……

可以说，1964年中法建交的重大行动多少触动了一山之隔的意大利。戴高乐将军的勇气在意大利朝野引起一场不小的争议。对华关系，意大利停步不前还是向前走一步？无论官方还是民间，除了一些反对声外，基本主张向前走，就是步子跨得多大，看法并不不一致。

1964年底，廖承志与雷任民抵达罗马，与意大利外交部代表经过友好商谈，决定中意两国互设商务代表处。两国签署协议，各在对方首都很快设立了商代处，可以说意政府向前跨出了一小步，推动了中意两国关系的进一步发展！

自1965年初商代处建立以来，中意经贸与文化交往就比以前密切多了。不少意大利有眼光的商界人物看到了中国市场的重要性。中国商代处开设后的头几年，虽然处在“文化大革命”年代，但业务量大，意大利大中小企业纷纷同中国交往与洽谈，两国贸易量明显增加。不少意大利商界朋友讲，意中都是文明古国，两千年来交往不断；到了新时代，反而交往减少了，不符合潮流！马可波罗冲破重重困难，历时3载半，到了中国，见证了封建时代中国的一段时光。他写的《百万》(意大利文版《东方见闻录》书名）多少意大利人读了之后，对中国这个东方大国，都很向往！今天意大利更有理由发展各方面的关系。

1969年年初，南尼终于勇敢跨出了一大步，不顾美国与苏联的多种压力，宣布意大利承认中国，准备与中国建交。南尼的这一果断行动，折射了意大利人民发展对外关系的良好愿望。他在议会宣布的第二天，意大利各大报纸都以头版头条新闻加以报道。我们去菜市场买菜，熟悉我们的几位菜贩也对我们说："意中两国快要建交了，以后你们要在罗马设立大使馆，来的中国人多了，我们欢迎你们！"

建交谈判很漫长

谁也没有料到，南尼宣布意大利承认中华人民共和国之后，两国的建交谈判并不顺利，竟拖了两年多。

为什么？因素多多，也许同当时的国际形势与意大利政府频频更迭有关吧！

谈判在两个渠道进行，一个是官方，另一个为非官方。官方渠道在中意两国驻法使馆，参赞级会晤。我参加了在罗马举行的非官方谈判，南尼外长的办公室主任兼外交顾问博林与我国商务代表的频频会见，一次又一次。

想起我们同博林的接触，还是蛮有意思的。

这位40开外的高级外交官，一表人才，很有气质，柔中有刚。我们的接触选在罗马一个幽静的地方，既不是意外交部，也不是我国商代处，这样也许可以避开一些公众视线，不受媒体与外界的干扰。

双方谈得最多的，自然就是"一个中国"与"台湾是中国领土不可分割的一部分"之类的话题。因为那时意台还有"外交关系"，台湾在罗马设有"大使馆"。有意思的是，还有台湾驻梵蒂冈“大使馆”。人们爱称“永恒之城”的罗马，台湾两个“外交机构”，也许独一无二！

意大利与中国建交，势必先要意台“断交”，并要承认台湾是中国领土不可分割的一部分。今天看来这个问题好像很简单，但在那时真要谈得合拍，并不容易！谈判中，对方有时口头上可以承认，而真要落实到书面，就没有那么轻松了。

在谈得不顺的时候，博林也会将话题拉到二千多年前。他说，早在公元2世纪中叶，中国接待过罗马帝国的“安敦使团”，这是派往中国的第一个商业使团。世界各国的关系，一般都是商人先行，可以列举很多。他们把中国的茶叶、丝绸与瓷器早就传到意大利与欧洲。说明意中关系源远流长，尤其是连结欧亚两块古老大陆的“丝绸之路”，不仅拉近了两国的距离，而且直到今天，还是两国悠久交往史上的一个热门话题。

有一天，博林应邀来中国商代处品尝中国的“美味佳肴”。一次次非官方接触，政治谈多了，重复过多少次的话题，席间，双方约好不再重提，而要轻松一下，避开政治，多聊些历史文化与天文地理。

博林对慈禧太后的“垂帘听政”颇感兴趣，说一位未成女皇的“女强人”居然手掌清朝实权长达几乎半个世纪，实为中外历史上的一大奇闻。

他这么一说，我国商务代表顿时赞扬他的中国近代史功底不浅呀！他说看过几本介绍清朝的书，是西方传教士写的。接着，他就问，可是许多西方人并不理解，堂堂大清帝国怎么会在一场海战中输给一个小小的日本呢？我们讲，那时的清帝国闭关自守，已经衰落腐败，国力空虚。在列强争霸的年代，落后意味着挨打。

博林还谈到颐和园附近的“另一个更大更华丽的园子，可惜毁于一场历时50多天的大火”。还说，中国近代史上发生的不少事件惊心动魄，震撼世界！英法联军“火烧圆明园”的浩劫与悲剧，我们也谈了好多。后来，话题还转到光绪皇帝软禁于中南海瀛台。让这场宴请轻松了好多，不再像非官方渠道谈判建交那样紧绷住神经。我们边吃边聊，加深了相互友情与了解。他对我国历史文化看来怀有浓厚兴趣。

我想，当好外交官，不仅要牢牢掌握中央政策，熟悉国际政治，精通外语，而且还要有渊博知识，古今中外，天南海北，什么都要懂一些。这样，话题才能谈得深，交往才能展得开。如果肚里无货缺货，别人一问三不知，下次见了你，他们便会敬而远之！

民间对华了解太少

我们20世纪60年代刚去意大利学习，意朋友问我们哪里来？当我们回答“来自北京”时，经常听到他们重复一句“共产党中国”。他们长期受了以美国为首的西方主流媒体对华敌视宣传与反共宣传的影响，对中国，头脑里充满怀疑及糊涂概念，一提中国，不是说“共产党中国”，就是说“国民党中国”。我们不能责怪他们，便会好意纠正说：世界上只有一个中国，简称中国，全称是“中华人民共和国”，正像“意大利共和国”简称意大利一样。有的人，我们解释了半天还同你纠缠，说什么“中国由共产党掌权，一党专制独裁”等等，所以称“共产党中国”，这就是偏见或不怀好意了。

意大利极右作家马拉巴特20世纪50年代访华时，带着反华反共的头脑来中国走访了一个多月。来中国之前他甚至以为中国“共产共妻”、“共产党是硬邦邦的，残忍的”。到了中国，的确，一个贫穷落后的现实天天展现在他面前，但是他边参观座谈，边思考与记日记，头脑里一天天少了几份固执与偏见，在中国访问游览，他看到穿着补丁衣服中国人面带微笑，朴素善良，内心充满温情柔意。他天天坚持写日记，白天看晚上写，在饭店里如实记下他的所见所闻。他自己说：这是我亲历的，完全真实，不是听别人讲的！就这样，一天又一天，慢慢改变着他对中国的看法。访问结束时，他生病了，而且病得很重。中国接待部门关怀体贴他，派权威医生一路陪他回到罗马。访问后他在病中继续写书，一本名叫《我在俄罗斯与中国》的书出版发表了。当时有关中国的书籍少得可怜，许多意大利人读了他的书，大受影响。

我刚去意大利留学，在罗马与朋友交谈，或者上罗马大学，听好几位意大利朋友讲，读了马拉巴特的书，改变了他们对中国的印象，本来以为共产党在中国不讲理、缺乏温情，原来并非如此。不过中国太遥远，1949年前后中国发生的事，意大利人并不了解，而读过马拉巴特书的人也毕竟有限。

20世纪60年代，我陪同中国艺术团在意大利访问演出，从北到南转了十多个城市，天天与戏院、剧场打交道，上至剧院总监、经理，下至布景搬运工。闲聊中他们经常会问“中国可怕吗？”我反问“为什么你们问可怕”？回答是：报刊上讲的，说“共产党在中国专制统治”、“中国没有自由、不讲人情”、“对地主与富农乱斗乱杀”等等。更多人认为：“中国很神秘，我们不了解！”

20世纪50年代的日内瓦国际会议期间，周总理为外国友人放映了我国刚刚拍摄的彩色电影《梁山伯与祝英台》，周总理特意交待翻译，告诉老外是《罗密欧、朱丽叶》中国版爱情故事。在当时西方遏制中国与反共反华的大背景下，要让外国朋友知道共产党领导的中国人民，充满温情柔意，共产党讲道理重人情，不是西方有些人讲的什么专制独裁、铁面无情。

由此可见，文化与宣传这个软实力之重要。有人讲，谎言重复一千次成了真理。谎言终究是谎言，但谬论、谎言、偏见、歪曲与不实报道在媒体上传播的恶劣影响，是不可低估的。

中意两国建交前，意大利民间对中国很不了解；中国民间对意大利这个文明古国充满友情，但同样缺乏具体了解，当时连意大利足球、美食、葡萄酒、橄榄油、时装、美声、油画雕塑、大理石、皮革等优势，国人中知者也不多。

山那边传来一股“火药味”！

中意官方渠道的建交谈判开始1969年2月，直至1970年11月签署建交协议，长达20个月。

期间，意大利换了4届政府。两国宣布建交时，由于意政府走马灯式更迭，南尼早已离开政府。

我在商代处期间，有位文化人士，名叫卡贾蒂，他爱以意总理“顾问”的身份自居，频频穿梭于我国商代处与我国驻法使馆之间。卡氏只有40开外，早已秃头，思维敏捷，口才颇好，讲什么事都有他的一套理论。几乎每次跨进我国商代处大门他都会说“从总理府直接来的”，让人真假难辨。夫妇俩领养了几个越南孤儿，加上自己的，大小7个孩子，家里成了一个“小幼儿园”。他的夫人很瘦小，像他一样，敏捷机灵，自动挑起抚养与栽培孩子的重担。

卡贾蒂马不停蹄，到了巴黎，常常见到两国建交正式谈判的中方翻译蔡方柏。后来过了几十年，蔡出任我国驻法大使，有几年我们同在外交部西欧司，相处很熟。但蔡方柏的名字，我首先是从卡贾蒂嘴里知道的。

巴黎那边的官方谈判情况，卡贾蒂常会向商代处通点气。巴黎谈得怎么样？给我的感觉，曲折多变，有时向前走；有时进两步退一步；有时异常激烈，觥筹交错，争执不断。我从卡贾蒂嘴里或多或少闻到一些巴黎传来的一股“火药味”。联想到在罗马我们同博林的非正式接触，可以想象，罗马、巴黎，一南一北，相距不过几千公里，阿尔卑斯山那边的气氛并不轻松呀！

中意双方争执的焦点在于，意方不愿在建交公报中写上，“意大利承认台湾是中国领土不可分割的一部分”。他们在私底下、口头上可以讲；落实到文字，就很困难。那是因为，在严峻的国际环境中，意大利受到的压力，不仅来自美国，而且还有苏联。

那时的中苏关系错综复杂，还在珍宝岛打了一仗，关系掉入冰点。欧洲有些人希望“祸水东移”，那几年毛泽东见欧洲客人也常常爱谈这个话题。意大利宣布承认中国、与中国建交，同中国交恶的苏联自然不会袖手旁观！可以想象，它对意大利的压力也是不小的。所以自南尼在议会宣布承认中国后，我在多种场合听到，意大利政府的压力既来自大西洋彼岸，又来自欧洲东边那个大国。

我知道易素之、宋之光和田志东三位参赞先后同意大利驻法使馆参赞卡尔迪尼进行过建交谈判。

易参赞本是1964年访欧演出的中国艺术团秘书长，在意大利辗转两个月，我们朝夕相处。可惜他出任驻法使馆参赞后，未有机会再见到他，否则我会向他打听有关正式渠道谈判情况的。

有一次，宋之光大使去罗马，好不容易，机会来了。我陪他参观罗马古迹时，自然聊起这个话题。我知道他在我国驻法使馆任参赞期间，与意方代表——意驻法使馆参赞卡尔迪尼于1969年9月到1970年9月谈了整整一年，这是一段最重要而又关键的谈判时刻，见证了曲折而又漫长的中意建交谈判点点滴滴。宋大使应对这场谈判一目了然，让我对他兴趣浓浓，一连提了好几个问题。

他说："真是说来话长呀！建交谈判不是请客吃饭，从来就不轻松，更不用讲同意大利人谈判了！有时一见面谈气候，喝茶聊历史，其实也有种种含义。总的来说，谈得相当艰苦！那位不高不矮的意大利参赞卡尔迪尼，是个久经考验的职业外交官，反应灵活，而且嘴皮厉害，挺油滑，不是那么容易对付的！他们这次向前走了几步，本来我们希望下次有望取得共识，可以向前走了；可是见了面，他又是模棱两可，含糊其词，后退了。双方澄清之后再作说明，反反复复很费劲！总之，围绕台湾是我国领土不可分割的一部分，以及恢复我国在联合国的合法地位等问题，断断续续，谈了又谈，真够折腾的！"

宋大使笑了笑，接着说："中意建交，应该算是'文化大革命'期间我国外交上的一件大事。因为自中法正式建交后，西欧主要国家只有意大利同我建交。我主持谈判，也是我外交生涯中一段难忘的经历吧！我不会忘记谈判中的风风雨雨，一个错综复杂的过程！为建交谈判，我们花费很大精力，因为这是一件大事，要按照国内指示谈好。我们同意大利建交，以美国为首的西方阵营遏制中国的政策开始走向破产！对当时充满敌意的苏联也是一个不小的冲击！意大利是一个有影响的欧洲国家，尤其在南欧，地处重要战略位置。在新形势下，我们同这个文明古国谈判建交，顺应时代潮流，符合两国人民的根本利益，对西欧一些尚未同我国建交的国家来说，也产生了不小的影响……"

一位友人搭桥梁

意大利战后以来党派林立，左中右党派都有，意共与社会党属左派。20世纪60年代，中苏关系急剧恶化，意共同中国关系也很冷淡，而社会党对华奉行友好政策。当时的国际形势与国际政治，无时不在影响党派之间的关系与交往。

在此以前，即1964年6月，社会党议员维托雷利（Vittorelli）访华，中法宣布建交过了4个月。他向中方明确表示，意社会党愿意推动意大利政府发展对华关系，显然反映意大利政府对华态度的变化。我们给予高度重视，毛主席会见了他。毛主席一生见的意大利客人并不多，这次会见在意大利引起了不小的反响，尤其是社会党的《前进报》，作了大幅报道。

陪同访问的另一位社会党人桑塔尼罗（Santaniello），是意大利外交部经济司高官，当然也见到毛主席。那个年代能见到毛主席，用桑塔尼罗自己的话来说："终生难忘！意大利人见到毛泽东的，屈指可数。毛泽东是你们的伟大领袖，我以此为荣！"

我在商代处6年，他同我们的联系与交往相当频繁，有时谈到中国与北京，他嘴上常挂着"见到过毛泽东"这句话。

可以讲，圣塔尼罗为我国商代处与意大利官方之间架起了一座"无形的桥梁"。早在我国商代处成立之初，他就对我们说："意中建交是迟早的问题，意大利政府将会跨出这一步，问题是什么时候？如何跨这一步？目前意方有些困难，而且麻烦多多。各党派对华态度不一，同一党内也有分歧与争论。国际上意大利承受着来自多方面的、大小不同压力。"他相信，与中国建交迟早将是摆在意政府面前的一个重大问题。据他估计与预测，"还要等上一段时间"。连他也没有料到，从他讲"一段时间"那时开始，居然过了漫长的6年，两国才建交。

桑塔尼罗作为意外交部经济司高官，会及时将我方在中意两国经贸关系中的观点与立场带给官方，他的作用不可低估。每当遇到两国经贸关系中的问题，虽然我国商代处可找对口部门——意大利"外贸协会"交涉，但他的作用有时似乎比"外贸协会”更灵一些。他任职于外交部，又在意大利驻香港总领事馆工作多年，在意大利外交部被称为意大利的一位“中国通”。每次我们一谈中方观点，他能即时理解，随时向我们解释意大利的法律与国情，从中沟通与斡旋。有时会说：“我把这一问题带到外交部经济司研究，有了消息，告诉你们。”

有一次我应邀去他家作客，见了真让人大吃一惊！从客厅、餐厅到卧室，几乎找不到几件意大利家具与装饰，夫人风趣地说：“我们把香港都搬回了家！”又抢着补充：“好些珠宝首饰还藏在保险柜里呢！我国驻外机构人员的待遇优越，香港价廉物美的东西太多太多，走进大商场看花了眼，大有选择余地。近水楼台先得月，我们在那里工作生活多年，为什么不买？”

圣塔尼罗请我们随意吃了些东西，喝了少不了的卡普奇诺咖啡与葡萄酒。他说，朋友之间在家里随意聊聊，可以敞开心扉谈。

他们聊到在香港的感受，讲了一番话：“从香港观察中国内地是一个很好的平台。你们国家大，问题也多，我专心研究，好多事依然看不透。香港像意大利，报纸太多，各派意见纷争；同样一件事，你说你的，他说他的，有人可以说成黑，也有人可说成白，让我们这些外国人真假难辨！我是带着分析的头脑看问题的，不人云亦云，听了要想一想，思考一下，我们对中国满怀友情。请你们相信，意大利外交部里，我是‘促进派’，没有人比我更关心意中两国尽快建交！”

中国驻意大利使馆馆舍

这里还有几段故事。

因为我在外交部西欧司工作时，相当一段时间意大利、法国同属一个处，对我国驻法使馆馆舍的来龙去脉一清二楚。

它原为20世纪30年代中国政府驻法大使、旧中国著名外交家顾维钧花了5万美元购买的。1964年中法建交后，为这所馆舍的归还，中方同法方进行了一次次交涉，没想到，前后拖了3年之久，直到1967年3月，在戴高乐总统的关怀下，法方才归还给了中国。

那么旧中国驻意大利大使馆是否也有相似的故事呢？

我刚去罗马读书，就听到一位意大利知情者讲过旧中国驻意使馆馆舍的有关情况，他竟能讲得头头是道。

据他说，那幢漂亮的大楼原为一位犹太富商建造，后来成了中国大使馆馆舍，是这位富商赠送中国的。

遗憾的是，他没有讲事情的前前后后。如果真是按他所讲，这位犹太富商为什么要赠送大楼给中国？我一直在想，是否同第二次世界大战期间，几万犹太难民从枪林弹雨的欧洲逃到上海避难，上海人民伸出温暖的双手，同苦难中的犹太人热情相助相处的感人之事有关呢？我一再问他，这位意大利朋友无法解开这个谜，他只说，也许就是这个原因。究竟是不是，不知道了。

这所馆舍位于罗马市区黄金地带，知名的诺萌塔纳林荫大道（Viale Momentana）旁的一条名叫波拉（Via Pola）的幽雅的小道上，闹中取静，一幢富丽堂皇的大楼。附近就是墨索里尼待过的著名的托洛尼亚别墅。

这位意大利知情人继续说，20世纪50年代，大概由于蒋介石刚到台湾立脚，财政严重拮据，台湾当局没法承担这幢大厦不菲的开支，譬如说，大楼需要维修与保养，日常维修花钱不少，加上支付庭园园丁、清洁工的工资，就是一笔不小的费用。窘迫之中，台湾竟把这所豪宅卖掉了。后来这里成了罗马“路易斯大学”(也称为罗马“社会科学自由大学”)，实在太可惜、太遗憾！

我始终对它很好奇，几次前去探察。到了那里，大门一直紧闭着，外面是高高的围墙，院里的大楼露出好几层，我没法进入院内，不知其“庐山真面目”呀！我很失望。心想，虽然早已一场空，再也不是中国的财产了；但它毕竟同中华民族的外交史，多少拉上了一点关系呀！

1970年11月6日中意宣布建交后不久，我国很快就在罗马建立大使馆。临时代办冯显弼赴任时，设在罗马帕依西埃洛路（via Paisiello）的中国驻意商代处，立即变为大使馆临时馆址，中国驻意大利使馆的牌子首先挂在这里。

后来不久，我们买下了罗马布鲁塞尔大街56号（Via Bruxelles 56）的一幢别墅。这里环境幽静，离葱郁碧绿的阿达公园咫尺之遥，属于许多罗马人羡慕的高雅的帕里奥利街区。不少意大利朋友说：“你们购买这幢别墅，街区好，房子升值空间大，很值！”

别墅原是意大利巴多利奥（Badoglio）陆军元帅的官邸。他是意大利现代史上一位有着争议的人物，曾在意大利入侵埃塞俄比亚战争中卖过力。1943年出任意大利王国首相。墨索里尼被捕之后，意大利政局急转直下，国王无可奈何，授命巴多里奥组建新政府。巴上台后不久，一面同纳粹德国继续结盟，一面又忙着同已经在意大利南方登陆的美英联军谈判。1944年形势急剧动荡，他被赶下了台。战后回到他的家乡彼埃蒙特养老，病死于1956年。经中介与朋友介绍，后来他的家人将这幢别墅卖给了中国。在意大利，凡是上了年纪的，只要提起巴多利奥这个名字，几乎无人不晓。

中意两国建交的一段故事一直留在我脑海里。风风雨雨几十年，我的一生与意大利结下了不解之缘，中意建交是两国关系中的一件大事，也是我所经历的一件重要往事，它的前前后后、点点滴滴，我要把它写下来。

世上好多事，口头上讲了多少遍，也容易慢慢忘却！而白纸黑字，就可长久保存。我写下这些，希望能为中意两国悠久的关系史稍稍增添一些内容！

为了国家多赚些美元!

当今的中国，一跃成为世界第二大经济体，第一大贸易国，中华民族的伟大复兴的梦想正在一步步变为现实。

但是，不要忘记过去。只有不忘过去，从往事中总结经验，吸取教益，才能珍惜今天，生活得更充实，更有意义!

今天我们大批国人走出境外，可以从口袋中掏出美元欧元，或者刷信用卡，任意购买一些喜欢的外国品牌。

可是时光穿越到几十年前的"文化大革命"岁月，国民经济濒临崩溃的边缘，中国这个泱泱大国，外贸总量少得可怜，国家外汇严重短缺。在那特殊而又艰难时代，谁也不知道，几亿国人中多少人腰包里有些外汇？恐怕整个国库的外汇也是少得可怜呀!

我们看《历史转折中的邓小平》电视剧，粉碎了"四人帮"，再次复出的邓小平立即大抓教育，为了派人去西欧紧急购买教育参考教材，急需10万美元。可是教育部门哪有这笔"巨款"呀？拥有远大目光，千头万绪的邓小平，只得去找主管财政的李先念副总理商量，他们谈了半天，好不容易才征得了同意。电视剧播放完这段情节，我想了很久，心静不能平静!

"文化大革命"期间，以及"文化大革命"之后多少年，我国的纺织与服装业，还有农牧产业，支撑了共和国出口的半壁江山，亿万农民与工人为国家付出了多少辛劳，我们不能忘记他们！不能忘记千万下岗纺织工人，是他们为我们共和国流尽汗水，作出了巨大贡献！不是直到20世纪90年代初，还传出6亿件衬衫换一架空客飞机的故事吗？

我在我国驻意商代处一待就是6年，处在经济外交第一线。回忆那段时光，为了让国家多赚些美元，我所经历的点点滴滴，从飞逝的岁月中捞出些碎片，总是很难忘却！

虽然时光中的碎片看不见摸不着，但我总能想起几十年前伴随着我成长的一件件小事，那些催我进步与走向成熟的小事。

“台布”配额真让人头疼！

西方不少国家标榜自由贸易，实际上为了国家利益，贸易保护主义阴魂不散。我在意大利几十年，跑遍全国，大街小巷很少看到日本汽车，有的几乎都是菲亚特与少量欧洲生产的汽车，他们把日本汽车严格挡在意大利国门之外。

中意两国经济结构差异大，互补性强，发展经贸关系潜力很大。它们的几个优势产品，正是我们需要的，我国的纺织与农牧业产品又是许多意大利人欢迎的，照理可以做成大生意。但国际上的事情并非一帆风顺，两国间矛盾与摩擦时有发生。有时我们需向意方交涉与表态，虽然可找对口单位“外贸协会”，但它分量毕竟有限。意方讲，这是外贸部领导下的一个机构，实质上并非完全如此。

社会党友好人士桑塔尼罗，作为意外交部经济司高官，频繁走访我国商代处，他会及时将我方观点与立场带给官方，他的作用不可低估，有时常常比外贸协会更灵一些。例如，那几年意大利与欧洲国家严格限制中国服装等纺织品进入市场，设定严格的配额制。商人要买我国纺织品，都要先拿到配额，否则寸步难行。我国绣花台布深受意人喜爱，尤其在欠发达的意大利南方及西西里、撒丁岛地区，民间依然保存浓浓的婚礼风俗。世界上的事大概差不多，时代在发展，各国或多或少总有不平衡，落后地区的民间风俗就保存得较浓。我国精致的绣花台布，物美价廉，有6人份的、12人份的，还有更大的，成了许多意大利南方家庭送礼的首选。市场大量需要，商人有利可图，但苦于拿不到配额。他们三天两头向我国商代处诉苦，已是司空见惯。意大利因为需要量大，涌现出不少中国台布的进口商、批发商、零售商。

有位那不勒斯商人，挂了个南美某国驻那不勒斯名誉总领事头衔，神通广大，大量进口我国绣花台布。他在那不勒斯郊外20公里外“卡塞塔”的仓库里，堆满着一箱箱中国台布。据他说，几乎每隔一两月都有来自中国的集装箱。有一天我们怀着好奇，欣然应邀去他家作客，先到他那个坐落在那不勒斯市区“波西利波”斜坡上的豪宅，这是著名的富人区呀！走进他家里，一股股浓厚的东方韵味扑面而来，红木家具、屏风、苏绣、唐三彩、景泰蓝布满其中，更不用说色彩斑斓的绣花台布了，好像置身于一个“中国之家”。喝了那不勒斯纯正的浓缩咖啡后，商人夫妇陪同我们登上家庭豪华游艇，飞速穿越波光粼粼的那不勒斯海湾40多公里，抵达美丽的卡普里岛。那里有他们的一所白色低矮的别墅，供我们过夜。寂静的环境，新鲜的空气，加上阵阵海风吹来，仿佛来到人间天堂。这是我第一次到达这个举世闻名的海岛。游览赏景之中，抬头可见海岛另一边高高的“安娜卡普里”，游客可乘缆车上去。闲雅心境，自然旷达，让我想起陶渊明的名句：“采菊东篱下，悠然见南山”。中午走进一家小饭店，也许店主知道我们来自中国，也许商人夫妇事先打了招呼，在我们就座的餐桌上放了一块素色的中国绣花台布，图案精美雅致。三句不离本行，我们探讨这位商人大批进口我国绣花台布的奥秘，他究竟有哪种天大的本事？开始看他有些羞于启齿，慢慢混熟了，才说出“关系”两字。一句道破机密，笑了笑：要靠“关系学”！是的，他机灵敏捷，擅长周旋，字里行间慢慢让我们恍然大悟，了解真相。原来他同政府主管配额的官员是密友。

生意场上坑坑洼洼，刀光剑影。就台布配额事，我们通过“外贸协会”向意方交涉，常常收效不大。鉴于我国出口商品中，服装与纺织品、农牧产品与手工艺品的重要分量，商代处也为此操透了心，一直研究对策，如何在意大利打开局面！

我国的纺织与服装产品在漫长的岁月里，为国家赚取了大量短缺的美元，作出了巨大贡献。后来形势变了，经济转型，服装与纺织品在出口中的比重才逐渐减少。

可是那个年代，如果纺织品出口受阻，势必严重影响外贸，国家哪里得到急需的大量美元呢？

别小看纺织品出口！商代处围绕配额问题，忙得一直闲不下来。一方面，找向我国出口大户（大财团），利用他们的影响向官方施压；大财团实力雄厚，他们出面为我国讲话，政府总要考虑三分，一定程度上讲还是有作用的；另一方面，桑塔尼罗也是我们可以利用的一个渠道。他对中国怀有颇深的友情。曾在意大利驻香港总领事馆任职多年，被称为意大利的一位“中国通”。

猪鬃、肠衣、大黄也畅销

别小看猪鬃、肠衣与大黄！

我听一位精明的意大利商人讲过，“猪啊，别看它脏，就怕你不懂，用得好用得精，浑身都是宝”！

意市场很需要我国刚韧而有弹性的猪鬃，它不易变形，也耐潮湿，不受冷热影响。意北方阿尔卑斯山区寒冬冷到零下20℃以下，而南方夏日有时超过36℃，通过能工巧匠的制作，用我国猪鬃做成各种刷子，包括机器刷，多年来一直深受狭长的亚平宁半岛各地用户的喜爱。一位进口商几次对我说，中国的猪鬃，长在颈部与背脊部的猪鬃，约长5厘米，质量好，是一种耐用的刚毛。像日久见人心一样，意大利人用久了中国猪鬃，就离不开它。

还有一产品，叫肠衣。意大利美食品种多多，也少不了香肠。局外人可能不知，制作香肠需要肠衣。我国的肠衣漂洋过海来到意大利，作用还是蛮大的。他们用了我们的肠衣，可以避免外界细胞进入香肠内部，确保香肠在保质期内不变质。因为肠衣具有氧气、水气与香味的三重阻隔性。别小看这种半透明的薄膜，有了它才使意大利香肠飘香在世界各个角落。世上的事常是你中有我，我中有你。大到波音、空客飞机，实际上是几十个国家的和谐合作的结果，尽管有主有次。没有绿叶陪衬，哪有鲜花之美！

那几年，为了向意大利多出口些猪鬃与肠衣，我结识了好几位意商，从北到南都有。与他们洽谈，忙忙碌碌停不下来，让我加深了对意大利社会多方面的了解，也为国家多赚些美元做了些事。

米兰一家酒公司多少年来一直进口我国大黄作为优质原料，制成闻名于世的意大利Zucca酒，畅销欧美市场。有一次我们前去拜访公司总经理，他说中国大黄做成的酒，经意大利草药师鉴别，格外珍贵，利于活血化瘀，清泄湿热。这就引起我的好奇，回到商代处立即查阅资料。才知这种生于山地、林缘与草坡的根茎粗壮的中药材，早在清朝就被重用，乾隆皇帝曾下令禁止大黄出口，可见大黄之珍贵。

做好不起眼的小事

在商代处几个朴素整洁的客厅里，都有一个不大不小的书架，上下几层放满着北京东华门附近、人们习惯称为“出口大楼”里我国几家贸易总公司，以及北京二里沟一幢大楼里、人们又习惯称为“进口公司”的目录与商品介绍，供前来商代处的客人随意索取。每天会客前，我会细心检查一遍，如果没有，便会快快补上。现在想想，多么平凡的小事，但小事也要天天去做好呀！

“文化大革命”期间，因为不少人回国“闹革命”，留下的一位招待员整天闲不下来，为分担他的负担，我们有个默契，凡有我的客人上门，他不必送茶，由我自己去取。我只要提前用上几分钟，准备好茶壶与茶具。客人进来，先会热情打个招呼，寒暄几分钟，先让客人稍等片刻，很快端上托盘，一起品尝香喷喷的茉莉花茶或龙井茶。有的意人爱喝红茶，还要加上方块糖。混熟了，摸到他们的喜好，每次前来，我都会为他们献上一杯杯“个性化”了的中国茶。

那几年，一件件平凡的小事，我把它看作是磨炼自己的平台。看来微不足道、不起眼，但能把每件小事做好，也不容易呀！一滴水也可放射出太阳的光辉。坚持做好小事，其实就不平凡。平凡中可见伟大。有了做好小事的精神，一步一个脚印，诚恳做事，实在做人，才有做好大事的气魄呀！况且，世上惊天动地的大事并非每人都可做的！

购买有绝招的中小机床

那几年我国机械工业总体上讲相当落后，而不少西方国家拥有先进技术，绝招也不少。我在商代处就听说，瑞典的球珠轴承、卢森堡的冶金业、奥地利的氧气顶吹炼钢高炉都很先进，而意大利的众多机床技术也跑在世界前面。

说起机床，只是一个大的概念，具体区分，包罗万象，不是几句话就可说清楚的。为配合我国机械进出口总公司的安排，我们走访了米兰、伦巴底大区几个城镇、博洛尼亚、莫德纳、佛罗伦萨的几家机床厂，洽谈引进多种我国很需要的中小机床业务。按照国内精神，我们先要学些基本知识，同别人交谈时，尽量少一些“外行”。有几次我陪同国内来意访问的技术专家走访好几个城镇，分别考察与商谈，慢慢有了些入门。有几次专家回国后，要我们进一步商谈价格，争取尽量压低，为国家节省外汇支出。说实话，价格上的争议很不简单。你要压价，公司老板会一本正经向你算起一笔成本账，什么原材料价格、员工薪水、总务开支、汇率波动、税务开支等等，统统讲一遍，想把你逼得哑口无言。还强调，再要降价，只能说“再见了”，“我们不能喝西北风吧”！但是商务谈判犹如一场游戏，要看游戏双方的水平与艺术。我们虽然态度很硬，坚持要求降价，但从不把话说死说绝。一边拖住对方，中国这个大市场毕竟很有吸引力；一边向国内汇报与请示。就这样，从车间到谈判厅，再到饭店，我们硬而有礼，柔中有刚。从一次次看来快要告吹的谈判中，我们讲道理，用语言感动与说服对方，最后做成了生意，引进了不少意大利很有绝招的先进机床，也为国家节省了外汇支出。

在商代处国庆招待会上，我记得好几家机床公司的老板与经理，远道而来，谈判桌上争得面红耳赤的对手，招待会上热情相聚，频频祝酒。有的还送了庆贺我国国庆的花篮。他们专程乘机来罗马，招待会后连夜搭机返回，舍不得在罗马过夜多花开销。他们说：“中国国庆招待会，我们再忙再远也要来，因

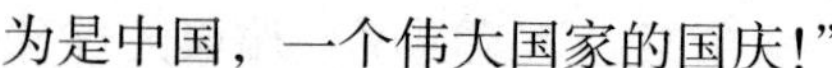

为是中国，一个伟大国家的国庆！”

时而争吵，时而为友情干杯！

那段时光，我国需要进口大量化肥，我同意大利埃尼与蒙泰迪生两大集团的接触与谈判，几乎家常便饭。有时我国化工公司也来意大利洽谈，更多的则是我们商代处遵照国内指示，找意方商谈。我国购买的化料主要是硫酸铵与尿素两种，每年进口数量相当可观。硫酸铵是一种优良氮肥，使用后还于土壤与农作物，可以增产与增强作物的抗灾能力。尿素则是浓度氮肥，一种中性速效化肥，在土壤中几乎不会残留有害物质。那个年代，我国积重难返，化学工业落后，同一个农业大国极不相称。而意大利化工发达，竭力寻找与扩大国外市场。双方洽谈，一拍即合。争论的唯一焦点就是价格了。

新罗马那幢人工湖畔的深蓝色埃尼大厦是我常去的地方，安尼克（Anic）总经理拉蒂曾任埃尼集团创始人马太伊的秘书，频频的接谈，时而争得几乎要吵架，时而妥协后享受成交的快乐，我们同他混得太熟了。真的，一切为了让国家少支出一点，为了让国家多赚些美元，我们激动过，面红耳赤过。有时我们坚持压低价格，拉蒂有一次急得不客气地说“中国人太精明，算到每个铜板了！”，我们回敬他：“意大利人的血液就是威尼斯商人的血液，否则莎士比亚也不会写那篇世界名著了！”我们知道，只要每顿化肥降低1美元，可为国家省下多少美元啊！他一本正经回击：“再要降价我们就亏本了。”为此专门派主管生产的经理陪同我们去西西里杰拉（Gela）实地参观化料厂，想通过参观，让我们了解下情，打消我们坚持降价的念头。

幸亏有一场场唇枪舌战，让我首登风光如画的西西里岛，一路上我们欣赏了众多阿拉伯、希腊、西班牙风格的名胜古迹。

回到罗马再谈生意，经过一段时间的冷静思考，在酒席上我们终于谈成了。对方从长远考虑，接受了降价，还说：中国巨大的市场及中国的未来，始终是有吸引力的！那几年，我们在频频的交往与谈判中加深了友情，增进了了解，也为国家节省外汇开支出了一份力！

蒙泰迪生也是生产化料的一家大公司，总部设在米兰闹市。本来叫蒙特卡蒂尼，后同爱迪生合并，改名蒙泰迪生（Montedison）。在那座百年老楼里，同贸易经理一次次谈判进口硫酸铵与尿素，也是为了让国家少支出一些，国库里多留些美元。我们带着国内精神，谈呀谈，有时简直磨破了嘴皮。我们动之以情，晓之以理。力争拿到较低价格，哪怕每吨减少半个美元也好呀！后来集团领导专门指定一位中国事务经理，名叫巴加尼尼，从谈判桌到饭桌，我们同他经历了难忘的日日夜夜，甚至连对方脾气都摸透了。商务谈判大有文章可做，真正做到柔中有刚、硬而不破，实不容易呀！甚至通过他们从苏黎世“尼特雷克斯”集团为国家购买了很多我国农业所需的混合化肥。有一次，我陪同商务副代表刘若明进入大楼还是太阳高照，步出大楼，米兰街头已是万家灯火。我们跨进饭店，紧绷了半天的神经终于轻松了下来，谈判桌上寸步不让的火药味也在饭桌上烟消云散了，品尝浓厚纯正的葡萄美酒中，我们握手言和，互为成交而频频干杯！与意大利人交往多了，不仅做成了让双方都感满意的生意，而且慢慢了解了意大利社会上错综复杂的问题。

节省国家开支　商务处搬家

我国驻意大利商务处从1965年2月至1970年11月中意建交前的6年中，刚开始找了两套公寓办公，半年后租了一所别墅，毗邻神话故事与历史故事丰富的台伯河畔。这所别墅包括半地下一层，总共有5层，我们办公与吃喝拉撒都在里面，还有几间客房，可供国内过往客人用。随着“文化大革命”的深入，回国“闹革命”的人员多了，留下的人员少了，同那时我国所有驻外使领馆一样，精简到了不能再精简的地步。几年过去了，回国人员又无归期，我们觉得别墅太大，租金也不低，为节省国家支出，请示国内征得同意后，决定另找一个小的。终于1968年底迁到另地，是个小小的3层别墅。租金低了不少，但房子较旧，需花番力气修缮。从安全与经费考虑，外交部派来3位修缮工，粉刷、油漆、更换部分管道，忙了好长时间。按修缮工作量，3个修缮工显然太少。我们自告奋勇，当起了帮工。每天头戴用报纸折叠的帽子，穿上旧衣服，起早摸黑，只要有空闲，不影响自己的正常工作，我们几位年轻小伙子，抢先帮助修缮。国内来的修缮工中没有一位电工，3个楼层的吊灯安装是个技术活，工作量也不小，留在商务处的唯一公务员懂电气，便自告奋勇，全都承担了下来。我看他吃苦耐劳，爬上爬下，安装各种吊灯，没有半句怨言，让我至今依然想起那位多才多艺的小伙子。

修缮开始不久，一位修缮工敲打地板时，突然间，发现一个主要房间里安装了几个窃听器。后来过了好几天，驻在国有关部门通知商代处，勒令3位工人一个月内必须离开意大利。国际上的事错综复杂，外交场合时而热情款待，时而彬彬有礼，背后却隐藏着一场场严肃的斗争。到了国外，尤其是驻外人员，头脑随时都要保持清醒，不容半点糊涂。不要以为别人向你发出微笑，一切平安无事了！

吃一堑，长一智

——见证“黎明号事件”

在那火红狂热的“文化大革命”年代，一艘中国货轮到了热那亚。本来是件普普通通的事，平平凡凡的港口作业，卸货装货完成后就可顺利启航，驶向另一目的地。

可是很难料到的是，热那亚港务局不准“黎明号”停靠码头作业。经交涉也无济于事，竟使货船在港外白白干等一个多月，最后双方还是不欢而散，“黎明号”带着运来的满船货物愤慨而去。

究竟什么原因？事情还得从威尼斯港的两艘中国货轮谈起。

两艘中国船先在这里，不欢而散！

大约在“黎明号”抵热那亚前个把月，两艘中国货轮挂着毛主席语录驶进威尼斯外城的马尔盖拉港。记得一货轮叫“友好”，另一艘叫“前进”。

不知谁的主意，在船上挂起了毛主席语录，选了几条让西方感到“刺耳”的语录。威尼斯港务局有些头痛，认为船上挂语录是政治宣传，坚持货轮只能正常装卸作业，不能从事政治宣传，与中方折腾了几天，还是各执己见，中方坚持不取语录，最后港务局无可奈何，让中国货轮完成正常作业后匆匆收场，在不愉快、不友好的气氛中离开了威尼斯。

商务副代表与我从罗马急忙赶到港口，双方早已陷入僵局，两艘船很快就要离开码头。我们与船长、船员匆匆话别后，马上回到下榻的达尼埃利酒店。

酒店毗邻圣马可广场，我们立刻登上酒店最高层，眺看两艘中国货船正在慢慢驶出威尼斯。我们难以克制不平之心，灵机一动，拿起餐桌上的餐巾挥动起来，以示欢送之意。酒店顶层是个餐厅，正在用餐的一些客人看着我们，有的目瞪口呆，有的不知所以然，也许他们认为我们“神经有病”！后来静下想想，在酒厅这个公共场合，这种做法显然欠妥。

两船离开威尼斯，与港务局充满疙瘩。当时，人们发热的头脑怎么也不可理解，船员在船上挂毛主席语录的自由权利谁也无法阻挡，意方为什么做起文章来？这就是计划中的“黎明号”在热那亚港风风雨雨的一场序幕。

“黎明号”真的出事了！

一个月之后，“黎明号”挂着几条毛主席语录，让西方有些人很反感的语录，从摩洛哥卡萨布兰卡港出发，行驶在奔腾不息的地中海，急向热那亚前进。

“黎明号”抵达热那亚外港，意方有了前次经历的教训，更加谨慎认真，派领航员引领“黎明号”进港时，他们自然多了个心眼，用望远镜细细察看甲板上有没有挂毛主席语录，发现居然还有。引航员及时报告了港务局，很快向“黎明号”亮了红灯，不准停靠码头作业。双方进入口舌战，公说公有理，婆说婆有理，没完没了的交涉。

意方的理由是，这里是港口，货搬进进出出，只能进行装卸业务，不能进行政治宣传。你们为什么要在这里挂语录，进行政治宣传？中方回答：是在我们自己船上挂语录，不在码头上；我们在船上挂，是我们的神圣权利！谁敢阻挡！意方回答：船在热那亚，我们有权管……就这样，争论了半天，双方互不让步！“黎明号”仍在港外，不准靠近码头。

多少个日日夜夜，媒体炒得火热，广播电视报刊天天离不开“黎明号”事件，有好几天，热那亚《十九世纪报》竟用几版篇幅大肆报道。一艘中国货轮不仅在热那亚，在意大利，而且在西方闹得乌烟瘴气。

岁月如流，一晃几十年过去了！回忆这段往事，犹如重看一部熟了又熟的电影，在我脑中一一闪过。

1967年盛夏，我刚由国内休假回到罗马。不久“黎明号”要到热那亚，国内派刘若明与我去那里协助处理。刘是外贸部局级干部，曾在中国驻波兰使馆出任商务参赞，为人诚恳坦率，活跃健谈，颇有水平。几年相处，我们结下了深厚友情。工作上紧密配合，饭后畅谈天南海北，无所不聊。他有丰富经历，我懂意文，又了解意大利，可以互为补充，配合默契。我们走南闯北，走访与洽谈众多意大中小企业，合作愉快。

现在过着清淡的退休生活，静下心来想想，留下许多回忆的碎片。几年后，外贸部发来调令，要他回国“闹革命”。我送他至罗马机场，紧紧拥抱，依依不舍。不久传来他上街残酷批斗的消息，像不少老干部一样，遭受种种不幸。又过几年，又传来不幸去世的恶讯。竟未料到，我与他那天罗马机场一别成了永别。刘若明，在我心目中很难忘！人的一生，留下太多的回忆，有好有坏，有幸福的回忆，也有痛苦的记忆，像吃饭常有酸甜苦辣的滋味一样，一个都不少。

折腾一个多月，好厉害！

这次，我们从罗马乘飞机去热那亚，一路上就开始议论“黎明号”，估计未来的几天，日子难熬，凶多吉少！心里感到，前去完成的任务一定很棘手，总不是滋味！

我早在几天前就做了个恶梦，梦见“黎明号”被远远堵隔在热那亚港外，不能驶向码头。真是日有所思，夜有所梦！

结果，果然如此！飞机在热那亚上空绕了一圈，只见层层叠叠的群山与碧蓝的大海交织成一画美景，水色天光尽收眼底！以“哥伦布”为名的这个机场，规模不大，停机坪上停了十几架飞机。这个意大利第一大港，一边是大海，一边是群山，寸土寸金，修建机场实不容易呀！我们下降时看到，飞机从葱茏的山丘旁徐徐降下，一片美景从眼前闪过。但我无意欣赏这片美妙的风光。“黎明号”无时无刻不在我脑际晃动！

飞机终于下降了，去哥伦布机场接我们的船代理“阿马特”的一位小伙子叫卡普托，高高的身材，气派不凡。一见我们，本来经常面带笑容，这时表情格外严肃，马上就说：“气氛很糟糕！”我问什么气氛？他说，还不是那艘“黎明号”！

我们下榻闹市中心的维托利亚饭店，一个古色古香、相当华丽的英式酒店。短短几分钟，安顿完毕，就由卡普托陪同，登上“黎明号”。

因为船在港外，我们还是经港务局特别批准后派小船送上去的。谁知，我们上了船，也就“一去不复返了”，竟在船上待了30多天。维托利亚酒店，我们一夜也没住。第二天我们的行李是由卡普托为我们送上船的。

港务局提出条件，如果取下语录，什么都好办，立即就可装卸作业。否则，只能离开。说得斩钉截铁，条件不容讨论，真是让船员气坏了！政委、船长、轮机长和船员代表，天天议论着怎么办？火热的年代，火辣辣的头脑，大家都有一点桀骜不驯，不向港务局屈服与让步！即使有人心里有些不同看法，谁敢公开提出来呀！我看得出，政委稍有些偏激，而年轻精干的顾船长是业务骨干，很有理性，在一次又一次激烈的议论中常会流露一些灵活看法，但他也始终不敢说取下语录。那个年代，左的思潮浓浓束缚着人们的头脑，全国人民心目中的伟大领袖的最高指示，既已挂出，谁有胆量敢说“取下”呢？在“舞剑挥棒、捉对厮杀”的氛围下，大家把有理有利有节、内外有别、适可而止的原则以及灵活性等等，这些尤在外交活动中使用的精神与策略，好像都忘了，甚至抛到了脑后！

当时没有手机没有电脑，只得天天靠代理行沟通，苦了他们船上船下来回奔波。我们与港务局的这场较量日夜继续着，谁也不让步、不妥协！

当地媒体忙着炒作，西方就是这样！

“黎明号”事件越是不见分晓，它们炒得越多，炒得越玄乎，让人真假难辨，简直摸不到头脑！因为记者上不了船，不了解真情，想象空间反而很大，任他们随便自由发挥。大笔一挥，文章写成了。如果了解真情，原来事实也就如此，文章反而写不长。尤其是热那亚的第一大报——《十九世纪报》，好几天，整版整版的文章写得“有声有色”，真真假假，让人雾里看花，似是而非。

一时间，“黎明号”几乎已在意大利出了名。加上“黎明”（Limin）两字对意大利人来说，发音清晰容易，人人脱口而出。

因为船停在港外，港务局做得很绝，连淡水也不准供应。船从摩洛哥出发，确是备足了食品，但毕竟好多天过去了，几十位船员消耗已多。正常情况，船一靠码头，除了装卸作业，还要装淡水、采购蔬果肉食。而此时此刻，船上的淡水与食物没有得到补充，慢慢减少着。中方要求港务局从人道主义着想，起码首先满足增补淡水与食物的需要。得到的答复是：只要取下语录，什么都好办，否则什么都别想！真让船员气急了！有的说，世上哪有这种道理！连喝淡水与吃饭的权利也被剥夺了？有的说，西方不是称重视人权吗？

也苦了阿马特代理，天天船上船下，来回传话。从码头到停在港外的“黎明号”毕竟有着相当一段距离，他们乘小船爬上“黎明号”，不是我们平时看到的宽宽的梯子，而是一个晃动着的软梯子，爬上爬下还要有些技巧与胆量！

我们在船上只得“节衣缩食”，每逢下雨，忙着接水，甲板上摆满了大小不同的盆盆罐罐。凡有接水用具，统统用上了。记者用长镜头拍摄的照片，报刊上登得一清二楚。30多天里，下过好几场大雨。好像老天爷正在保佑我们！雨水不能食用，至少可以冲洗马桶，可以节省卫生间用水呀！蔬果不足，我们只能省着吃，多吃咸菜，好在从国内带来的冰冻鱼肉也算丰富！我看一些意媒体开始同情“黎明号”，说港务局拒不供应淡水与食物“太不人道，总不能让船员饿死吧！”有的报纸说：坐下来好好谈！船上生活所需应当首先得到满足，人活着，少不了吃饭喝水！

就这样僵持了一个多月

代理行天天送来大量报刊，在没有电视与电话的情况下，报刊成了我们了解外界的重要渠道与消遣乐趣。我是船上懂意语的唯一一张“嘴巴”，拿到报刊即刻翻阅。我理解大家的心情，边读边讲，不遗余力，好在年轻有劲！读报时，小小的客厅挤得水泄不通，政委、船长、轮机长、大副，船员，个个都很好奇！身在国外，遇到这件麻烦事，何时才能有个了结？外界反应如何？谁都想知道！

事情终于有了转折！

双方僵持了一个多月，最后船长与港务局代表决定谈判亮牌。我陪同船长下船。谈判地选在阿玛特代理行。艰苦的口舌战历时三个多小时。刚开始，一场激烈的唇枪舌战，充满火药味，谁也不愿让步与妥协，你说你的，我讲我的，紧张气氛浓浓的。但是，慢慢地，气氛缓和了不少，最后还是达成了“一致”：热那亚港务局让“黎明号”原封不动启航回国。第二天一早，用不少船员的话来说，“黎明号”在愤慨的心情中离开了，慢慢驶出了热那亚这个意大利最大的商港！还是没有补充淡水与食品，就匆匆离开了！

后来，过了几个月，围绕“黎明号”给中方带来的损失问题，中意双方又展开了一场谈判，激烈纷争，旷日持久！

两国尚无外交关系，谈判在罗马举行，中方是我国驻意商代处，意方是意“外贸协会”。一次又一次，拖了好几个月。

我作为商代处工作人员与翻译，又在船上待了一个多月，见证了这段马拉松式的谈判。

几十年前的往事，回忆起来，一幕幕，一场场，历历在目！

商代处在罗马城西北，毗邻台伯河的古桥“米尔维奥”，到外贸协会所在的“新罗马（EUR）”，必须穿越罗马古城中心，单程少说一个多小时。一次次谈判，回到商代处，顾不上休息，吃完饭就赶着整理记录，报告国内，花费时间之多可以想象！“文化大革命”氛围下，说实话，我们的头脑缺少了应有的冷静，谈判中有时措辞也偏强硬，坚持要求意方赔偿“黎明号”干等一个多月造成的经济损失。

那时我们也难预料，究竟能谈出什么结果来！我方强调，“黎明号”一个多月未能装卸作业，给中方造成的直接与间接损失相当可观！意方开始毫不考虑，振振有词，拒绝中方赔偿要求。谈判一度进入死胡同。僵持了一段时间，像一场异常激烈的足球比赛，势均力敌，绿茵场上风烟滚滚，不管双方拼死争夺，就是捅不破对方大门。

当然，谈判桌上同“黎明号”在热那亚时的气氛相比，毕竟不一样！我方代表与意外贸协会总经理虽然言词有时都很激烈，个人关系依然良好，一边争论，一边喝着清香的意浓缩咖啡，时而也聊些轻松话题。因为双方心里明白，任何表态只是一方观点，不是私人恩仇。我国商务代表也在谈判期间宴请过外贸协会总经理，双方约定，席间都聊历史地理、风土人情，暂时抛开谈判桌上的不愉快话题。想起那位很有风度的老总，一聊起中国历史，谈得倒是很有“滋味”。他说，读过一本法国人写的介绍中国历史的书，说中国早在2000年前就实现了统一，而意大利直到1861年才盼到这一天，比中国晚了几乎2000年。意大利只有中国的三十三分之一，照理领土小，实现国家统一要比中国简单容易得多，事实恰恰相反。意中两国都有古老文明与悠久文化，但国情千差万别。我们之间需要多接触多沟通。交往多了，我们之间的陌生感自然会消失。我国商务代表说，从小读历史书，就知道古罗马的强大与意大利的文艺复兴，对世界产生了影响，我们对意大利人民一直怀有好感。自我国商代处在罗马开设至今，仅仅两三年，我们深深感到意大利人的热情开朗。中国有句古话，百闻不如一见！有了切身体会，才使我们感到，中意两国好好开展合作，完全符合两国人民的根本利益！

后来，随着时间的流逝，双方毕竟冷静了好多，摒弃了激烈与坚持，慢慢转入理性。宴席上的闲聊影响着谈判的气氛。

双方表示，更多愿意作深刻反思，展望与着眼未来。中意两国各在亚欧大陆，都有悠久过去与灿烂文化，双方都认为，不应因为“黎明号”这个特殊情况下偶然发生的插曲影响两国关系，我们两国未来可以广泛开展合作，政治上、经济上、文化科技上，都可考虑。

双方冷静了

时间总会冲淡“火热的东西”！我们对自己的做法也有不断反思与新的认识。又过了一段时间，双方谈判时，语气又缓和了好多！尽管当时的认识不可能达到今天的水平，我们毕竟不再同对方争吵“谁有理谁无理了”！这样意方态度也缓和了下来，以前的偏激用词也不见了！

与我国有着长期经贸关系的几家意大利大企业站出来为意官方“下台阶”，表示愿意提供一些资助，做了个象征性让步姿态，以尽快了结两国关系中令人头痛的这件麻烦事。一位大财团老总对我们说：“有千条万条理由发展意中经济关系，我们不要因小失大！‘黎明号事件’在特殊情况下发生的，早已成为过去，过去的事我们完全应当抛在恼后，不必再去计较”！

意大利财大气粗的两大化工集团，早从20世纪50年代起，就向我国出售数量相当可观的化肥与石化设备；直至80年代，生意越做越大。我在商代处期间，也参加过几场重要合同的谈判。好长一段时间，我国购买的大量化肥，主要有尿素与硫酸铵，也引进了几套化工设备，有的安装在东北抚顺等地；有的则安装在阿尔巴尼亚。

说来也是当时国际经贸关系中的一个“新鲜”。不仅仅因为意大利同这个隔海相望的小国近在尺咫，运费便宜；而是因为阿尔巴尼亚是“一颗亚得里亚海上的社会主义明珠”，对我国友好的国家。“海内存知己，天涯若比邻”的名言，早已家喻户晓！尽管我们自己困难多多，仍用稀缺的外汇买了石化设备赠送于它，直接由意大利运到那里安装。

财团拿了些钱，就为双方谈判打破了僵局。好比激烈的足球比赛，终于“捅破球门”，决出了结果；但究竟谁胜谁负，就不好说了！

在当时跌宕起伏、风云变幻的国际环境下，喧闹了好一阵的“黎明号”事件终于画上句号！

吸取教训！

回首往事，免不了一番感慨唏嘘！

生活在“文化大革命”那个年代，不知多少人，头脑容易发热，有的到了狂热的地步！

1967年我国有的驻外使馆在国庆招待会的请帖上印了毛主席语录，使馆大厅里也挂了语录。而且请的客人大多为驻在国中下层。

有些国内派去的修缮工，把驻外使馆购买的老房子上价值连城的浮雕与油画毫不留情地毁掉了！

一件件极“左”思潮影响下的荒唐而可笑的事发生了！不少人以为，这样就是“革命”！

现在冷静想想，如果不分什么场合，不分国内国外，以为口号喊得越响越革命，那是十分错误而有害的！教训非常深刻！人总是要在实践与错误中不断成熟与成长！

我为什么要写这段几十年前的往事，就是要人们从中认真吸取教训，懂得人要活得实实在在，任何时候绝不要头脑发热发胀，不分青红皂白，去做这样或那样的傻事、蠢事！如果失去冷静偏要做，到头来对己对人都会造成不同的伤害！

我始终认为，“黎明号”事件只是中意两国关系中的一场小小的风波。

今天看来，双方都可翻开一页，再去追究是非曲直完全没有必要！所谓足球捅破对方球门，只是说说而已！

风云多变，外交上的事层出无穷，错综复杂。是非曲直，不是数学上的概念。当时谈判，双方据理争辩，争辩的言词与理由，都会或多或少打上时代的烙印。

吃一堑长一智！

“文化大革命”时代，人们的思想深受极左、偏激思潮的影响；搞外交的，也不是生活在真空之中。对外事务中，时而也难免用些过激言词。

例如，20世纪70代初意外长梅迪奇访华，我参加了从准备到接待的全过程。当时有个热门话题——战争是否“不可避免”。

那时中苏关系处于冰冷期，“珍宝岛事件”让两国边境空前紧张，中方坚持战争“不可避免”论。我想起，这个话题在两国外长会谈中占了大量时间与精力，意方偏偏站在对立面。争来争去，就是谈不拢。如果说双方没有面红耳赤，至少谈得很不开心，只能搁置一边。而双边政治、经济、文化和科技交往反而谈得不多。意外长主要陪同人员、外交部政治司长事后对会谈中的一些不同观点花时太多，感到惊讶，他说：“意中两国都有潜力增强经济科技合作，话题很多，可惜会谈中轻描淡写，一笔带过！外长千里迢迢，好不容易到了北京，没有多用时间谈正题，可惜了！”

时代的烙印总会印在各个方面，外交也不是世外桃源，不能例外。“文化大革命”以后，在这个问题上我们就冷静客观了。

邓小平曾经说，我们对国际形势的判断和对外政策有两个转变，一是改变了战争不可避免而且迫在眉睫的观点，正式提出了“和平与发展”是当今时代的两大主题。1982年，胡耀邦在12大报告中说：“世界和平是有可能维护的”。

过去的事早已成历史，不是事事都要打破砂锅问到底！但每当回忆往事，要懂得吃一堑长一知，从总结经验中变得聪明一点！经验与教训是人的一生中宝贵的精神财富！

到了晚年，我所经历的“黎明号”事件，时光中的碎片，一股脑扑面而来，瞬间又成为记忆，让我深深反思，受益匪浅！

我深感，在中意两个文明古国两千多年悠悠的友好长河中，小小的“黎明号”事件只是过眼云烟，又算得了什么！中意两国的友好合作，只要双方真心诚意，有时由于一些原因，发生小小的波折与插曲在所难免，但处处峰回路转，时时柳暗花明。两国人民之间的友情像终年奔腾不息的长江与波河一样，源远流长，日益加深！

小城故事多

——话从“旧金山”的名字说起

“旧金山”此名从何而来?

据说华人开始在那里淘金,称那里为“金山”。后来又在澳大利亚淘金,于是称那里为“旧金山”。但“旧金山”的英文名为圣弗朗西斯科(San Francesco),也称三藩市(是英文San Fran的译音)。

那么San Francesco名字又从何而来呢?

圣弗朗西斯科(San Francesco)是意大利一位天主教圣人的名字,普遍称他为方济各。

哥伦布发现美洲新大陆后,西班牙人向美洲开拓殖民地,San Francesco是他们爱用的一个名字,因为他们信奉天主教。他们就给旧金山取了这个名字。

几十年前,刚去佩鲁贾大学求学,教授就同我们讲述方济各的故事。

方济各1182年生于亚平宁半岛中部翁布里亚大区的一个小镇——阿西西(Assisi),去世于1226年。阿西西同大区首府佩鲁贾仅隔几十公里,方济各的故事在这里早已家喻户晓。他仅仅活了44岁，他一生的风风雨雨传到后来，真实与虚构交织，生命虽短暂，却充满传奇色彩。

他的姓名本来是约翰·贝内多内（Giovanni Benedone），生于一个中等富裕家庭，靠父亲经营服装业赚了不少钱。年幼的方济各跟随父亲走南闯北，是个放荡不羁的纨绔子弟。但他有机灵的头脑，人们说他是博闻强记的天才。

中世纪的亚平宁半岛，都是一个个城邦，后来阿西西与毗邻的佩鲁贾发生一场战争，方济各应征入伍，在激烈的战争中不幸当了俘虏，关入监狱一年，受尽折磨。在牢中，他患了重疟疾，身体遭受摧残，这也是他短命的原因之一。

出狱后，方济各改变了游手好闲的恶习，像变了一个人。有一次他进教堂，无意中仿佛听十字架上的耶稣对他说，"请修复我的教堂吧"！据说，这件事成了方济各人生的重要转折点，他开始了一连串很长而激烈的心灵挣扎。从此他不再是养尊处优的花花公子，他将家里的贵重衣服与物品统统变卖，积钱修复那个教堂。父亲气急败坏，愤慨至极，到阿西西主教那里无情地控告儿子。主教在大庭广众开庭，广泛听取证词。此时方济各脱光了衣服，以赤身露体的方式当众宣布与父亲决裂。主教用宽大的斗篷遮住了他赤裸的身体。从此方济各身穿棕色袍子，系绳为腰带，赤脚走路，过着清贫的生活，进行隐修，并且到处行乞，到处热诚传道，四处呼吁大家要反省悔过。

他满怀热情，足迹遍及意大利、西班牙、埃及与耶路撒冷等地。他深深的信仰与闪闪发光的热爱，在人心中激发起几乎疯狂的热情。方济各热爱大自然，喜欢小鸟与鲜花，歌颂太阳与月亮。日子久了，不少男女信徒随着他苦修，互称兄弟。他还协助贵族妇女圣嘉勒成立了后来很有影响力的修会。就这样，一步又一步，慢慢演变为天主教的一个重要派别。

坐牢的折磨和清修的艰辛，方济各身体十分虚弱，病痛中，他深深体会到耶稣的苦难。后来他患了麻风病，眼睛瞎了。在生命弥留之际，他还在关心阿西西镇上的民间纠纷，宣扬谅解与宽容。回到自己小屋里，赤身裸体躺在病榻上死了。

他去世后两年，方济各被封为圣徒。人们开始兴建一座教堂，取名圣弗朗西斯科。

这是一座独体的两层建筑，这种结构实际上可以看为上下两座教堂摞在一起。修建下层花了3年，上层耗时长达24年，复杂的结构让人横看成岭侧看成峰，每个角度都有不同的感觉与深深的印象。教堂下层是方济各圣徒下葬的地方，为罗马式穹棱风格。上层具有柱状穹隆以及尖状穹隆，带有花格窗饰。人们站在上层教堂的主要入口时，感觉不出建筑的宏伟，但从更远的地方看，这座依山而建的大教堂，实为令人感叹！没有人可以从图片上想象教堂的真正模样！

中国热爱古建筑与宗教艺术的不少游客，专门来到这里，实地饱赏这座教堂的独特风采，有的讲："即使身临其境，也很难感受这座神奇教堂的真面目！"有的则说："不识庐山真面目，只缘身在此山中。"

2000年联合国教科文组织批准这座阿西西大教堂及其他方济各遗迹为"世界文化遗产"。因为这些珍贵建筑与遗迹都为人类非凡创作的艺术结晶，为欧洲乃至世界艺术史奠定了基础。尤其是这座教堂建筑，是世界建筑史上的杰出典范，对建筑艺术发展史产生了重大影响。

举国心痛！

1997年意大利中部发生了一场地震，圣弗朗西斯科教堂的拱顶被震塌了，拱顶上大面积壁画掉了下来。这绝对不是普通的壁画，而是文艺复兴开创者乔托的杰作。这位有着"欧洲绘画之父”美称的艺术家13世纪在此花费了大量心血。可是这场地震天灾竟掉下了12万块碎片，消息传开，从北到南，全国为之心痛！有的说：宁可损坏一幢摩天大楼，也不可毁坏这个珍贵的壁画呀！酷爱文化与文化古迹的意大利，精选修复专家耗时四五年，把12万块碎片一一拼贴回去，难以想象的毅力与修复艺术！

可遗憾的是，意大利虽然拥有令世界为之赞叹的高超文物修复技术，但它也不是“无所不能”，费尽九牛二虎之力，至今仍有一些碎片无法回到原位。今日走进这座规模宏大的教堂前去欣赏壁画，从总体上看，依然保持着当年杰作的风采。

乔托在这里创作的壁画，展示了他的高度智慧与才华，堪称“国宝中的国宝”，艺术价值无法估量！壁画绘制了方济各圣徒生平故事系列，如有“方济各受尊重”、“受十字架告诫”、“方济各与小鸟”、“方济各之死”；也有珍贵的圣经故事系列。壁画构图布局生动别致，艺术形象真实感人，充分展示了意大利文艺复兴壁画入木三分的魅力与闪闪发光的成就。

有一年，翁布里亚大区企业家代表团来到中国苏北泰州考察洽谈，在从一场到另一场的大巴上，正巧坐在我身边的企业家罗伯特来自阿西西附近，话题转到圣弗朗西斯科教堂与乔托的壁画，他如数家珍，深深引以为豪。

他说：“家乡这个小城，所以举世闻名，因为有它独特的发展史，因为有方济各派系的形成与大教堂的非凡建筑，也因为大教堂的壁画是中世纪艺术的伟大杰作，也是意大利的稀世之宝。如果没有方济各，没有圣弗朗西斯科大教堂与乔托的壁画，也成不了今天的阿西西！不少宗教艺术史专家甚至认为，小小阿西西一度成了让意大利与欧洲的艺术与建筑汲取力量的一个源泉！”

他还说：“中世纪的欧洲弥漫着浓厚的宗教色彩，也是一个神秘与黑暗的时期。方济各与乔托的壁画是在这种氛围下冒出来的，它们崇仰安贫、友爱、容忍，感恩自然的恩赐，追求精神的满足，珍惜人的生命。”来自五大洲的游客与信徒一年四季络绎不绝，这是阿西西居民收入的一个重要来源。世界宗教大会的代表为什么云集阿西西？显而易见，这个小城有着它的特殊性与非凡的吸引力！据资料记载，早在1926年方济各诞生700周年纪念之时，全世界去阿西西的朝圣者与参观者多达200万人，惊人的数字简直难以置信，可见阿西西的魅力之大！

“意大利的绿色心脏”

意大利诗人卡尔杜奇（Carducci）盛赞翁布里亚为“意大利的绿色心脏（il cuore verde d’Italia）”。

“翁布里亚”名称从何而来？据说，公元前在这片绿土上居住着翁布里人和伊特鲁里亚人，漫漫岁月，这里后来就称作“翁布里亚”。

这个面积不到8500平方公里的大区，亚平宁半岛上唯一不靠大海的绿色宝地，人口仅仅80多万。古时，这里曾被罗马人占领，历经异族侵略带来了衰败，但这里有着悠久的天主教教传统，不少圣徒诞生在这里。

今日无论你走到那里，抬头可见千变万化的色彩，既有田园诗般乡村与山野，令人陶醉的自然风光，又有千姿百态的老建筑。从佩鲁贾到托迪，从阿西西到奥尔维艾托，从古比奥到斯帕莱托，一个个保存了中世纪风貌的古朴小城镇，各具特色。奥尔维艾托有着称为“意大利最好的哥特式天主教堂”，郊外的火山岩峭壁上还保存着古罗马之前的珍贵遗迹。特拉西美诺湖畔的石雕可追溯到旧石器晚期，誉称为“特拉西美诺维纳斯”。古比奥仍保存着古罗马圆形剧场遗址。阿西西市中心的市镇广场上的圆柱是罗马智慧之神古庙遗迹。特尔尼郊外的瀑布高达165米，称为欧洲境内最高的瀑布，本来由罗马人为排水而建，今日巧妙用作发电与观赏。

每到一处可见不同的历史与文化印记，让你感到浓浓的艺术氛围与文化底蕴。这些小城镇相距只有短短几十公里，它们有的被葱郁的山丘环绕，有的被橄榄园围绕，一座座小城镇坐落在变幻无穷的自然风光中，让人无不感到心旷神怡！

我刚到佩鲁贾外国人大学学习意大利语，在这里度过了一段值得回忆的时光。要感谢大学每逢周末组织安排各国留学生去翁布里亚各个小城镇漫游观光。

汽车时而穿行乡间小道，时而穿越盘山公路。眺望窗外景色，纯净的环境，空旷的山谷，幽静明亮的湖泊，漫山遍野的橄榄园与葡萄园，青葱碧绿的橡树林，清澈的溪流，肥沃的土壤，古老的修道院，简朴的农舍，风格多彩的教堂与城堡，勾起人们浓浓的古朴情思！我们漫步在用淡淡的玫瑰色石头砌成的小镇上，好像都是原汁原味的中世纪建筑，这里远离大城市的嘈杂烦躁，四周一片寂静，呼吸着清新芳香的空气。在湛蓝的天空下，灿烂的阳光穿过白云。幽深的小街，陶瓦色的房屋，一条条石子路，拱门相连的房屋，比比皆是的过街楼，一成不变的恬静生活，散发出几个世纪以来沉淀的历史沧桑！这些小城镇一座座棕墙红瓦、朴实多样的古建筑，向游人展示出深沉的感染力与吸引力！

阿西西就是一个美丽的中世纪山间小镇，那里还保存着5公里长的城墙。难怪翁布里尼成了中世纪与文艺复兴时期不少意大利诗人与艺术家竞相描绘的对象。

尤其那个特拉西美诺湖（Lago Trasimeno），在意大利湖泊中名列第四，点缀着不远处矮矮的翠绿山丘和附近的深灰色农舍。碧波平静的湖面，清澈见底的湖水，长满层层芦苇的湖岸，构成了一种特有的景观。

6月的一天，我们来到这里度周末，穿过乡间小道步入湖边，眼前一棵棵结满紫红色樱桃的树木，不少熟透了的樱桃已经自然落入地下，竟无人采摘。我们中的一位开起玩笑：“别人不采，我们干脆去采，先采一筐饱尝一番！”可是谁也没有敢动手！身在异国他乡，我想，虽是学生，我们的每个举止言行代表着国家的形象。

翁布里亚访华企业家代表团中有一位农民出身的企业家安德雷亚，闲聊之中，他的话题离不开那里的山山水水与田园风光，让我这个在意大利求学、在他家乡度过4个月的人来说，倍感亲切。

他说：家乡丘陵起伏，景致优美，碧绿的大地为我们恩赐了多种可口的美食，令人垂涎三尺！最典型的就是纯正的初榨特级橄榄油、贵如黄金的块菌、浓烈气味的高山奶酪与葡萄酒。用当地葡萄酿制出来的一种葡萄酒，13度上下，呈红宝石色，映射出紫罗兰的光泽，单宁含量丰富，酒体丰满，入口温和，喝到嘴里不禁让人联想起野生草莓，这种酒的珍贵犹如贵妇人，要陈放两年半才可投入消费市场，是翁布里亚美食中的一枝独秀。

在上海举办的国际食品博览会上，有一次我同来自翁布里亚大区的企业家朱塞佩兴趣浓浓地谈起那里的块菌，我没有料到，他讲得那么有声有色！他说：为什么贵如黄金？因为它称为“黑钻石”，生长在山区树木之间，多半长在杨树、柳树与橡树根部，很不起眼，形状古怪，貌似树瘤。树木为它无私地供应多种糖分和氮，它又从树根上吸收蛋白质。久而久之长大的块菌，产生清馨而又刺鼻的一种独特香味，有人说好像有一种少女般的特有香气。块菌含有类似雌激素那样的物质，补肾功能极强。早在文艺复兴时期，就成了豪门贵族必不可少、食而不厌的佳肴。为什么昂贵？还有一个原因，是历经千辛万苦得来的。翁布里亚山峦起伏，延绵不断，青葱碧绿，蔚为壮观。阿西西的圣徒方济各与家庭决裂后，曾长期在此流浪。采块菌人大多为天主教徒，他们讲，进入山区好像笼罩着神秘的灵光。虽然有的块菌长在怪石嶙峋的岩峰树根上，寻觅人借助久经训练、嗅觉灵敏的混血狗，冒着生命危险，终于找到了块菌。这种其貌不扬的小块真菌，是翁布里亚的特产，也是人类舌尖上的一种珍馐，当地人无不引以为豪！

小镇，地图上难找！
呼声响世界！

让我们离开亚平宁半岛去西西里。它的西海岸有个默默无闻的小镇——埃里切（Erice），每年夏季在此举行的核战争讨论会，却向世界发出了强烈的呼声！

我没有去过那里。据曾任周恩来秘书、后来在我国驻日内瓦机构任职的钱家栋大使与陪同翻译讲，踏上这个小镇，满眼断垣残壁。小镇濒海而建，历史悠久，地势险要，数度沦为硝烟弥漫的战场，历来为兵家必争之地。极目远眺，碧蓝的大海闪烁着粼粼波光。海浪滔滔，岁月流逝，小小海滨古镇是西西里文明史的一个缩影。

今日埃里切，依然一片中世纪风貌，森严坚固的古堡，古老多姿的教堂和修道院，一幢幢二三层高的素雅民房遍及全镇。纵横的街道，有的铺着鹅卵石，有的由大小不同的石块镶成。在狭窄弯曲的街上穿行，别有一番风味。走进一家小院，只见石竹花、玫瑰花、八仙花、吊钟花开满其中，墙上还爬满了碧绿的蔓藤，多彩的生活就在院里展开。

由于“马约拉纳中心”的建立，千年古镇今日已从封闭社会走向世界。埃托雷马约拉纳是意大利著名科学家费米的得意门生，他潜心钻研理论物理，是那不勒斯大学的教授，不幸于1938年突然失踪，至今下落不明。失踪时这位才华横溢的科学家年仅32岁。人们为纪念他，1963年以他的名字命名了“中心”。每年几十个国家的数百名科学家、研究员纷纷来到这里，接受自然科学、社会科学培训，“中心”的科技交流也很频繁。“中心”强调基础科研与应用科研的重要性，引导科学家尽快利用科研成果，为人类进步事业服务。从1981年起“中心”开始举办核战争问题国际研讨会。有一年担任研讨会主席的意大利核物理研究所前所长齐吉基教授，在会上发出了“科学为和平、加强科学的开放与合作”的号召，对当时美苏两个超级大国一面谈判一面扩军的现实表示担忧。按照那次研讨会前的最新资料，由于超级大国武器竞赛恶性膨胀，地球上每个居民受到4000公斤梯恩梯炸药的威胁，美苏两家共拥有160亿—170亿吨的炸药，即使三分之一发生爆炸，灾难性后果不堪设想！他强调，如果超级大国的核竞赛势头得不到及时遏制，全人类将会面临“一个令人恐惧的核冬天”。

齐吉基教授是“世界实验室”掌门人，曾应中国科学院邀请访问中国，在北京，他说，人类和平利用核能是智慧的重要体现，我们生活的星球上能源缺乏已到令人不安的地步，利用安全而低成本的核能已摆在各国面前，这是人类和平与进步道路上的迫切任务。谈到他领导的“世界实验室”，他认为只要东西南北的科学家本着“科学无国界、科学无秘密”的精神，携手向前共同努力，和平与文明的明天必将美好！但当前，要克服政治、种族歧视与意识形态分歧造成的障碍，团结各国优秀科研人员，共同打造先进科技疆界！

钱家栋大使在日内瓦任职期间结识了齐吉基教授，有一年应邀参加了埃里切的国际研讨会。意政府对这个古镇上的研讨会很重视，政治家安德雷奥蒂曾以总理与外长身份几次参加，同我国与会代表友好交谈，探讨合作交流前景。会场休息时，安德雷奥蒂同钱家栋热情交谈，对中国执行改革开放政策表示很大的兴趣，对意中关系的发展寄于希望。谈到埃里切，他说："小小埃里切，呼声很响亮！世界应当听听发自这里的声音！意大利愿将这个小镇变成沟通东西方关系、加强南北对话的一个渠道，人类的持久和平需靠各国人民的共同努力！"

在安德雷奥蒂与齐吉基教授的关心下，中意两国曾在20世纪80年代进行过几项科技合作项目，例如超大型加速器、世界地震预报网络、黄河洪水预报计划、干旱与沙漠化研究、生物工程、水煤浆研究和高精度检测器等等。他们说，"文化大革命"之后，复出的邓小平为什么首先亲自抓教育与科技两大领域？因为发展科技是开拓未来的根本；任何一个国家要发展，离不开教育与科技！邓小平有远见，有魄力！

随着"中心"活动的展开与国际研讨会的举办，小镇名声增大了，众多游客纷至沓来。埃里切人因陋就简，因地制宜接待客人。他们没有兴建高楼大厦，而是古为今用，利用现有的教堂、修道院与古建筑，用智慧与技术加以精心修缮。从外表看，依然古色古香，而许多古老建筑大大提高了它们的利用价值。核战争问题研讨会会场原是圣多梅尼科教堂，昔日的弥撒厅成了设备齐全、宽敞雅致的会场。会议休息平台，原是一个宽阔的赏景台，休息时客人一边喝着咖啡，一边从这里眺望辽阔的地中海，波光粼粼，眼前豁然开朗，令人陶醉！主人用埃里切大海里捕捞的多种海鲜招待客人，不少人赞不绝口："鲜美可口的海珍佳肴胜过豪华酒店的美餐。"客人入住的是修道院改建的饭店，虽不豪华，但精致、简朴、典雅，设备齐全，焕然一新，让人感到意大利人留恋古建筑、利用古建筑的情感与才华。

埃里切镇长曾对记者讲过，这里好运来了，从默默无闻到热闹非凡，游客多了，但我们依然不建高楼大厦，不仅因为资金问题，更是因为受法律限制。按规定，这里绝对不准拆掉一砖一瓦或任何残墙，坏了可以修复，修旧如旧；也禁止修建新房。想象一幢崭新的建筑竖立在古镇边上，不伦不类，势必会使埃里切古镇失去原汁原味，大大丢分！

“牧场山”那个古城！

现在，再让我们的视线转向亚平宁半岛上的托斯卡纳，那里有世上最古老的银行。它的名称为“锡耶纳牧场山”（Monte dei paschi di Siena），后来译为“锡耶纳银行”，直至今日。

一个让人不易读懂的名字。

这个小城以赛马节与最古老的银行闻名于世，好像我们提起“小桥流水人家”，马上想起周庄、乌镇、同里一样。

“牧场山银行”创建于1472年，至今以世界上最古老的银行而闻名遐迩。为什么会在这个小城冒出一个世界上最古老的银行来？

它离不开当时的历史背景与经济基础。锡耶纳与佛罗伦萨相距仅仅68公里，进入13世纪，这里商业繁荣，经济发达。1125年建立的锡耶纳独立城邦，曾在1260年的战争中击败过佛罗伦萨，可见这个小城实力之强。当时这里的毛织业、陶器、商业、手工业一度著称于世。

而那个赛马节更加历史悠久，据说开始于12世纪。锡耶纳四周是一片绿茵茵的美丽山丘，也是最佳的放牧场。山丘牧场大概就是“牧场山”这个名称的来源吧！牧场山的主人腰缠万贯，成了银行的创始者。早在1646年银行就签发了世界历史上第一张旅行支票，它是银行操作系统开始走向完整与闪耀灵活便捷的一个象征，几百年来一直保存在它的档案室里。

银行同赛马节有着千丝万缕的联系，由于它的身份特殊，必须在赛马节中保持中立。每年七八月里，相隔6周，先后举行2次。比赛那天早上，10个马场的人们赶到银行总部门前挥着彩旗向银行致意。这不仅因为实力雄厚的银行赞助了赛马仪仗队员价值连城的服装，而且因为银行的中立立场凸显了这座古城银行的公正。每次赛马的选手是从小城17个赛区选拔出来的，起跑枪声一响，10匹骏马犹如离了弦的弓箭，飞速奔驰而去，它们要穿过十分惊险、弯弯曲曲的街道，每到拐弯处，人们就会开始疯狂起哄，发出阵阵尖叫。偶然也有骑手从急驶的马背上摔下的，冒着残酷的生死考验！说时迟、那时快，比赛只有激动人心的2分钟！我想，如果身临其境，多少人的心跳会加快、血压也会升高。

据报道，要买到票相当不易，观众来自世界各国，大量票早在一年半年前就已预订一空。我在意几十年，可惜未得一次机会。我同牧场山银行的经理也有过多次交往，一位经理还表示邀请我去观赏赛马，但仅仅开了一张“空头支票”，这对众多热情有余、严谨不足的意大利人来说，已经不是少见！在那里待久了，对他们了解了，我也没有在乎了！

我早在商代处时就结识牧场山银行经理利昂纳。虽是“文化大革命”年代，我国国民经济处于崩溃边缘，但他告诉我：“中国是世界大国，世界上的事，三十年河东三十年河西，从古老的地中海文明到欧美经济发达，都在变；中国、印度是文明古国，说不定有一天亚洲与太平洋会赶上与超越大西洋两岸，相信中国有腾飞的一天！锡耶纳银行身居一个小古城，目光却不短浅，我们寄希望于明天！”

我说“你的话富有哲理与远见”，他说爱读历史书，历史内涵丰富，仔细体味，富有教育意义。历史是一面镜子，也是最好的老师！

几十年一晃而过，我一直想起这位上了年岁的经理的这番话。

进入21世纪不久，锡耶纳银行同意大利好几家大行一样，先后来华建立代表处与分行。当它在上海新天地的一幢商务楼代表处开张时，我又想起那位经理的话，今天成了现实！这家银行几百年来也受过类似“故步自封、孤芳自赏”这样的议论与指责；但在新形势下，正在焕发出它的活力！今日，几大洲许多国家都有它的分行与代表处，也许就是因为像那位经理一样颇有一番远见吧！

六个多世纪的风雨沧桑，锡耶纳赢得了世界的关注与追捧。这个仅仅6万居民的小城，向来以古城风貌与无数文化艺术珍品而自豪！早在20世纪50年代中，当意大利还在国民经济恢复时期，小汽车尚未像今天这样多得令人窒息之时，锡耶纳就以惊人的魄力，大胆决定把汽车赶出了“历史中心”，使整个老城区变为“步行街”，没有排放、没有污染与噪音，城市幽静的环境与珍贵的文化艺术遗产得到最佳保护，慕名而来的游客纷至沓来。

锡耶纳毫无急功近利之心，没有“进城买票”吓坏游客，而是敞开大门，像去杭州西湖畅游一样！几十年来蓬勃发展旅游业为小城赢得滚滚财源。游客来到这里，无不沉醉于浓郁的艺术风情之中，尽情享受那充满神秘与温柔、热情与慷慨的氛围！市中心坎普广场钟楼高耸，建于700多年前，高88米，呈扇形，由石块砌成，而最高20米则由大理石砌成，似有轻轻的波形感，它是锡耶纳的一个象征。买了票，爬到钟楼顶层，喘气不断，十分吃力！在上面风力明显增大，听到敲钟声，似震耳欲聋，脑袋嗡嗡叫，同远处听到的优美钟声大不相同。站在塔顶极目远眺，锡耶纳古城的楼房鳞次栉比，狭窄的街道弯弯曲曲，石头房坚固结实。多少世纪以来，这里得益于附近山区盛产大理石及多种石材，古建筑一直保存完好。一座哥特式大教堂，有着白色的圆形穹顶，另一座罗马式风格的高塔，将古城点缀得多姿多彩。

锡耶纳也有不少圣徒，最为出名的就是卡特琳娜，她出生皮革匠之家，从13岁起就融会贯通多明戈会戒律。传说她多次看到“显圣”，28岁时在比萨大教堂接受“5伤宗教仪式”（身上5处伤痕），像钉在十字架上的耶稣一样，接受宗教考验。她如此虔诚信奉宗教，成了不少画家的绘制题材。她写了许多书信与诗歌，人们普遍认为，她的这些作品也丰富了意大利文学史。

锡耶纳银行总部在萨林贝尼宫，步入宫殿，仿佛置身溢彩流光的文艺博物馆。银行创立之初就确定要把近三分之一的利润用于社会公共事业。在漫漫岁月里，拿出巨资，为社会救济、保护文化遗产等方面做了贡献。如帮助红十字会、养老院、体育机构与大学教育，还出资帮助修建几条主要公路，举办音乐周与艺术节。

锡耶纳除了银行与赛马节，还有很长的故事可讲，它在意大利中小城市中的知名度遥遥领先！

优美的声音从这里奏出！

克雷莫纳（Cremona）在米兰东南80公里，伦巴底大区一个只有8万人的古城，是波河平原上古意盎然的“世界小提琴之都”，小提琴早已成了克雷莫纳的代名词。

这里制作小提琴，有着悠久的历史。最早要追溯到500—600年前，但人们对它的起源好像还是个谜。

15世纪，布雷夏（Brescia）就有不少琴师，主要制作中提琴与低音贝司的提琴，但档次不高。而克雷莫纳有个安德雷亚阿玛蒂家庭作坊，却能制作出高质量的小提琴，供应给意大利与欧洲王室。尤其是15世纪后半叶，法国王室向他订制了整个乐团所需要的弦乐器，大大提升了阿玛蒂小提琴的名声，让他在相当一段时间里垄断了小提琴市场。他的家庭作坊琴师兢兢业业，慢工出细活，狠在品质上下苦功夫，精心制作了音色优良的5件乐器，从乐器设计到油漆色泽几乎完美无缺，乐器上还标上了法国王家徽章与图案。

1630年意大利北部发生严重鼠疫，死者遍及大小城镇与农村。布雷夏地区的琴师也未能幸免于难。而克雷莫纳的尼可洛琴师躲过了一劫！他同样拥有丰富经验与出色才华，在他指引下，他的家庭作坊继续制作出音色优美的小提琴，一段时间里成了市场无可竞争的对手。

16世纪中叶，冒出了一个安东尼奥·斯特第瓦利的琴师。人们对其出身不太清楚的琴师，谁也没有料到，会一跃成一颗闪耀在世界小提琴制作史上最为明亮的星星。据传，他当过老阿玛蒂后代的学徒，1680年刚刚30出头的斯特第瓦利取代阿玛蒂成为最有名望的小提琴制作师。他制作的华丽小提琴，遍及欧洲许多王室与贵族豪门，从佛罗伦萨的美迪奇家族到英法皇家。漫漫制作的日子里，他用自己的智慧与才华不断探索创新，不仅音色更加悦耳，而且讲究小提琴的外形，把琴箱拉长，面背板的弧度作了改变。总之他在选材与雕刻上苦下功夫！他60岁之后的乐器至今仍被人们认为是世界小提琴的历史性标志。因此世界的琴师没有不模仿与学习他的制作方法。他采用长在阿尔卑斯山上的云杉木等优质木材做面板，选用的木料纹理均匀，使其发音深厚宏达、优美动听，音质甜美而丰富，音色圆润而纯净。他于1737年去世，两个儿子继承他的事业。可惜青出于蓝未能胜于蓝，无论用料与成品质量上不管如何模仿得惟妙惟肖，但仍没有找到父亲的诀窍与灵感，因此成品大显逊色。

他的一生制琴1100余把，流传到今天，在世界各地仍有400—500把，把把都是稀世珍品，一直为众多音乐家与痴迷的收藏家孜孜以求的东西，每把价值高达几百万美元。斯特拉第瓦利活到93岁，1737年去世。他制作的最后一把小提琴取名“天鹅”。

他的小提琴为什么如此昂贵？美国一位生化学家通过精密研究与探索，发现了其中的秘密。原来，活的树木具有无数微小的气孔，才使营养与水分渗透到树木上下，得以茂盛生长。如果树木枯萎死亡，这些微小的气孔便会慢慢关闭。他惊人地发现，现代人制作的小提琴上的微小气孔都已封闭不通，而克雷莫纳制作的古老小提琴上的气孔依然敞开着，像活着的杉木或橡木一样。如果琴上的气孔关闭，那么就会发出一种混浊不清的声音；如果仍然敞开，用肉眼看不见的微小的气孔就会增加琴的弹性，使音质甜美、纯净而含蓄。可见这些制作大师，不仅是雕刻家，而且也是学问很深的化学家。他们巧妙利用当地的山山水水，在高山上精心选材，再沿着蜿蜒绵长的清清小河，顺水漂到亚得里亚海，大大降低了成本。它们在咸海水中约要浸泡半年之久。谁也很难预测咸海水的神奇功能！它将早已死亡的杉木中的胶质慢慢融化开来，于是微小气孔得以重新张开！看来不可能的事，在这些制琴大师的高超智慧下变成了现实！

克雷莫纳深为斯特拉第瓦利制琴大师而骄傲，在市中心罗马广场上专门为他竖立了纪念碑，以示全城人民的敬意！在一所宫殿里，还设立了名为斯特拉第瓦利博物馆（Museo Stradivariano）。

克雷莫纳这个世界小提琴之都，曾以如歌如诉的奏鸣、幽婉动人的音色闻名于世，像一块强力磁铁，深深吸引着无数音乐爱好者。贝多芬、莫扎特、门德尔松、斯特劳斯等音乐大师的杰作都同克雷莫纳的小提琴深有着深深的缘分！从16世纪到18世纪两个世纪的岁月里，这里冒出了4位才华横溢的制琴大师，他们是玛基尼、阿玛蒂、斯特拉第瓦利与瓜涅利，几个响亮的名字永远镌刻在古城小提琴制作史的丰碑上！市中心的钟楼居然高达112米，为意大利全国之最。有人讲，小提琴誉满全球，高高的钟楼对这个富有音乐传统的乐器之乡也许有个象征意义！这里也诞生了歌剧创始人之一——蒙特威尔第，是他首先把故乡的小提琴用在歌剧的管弦乐队中，为此古城的音乐学院冠以他的名字。

歌星从这里走向世界！

好几十年前，我刚去意大利留学。到罗马安顿下来，心头总是一股浓浓的思乡思家情，让我常常难以入眠！谁不爱自己的祖国，谁不爱自己的家乡？

那时，意大利文刚学ABC，但我开始坚持听意文广播，广播中不时传出一首悦耳的歌曲，不仅广播中反复听到，大街小巷人们也在哼着唱！这首歌自然而有激情，它的美好像从心底里流淌出来的！一次次听了，我也喜欢上了，歌曲或多或少冲淡了我的几分乡愁！

它的歌词是这样的：

“我想这样的梦境将永不重现，把自己的双手和脸涂成蓝色。一阵疾风不期而至，我开始飞翔在无垠的苍穹，飞翔！歌唱！在天蓝色的彩笔渲染过的蓝天里，置身其上无比快乐，快乐地飞翔，飞翔得比太阳还高，再更高！当下面的世界逐渐远远地隐没消失，一种甜美的音乐只为我响起！所有美梦都在破晓之际消失，因为当月儿西沉时，把梦也带走了！而我仍沉醉在你美丽的眼睛里，你的双眼有如星空蔚蓝！在你蓝色的眼睛里，置身此间无比快乐！快乐地飞翔，飞翔得比太阳还高，再更高！当世界在你晶蓝的眼中逐渐隐没消失，你的声音就是为我而奏的甜美音乐，和你一起！”

歌曲后来译成多种语言，在世界各个角落广泛传播。后来我好奇地打听意大利朋友，才知道这是两年多前在意大利圣雷莫音乐节上获得头等奖的歌曲，歌星是多梅尼科·莫杜尼奥（Domenico Modugno），他是在1958年一鸣惊人的。他不仅是歌手，也是这首响彻世界各个角落的名歌作曲者。

后来凭此名曲，他代表意大利参加当年的欧洲歌曲大赛，荣获第3名。这首歌很快在世界各地流行，特别在美国大获成功，1959年举办的第一届格莱美奖中，这一首歌和年度专辑又获大奖，也是格莱美历史上荣获的唯一一首外国原唱歌曲。

不久前浙江卫视的一个节目中，一位乌兹别克斯坦的青年用本国语言唱了这首歌，我一听就知道是意大利歌星莫杜尼奥的歌，他说源自西班牙，也可能是误传，也可能唱响了西班牙。

一首名曲是否优美、悦耳、动听？不是凭歌唱人、节目主持人或评论家的一面之词可以鉴定的。实践是检验真理的唯一标准！这首歌像我国好多电影插曲一样，如《九九艳阳天》、《我的祖国》、《浏阳河》、《映山红》、《牧羊曲》等等，甜美的音乐，悦耳的旋律，听了让人精神舒畅而焕发，几十年来百姓总是百听不厌！

圣雷莫（Sanremo）是意大利西北部的一个海滨小城，毗邻摩纳哥与法国的蓝色海岸，那一段地中海岸通称为里维埃拉（Riviera）。不少去过那里的人，干脆称为“旅游天堂”。因为那里有面向大海的葱郁山麓，一边绿荫环抱，一边是蓝色的地中海。美丽的公园，一幢幢漂亮别致的别墅，一个个富豪大腕度假区。

圣雷莫素有“阳光之城”的美称。严冬季节，当阿尔卑斯山区有些地方气温降到零下20℃—零下30℃时，这里吹着温暖清新的海风，依然温暖如春。海水那么幽蓝，有时平静如镜，像湖面一样！郊外盛产各种热带与亚热带植物，到处花团锦簇，棕榈婆娑，是意大利的一个重要花卉市场，因此圣雷莫又有“花城”之称。

每年元旦，维也纳金色大厅的新年音乐会布满多彩的鲜花，当电视凸显这些美轮美奂的鲜花时，意大利现场直播的解说员总是重复地说，鲜花全都来自圣雷莫，深深引以为豪！

这个小城建于古罗马，一座座中世纪的教堂与老建筑，以及狭窄的街道依然可见，历史之悠久让人很难想象！可惜地形多变，这里的海滩没有金黄色的细沙，只有崖壁陡峭与岩石海滩。游人依然蜂拥而至，来这里尽情晒着太阳，呼吸着新鲜的空气。这就可以理解为什么赫赫有名的诺贝尔要从北欧选择这里来安度他的晚年了！

这里捧红了意大利众多歌星，尤为突出的是安德烈·波切利（Andrea Bocelli），他的名曲《告别时刻（con te partirò）》也早已脍炙人口，耳熟能详，响彻我国大江南北！娇尔贾（Giorgia）、斯帕妮娅（Spagna）等歌星也在音乐节上先后荣获大奖，闪耀光彩！

圣雷莫音乐节创办于1951年，每年初春举办一届，至今已有65届。举办期间，云集了意大利的所有音乐名流、竞赛者、作曲者及嘉宾，这是一次音乐的盛会。圣雷莫这个只有6万多人的小城，无数音乐爱好者与游客蜂拥而至，一时间，这里成了音乐的海洋！

音乐节名声早已享誉国内外，每次举办都有众多欧洲广播电视台现场直播。评选委员会要在音乐节很早以前对选手进行评估，并一一认真审定选中的歌曲。这些参赛歌曲必须用意大利语或意大利方言创作，参赛者进行首演，同一歌曲参赛者要连唱几个晚上，真正优美的歌曲，不怕重复，让人越听越爱听！

演唱时没有人伴舞，参赛者力求穿着简洁素雅，尤以黑白两色为高雅，头发飘柔自然！意大利人喜欢简洁自然，他们讨厌那些做作、过度的化妆与装饰！他们说："自然就是美！我们是来听歌星的美嗓子、金嗓子，不是来看歌星打扮装饰的！"

我在意大利几十年，无论走到哪里，看到意大利人的穿着以黑色、灰式、稳健素雅、简洁舒适为主旋律。社交场合，尤其去剧院，身穿黑色、深咖啡、铁灰、烟色衣服非常流行，已成大多数人的习惯，而鲜艳光亮的衣服很难看到。尤其像米兰"斯卡拉"这样的歌剧院，如果穿得花花绿绿，可能拒之门好，至少遭人冷眼。黑色成为意大利人偏爱的颜色，连老牌劲旅"尤文图斯"、"AC米兰"、"国际米兰"足球队的球衣也少不了黑色！

这些歌曲都应该是新创作的，一旦发现违规，将被取消参赛资格。评选委员会进行投票，加上民意调查，大众投票，反复综合多方面看法后，才能评出结果。

普遍认为，获得音乐节的"狮子雕像"是意大利音乐人与表演者的崇高荣誉！音乐节那一周，从北到南，从半岛到大小海岛，家家户户男女老少全都拥在电视机前观赏，全国掀起了一股少有的音乐热潮！

无论何时何地，只要人们一提起圣雷莫，自然联想起音乐节！

一位意大利来华经商的热那亚企业家说："不仅因为我们邻近圣雷莫，而且因为音乐节充满吸引力，多少年来都是这样！音乐节那几个晚上，大街小巷人流稀少，连小偷也少了不少，好比观赏一场比精彩激烈的足球大赛！"

金银首饰世界的“工匠精神”

要感谢意大利外交部，为我国人大财经委代表团访问安排了丰富的参观项目，从那不勒斯维苏威火山脚下的飞机制造公司到阿尔卑斯山麓下有着“世界金城”之美称的维钦察，代表团乘着豪华大巴，一路上不仅欣赏了美丽的自然风光，而且通过参观与交流，实地了解了这个国家的方方面面。我有幸全程陪同代表团，兼做他们的翻译。

代表团对意大利的金银首饰高超加工技艺留下了深刻印象。它的金银首饰加工中心集中在维钦察、瓦伦察与阿雷佐三地，又以维钦察为主，我们参观了这个“金城”。

陪同我们的意方人员介绍说，意大利并非黄金产地，按人均消费计算，却是世界一大黄金消费国。你们看，一年四季来意大利的游客从米兰、罗马到佛罗伦萨、威尼斯，甚至那些不知名的中小城镇，总是抢着采购黄金产品。

首饰商店光怪陆离，戒指、项链、手镯、耳环、别针、金链扣等等金银首饰，琳琅满目，令人目不暇接；还有作为储备手段的金锭，珍藏于不计其数的家庭形形色色的保险柜之中，以免遭受通膨损失。

早在20世纪80年代，意大利每年加工黄金约为300吨，其中210吨的金器产品又畅销国外，意大利每年加工的黄金曾占欧盟总数的70%。

3月的亚平宁半岛，正值冬春之交，乍暖还寒！南方那不勒斯早已春意盎然，而北部阿尔卑斯山区依然离不开羽绒服，寒意很浓。代表团在“金城”受到热情接待，有人幽默地说：“意大利人的热情浪漫让我们忘记了凉意！”

我们看了一家小小的首饰厂，只有员工21人，每年加工黄金400公斤，品种多达1200种，从戒指、手镯、耳坠到饰针，小巧玲珑，闪闪发光。

老板说，米兰、罗马那些金银首饰，不少都为高档品，晶莹闪烁，精美绝伦，同其他精品浑然一体，相映成趣。有的颜色介于灰色与紫色之间，令人爱不释手。有的用天然水晶制成孔雀，尾巴上布满石榴红宝石。有的用缅甸钻石和红宝石相镶而成。消费者没有想到，不少精品出于维钦察之手！

这家小厂员工很年轻，平均年龄20以下。我们参观时，他们没有介意，继续埋头制作，个个洋溢着活力，动作灵巧敏捷。老板说，他们均受专业学校培训，当然从小就受家庭熏陶，不少人出生在色彩斑斓的“金色世家”。他们身上最可贵的是“工匠精神”，不顾外面的世界多么嘈杂，他们专心致志，精益求精，追求完美！

老板把话题转到过去，他说，维钦察的黄金加工有着漫长的历史和悠久的传统。

早在古罗马前的伊特鲁里亚时代就有为贵族制作金戒指的能工巧匠。那时规定甚严，平民只得戴铁戒指。几千年来精湛的制作工艺一直流传至今。随着历史的变迁，金银首饰才普及到平民百姓。用戒指确定婚姻关系的风俗始于古罗民时期。今天热恋中的男女青年，一旦订婚，仍以金戒指相赠。

1990年世界杯足球赛在意大利举办，“足球热”带来了“金银首饰热”，有足球赛吉祥物、会徽的精致金纪念品从这里源源流向市场，仍然一抢而光。

意大利戒指销量约占金器销量的三分之一。其次是手镯、项链和别针。世界在变，人们的习惯也在变。许多女性，不论年龄，喜欢带着手镯和项链参加各种活动，凸显当代女性之美。而男性，有的买了作为礼品赠送女性，有的将精致的小饰物别在自己的西装上，显得更潇洒。意大利市场上销售的金银首饰，

87%作为礼品相赠，只有13%自己享用。

谈到维钦察的金银首饰的销路，他说，厂小经营就灵活，我们接受小批量订货，哪怕订单来自重洋彼岸，都会一一满足。“金城”的首饰加工厂多达1000家，大都为家庭式的，小的车间只有几十平方米，设备也不算最先进。但是这些久用的旧设备，经每天下班前的精心保养擦净，性能稳定，效能蛮好。他们默默无闻，凝聚心血和才智，倾注全部精力于黄金加工。要求的是严谨细致，一丝不苟。如果没有这种敬业精神，这些精品就出不来！

维钦察“金城”的桂冠是这些平凡的劳动者，一代又一代在此生息繁衍，用自己勤劳的双手“雕镌”起来的！

他一再强调：“我要把自己一手创造的品牌传给儿孙，一代一代传下去！技艺过硬、精而又精就是传家宝！”

维钦察市长在小而精致、端庄典雅的市政府会见我国人大财经委代表团。市长说，维钦察距威尼斯只有70公里，这里同水城一样，也可以说是马可波罗的故乡，对中国怀有亲切的感情！历史上有名的“丝绸之路”从中国通到这里。据历史资料记载，中国发现了古罗马的金币，这里也有中国的丝绸、瓷器与茶叶。金币与丝绸、瓷器都是人类文明史的重要物质见证。在今天新形势下，中国经济正在迅猛发展，随着人民生活的提高，他们盼望维钦察的更多金银首饰销向巨大的中国市场。也欢迎更多中国商家采购这里金银首饰，加强合作对双方有利……

在副市长的午宴上，他又谈到，金银首饰同其他商品一样，竞争异常激烈，尤其来自远东的竞争，为他们敲响了警钟！他们必须在价格、品质、花色品种上大做文章。未来金银首饰市场之巨大是难以估计的。社会在进步，经济在发展，早从“贵族豪门消费”变为“全民时髦”，追求生活之美将越普遍，不同层次的消费者口味不同。首饰同服装一样，尤其是女性，她们想闪耀高雅魅力，胃口越来越刁！必须不断创新，更新永无止境！戒指、金手镯、项链、金饰针的花色品种层出不穷，要求设计者绞尽脑汁、奋发进取、刻意求新、探索追求、脱颖而出，出奇制胜！

副市长还谈到，意大利一度片面追求发展，忽视环保，不少地方污染不轻。风光绮丽、阳光灿烂的意大利有过深刻的痛苦教训。于是，追求生态美、大自然美的呼声日趋强烈，不少人喜爱设计灵感来自大自然的金银首饰，给他打开了新的制作天地。设计金银首饰的灵感来自于生活，而不可凭空设想。有了丰富的生活实践，才有丰富的想象力，设计金银首饰同文艺创作一样！

在座的一位金银首饰企业家说："我们这里只有阳光与空气，资源严重匮乏，像瑞士一样，他们善于加工，制造出世界上响响当当的品牌手表、精密机械与仪器、巧克力、军刀，变成一个最富国家；我们这里的金银首饰加工，与其说是悠久传统，还不如说是现实逼出来的，我们要从买来的原材料中，通过精细加工，十倍几十倍地大增附加值，不断发财致富！"

中国代表团中一人问他："你们靠什么绝招出奇制胜？"副市长回答："要说绝招，其实无奥妙可言！说得简单一点，就是在质量上下足功夫，靠工匠精神，不靠广告、不靠嘴巴去走红世界，而让千千万消费者说话，由他们去鉴定！"

我为周总理做翻译

人走什么路，决定一生的命运。有时生活中出现的一些因素，也会对人的一生产生很大影响。

作者为周总理做翻译。

第一次做翻译

我曾在我国驻意商代处工作六年，于1970年秋调回国。按规定，驻外机构人员在国外的任期一般为三四年，到时就要轮换一次。我在商代处六年没有轮换，那是因为“文化大革命”非常时期。

回到外交部不久，中意两国宣布建交了。此时此刻，外交部不可能再派我去驻意使馆工作。就是因为我在国内，才有幸为周总理与国家其他领导人做了一次次翻译，有机会零距离目睹国家领导人的不同风采。如果去了大使馆，我的人生经历就会大不相同了。

两国建交不久，意大利就派外贸部长访华，带着几十位财团领军人物，包括众多新闻记者，约有上百人，规模空前。为突出重要性，意方称为“意大利政府经济代表团”，不仅要同我国大力发展经贸关系，而且以此为先行，全面打开两个文明古国各个领域里的交往。中方给予重视，先由李先念副总理在人民大会堂宴会厅宴请代表团，周总理接着会见了全团。

这么一次重要会见，谁为周总理做翻译？外交部郑重考虑后选了我。我在商代处好多年，忙忙碌碌，虽然陪同过数不清的代表团，但最高级别也只是贸易公司总经理，连部长也没有见过呀！此时此刻要给周总理做翻译，心情自然紧张。

周总理会见的时候到了。首先来了个亲切的开场白。周总理以轻松稳健的姿势走到会见厅，谈笑风生，精神焕发。这是中意两国在新形势下建立外交关系后，来访的第一个意大利代表团。周总理说，两千多年前古罗马的商团就来到秦国，秦国称古罗马为“大秦”，因为古罗马横跨欧亚非三大洲；“丝绸之路”早把我们两个文明古国连接了起来；“丝绸之路”这个名字已经记载在我们两国友好往来的史册上，早已家喻户晓！威尼斯伟大旅行家马可波罗久住中国17年，他的故事也早为大家所熟悉；人们只要一聊起他，就缩短了中意两国之间的距离……短短几言，会见大厅一片笑声，气氛空前活跃。周总理很高兴与大家合影留念，然后走进会见厅，就与外贸部长深入交谈。

再说那天进入人民大会堂，我心跳开始大大加速，比参加高考不知还要紧张多少倍！毕竟是给周总理做翻译。外交部从谨慎考虑，同时派了一位法语高翻，坐在我旁边。她给毛主席周总理做翻译，久经考验。法语与意语同属拉丁语，万一我翻得不好，她可马上弥补。我毕竟第一次呀，会翻得怎么样，谁也说不准啊！

我坐在周总理身边，靠近这位伟大的政治家，平易近人的周总理，那么平和，那么可亲，风度翩翩，让我感到，他又像普通人一样，有血有肉。很快，我的紧张心情就消失了，让我翻出了水平。那个年代，国家领导会见外宾，很少用同传。周总理头脑敏捷，讲话逻辑性强，讲了五六句或七八句，一层意思讲完，就让我翻，让我翻得格外顺当。他那稍带苏北口音的普通话，让我这个苏南人听得尤为亲切。

做过翻译的人都有切身体会，谁的话逻辑性强，思路清晰，就翻得称心。我心态正常了，一个多小时不知不觉过去了。第一炮，我打响了，在周总理面前通过了第一次考试。

南尼畅谈周恩来

那几年来华的意大利客人很多，两国建交的春风吹暖了亚欧两个文明古国的关系。尤其难忘的是周总理会见意大利政治家南尼的那一次。从傍晚七点多，会见加晚宴，长达四个多小时。要知道，1971年11月，正是“文化大革命”动荡年代！共和国总理为积重难返的国民经济要操多少心？重大内政外交问题，“文化大革命”层出不穷的怪事，身挑重担的周总理，太多的操心，太多的劳累！我来到周总理身边，心头涌出一股股暖流，又激动又振奋。我一边集中精神翻译，时而细看周总理，岁月已经在他脸上留下痕迹，周总理毕竟苍老了好多！那个晚上周总理话题很多，从饮水思源，赞赏南尼首先宣布意大利承认中国，为中意建交作出贡献到联合国恢复中国合法权利；从周总理年轻时乘船前往法国，船在那不勒斯港停留，同意大利擦肩而过，到展望中意两国关系的未来，侃侃而谈，亲切而自然。南尼毕竟已到八十高龄，听得多谈得少，但周总理的每句话都记在他心头。

游览长城时，对我说，周恩来他是第二次相见，那么平易近人，那么知识渊博，少见的伟大政治家，目光远大，头脑敏捷。他还说，去过世界许多国家，见的政治家也很多，有的印象浅薄，有的甚至没有什么记忆了，唯独周恩来，难忘的周恩来！这是新中国的幸运！

在上海参观，南尼对上海一位陪同人员说："1955年我们两国尚未建交，毛泽东周恩来以及郭沫若同我亲切会见与交谈，我写下了个人札记，写了好几页。你知道，我没有写日记的习惯，那次是例外。回到北京饭店，难以入睡，于是我就写下了体会与感慨。那时的周恩来，年富力强！毛泽东有眼光，让他当总理。在意大利，掌握国家实权的真正第一把手是总理，不是总统。两国体制不同，我的理解是，在中国，毛泽东指引方向，周恩来实际掌舵，两位领袖是最理想的配合！毛泽东很少出访，周恩来在国际的形象影响力更大。"

外国记者眼中的周恩来

在北京天坛游览，我们在宽大的石板地上散步，陪同南尼访华的意社会党《前进报》权威记者、国际部主任，是南尼信任的一位部下，作为随行人员，同南尼的女儿与外甥女参加了在北京的所有活动。他又同我聊起那晚周恩来的会见与宴请，说："从1954年起，周恩来几次在日内瓦国际会议上亮相，不少意大利人很欣赏他的外交风采。日内瓦毗邻意大利，日内瓦国际会议意大利报道不少，我也去过。周恩来为越南、老挝等印支国家出席过多次日内瓦会议。我可以说，意大利人凡是爱好国际政治、没有偏见，并有辩证头脑的，都在谈论与赞赏周恩来，有的说他有一双神炯而机敏的浓眉，有的说他俊秀稳健，同一些西方政治家频频接触交谈，随机应变，外柔内刚。这次我有幸同这位伟大政治家零距离接触，对他的胸襟博大、泰然淡定体会更深了！你知道，他同南尼亲切交谈，我在一边不仅尽心倾听，而且还在仔细观察周恩来的表情。我去过世界很多地方，见过不少外国领导人，说心里活，周恩来就是我最崇拜的一个人！他同南尼四个多小时的交谈，一句是一句，语言精练，温文儒雅，幽默敏捷，我几乎记下了谈话全部内容。可惜周恩来没有去过意大利，他用了'擦肩而过'的表达，让我们听了格外亲切，他对意大利人民很有感情，一次次提到意中两个文明古国。不像有的政治家，讲了半天让人摸不着头脑，看不透究竟想要表达什么?"离开中国时，他还向我表示，回到意大利准备在社会党的《前进报》上写长篇报道，让更多人了解中国、了解周恩来；最后说，南尼一生有幸两次见到他，在意大利政治家中几乎找不到一个，也是他政治生涯中值得回忆的一件事。

以泼辣锋利著称的女记者法拉奇去北京采访邓小平后，有一次我在意大利总统的国庆招待会上匆匆与她聊了几句。她去中国采访向使馆提出申请，我接待了她，她一开口来了个干脆利索的"感谢"，然后说："中国领导人我最崇拜的只有两人，一个周恩来，可惜没有见到；另一个邓小平，我两次采访了他。周恩来务实稳健，智慧惊人，只有他才能对付狡黠多谋的基辛格。我长期生活在纽约，对基辛格这个谋士太了解太熟悉。毛泽东周恩来打开了中美关系的大门，邓小平见证了同美国建交。

周恩来邓小平年轻时都在法国喝过欧洲牛奶，吃过欧洲面包，都有远大的眼光。但我发现，他们两人风格不同。很自然，世上找不到个性与风格完全相同的人。周恩来与邓小平既有相同，又有不同的学历与经历。”

我在使馆研究室工作时，对外挂了“新闻处”名义，同意大利记者的交往甚多。米兰《今日报》的后台是埃尼石油化工集团，同我国业务关系密切，我们与《今日报》记者的接触也很多。有一次谈到我国领导人，同我关系很熟的该报社长说，他从50年代起就关注中国，也许受集团创始人马太伊对华友好的影响。几十年来他一直看不透中国，好像是个“中国盒子”。举例来说，中国政局不像意大利一年换几个政府，平时给外人的感觉，风平浪静，一旦发生事情就像一部部侦探小说，让人听了惊心动魄，外面人不知说什么好?

他又说：“讲句心里话，我最佩服的中国领导人还是周恩来，不仅长得英俊潇洒，而且豁达务实、心胸开阔、通情达理。我看了他在日内瓦频频外交活动的报道。一个国家有了这样的领袖，就有希望了!”

他问我，“文化大革命”期间中国为何发生一连串让世界难以理解的一件怪事？我说，“文化大革命”，我们早已全面否定，是一场大劫难！你提到的“文化大革命”期间的有些事，如刘少奇遭不幸，早已平反。我们国家走过了一段不短的弯路。我们已经总结深刻的经验教训!

《今日报》驻罗马记者说：“我读了几本介绍中国的书。其中有斯诺写的‘西行漫记’。从1949年开始周恩来出任总理，又兼任外长。50年代到60年代，他从印尼万隆会议到日内瓦会议，又几次出访亚洲与非洲一些国家，在国际舞台上频频亮相，让西方人听到了中国的声音，为中国树立了光彩的形象。那个年代，西方与中国关系陷入冰冷，意大利许多人不了解共产党执掌政权的中国，头脑里存有疑虑与种种想法。但是，人们看到走向国际舞台的周恩来，又开始对中国产生好感。中国有周恩来这样伟大的政治家，是国家的幸运！”

对外交部怀有特殊感情

新中国建立后，周总理兼任外交部长长达十年之久。对外交人才格外爱护与关心。20世纪60年代，三年困难时期，国民经济临近崩溃边缘。虽然如此，周总理不忘培养外交人才，第一次向欧洲各国派遣留学生，包括冰岛、卢森堡、阿尔巴尼亚等小国，多达一百多人，我就在其中，派到意大利。那几年，国家虽然遇到严重困难，我国国际处境也颇严峻，周总理站得高看得远，展望国家的未来，预见新中国外交需要大量人才，必须加紧培养，途径很多，而派出去就是一个有效途径。1963年国民经济稍有些好转，我们那批留学生就纷纷回国休假学习，入住老西园饭店，整整一个月，那一幢幢小楼里充满欢声笑语。常常是上午听部长报告，下午讨论或参观，晚上看戏或联欢，最后陈毅副总理对我们亲切讲话，谆谆的教导，朴素而又充满哲理的话语一直激励着我们这批幸运的海外学子。当他向大家传达周恩来的亲切问候时，全场掌声不绝，心中涌现一股暖流！陈毅说，毛主席、周总理关心大家，希望大家身在国外，心系祖国；刻苦攻读，不忘国家和人民，尽快成为为国家有用的外交人才！祖国盼望你们早日学成归来，为祖国的外交事业贡献一份力量！

陈毅是周恩来的亲密战友。他同周恩来一样，在那个年代的特殊情况下，顶住了重重压力，要为知识分子“脱帽加冕”。过来人知道，从20世纪50年代中期起，政治运动接连不断，“反右”、“大跃进”等等一一冒了出来，极“左”思潮开始蔓延，有人给知识分子套了资产阶级的帽子。后来我才知道，在1962年广州会上，周总理作了“论知识分子问题”的报告，高度评价中国知识分子的历史地位和作用，充分肯定了中国知识分子自新中国建立以来的转变与进步。周总理在1962年3月的人大《政府工作报告》中也以极其明确的语言理直气壮地指出，中国知识分子不能看作是资产阶级知识分子，而是劳动人民的知识分子。

我去外交部西欧司上班时，周总理早已不兼外长了；但我时时感到周总理对外交部的关怀，三天两头听到他的指示，看到他的亲自审阅过的文电，每个标点符号都用铅笔重标一次，有的原文上标错了，他就改在旁边。页面上还有不少批示。周总理审阅文电的严格认真、一丝不苟，我是深有体会的！我老想，怎么办案人员偶尔粗心，标错了一个逗号、句号、惊叹号，司级部级一层层批阅居然没有发现，而周总理一一发现了，一个日理万机的大国总理啊！不是应该让人深思吗？

多下问　多调查

1973年1月会见意大利外长梅迪奇，那天下午，周总理提前半小时来到会见厅，虽然已经看了两国外长会谈简报，还是向陪见的章文晋问得很细，问这问那，很想抓紧短短时间了解得更多，甚至问到游览长城时意外长的精神与情绪，一个都不愿遗漏。

周总理办案过程中每有问题，不耻下问，常会把外交部司长、副部长、部长叫到身边，了解第一手情况，把问题摸得一清二楚。周总理最不愿意听到“就是、可能、也许、大概”这样的用词，或者泛泛而谈，讲得非驴非马。因此，谁去周总理身边，谁都感到紧张，好像应付一场考试。为了一场不知哪个考题的“考试”，谁去应考，谁都会紧张得冒汗，忙着“翻箱倒箧”搜集资料，甚至顾不上吃饭。我们在外交部就常常听说，时而饮酒赋诗，喝上一瓶茅台就能挥毫大作，写出一篇《人民日报》(外交题材）社论的才子乔冠华，在周总理面前也不一定能够轻松过关的。连“满腹经纶”的乔冠华也要好好准备一番。

还有一个例子。为索马里修建一条公路，周总理会晤来访的索总统。我没想到，会见变成“调研会”，唐闻生与我做英意两种语言的翻译，在周总理身边，两天里见证了点点滴滴。几十年一晃而过，我想高翻唐闻生还会想起一个个细节吧！

哪里有水源，打井要多深，哪里是山区，哪里是平原，离港口有多远，一个个问题，周总理向索总统提出，会谈桌子放着一张放大的索马里地图，因为眼花，周总理还用放大镜看了又看。有的问题竟考住了坐在对面的索总统，显然他也没有完全掌握国内的第一手材料，只得转问坐在他身边的部长，有的连部长也答不上来。总统讲：“以后我们会向你们提供详细书面材料的。”

索马里总统在参观游览途中对我说：“来华前我们没有想到周恩来那么认真那么仔细，为了帮助我国修建一条十分需要的公路，要他那么操心、那么分心！他是大国总理，要操心的事太多太多了！你们国家有周恩来伟人，了不起！”

我也想，共和国总理仅仅为了非洲一国领导人访华，从主持会谈，到出席非洲国家驻华使节为索马里总统访华举行招待会，再到人民大会堂三楼小礼堂专场文艺晚会（演出京剧《沙家浜》)，身挑重担的周恩来在索马里总统访华的两天里，三场活动前后花去六个多小时。这六个多小时，对我这位翻译，是同共和国总理度过的难忘时刻。但对周恩来，占用的时间实在太多了，那时还没有礼宾改革呀！

周总理头脑敏捷，逻辑性强，勤于动脑。我为他做翻译，力求快且译得准确。我知道，周恩来关怀体贴外交部人员，但工作上又像一位严师。有一次外交部传达周总理陪同罗马尼亚客人参观刚刚启用的南京长江大桥时的一个小插曲，给我留下难忘的印象。周总理陪同外宾站在这座公路、铁路两用桥旁边，讲解员开口介绍时说："这是一座公路、铁路两用桥。"周总理马上打断：多此一举，已经一目了然！讲话要多动脑筋，简单扼要，不讲多余的！因此，翻译也是一样，要多用脑、多用心，不能生搬硬套，甚至闹出笑话来！建国初期曾有一次，周恩来见外宾，讲到"胸有成竹"，翻译也许太紧张，也许不懂这句成句的含义，竟译成"胸中有竹"，让老外听了目瞪口呆，周总理顿时从老外表情中发现了问题！

胸怀宽阔　忍辱负重

加上讲意大利语的索马里外宾，那几年我为周总理一连当了九次翻译。

索马里一位领导人叫尤素福，是索最高革命委员会委员，访问朝鲜后经北京回国，在北京以总统特使身份要见周总理。那是1973年6月20日下午，这是我为周总理最后一次做翻译。我当时哪里知道，万恶的癌细胞正在残害与折磨着周总理身躯。这也是我最后一次零距离见到敬爱的周总理！

1974年国庆，周总理举行国庆招待会，让人民再次目睹了他的风采。周总理久未露面，人民关心着他的健康。我从电视新闻中看到周总理面容清癯，消瘦了好多！

但是，谁能想到，又过了一年多，周总理永远地走了，永远离开了我们！

那天炎热的下午，我到人民大会堂会见大厅，看到依然翩翩风度的周总理，坐在他身边，一边翻译，又不时细看，我也觉察到，周总理毕竟苍老了不少！人不是铁打的呀！“文化大革命”的折腾让日理万机的周总理苍老得很快呀！怎么几个月不见，苍老与消瘦得那么快呀！

但是，周恩来的气质与风采让人如仰高山！我又想，周恩来也像千千万普通人一样，有喜怒哀乐，也有内心的苦衷与委曲求全。

我们共和国几十年的前进道路上，走过不少弯路。周恩来同国家第一代其他领导人一样，经历了“反右”扩大化、大跃进、“文化大革命”等错误运动。在那个年代一场场政治运动中，我们不能要求周恩来讲的每句话、做的每件事都很准确。周恩来不是完人。但是，随着时间的消逝，让后人越来越看到周恩来的优秀人格品质！周恩来作为一代伟人，越来越受到中国人民与国际友人的爱戴与赞颂。

现在，静下心来仔细回忆，中国的不少事，一时真的很难说得清楚！

举个书上早有报道的例子

在“文化大革命”前的“大跃进年代”，“左”的思潮开始滚滚袭来，向来务实稳健的周恩来，反对唱高调，说空话；对左的一套东西，时时都在设法抵制，要让政策尽量少一些失灵，国家少受些损失。周总理一生殚精竭虑，有着博大胸襟，向来宽容大量、忍辱负重；但是，人心都是肉长的，伟人也是人呀，难道他就没有苦恼吗？

从《我的七爸周恩来》书中可知，当作者周尔鎏1958年在中南海西花厅谈起大跃进“放卫星”、“亩产十万斤”这些奇迹时，周恩来紧蹙剑眉，深深吸了一气，轻叹说：“我听了这些话，心里感到很难过！”周恩来对当时刮起的狂热与反科学之风，深表担忧，按书中所写，周恩来常会说：“一个人要凭良心办事”。

还可举个例

乔冠华一生，尤其从国共内战到朝鲜开城停战谈判，从日内瓦会议到尼克松、基辛格访华打开中美关系，他的才华一直受到周恩来的赏识与重用，知情人是一目了然的。

但是，在“文化大革命”这场激烈动荡的漩涡中，乔冠华却卷到了波底，犯了严重政治错误，深深伤害了几十年谆谆栽培他的周恩来。平时笑容幽然、秉性旷达的乔冠华，也有恃才傲物的一面。在20世纪70年代这个历史关键时刻，他偏偏站错了队，“聪明一世，糊涂一时”！

据说，躺在病榻上深受癌细胞折磨的周恩来，已处昏迷状态的周恩来，也得知乔冠华的错误，但他仍以超人的大肚能容，用微弱的声音说，可以理解！

这就是心中装满国家、装满人民，一生顾全大局，宽宏大量，呕心沥血，唯独没有自己的周恩来，人民的好总理！

周恩来，写不完的周恩来！

让中国回到国际奥林匹克大家庭

1979年，中国在国际奥运会的合法权得到恢复，中国台湾以“中华台北”的名义仍留在国际奥林匹克大家庭之中。

这种模式的来龙去脉，我并不清楚，也没有查阅什么资料。不过想起意大利国家奥委会主席的那次中国之行，我想，这种模式所以能够最终梦想成真，或多或少有着他的一份功劳，不能忘记呀！

时光要穿越到1972年，“文化大革命”远远没有结束，那是极“左”思潮泛滥成灾的年代。意大利客人朱利奥·奥内斯蒂（Giuglio Onesti）应邀第一次来到北京。接待单位向外交部借翻译，让我有幸同他接触了一周，感慨多多！几十年前的一些记忆，我愿把它写下来。

当时的北京已有五星饭店，接待部门可能为了节省开支，安排他下榻新侨饭店。我们从机场到饭店，他快步进入房间，匆匆洗了澡，整理了行李，马上出来同我交谈。我说，新侨饭店闹中取静，朴素整洁，离前门、王府井、天安门广场都很近，交通方便，这里还有北京城墙，可惜拆除了。

他同所有意大利人一样，只要一讲起历史古迹，总是怀有一股浓浓的兴趣与深情。听到“拆除城墙”几个字，好像挖他老祖宗坟墓一样痛心，奥内斯蒂深深叹了口气，遗憾好一阵：

“天下闻名的北京城墙，无价宝呀，怎么拆掉了，要知道古迹失去了不会再来，太痛心！罗马的城墙算不了多么宏伟，你在那里，天天在你眼前，还是保存得好好的呀，连一块砖都碰不得呀！”他还激动地说：“连罗马中央车站面前那段古老的残墙也没有敢拆除，尽管放在那里似乎有些不伦不类！”

他一直点赞中国古老文明与悠久文化，早就渴望有朝一日能够看到故宫、长城、颐和园。我说，像到了罗马不看斗兽场等于没有到罗马一样，中国有句俗话，“不到长城非好汉”！参观这些名胜，早已安排在日程之中。梦想很快成真，让他好开心，情绪很亢奋。他说：“我每到一个地方，习惯在紧张的会谈、会见之后多看看文物古迹、风景名胜。我一生献给了体育事业，但不能只关注体育。头脑里应当多装文化艺术与历史，知识丰富了，利于站得高看得远！体育离不开历史与文化，我一向认为运动员不应四肢发达、头脑简单，而应有素质与修养，它们来自知识，要了解历史与文化艺术。”

他还说，生活像做梦，几年前看来难以实现的东西，今天变成了现实。人只要有梦想，敢去追求，努力向梦想靠拢，本来以为难以实现的东西，其实并不难实现！

我与奥内斯蒂结识已有多年。早在中意两国建交之前，他就主动与中国驻意商代处交往，虽不频繁，但几年里我们的接触从未间断。我也到过他的办公室，在罗马台伯河畔一幢橘黄色的楼房里，旁边有着规模大小不同的两个体育场。这幢小楼就是意大利“国家奥委会”总部，给人的感觉，很难想象里面就可容纳所有机构与人员！因为我在罗马待久了，就不难理解。你看，那幢科尔索大街上的总理府，一个国家的政府首脑机构，也就那么大，一幢不到十层的古老楼房！

有一次他来商代处出席国庆招待会，风趣地说：“两国尚无外交关系，你们商务代表处也可筑起文化与体育交流的桥梁，做生意只是两国关系的一部分，体育的影响不可小视啊！你们一些体育项目跑在世界前列，例如乒乓球，令我们羡慕不已！但也有不少项目落在后面，例如足球、田径，我们可以多多交流，取长补短。世界上没有一个体育强国什么都优秀，即使美国、苏联也不可能！因此，意中两国之间可以多派体育团互访，进行比赛，吸人之长，补己之短。”

我还多次听他说过，“有一天能去你们古老而又年轻的伟大国家看看，一直是我的一个梦想”！今天他终于到了久盼的中国，他的愉悦心情我完全理解！

一个重要话题

正式会谈中，他喜欢开门见山，谈了一个重要话题，就是恢复中国在国际奥运会的合法权利。中方接谈人员中，有何振梁等好几个人。儒雅而有风度，通晓英法几门外语的何振梁，也许由于意大利语与法文相似，奥的话未经我翻完，我看他的表情，猜他已懂了个大概。

奥说，中国作为文明古国，又是东方大国，影响越来越大，长期排斥在国际奥林匹克大家庭之外，荒唐至极！这种局面不能继续下去！“没有中国参加的国际奥林匹克就像一位跛脚老人，缺乏生气与活力。”、“可惜多年来，由于手握大权的几位权威委员的反对与阻挠，中国要进去，目前还有不少困难。时机尚不成熟呀！”

他又强调，时机未到，是一回事，但我们照样可以讨论，可以做工作，尤其是模式，以什么方式解决恢复中国合法权利问题。要探索与找到一个易被广泛接受的模式才好。凡有经历的人都知道，有时，解决一个难题的方式方法显得格外重要；好比我们到了河边要过河，是游泳、搭桥还是乘船？到了山边要过山，是开山辟路还是绕山而过？哪个方法为好，要探索与思考！

他认为："一旦中国合法权得到恢复，也不能把台湾赶走，而要让它继续留在奥林匹克大家庭，因为那里有你们的同胞，两岸都是中国人，只是隔着一个狭窄的台湾海峡。我知道目前你们同台湾那个政权关系很僵，但相信，随着时间的消逝与形势的变化，总有一天会改善的。时间会慢慢冲淡隔阂与分歧，许多历史事实已证明。要有耐心，也要有远见与智慧！不能光图痛快！他始终认为，把台湾排斥在国际奥林匹克大家庭的做法是不明智的。"

讲到要让台湾留在国际奥林匹克大家庭，我看在场的中方人员，好几位脸上露出了或多或少的不悦表情，只有何振梁耐心倾听，笑容可掬，落落大方，并向奥内斯蒂表示："你的建议值得我们认真研究与考虑！"

我与何振梁，一段难忘交往！

何的这个表态，今日看来，极为正常。

可是，过来人都有切身体会，在那个年代，左的一套深深笼罩与束缚着人们的头脑，何能挡住种种压力，不随波逐流，而能坚持己见、实事求是，我总感到，他能做到这一点，实不容易啊！

休息与吃饭时，我与何振梁谈得来，听他口音，知道我们出生不远，他是无锡人。我说，生在武进一个农村，紧挨无锡，又在无锡市一中读了高中，可算"半个无锡人"。几句话很快拉近了我们的距离，闲聊起许多话题。他对意客人的冷静而实在表态，顿时引起了对我这位老乡的钦佩之情。

因为，联想到当时那氛围下发生的一连串事，仔细想想，他能做到这样，真的不简单啊！

举例来说，那时候讨论巴以问题，有的 人会对以色列很反感，认为只要以色列存在，巴以问题就永远解决不了。可见极“左”思潮的传播是无孔不入的，要想抵制，实不容易！每个人的经历、素质与防疫力各不相同。有一次传达中央领导讲话精神，周总理听了这些议论，笑着说，以色列作为一个国家是客观存在，总不能把它抛进大海吧！

还有一次更加可笑

在雅典，有一天我驻希腊大使本应参加捷克大使的招待会，同一时间恰好以色列大使也举行招待会，我国大使的车开出大使馆不久，就随着希腊交通警的指挥棒，稀里糊涂地误进了以色列驻希腊大使馆。大使不懂外文，本来只是翻译的严重粗心与失误，国际媒体有意大肆炒作，说什么中国对以色列的政策一夜间就变了，一些奇谈怪论炒得很热。

意大利与希腊同在外交部西欧司一个处，我对事情的来龙去脉了解清楚。

事情传到国内，在不少人眼里，大使简直闯了一场“不可饶恕的大祸呀！”可是，外交部上报中央后，毛主席与周总理冷静妥善地处理了这件事，大使只是写了深刻检查，继续担任其他职务，根本没有像有些人想的那样，“被一棍子打死”！百忙之中的周总理，向来实事求是，表现了一个大国总理在任何情况沉着处事的超凡智慧！

奥内斯蒂是意大利资深的体育界领军人物，早从1946年起就出任国家奥委会主席，深受时任总理德加斯佩里的赏识，是这位总理要他担任这一要职的。直至来华访问，任职已近30年。

意大利面积不大，体育实力强，三大球与一些田径项目驰骋世界体坛，尤其是万众酷爱的足球，是公认的足球王国！奥内斯蒂作为这个体育强国掌门人，在意大利与国际体育界地位举足轻重。他一手掌控国家奥委会，时间之久，史无前例，可见威望之高！

他向中方提出恢复中国在国际体育组织中合法权利的模式，不是一时的想法，而是经过一番深思熟虑的。可以说，完全出于他对中国的重视与热爱，也体现了这位资深的意大利体育界元老考虑问题的周全与智慧。

何振梁，稳重谦恭而又才华横溢的何振梁，就冷静地看到了这一点。怪不得乔冠华有一次在周恩来面前，向主管国家体委的贺龙元帅开起玩笑，说要“以外交部3个翻译换何振梁”这位才子，却遭到贺龙的婉拒，笑着对乔冠华说：“我们搞体育的，难道就不要人才吗?”

何几次向意客人表示，中方会考虑他的这一建议的，使奥深感满意与欣慰，因为他就怕碰钉子，吃力不讨好！

在去长城的路上，奥内斯蒂不禁心花怒放。虽已年迈，在汽车里又说又笑。他向我们强调，他提这一建议就是来华访问的唯一目的，如果中方愿意考虑，他就满足了。至于参观景点，那是次要的，只是为了顺便了解中国的历史与文化，“头脑里多装些东西，开阔一些视野”。

可是来华前他很担忧吃到“闭门羹”。原来，他已听到好多红卫兵“厉害”的故事。

他对我说：“红卫兵的天不怕地不怕与大闯大闹，早在欧洲广泛流传。英国驻华代办处遭来一场火烧，意大利驻京首席商务代表曼泽拉也受到红卫工兵批斗。”奥内斯蒂刚到北京，意大利驻京人员就又急忙向他讲了很多，增添了他脑子里对“文化大革命”的恐惧感。他还对我说，知道几年前中国一艘货轮在热那亚因为挂了毛主席语录引起一场轩然大波的事，在意大利与欧洲传开了。因此第一次会晤前，他顾虑重重，他说，自己是“鼓足勇气”向中方推荐这种模式的。

在上海参观，又三句不离本行，他同何振梁交谈更加无拘无束，自然而亲切。他说，国际上的事错综复杂，变化多端。人们谋求解决办法，都要认真冷静考虑，常常不是图过痛快，越彻底越好！而要兼顾多方利益与要求，全面衡量。他的建议一是解决体育问题可以避开政治；二是易被大家接受；否则问题便会长期悬而未决，时间不等人，我们要向目标努力。长期拖下去，长期悬而未决，高兴的是那些敌视中国或者对中国怀有偏见的人。

对他的一番解释，风度翩翩的何振梁给予充分肯定，赞扬他讲得言之有理。

敞开心扉游上海

在上海的参观游览，让这位意大利体育界头号人物更加坚定了对中国的信心。从黄浦江到外滩，从体育场到游泳池，奥内斯蒂敞开心扉，滔滔不绝，说：“上海不愧为中国第一大都市，但他也看到人们穿着清一色，没有完全摆脱贫穷落后，只是同过去比，进步了不少。不少欧洲人眼中的上海，直至今日还以为是：光着膀子的码头工人身背重负，苦得如牛马；黄包车充塞街头，穷人颠沛流离，操劳过度，面黄肌瘦，什么什么。我们对中国了解太少太少，也许是新闻媒体的责任。今天我看到的是上海人的微笑与开朗。很显然，西方新闻报道不全面，有偏见！意中两国在新形势下要加强沟通，两国新闻记者要多到对方去走走看看，多做实事求是的报道，让人民知道真相！”

他还说，欧洲对中国的正面报道太少了，人们知道的还是过去的“老黄历”，很可惜！他相信，有这样勤劳而善良的人民，只要有信心与毅力，很快会有变化的，他相信中国经过几十年的艰苦奋战会有大发展、大变化的。

“今天你们的困难与落后是暂时的，不会永远这样。二次大战刚打完，从北到南的意大利人统统饿着肚子，连面包也不够。我们也是从穷日子中走过来的。那个年代的风风雨雨，我是记忆犹新！从1945年到1960年，意大利在重建家园与恢复国民经济中取得了明显成绩，人们一度称为意大利的‘经济奇迹’！”

他又说，回到意大利，他就要向国际奥委会正式提出建议，恢复中国的合法权利，让这个问题尽快得以解决。

黄浦江又给他增添了不少话题。他说，世上许多大都市都有河流穿越而过，泰晤士河、塞纳河、台伯河为伦敦、巴黎、罗马塑造了说不尽道不完的浪漫故事。他看到黄浦江上“百舸争流”的情景，大大小小的船只多得简直眼花缭乱，尤其是那些夺人眼球的帆船，巧妙利用风力能源，既干净又经济，中国人民又吃苦耐劳又勤劳聪明，黄浦江依然发挥着重要的航运价值；而这一功能罗马台伯河早就失去了，几乎看不见一艘运输船，只是留下太多的传说与故事，一直还在流传。国情不同呀！罗马没有开发台伯河，太可惜！现在缺乏资金，提不上日程，看来台伯河也只能这样了！最多就是好好保护它的自然生态，这一点罗马市政府相当重视！他建议上海也要注意黄浦江的生态，他说，充分利用河道航行价值的同时，更要防止污染，注意生态环境的保护。黄浦江与泰晤士河、塞纳河、台伯河一样，是城市的一张名片。如果河水不清洁而呈黑黄色，对市民生活质量就打了折扣。罗马台伯河两岸是不准建立任何工厂的，罗马向来是个游览与消费城市，而不是生产城市。意大利人理解，发展旅游业就是生产，就是积累财富，而不一定非要开工厂！

知识渊博的何振梁同他聊起上海的今昔，从开埠、外国租界到眼前看到的，让他倍感兴趣。他说，意中两国都有外族入侵的苦难，人民之间心心相印。

这次中国之行，从首都北京到中国第一大都市，所见所闻让他终生难忘！他盼着中国早日回到国际奥林匹克大家庭，享受应有的合法权利。他说，1960年罗马举办过一届奥运会，也盼望有朝一日能在中国举办一届奥运会，北京或上海！何感谢他的好意与对中国的殷切期盼，笑着说："如果有一天在中国举办奥运会，真是太美好了！我们等待！"

信心很足的奥内斯蒂回到罗马，很快，真的向国际奥委会提出了建议。鉴于他在意大利与国际奥委会的崇高地位，他的建议与模式得到了这个国际组织的普遍重视。

要像乒乓球那样普及！

在上海的一次宴席上，中方一位球迷提起意大利足球曾在1970年墨西哥世界杯赛上荣获亚军。我补充讲："我在意大利工作时看了一场场电视现场直播，尤其是意大利队与西德队的那场半决赛，踢得惊天动地，普遍点赞为世界足球史上的"经典足球"，让球迷"百看不厌"！那天深夜，比赛刚结束，罗马全城一片爆竹声，无数球迷拥向街头广场狂欢庆祝，我亲历了那个难忘而又激烈的时刻！"

我们问奥内斯蒂，意足球腾飞的奥妙在哪里？他笑着说："意大利足球历史悠久，像老牌劲旅尤文图斯等球队都有一个个漫长的故事，为什么经久不衰？原因很多，其中之一，就是意大利足球的群众基础好，从孩童时开始培养，各个俱乐部都有人抓！中国乒乓球为什么屡拿冠军，因为你们有群众基础，小学中学大学以及工厂机关都在打乒乓，你们从娃娃抓起，普及全国每个角落，人才冒出来了，乒乓球腾飞了！简单讲，足球也一样，要有广泛性，有群众参加，等到哪一天中国足球普及了，自然也有腾飞的一天。当然足球与乒乓球不一样，乒乓球是一个人的智慧与技巧，足球是11个人的默契配合，将体能、技巧与配合融于一体。这就说来话长了！意大利足球也不是一帆风顺的，在1966年的世界杯赛上，小组赛就遭淘汰，竟输给了朝鲜队，这是意大利足球耻辱的一天，球员回国，刚下飞机，失望的球迷很不理智，掷了西红柿、臭鸡蛋。这样也好，让他们头脑清醒一点！每个国家的体育都有风云故事，有正反两面的经验与教训。我们希望中意两国之间加强交流，多交往多派团组访问，取长补短，对双方都有好处。例如我们可派乒乓球员来中国取经，也欢迎你们走出国门去欧洲看看。不能闭门不交往，优秀成绩是不断比赛流尽汗水的结晶！世界上没有一个包揽所有项目的体育强国，永远没有，各国都要在交流与比赛中不断进步。”

意大利“体育之父”

奥内斯蒂1978年由于年迈从国家奥委会主席岗位退了下来。1979年，这位体育老人终于看到中国恢复了在国际奥委会的合法权利，让他深感欣慰。

他回忆说，他北京之行后“向国际奥委会的提议，他们是听了，我真的很高兴，终于等到了这一天！因为中国是伟大的国家，这也是国际奥林匹克大家庭值得庆贺的一件事”！

1981年奥内斯蒂逝世于罗马。两年后，意大利成立了“奥内斯蒂基金会”，由意大利好几家财团与银行、保险公司赞助支撑，为培养优秀体育人才提供助学会，继承与发扬奥内斯蒂一生所钟爱的体育事业。

意大利为表彰这位一生精力献给体育事业的体育元老，死后冠以他意大利“体育之父”的美称！奥内斯蒂，意大利人忘不了他，中国人也忘不了他！

何振梁也有中国“奥运之父”的美誉，鲜为人知的是，他同意大利“体育之父”还有这段友好的交往，共同为中国尽快进入国际奥林匹克大家庭作过一番努力！

现在他们两人都已先后离世，我愿如实写下这段平凡的回忆，让他们的名字流传在体育爱好者口头，记载在国际与中意两国体育文化友好交往的篇章中！

“罗马第八王”、“音乐家”与“臭老九”

新侨饭店茶话会

“他是意大利总统任命的大使，我是人民任命的大使”，歌王笑着对坐满大厅的中国观众这样说。站在他身边的是意大利首任驻华大使特拉巴扎。大使笑着插话：是的，可是“人民任命的大使名闻天下，而知道我的人却是寥寥无几！”厅里发出一阵笑声。意大利人喜欢幽默，无论私下闲聊还是大庭广众，常爱用上一二句幽默话，歌星也不例外。

1971年意大利歌星克劳迪奥·维拉（Claudio Villa）热情奔放地来到中国。在北京，他畅游了故宫、天坛与长城，在长城上放声歌唱，吸引了无数游客，他们不知道站在身边的竟是一位世界级歌王！而意大利主要报刊都登出了歌王放声中国长城的巨幅照片。他认为登上中国长城放声歌唱是他一生中“最珍贵的纪念、最难忘的时刻”！又说，中国遥远，今天来到中国，亲眼所见，感慨万千！

可是时机不好，他来中国正是“文化大革命”席卷中国大江南北之时，由于种种因素，中方未能为他举办盛大音乐会，只在北京新侨饭店举行了一个朴素的茶话会，简单得不能再简单了。参加茶话会的，除外交部、意驻华使馆人员外，还有好多在北京的文化艺术音乐界人士。克劳迪奥·维拉自然了解当时的中国政治环境。尽管没有机会在大剧场露一番身手，而仅仅出现在普普通通的茶话会上，可是歌星依然充满激情，一开场就很幽默，自称为“人民大使”，顿时活跃了气氛。接着自告奋勇，演唱了几首意大利经典名曲：“哦，我的太阳！”、“女人善变！”、“桑塔露琪亚！”、“再见吧，罗马！”等等。大家几次呼出“bis bis”，他也满足了要求，加唱了两次。

歌星的声音像群山深谷中的清澈溪水，缓缓流淌，余音绵绵，清音绕耳；时而情调柔和，淡雅恬静；时而深邃悠远，空灵缥缈。每首歌唱完，在场的客人无不报以热烈掌声，点赞他拥有一幅金嗓子！大厅里回荡着节奏明快的歌声，洋溢着浓浓的温馨友情，让人兴奋与沉醉，暂忘激烈的政治运动带来的种种冷酷！那天的新侨饭店真的充满着一片欢乐，用在场的音乐家的语言来说，“已有多年没有这样了”、“让我们忘记眼前的一切”、“感谢音乐的无穷魅力”！

“罗马第八王”

歌王克劳迪奥·维拉在罗马土生土长。大家知道，罗马是古罗马文明的心脏，历经王政、共和国与帝国三个漫长的时期，从公元前8世纪到公元前6世纪为罗马王政时期，据传说，罗马前后共有七个国王，罗慕洛（Romolo）创建罗马城为罗马第一国王。

时隔二三千年，罗马又出了“第八个王”，哪里来的？其实，这是罗马人叫出来的。因为人民太热爱生活在他们身边的这位歌星，就冠以他“罗马第八王”的美称。

克劳迪奥·维拉家境贫寒，父亲是个鞋匠，收入十分微薄，小学毕业后小维拉被迫失学，到处漂流，尝尽了人间酸甜苦辣。他幼年瘦小体弱，又不幸患上结核病。但他酷爱唱歌，常常混进小饭店与酒吧，唱啊唱，从一家走到另一家，靠挣些小钱谋生。刚开始，他底气不足，只能用假嗓子唱。人们嘲笑他，讽刺他。他却毫不气馁，坚持勤学苦练。1952年终于恢复了健康，刻苦磨炼中成就了“男高音”，在意大利乐坛已经稍有名气。头十年里，他的足迹踏遍台伯河畔的大街小巷，歌声一直在罗马街头回荡。这是他生长的地方。每次歌唱，不费吹灰之力，常会让男女老幼倾巢出动。时间长了，歌王成了罗马人心目中深深热爱的明星。有人讲，难以在古城找不到不悬挂歌王照片的饭店与酒吧，照片有大有小，形态多样。他紧接地气，情感丰富，精神饱满，开朗奔放，时而又是幽婉细腻。人们听得最多的是:《哦，我的太阳!》、《再见吧，罗马!》、《格拉纳达!》、《含羞草之路》、《轨道》、《小夜曲》、《红色的月亮》等等。有人作了统计，他在世界乐坛上勤奋演唱40年，足迹遍于许多国家，歌曲多达3400首。多少年来，数不清的意大利人工作之余，乘着晚间凉风，喝着芳香咖啡，尽情欣赏他的金嗓子。因为唱的歌多了，人民又喜欢听，“罗马第八王”的绰号自然而然地产生了。维拉听了这个绰号总是笑着回答:“我不是国王，我是克劳迪奥·维拉!”可是罗马人没有从此改口，“罗马第八王”一直在百姓中不绝于口。他总是那么豁达热情，精神抖擞。有人问，“维拉，你是夜莺，你会唱到哪一天?”他笑着说:“唱到有一天你们说不喜欢，不然我不会提前一小时止声！如果你们说了不喜欢，我也不会推迟一分钟!”

人早晚总会老去。歌王去世了，遗体放在精致的桃花心棺里，四周布满了玫瑰花、银莲花、紫罗兰、铃兰花、石竹花。

台伯河的男女老幼2万多人，泪水满眶为“罗马第八王”作最后的送别。一位年过80的老妇人痛哭流涕：“我是看着他长大的，他一直在我们中间，为我们而生，为我们而死！”另一位七旬老人百感交集，说他有一次偶然在医院相遇维拉，他正走到一个个病员前低声唱呀唱，优美幽婉的歌声让患者忘记了病痛，而他也忘记了病体的疲劳。大家知道那段时间维拉健康欠佳，可他闲不住，想到了病人！大家异口同声：“‘罗马第八王’没有死，我们不会说永别，只会说，再见吧，维拉！他永远活在我们心间，他漂亮的金嗓子永远回荡在我们耳边！”罗马的《信使报》、《时代报》以整版篇幅报道他的一生，有的评论说：“‘罗马第八王’的去世让意大利失去了一个金嗓子，是罗马的悲哀，也是意大利乐坛的不幸！”

克劳迪奥维拉在意大利名声最大、影响最广的“圣雷莫音乐节”上5次荣获最佳歌手奖，也参加过世界其他歌唱节，足迹遍及几大洲许多国家。直至晚年仍未到过中国。这次来中国，他是来旅游的。

“音乐家”引起一段趣事

再说新侨饭店。

“罗马第八王”唱完几曲后，开始同在场的中国著名音乐家交谈。也许是南欧拉丁民族的特点吧，好像久未相见的老朋友，他同中国朋友交谈，没有一点隔阂与拘束。他说，来中国一直是他的一个梦想，没有想到拖到今天才算变成现实！中国历史悠久，文化灿烂，他一直渴望来中国演唱，结识中国同行。世界虽大，音乐没有边界，音乐能让世界人民找到共同语言。

可是有一位音乐家居然很不自然，让这位世界歌王一时很难理解。这是为什么？

意语“musicista”译为“音乐家”、“作曲家”。歌王一边品尝清香扑鼻的龙井茶，一边热情交谈。我坐在一边翻译，歌王脱口而出：“你也是musicista，我们是同行，有共同语言，很开心呀！”

我国那位知名音乐家言谈很热情，但居然不敢承认自己是“音乐家”，偏要纠正说：“我不是音乐家，我只是个普通的音乐工作者！”歌王听了，顿时露出疑难表情，一时不知说什么好！明明是音乐家，而且也有知名度，此时此刻不敢承认，却偏要强调自己为“普通音乐工作者”。为什么？

其中的奥妙，不少年轻人是很难想象和理解的！

在“文化大革命”恶浪翻滚的年代，极“左”思潮泛滥成灾，什么“资产阶级反动权威”，“资产阶级理论家、音乐家、博士”等等大帽子统统压到知识精英与知识分子头上，把他们批得体无完肤，“遍体鳞伤”！我并不了解他的底细，看来这位资深音乐家，也吃过难以诉说的苦头，或者“中毒太深”，居然连自己是“音乐家”都没有胆量承认了。维拉听了“普通音乐工作者”几个字，笑着说：什么意思？同“音乐家”有何区别？在旁边的意大利大使特拉巴扎多少了解那时的中国国情，急忙在维拉耳边匆匆低声解释了几句，才让歌王不再雾里看花，明白了一些。

那个年代，人们只要一提知识分子，自然联想起“臭老九”3个字。“臭老九”，顾名思义，排在地、富、反、坏、右，再加叛徒、特务、反革命后面，名列第九。要知道，多少知识精英有的戴着右派的帽子，有的沦为反动权威，在穷乡僻壤、猪圈牛棚里煎熬过漫长的苦日子！我想，这位“音乐家”听到这3个字，之所以顿时不寒而栗，也许是由来头的！本来受人尊敬而羡慕的名字，他听了反而感到别扭与刺耳，岂非咄咄怪事！

可是能责怪这位音乐家吗？万万不可呀！他们都是那个时代政策失灵的牺牲品，值得人们深表同情！20世纪50年代，无数知识精英被打成右派，派到遥远的落后地区，终日与荒野、猪圈牛棚为伴。到了1962年，在全国科技大会上，周恩来总理冲破重重阻挠，理直气壮地说："知识分子是劳动人民的知识分子"。他是那么爱护与珍惜人才，表现出周恩来这位富有魄力的伟大政治家的极大勇气！在同一会议上，陈毅副总理也以极大的胆量给知识分子脱去了资产阶级的帽子，加上无产阶级的冕。想到当时那种环境，两位伟大政治家敢于为知识分子讲话的精神实为难能可贵！

凡是酷爱音乐的人都会知道，音乐给人纯净之声与愉悦的感观，令人感动，激发热情！听音乐就是美的享受，人生的最大快乐，像一股清泉，陶冶性情！优美的旋律像暖和的阳光，激发人的精神火花！音乐家就是人类灵魂工程师，无论到哪里，都会受人热爱与尊敬！

"臭老九真有那么臭？"

一位意大利汉学家向我提了这个问题。他是中意两国建交后，意大利派到驻华使馆任职的文化专员梅利斯，一位资深的汉学家，曾在港台待过多年，已有50多岁。不仅口语流畅，而且对中国还有一番研究。我们每次在不同场合相见，他都惯于见缝插针，向我提出各种尖刻辛辣的问题。"文化大革命"结束后他就回到意大利，在中国任职正是我国"文化大革命"最后几年，中国，尤其是北京的风风雨雨、点点滴滴都看在他眼里、记在他心里。改革开放初期，我去驻意使馆工作。有一天应邀到他家作客。他家在罗马近郊的罗卡迪巴巴（Rocca di Papa）。papa是"教皇"，从意文含义看，这里曾是教皇待过的地方吧？

我没有去查阅资料。

穿过美丽幽静的阿尔巴诺湖不久，就可到他家。高高小丘上那所矮矮的小别墅，就是他的家。走进一看，简直让我吓了一跳！两间小屋里，堆满了好几年的人民日报、人民文学等中国报刊，家里遍地都是中国书籍。他夫人是菲律宾人，姐妹俩形影不离，长相几乎一模一样，外人看不出哪位是他夫人。也许她们也懂些中文吧，否则那么多中文报刊会把这位汉学家眼睛看花的呀！

应邀而去的朋友不少，都很关注中国。饭后坐下来交谈，大家围成一圈，随便闲聊。没想到梅利斯的提问引起了大家的兴趣，其他人索性停下来听我们一问一答了。

他说，在北京几年，正是中国知识分子最臭的几年，骂为“臭老九”！“你们外交官也是知识分子，你认为真有那么臭吗？”不等我回答，还追问：“难道中国知识分子比叛徒、特务、反革命还要坏吗？”我说，“文化大革命”这场悲剧我们已有明确结论，彻底否定了！所谓臭老九，太荒唐太可笑，这种叫法完全错误！他听了并不满意。我又说，任何伟人都不是圣人，一生中讲过太多的话，不能要求他们的一言一行准确无误。他们的一生中经历太多，有时讲些错话实为正常！我还告诉他，你懂中文可以直接读到许多报道，当前邓小平等国家领导人不是正在为那些知识精英一一平反吗？我们叫拨乱反正，中国正在经历翻天覆地的变化。时代不同，每个时代都有些怪事与错事，要靠后人去一一纠正，相信历史是公正的！

他是打破砂锅问到底的人，又问我：“你们的领袖是中国人心中永远不落的红太阳吗？”我说，那是“文化大革命”年代的语言。经过“文化大革命”的严峻考验，我们开始冷静下来思考，毛主席犯过错误，但仍是伟大领袖。中国的今天同“文化大革命”年代相比，变化之大，外人很难想象！

他说，离开意大利驻华使馆后，可惜未能再去中国看看。坐在一边，有位从未到过中国的朋友说："真新鲜，知识分子成了臭老九！一个国家一个社会，没有知识、没有知识分子，难道就会有香饽饽?"顿时引起哄堂大笑！还有一位教授说：知识是最宝贵的东西，没有知识，那有人类的今天！几千年的世界文明史，都是人类知识的丰富积累！

所以我接着说，我们总结了教训，已把"文化大革命"彻底否定了；那是一场大灾难，中国经济濒临崩溃的边缘！我们从深刻教训中吸取教益深深懂得，一个国家走向现代化，如果没有知识，没有知识分子，那是完全空想！

我们的对话引起了在场朋友的兴趣，都是关心中国的朋友，你一句我一言，争先恐后，一个多小时，聊天没有间断。我也没有想到，这场朋友聚会好像成了一场中国问题研讨会。有一位50多岁的女性对中国几乎一点不了解，听了之后说，你们聊的对她都是新闻，她尤感好奇，立刻问梅利斯，打听要同她的朋友寻找一个机会去中国旅游的情况。她说：一定要去看看中国，没想到最近几十年它发生过如此多的"怪事"！

"两个极端"

几十年一晃而过！今天我们生活在多么美好的年代！

可是，只要你注意观察，似乎又出现另外一种极端。例如，有人把过去任职的头衔作为夸耀的资本，动不动就挂在嘴边，印在名片上，显于报刊等媒体。有一次我收到一位朋友的名片，大大罗列一番，好家伙，八九个头衔满满印了正反两面，官衔学衔一大堆，有的是"前会长"、"前局长"、"前理事长"，什么什么，让人看了不禁有些发笑！

还有人介绍专业人员职称，爱加上"国家一级"、"国家二

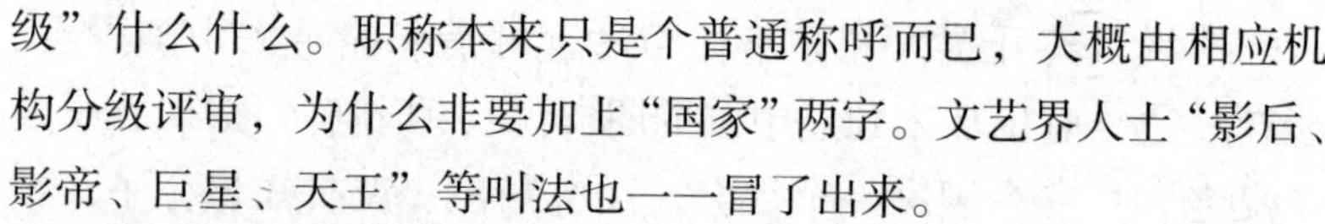

级”什么什么。职称本来只是个普通称呼而已，大概由相应机构分级评审，为什么非要加上“国家”两字。文艺界人士“影后、影帝、巨星、天王”等叫法也一一冒了出来。

说穿了，人活在世上，还是低调一点好！人贵在发掘最大潜力，钻研专业职业知识，培育良好的职业道德，全面运用与施展自己才华，实现自身价值，真正对国家对人民有益，懂得在平淡中平和生活！而不是热衷出头露面，退休了，还要利用前职务或者过去的一些什么经历，利用机会显露自己！

我想，懂得过平淡的生活，得之坦然，失于淡然，顺其自然，也是蛮好的！

一石击起千层浪

江青看电影

1973年某一天傍晚，上面突然通知我，要去为江青当电影翻译。说走就走，汽车把我带到钓鱼台国宾馆一幢别墅前，进入厅里，江青也进来了。我同江青第一次“零距离”，看她长得标致而又精神。我真的没有想到，突然有机会见到这位“文化大革命”中红得发紫的大人物。

人的一生很有意思，因为一个偶然因素，让我的人生经历丰富了一些。我们寒暄之后，安东尼奥尼题为《中国》的纪录片马上开映了。

厅里灯光暗了下来，放了几分钟，江青开始火起来，让我感到惊讶，毫无思想准备！看电影，她怎么一边看一边就生气呢！她的表情，因为厅里灯光暗淡，我是看不清的！她不光发火，还骂了起来！凭她的骂声调门，我想她一定火气很大。一个巴掌拍不响，矛头指向谁？是她对意大利这位世界级名导演安东尼奥尼发火，还是对其他什么人，我一时弄不明白。又放了一会，江青说，要外交部召回我国驻意大利大使，办什么“学习班”，给他“洗洗脑筋”等。后来还讲，要《人民日报》写大篇文章，开足马力，狠狠批判；又过了一会，竟喊出“卖国、汉奸”等用词来。

当电影放到河南林县农贸市场许多脏乱画面时，江青火气真的很大，嘴里重复喊出“卖国、汉奸”！影片中，林县农村贫穷落后，零落的田地、疲乏的牲口、破陋的农舍，镜头一一闪过；农民看到一群高鼻子蓝眼睛的洋人好像见到外星人，立刻引起惊恐，有的躲避，有的还在土墙边站着，有的躲在暗处偷窥。镜头直追那些几乎光着屁股的孩童，越是追，他们跑得越快。还有，老母猪撒尿时，影片配了革命样板戏《龙江颂》的音乐，好像刺痛了江青的神经！革命样板戏是她精心培制的，花了多少心血！当然，在这种画面配样板戏音乐，她难以容忍！是安东尼奥尼的主意，还是什么人的主意？

影片长达3个多小时，江青在愤慨中终于看完了。

我因为集中精力翻译，没有时间多想，更不知道她抽出时间来看这部纪录片，究竟为了什么，出了什么事？

放完电影，厅里灯光亮了，我才看到江青的表情严肃，脸绷得紧紧的，同开始放映电影前的表情完全不同！在同我打呼呼说声谢谢时，她才轻轻笑了一下。我很快离开了钓鱼台国宾馆。

回到外交部已是深夜。乔冠华部长还在三楼办公室，马上把我叫到他那里，可见他也没有休息。“乔老爷”平时幽默开朗，也常爱笑。一般的宴会祝酒，他不爱用事先准备的讲稿照本宣读，而喜欢随意发挥。我知道他肚里满口文章，胸有成竹。否则怎么会有“秀才”之称呢？此时此刻的“乔老爷”，一反常态，脸色不好看，看来他早已闻到什么味道了，毕竟是部长呀！乔部长见我就问：江青看电影时，讲了些什么，表情如何？你感觉如何？要我一五一十地讲。面对部长，当然不会打折扣，我原原本本作了一番汇报。而且，马不停蹄，按乔部长要求，把听到的话写成了文字，签上我的名，交给了他。

累了半天无法休息！我匆匆吃了些东西，还得突击笔头翻译，将这部影片的解释词译成中文。因为上面讲的，急着要用。手头没有意大利文文本，只得听录音，听一段翻一段。同两位同事一起，我们连续奋战到天明。好辛苦，也很累，好在那时我们都年轻有劲！

翻译电影解说词，我们完全忠实于原文，不受个人情绪影响。我想，这是做翻译的起码道德品质！外文同中文一样，一字多意，意大利语同义词丰富，有时你可以这样翻，也可以那样译。但要忠实于原文，上下文字连贯一气。至于那个“长安大戏院”译成“长安大剧院”，完全由于翻译或记录时的疏忽，居然成了一些人用来大批判的把柄，归罪于安东尼奥尼，说他“胆大妄为，篡改北京一座堂堂有名的戏院之名”！看了登在《人民日报》上的批判短文，真让我们哭笑不得！

中央领导也看电影

过了好几天，电影又在人民大会堂放映。我到那里翻译时，可能是一次中央重要会议刚刚开完吧，看电影的是政治局委员。我看到周恩来、李先念等国家领导人；也看到坐在一起的江青、王洪文、张春桥、姚文元四人。

放电影在人民大会堂宴会厅，可以容纳5000人的宏大空间，只坐了几十个人。我坐在远离他们的一排，不像上次，可以听到江青的议论。而这一次，离得远远的，我什么都没听到。

又不知过了几天，《中国》纪录片在中南海怀仁堂放映。我到那里，只见大厅里坐得满满的，好家伙，黑鸦鸦的一片，起码也有好几百人吧！能在这里看电影的，我想，绝不是一般人。他们看了有什么反应，我也不知道。只听到散场时一片议论声，谁听得清楚呀！我很快离开了怀仁堂。

短短一段时间，一次次看这部影片，江青连看了两遍。或许不少人已经知道江青一伙已为即将展开的“大批判”定了调，是带着批判的眼光看电影的。我虽然口译了几次，围绕这部影片，会出什么风波？心里依然没有数！我也不知道，安东尼奥尼究竟闯了什么大祸？想来想去，我真的说不清啊！

当时一个总的感觉，仿佛“山雨欲来风满楼”，新的折腾又要来！“文化大革命”的折腾没完没了呀！

后来过了好长时间，我才知道，当时手掌大权的、高高在上的“文化组”，大权独揽，兴师动众，专设了《中国》纪录片联合调查组，显然是江青一伙的“旨意”。他们早就定下调门，要开展全国性大批判，说这部影片完全站在帝国主义反动立场观点上，极其恶毒地诬蔑我国，完全歪曲了我国的形象，令人十分气愤；还说什么，坏人是我们自己请来的，河南林县的那些镜头是怎么拍的？要注意防止外来的细菌，等等。安东尼奥尼大摆其“欧洲人的自傲”架子，处心积虑地往中国人民脸上抹黑，是对站起来了的中国人民的莫大侮辱。还讲了很多，简直如临大敌。

暴风雨真的要来了！

“洗脑筋学习班”

外交部很快把驻意大使沈平等有关人员从罗马调回国，参加批判电影的学习班。学习班上，有人也想“上纲上线”，紧跟上面定下的调子。可是想到江青骂的“卖国、汉奸”，谁也搞不明白，她指的究竟是谁？这两顶帽子她要戴到谁的头上？难道是沈平大使，还是外交部新闻司长，他们大逆不道，当了汉奸？绝对不可能！好好的一个大使，一位新闻司长，怎么可能当了“汉奸、卖国贼”？绝对荒唐！我在西欧司，对中意关系的发展一目了然，沈平大使去意时间不长，开展一系外交活动，中意关系打开了局面，都向国内作了汇报。就是因为这部纪录片，一夜间成了汉奸，怎么可能？

学习班期间，沈平大使私下同我聊过好几次。

他去意大利任职前，他是司长，我的顶头上司，一位平和谦逊、没有一点架子的领导。他主管西欧司，从大政方针上讲，他对意大利是了解的。但为了更好开展工作，赴任前在我们办公室还是认真翻阅资料，与我们热情交谈。因为我刚由意大利回国，他知道我头脑里"装着这个国家的第一手材料"，向我问得更多，包括意大利的历史地理、风土人情、生活习惯。他是浙江人，我们口音相似，几天里无所不谈，相处得很熟。而现在，突然调他回国，晴天霹雳呀！他好几次对我说："真是没头没脑，调我回国，为什么？我闯了什么大祸？这几天一直很苦恼很头痛，吃不下睡不好呀！刚去意大利任职两年多，中意两国关系好不容易全面升温，正在发展。突然发生的一切，难道真的因为这部电影？"

经常带着笑脸的沈平，现在再也笑不起来了！

我问他："你们在使馆看了这部电影，当时感觉如何？"

沈平说："大家觉得落后面拍得多了些，正面东西拍得少，安东尼奥尼作为西方名导演，他的猎奇性与趣味性尤为鲜明。说实话，我们不能要求他按我们的想象去做，他是西方大导演，有他惯用的一套拍摄艺术风格。因此，当时使馆没有感到有什么严重问题……"

大使夫人也一次次向我打听，说他们刚从国外回来，脱离国内现实已有两年多，"文化大革命"天天都会冒出新鲜玩意，我在国内了解情况，要我如实告诉她，究竟出了什么事，不要隐瞒！我说，不是不愿讲，真的不知道为什么！这段时间，突然因为这部影片，发生好多事，我也感到不可思议！

谁也没有料到，几年后的一个傍晚，沈平大使在家看电视，突然病倒在沙发椅上，紧急抢救无效，永远地走了，他走得太早了！此事在了解沈平的人之间，引起了不小的反响与深深的反思！一场莫名其妙的风波，突然从天而降的风波，夺走了一位高级外交官的生命，太可怕了！

虽然他从意大利离任后还担任过其他职务，又工作了几年，但可以想象《中国》电影风波给他心灵上的冲击之大！人嘛，生活苦一点，营养差一点，物质上哪怕再困难，都可熬过来，就是精神上的苦恼与打击，对不少人来讲，常常很难熬得过！

来龙去脉

对这部电影的来龙去脉，因由外交部新闻司主管，直到我国驻意使馆送回国内电影拷贝，我并不完全了解。后来出了问题，查阅资料才知道其究竟。

原来，1971年意大利外贸部长访华时，团里有位意大利广播电视公司文化部负责人科隆博，第一次同我外交部新闻司谈及拍片这个话题。回国后不久，意方就向中方提出申请，新闻司打了报告，经外长姬鹏飞批准，上呈周总理划圈同意。意方收到邀请，通知安东尼奥尼，他很感兴趣，一定要好好利用这个难得的机会，还退掉了准备拍摄另一部电影的计划。

摄制组一行浩浩荡荡，终于1972年来华，辗转南北，拍摄了三个星期。按那时规定，手续审批完全正常，属于中意两国间的一个文化交流项目。

对这部《中国》电影，当时我驻意使馆送回国内后，新闻司首先看了一遍。看完后的普遍反应是，“拍得一般”，到了北京、上海、南京、苏州和河南林县，导演对中国的落后面拍得较多，对我国文化古迹、自然风光等正面东西反映较少。新闻司与西欧司部分人员第一次看片，我去翻译，看完后就纷纷散去了，新闻司也没有要求留些时间议论一番。散场时，有人边走边开玩笑，打了60分，或者70分！

几天之后，我听到西欧司有些议论。有的人举了个例子，他们去河南林县拍片，那里有个著名的《红旗渠》，媒体报道得很多，是珍藏于万仞壁立、千峰如削的巍峨太行群山之中的一条“人工天河”，为中国人民克服千辛万难的崇高精神树立了榜样，而在安东尼奥尼的《中国》影片中一点看不出来，等等，很遗憾！

后来“四人帮”的几个文艺爪牙在天津开会时突然要看这部纪录片，匆忙中把我送到那里。北京、天津不像今天高铁半小时就到。那时，两市之间一条高低不平、弯弯曲曲的道路，司机知道要尽快赶到天津，开得又快，把我折腾得好头晕！赶到那里没有来得及喘口气，就为他们翻了3个多小时，好在我已翻过一次。

翻译时，我隔着他们有相当一段距离，传来到我耳边的是一片让我听不清的咒骂声。给我明显感觉，安东尼奥尼的纪录片不知刺痛了他们那根神经，要那么怒发冲冠！放完电影离去，他们连个招呼也不打呀！我想，“文化大革命”让这批锋芒毕露的家伙自以为“太上皇”，高高在上，目空一切，心态彻底扭曲了！还谈得上什么起码的礼貌！

安东尼奥尼是世界级名导演，他有他的一套艺术观、审美观，向来以含义隐晦的风格而著称。他擅长捕捉一些生活中的“活泼面”，例如，他去学校拍片，喜欢拍“课堂里不专心听课的、圆圆的小脸东张西望”的镜头。他走上大街小巷，爱好抓“胡同里来不及躲避摄影师的强光、拉车老人遮挡着脸匆匆离去”的形象。

像不少至今来华的意大利人一样，他们更喜欢古色古香，富有中国特色的传统东西。譬如到了上海，进入繁华的现代化商业中心，有的意大利人几分钟转身就跑。而到了城隍庙、新天地、石库门或小市场、旧货市场，看得津津乐道，久久不愿离去。有的还说："这里才是中国的现实，有浓浓的中国滋味；那些高楼大厦，我们看多了，不稀罕！"

但是《中国》影片还是拍摄了学校、工厂、幼儿园、公园里，人们在工作、做操、散步的许多场景。还详细拍摄利用针灸麻醉技术对一位产妇实施剖腹产的全过程，占用时间之长，很少在西方拍摄的纪录片中看到。

安东尼奥尼说："中国人民以前生活在极其不公正的封建统治下；而今天，他们在一天一天地努力建立一种新的公正！"他还讲过，"西方人看来中国人似乎是节衣缩食的贫穷，但这种贫穷决定了他们有一种骨气的生存可能性，使人变得祥和，比我们更富有人性……他们与自然相融，人际关系温和，用坚韧的创造力在相当贫瘠的土地上解决财富分配问题。"

作为一位国际名导演，他的这番话应当讲，还是相当有眼光的。

外国导演来华拍片，即使对我国友好，要求他们完全按照我们的口味与标准去拍，并不现实，也不可能。我们不得不承认，曾有一段时间，我们拍摄的宣传片到西方放映，效果也不见得很理想，不少方式方法值得考虑改进与完善。中国与西方历史不同，文化与思维也有差异。相互文化交流中常会出现一些摩擦与分歧，并不为怪！

一位在京老外的惊讶

前不久，经朋友介绍，我在上海认识一位久住中国40多年、已经满头白发的意大利人，名叫利诺。他在北京有个大家庭，儿子与女儿毕业于北大与清华，都已成家立业。他对我讲了一段他自己认为“很有趣的故事”。

1974年，他刚到北京语言学院学中文，还是一位26岁的小伙子。就遇到“批林批孔”之类新鲜玩意，让他丈二和尚摸不着头脑！他看到北京街头，三天两头敲锣打鼓，庆祝伟大领袖的“最高指示”。

尤其让他惊讶的是，有一天，一位同学拿着一份《人民日报》给他看，说：“你们意大利今天成了特大新闻，上了头版，几亿人都在看，都在议论，都在批判！”翻开仔细一看，粗大的通栏标题“恶毒的用心，卑劣的手法——批判安东尼奥尼拍摄的题为‘中国’的反华影片”。

他很想马上看到这部电影，了解究竟出了什么事。可是他在北京，中国影院并不公开放映，谈何容易！他的三位坦桑尼亚同学，中文讲得很好，闻讯后匆匆跑到校长那里，坚持要求语言学院为学生放映《中国》这部纪录片。在他们的鼓动下，去的学生越来越多，呼声越来越高，学生们对校长说：“中国大力批判安东尼奥尼，我们首先要看电影，毛主席不是说过吗，不调查就没有发言权。不让大家先看影片，怎么可以跟着报纸上讲的一套去批判呀！我们要让我们的头脑与眼睛去‘发言’、去‘说话’，不能人云亦云呀！”面对学生的强烈要求，可怜的校长无能为力，十分尴尬，只得重复《人民日报》批判文章上的那一套东西，花了九牛二虎之力，怎么也说服不了学生！他说，这种尴尬场面持续了好久，最后不了了之。语言学院学习的外国留学生在一片埋怨声中只得慢慢散去！

他说，因为刚来中国不久，《人民日报》大篇文章他还看不大懂，他只知道安东尼奥尼真的闯了一场大祸，不知触犯与伤害了中国什么大人物。让他始终不懂的是，“为了一部电影而大动肝火，背后究竟隐藏着什么奥秘？”

两天后他去香港，先从北京乘火车到广州。他说："我是一个穷学生，在纽约几年还在中国餐馆洗过盘子。我买了一张二等硬座，坐了两天一夜。在连过道也都站满人的车厢里，空气污浊，我首次品尝了中国式旅行的滋味。更让我难忘的是，我们闲聊了一会，坐在身边的旅客知道我是意大利人时，好几个拿出书包里的'人民日报'给我看，大骂安东尼奥尼'反动''毒辣''反华'等。一个说安是大坏蛋！另一个骂安是混蛋！但有一位60多岁的女性自言自语说："大家没有看过电影，就破口骂人，太过分！"就这样，你一句我一句，话题都是《中国》影片，车厢里好热闹。过了一会，几位旅客问我：你认识那位安导演吗？他为什么那么坏，坏透了？在那种气氛下，我能说什么呢？我只是简单回答他们：我本人没有见过他，不过他特别有名，是一位大导演。我要说的是，他并不坏。你们大批判，这里面，肯定有原因，我也一时说不清！也有好多旅客闭目养神，对此毫无兴趣。还有互相争论的，有一个老头问对面的小伙子，你看过这部电影吗？小年轻说没有，老头回答：你没有看过，瞎起劲什么？小伙子，凡事先要动脑筋想想，独立思考，不要别人说什么，你就说什么！一位年近50的女旅客轻轻对我讲，她不喜欢跟在别人屁股后面，这部电影大家都没有看过，不知道是红是黑，所以他不轻易表态，他要等哪天看了影片再说！

那次北京——广州之行，让他留下终生的回忆！他看到了"文化大革命"极左年代的中国普通百姓的一些情绪，千姿百态，很有意思！

后来他经香港去了美国，一连看了好几遍，还看了美国电视台播出的好几个片断，他花了许多时间。说"活了几十年，从来没有这样，一次次看同样一部电影，即使荣获奥斯卡金奖或威尼斯电影节金狮奖的影片"！还说："我为什么看好几遍呢！因为听说，连1972年访华的尼克松总统也看了两遍。当时我想，这部电影掀起的轩然大波，说不定中国内部出了什么大事？因此我想多看多想，问题究竟出在哪里？”

小题大做别有用心

当时报纸与电台开足马力，连篇累牍的批判文章，说心里话，我也没有心思去细读。因为我几次看过影片，我的眼睛告诉我，并不是宣传机构讲的那么回事！说安东尼奥尼“恶毒用心”，恶毒在哪里？“卑劣手法”是什么？“极其恶毒地诬蔑我国”，上纲上线的批判，乱扣帽子的批判，我觉得毫无意思！小题大做，别有用心呀！

但也要说实话，当时我只是心里这样想，没有胆量说出来！

后来大批判在全国全面展开，听说民间还流传开“气死安东尼奥尼”这样的儿歌。

一场闹剧把外交部无情地卷了进去！

现在静心回忆，外交部即使被卷入政治风波的旋涡，实际上也顾不上花多少时间去批判这部电影。何况处理国际问题及双边关系，繁重的业务重重落在外交部人员的肩上呢！

名曰《中国》的纪录片，客观地讲，还是反映了当时我国的现实。安东尼奥尼既没有抱着敌视中国的态度，利用电影肆意反华；当然他也没有刻意想去大力宣传中国。江青利用影片把污水泼向敬爱的周总理，为国家为人民日夜勤劳操心的周总理，完全别有用心！

我想，如果没有这部纪录片，倒行逆施、头脑发胀的“四人帮”也会利用其他什么东西，来祸害周恩来的！他们早就知道，中华人民共和国开国总理已经身患绝症！他们居然还不放过，要向病重的周总理身上泼污水，善良的人是做梦也不敢想的呀！

粉碎“四人帮”后，1979年中国电影代表团由前文化部副部长周巍峙率领去意大利访问。意大利举办了“中国电影回顾展”，被“文化大革命”列为“毒草”的几部优秀电影一一展现在观众面前。我听首批去华留学的菲力浦说，“文化大革命”结束不久，就从中国吹来了暖暖的春风。看了几部优秀影片，让他想起在中国过的日日夜夜，感到非常亲切！安娜也说，“文化大革命”之前的几部中国电影，故事性强，有血有肉，反映了中国人民生活中的酸甜苦辣，很有教育意义！“四人帮”统统视为毒草，太荒唐！

那时我刚去驻意使馆工作不久，只见罗马街头贴了不少醒目的海报，并把“电影”两汉字故意幽默翻成意文“ombra eletrica”（电的影子），意大利人的文化艺术欣赏水平一点不低，几个影院上座率很高，观众反应热烈，他们对我国优秀电影的好评与赞赏颇多，广播电视与报刊总的来讲，正面报道远远多于负面评论。

我每天注视当地意大利媒体的评论，从报纸到广播电视。有的讲，中国“文化大革命”之后，随着改革开放新时代的到来，中国文艺的春天也来了！”有的说：“文化大革命”一笔抹杀与全盘否定过去17年的文艺，是荒唐可笑的！历史与文化不可割断，中国是这样，其他任何国家都一样！

终于有个了结

向几年来深受委屈的著名导演安东尼奥尼登门表示歉意的时刻终于到了。

此时此刻，年迈的大导演深深叹了一口气：“后来我也慢慢想开了，原来这是那个年代中国内部的一场政治斗争啊！……我为什么反华，没有，真的没有，我想也没有想!”

几十年前的这位名导演，当他的《中国》纪录片在中国一石击起千层浪时，中国的第一批观众之一竟是当时的政治局委员、做着“红都女王”黄粱美梦的江青，而不是他所希望的平民大众。面对滚滚的大批判浪潮，安东尼奥尼愤怒地说:“我不明白他们为什么要指责我，这真是闻所未闻……他们指控所用的语言深深地伤害了我……”

又过了几年，年迈的安东尼奥尼中风了。

北京两位自由制片人有一天利用在意大利的机会前去采访他，问他:“你想再去中国吗”？安东尼奥尼几乎丧失了说话能力，他毕竟已是92岁高龄，终于吃力地说:“好的，我们一起去，赶快去!”

整整几十年一晃而过，太多的事件，太多的风波，太多的回忆，太深的教训！从中不断反思，从教训中汲取力量！

古罗马缘何强盛？

谈起文明古国意大利，人们免不了提及古罗马与文艺复兴两大文明。古罗马版图横跨欧亚非三大洲，幅员之广在世界古国中名列前茅。

几十年前，我刚上罗马大学文学系，买了不少文学与历史书籍。意大利的大学鼓励学生随意自购多种参考书，作为课外读物，以扩大视野，丰富知识面。我买了罗马的神话与传说、圣经故事之类的书。尽管请了家庭教员，但那时意大利语尚未入门，读得似懂非懂。要真正理解其含义，打了个大折口。后来时间长了，与意大利朋友谈古代文明，十有八九都会聊到古罗马或者文艺复兴，两个躲不开的话题。

你置身在那个现实中，低头不见抬头见！斗兽场、古罗马废墟、卡拉卡拉浴场、古罗马水道、三岔口喷泉、纳伏那广场、西班牙广场、天使古堡等文物景观，几乎三天两头都会从你眼前闪过，一个绕不开的话题摆在你面前，古罗马缘何强盛?

它从公元前8世纪到公元前6世纪的王政时期；从公元前509年到公元前27年的共和国时期；从公元前27年到公元1453年，历经罗马帝国以及分裂为西罗马帝国与东罗马帝国，最后，西罗马帝国于公元476年衰亡，而东罗马帝国被奥斯曼帝国灭亡。漫漫岁月里，留下的文物遍及罗马，遍及欧亚非三大洲各个角落，有的依然完好，有的虽已残缺不全，但保存得蛮好！这些留存至今的遗迹展示在千万参观者面前，人们在思考，“古罗马缘何强盛”？为什么能够横跨世界三大洲、震撼世界？

带着这些问题，我一直在想，有机会询问意大利朋友。因为我到了古罗马的“心脏”，如果身在其中，对这个问题一知半解，有些说不过去！

“条条大路通罗马”

周南副外长有一次访意，来到充满神秘色彩的古城维罗纳，莎士比亚笔下的《罗密欧与朱丽叶》的故乡，闲聊中提及同一话题，“古罗马缘何强盛”？想听听意大利人如何回答。

作者初次去罗马海滨的奥斯蒂亚古城游览。

陪同访问的意外交部礼宾司一位官员，她也不愿多讲，只是随便说了一句“条条大路通罗马”，要让我们自己去思考与理解。周南抢着说：言下之意，古罗马人懂得发展经济，交通要通畅！俗话说，交通兴经济兴。这个道理，比其他人早懂了一两千年！

那几条人人皆知的古罗马大道，阿比亚（Appia）、阿乌雷利亚（Aurellia）、卡西亚（Cassia）、弗拉米尼亚（Flaminia）、与杜斯科拉纳（Tuscolana）、萨拉里亚（Salaria），一一通向好几百公里外的古老城镇，悠悠岁月里，一直畅通无阻，直至今日。你只要在罗马生活短短一段时间，很快就会走上这些古道，一条条充满历史故事的大道。

让我想起，离罗马达芬奇国际机场仅咫尺之遥，有个貌似庞贝的“奥斯蒂亚古城”（Ostia antica）。我们刚去意大利留学，听朋友介绍，第一个星期日就想先睹为快，匆匆赶到那里，好在有条地铁通到附近。

时光穿越两千多年，这里曾是古罗马一个繁忙而发达的商业集散地，今天漫步其中，仍然可以见到古罗马剧场、市场、小铺小店、客栈、住家、大众广场、马赛克地板浴场、雄伟拱门、神庙、古井、古堡、石柱、石雕等古迹，而精致的马赛克图案大多为大海里的各种动物，高大的地中海松树亭亭玉立其中。漫步古城，呼吸着新鲜的空气，在灿烂阳光下，令人感慨万分！我想，正是发达的海陆交通造就了古罗马的一片繁华；如果交通闭塞受阻，哪有两千多年前的这片辉煌？而一条条昔日古道，在漫长的岁月里，依然发挥着巨大的经济与社会效益，直至今日，同我国京杭大运河与都江堰这些伟大工程一样，为人民谋福祉，闪耀着古代劳动人民的智慧与勤劳！1977年我陪同意大利共和党领袖拉马尔法去西藏，我们观看了成都郊外的都江堰。他说，四川有“天府之国”的美称，因为有大平原，有充足的水源，古代人都有智慧，无论在中国还是古罗马都一样！发展经济，缺了水源与交通，那就难上加难！

周南那次访问，最后一天与圣马力诺外长会谈，会见国家元首，中午接受宴请，下午驱车离开，穿越意大利北部美丽的平原与葱郁的山区，进入奥地利，又同德国巴伐利亚州擦肩而过，晚饭时刻到了音乐名城萨尔茨堡。周南说，“条条大路通罗马”这句名言，真的很有道理，我们短短几个小时，几乎穿越欧洲四国，而且大多为山路。如果没有四通八达的交通网，那是不可设想的！古罗马人把交通置以重要地位，实为聪明！马可波罗第一次去中国，历时三载半，因为有沙漠与山丘，道路不畅通……

修路的重要意义，我们到了改革开放才尝到了甜味，真正懂得它的重要意义。

“要致富先修路”的道理，今日已在中国深入人心，而且我国突飞猛进，高速公路与高铁的长度一跃远远跑在世界前列。

周南副外长访问圣马力诺。右一为周南，右三为作者。

想起了我在意期间，80年代断断续续写得好几篇文章，介绍古罗马通道带来了经济繁荣。为此我查阅了不少资料，否则不可能下笔。

为经济腾飞插上了翅膀

意大利人的血液里似乎有着古罗马人的灵感，早在1924年就从米兰通向北部湖区修筑了第一段高速公路，后来很快成为意大利最发达的地区。从米兰到科莫湖直至瑞士，要不了1个小时。交通的便捷带来了难以估量的经济效益。从那时开始，米兰与德国、瑞士的差距日趋缩小。

20世纪50年代与60年代意大利随着经济的复苏，开始大修高速公路。50年代末加入欧盟（当时的“共同市场”）后，修高速路的步伐大大加快。

媒体称，“高速公路为经济腾飞插上了翅膀”！高速路通到哪里，物流畅通了，经济搞活了，发展了，哪里面貌就很快改变了。人们普遍认为，那几年修路效应“仿佛青云直上”。著名的“太阳高速公路”将米兰、博洛尼亚、佛罗伦萨、罗马与那不勒斯几个重镇连成一体，从北到南800多公里，构成意大利最重要的交通与经济大动脉。本来意大利经济中心偏在北部米兰、都灵、热那亚“工业三角洲”，随着高速路伸向四面八方，当时欠发达的艾米利亚罗马涅、威内托、马尔盖、冈巴尼亚、布利亚几个大区的经济也开始腾飞。高速公路产生的经济效应几乎立竿见影。

以罗马东南、依山傍海的阿布鲁齐大区为例，境内山丘纵横，也有些山丘是光秃秃的，几乎找不到较大的平坦之地。到20世纪50年代，仍有大批平民漂洋过海，被迫去美国、加拿大、巴西、澳大利亚谋生。后来这里通了高速路，短短几年面貌大变。他们靠山吃山、靠水吃水，苦心经营旅游业，从中尝到了不少甜头，甩掉了落后的帽子，面貌迅速变化。留在当地的居民说："到海外闯天下是一条路，但条条大路通罗马，留在家乡也可开辟一个新天地！"有的说："要摆脱落后，先要改变与更新理念。头脑不开窍，山还是那样的山，地还是那样的地"！高速公路推动经济腾飞，不少到海外闯天下的阿布鲁齐人，又返回了家乡。许多人说，为什么要去海外？因为穷，逼出来的！现在条件变了，还是自己家乡美！

论名胜古迹，这里根本无法同罗马、威尼斯、佛罗伦萨媲美，但阿布鲁齐的山水得天独厚。这里的亚平宁山最高峰气势磅礴，亚得里亚海碧波万顷，海岸线长达150多公里。这里还有方圆500平方公里的国家天然公园，熊、羚羊、松貂、山猫、隼、水獭等动物遍及其中，漫山遍野姹紫嫣红，鸟语花香。盛夏，宽阔的海滨浴场人山人海。冬天，成千上万的游客乘缆车登上2000米山腰滑雪，滑雪季节长达半年之久。从海边到山区，有了高速路，短短几十分钟，游览观光的人群终年不绝。

我问过好些意大利人，为什么开辟国家天然公园？大区出生的一位讲："大自然需要好好保护。大自然一旦遭到破坏，找不到一个替代品。其他东西坏了，可以再换一个新的。唯独大自然没有任何办法去替代。大自然是人类依赖生存的地方。但是，随着社会的发展，人类的活动日趋增加，在战后工业化口号的鼓动下，许多地方片面与畸形发展，即使在阿布鲁齐这样的欠发达地区，也有不少人为了图谋私利，不择手段办企业，造成污染，美丽的大自然遭了殃，地球在痛哭！因此保护大自然，首先要从顶层抓起，选择与开辟一些区域，界定为'国家天然公园'，神圣不可侵犯！在此范围内，禁止一切工业或农业性开发活动。"

有的讲："国家领土再大，总有限度！大自然如果得不到有效保护，会遭子孙后代责骂的！何况意大利只有小小的30万平方公里！”

值得一提，一个历史插曲！

独裁者墨索里尼也在这里的“格朗萨索”（Gran sasso）山峰上留下几个历史时光的碎片。这里位于罗马东北120公里，山顶上有个冬季体育中心，还有一家名叫康博因培拉特莱饭店。1943年7月25日，意大利政局风云突变，国王在全国各界声势浩大的反法西斯独裁的一片片抗议声中，被迫下令逮捕了墨索里尼。8月28日，这位意大利法西斯头子辗转押送到此，就关在这家饭店。经过专门训练的意大利看守部队万万没有料到，希特勒特种突击队，经过一番周密空中侦察，于9月12日派滑翔机登陆饭店旁的唯一平台，双方激烈战斗20分钟，德国纳粹救出了墨索里尼。

也许名人效应吧，意大利人一提“格朗萨索”，都会讲起这个故事，去那里滑雪与旅游的人也多了！从意总统、总理到梵蒂冈教皇，都来这里赏景、滑雪、度假过。

一家侨居海滨城佩斯卡拉的华侨，经营海鲜餐馆，有一次我们去那里用餐，老板眉开眼笑地说，所以生意兴隆，餐馆选址好，条件优越！因为这里既有酷爱蓝色海洋的游客，又有偏爱高山赏景与滑雪的游客，他们从格朗萨索下山驱车到这里，只有短短一段时间，是高速公路给他带来好运，也改变了阿布鲁齐大区的面貌。还幽默地说：“做生意，先要求拜风水先生！”

“最大企业”

在亚平宁这块风光优美的大地上，从北到南，山丘遍及全境，智慧的人民凿隧道、架桥梁，早在20世纪90年代就已修建高速路6000多公里，一度跑在英法两国前面，在欧洲仅次于德国。这些高速公路中，普通桥梁与建于悬崖峭壁上的大型桥梁共有2450多座，隧道总长超过300公里。按当时价值统计，1987年高速公路费、汽车加油与服务站、沿线饭店与旅馆等，年经营额高达850多亿美元，相当于2.8个菲亚特，一时称高速公路为全国“最大企业”。

我刚去意大利不久，有一次去海港热那亚。汽车在峡谷中驶去，凭窗眺望，一边是浮云缭绕的山峰，一边是碧波万顷的大海。地中海沿岸的秀丽景色在眼前一幕幕闪过。热那亚郊区除弹丸平坦之地外，尽是深山峡谷。眼看快到热那亚，汽车在蜿蜒曲折的羊肠小道上行驶，我们花了个把小时才到城区。短短一二十公里，耗时那么长，为什么？因为不畅通！

过了好多年，当我重返这个意大利最大港城时，高速公路早已四通八达。到热那亚郊区，几分钟就穿越而过。海港人称高速公路为神奇的“魔路”，大大节省了时间与成本，带来巨大经济与社会效益。热那亚所以成为全国第一大港，就是因为高速公路沟通了两个经济重镇米兰与都灵，成为发达的北方的最大出海口。那几年，热那亚港务繁忙，码头迅速扩大，热那亚在全国经济中的分量也在不断提升，在欧洲颇有名声。我国远洋货轮抵达热那亚的船只之多，远远跑在意大利其他港口之前。我国远洋公司代理行阿玛特说：“过去，热那亚优越的地理位置困于交通受阻，路不畅通，优势远远得不到发挥。现在道路畅通了，物流繁忙了，热那亚港也变活了！”

“慢腾腾”的意大利司法系统

要强盛，交通固然重要，但是光有交通还远远不够。

古罗马缘何强盛？

一个根本原因还在于法治！这是罗马大学一位历史教授

的话。

这让我想起好多年前，我国司法部代表团在罗马同意大利司法部官员与法律专家的一次座谈。他们强调“罗马法”是世上所有法律的鼻祖，作为古罗马的后人，他们以此为豪。因为“罗马法”早被世界各国公认为世上最早的法律。

然而，众所周知的是，在“罗马法”诞生地，只要一谈起今日意大利司法，那种弊端多多的司法，尤其是司法程序之慢，慢得犹如蜗牛，让人失去耐心与信心。“罗马法”的故乡，怎么会这样糟糕？世上的都在变，事实就是这样！

听不少意朋友说，从一次开庭到另一次，拖上半年或八九个月已是家常便饭。好不容易等到开庭那一天，原告与被告双方到场时，律师说：“今天因为法官怀孕了，身体不适，对不起，取消开庭”，或者随便讲个什么理由，宣布下次开庭日期（常常是八九个月后的某一天）。

这在意大利不是新鲜事，早已司空见惯！

有一次，吃了闭门羹的几对原告、被告互相气愤地闲聊起来，因为他们每隔八九个月就在法庭门口见面一次。一个问对方为什么打官司，他怒不可言地说：“仅仅为了离婚后的夫妻财产纠葛，官司整整打了6年！耐心，我最大的耐心，没有了，完全没有了！”另一位怨气冲天，怒斥法院：“为打官司，等呀等，我连头发都等白了！我担心的是，等到最后不了了之，叫我去哪里申冤！”

我看过著名演员阿尔贝托索尔迪20世纪70年代演的一部喜剧片，名叫“等候被审判的犯人（un detenuto in attesa di giudizio）”。描写久居瑞典的意大利一位工程师带着妻儿高高兴兴回到祖国，谁知到了边防站，祸从天降，警察检查证件时稀里糊涂地将他拘捕了。从此辗转意大利南北几个恐怖的监狱，受尽种种羞辱与暴力。他竭力为自己的清白与尊严而抗争，但因没完没了的折磨，让这位好端端的归国工程师神志越来越脆弱，他始终不明白自己究竟犯了什么罪？由于司法程序的缓慢，仅仅为了等候审判，让他失去自由，度过了一段漫长而又痛苦岁月！最后才发现，原来因为同名同姓抓错了人，闹了一场荒唐透顶的大笑话！

这部影片对意大利现代司法弊端作了有力讽刺，多少年来一直留给无数观众难忘印象！当人们茶余饭后议论或埋怨司法制度的弊端时，常会提到这部电影，有的说："既是虚构的故事，又是现实的反应！"

参观罗马监狱

不过，一个国家的总有它的两面性，司法也是这样，对意大利司法绝对不可全面否定。不能说因为司法程序缓慢或其他弊端，意大利的司法就一无是处了。如果这样看，那是片面的。

那次我陪同我国司法部代表团参观罗马监狱。我们通过一道道关卡，进入监狱内部。

他们首先带领我们看了监狱的厨房，正值中饭之后，几位穿着长靴的清洁工正在用水龙头冲洗墙壁与设备，大量的水把厨房墙壁冲洗得干干净净，他们工作很认真，看不出是故意做给我们看的，连煤气灶也擦得一尘不染。一整套真价实货的不锈钢餐具也被擦洗得亮晶晶的。刀叉与瓷盘都用洗涤剂清洗、高温消毒。我们又看了几个囚室与小卖部、娱乐场所，以及犯人劳动车间，参观完毕，我们的共同感觉，对厨房的清洁卫生留下印象最深。

而印象深刻的，还有接待我们的监狱长的一段话："他们犯了罪，正在受惩罚；但囚犯也是人，他们的人格与尊严也要受到尊重，他们同样应当享受健康的饮食！这是所有人应当享有的权利！如果一个乞丐向你讨饭，你可只给他面包，不给他牛排，但不能违背良心，给他发了霉的面包！我的职责是，依法管理好这座监狱。但是，目前面临囚室拥挤、空间狭窄等诸多困难，我也很头痛，因为国家每年拨款总是远远不足……”

听了这位监狱长强调“依法管理好监狱”这段话，当我们走出罗马监狱时，大家还在议论，都说“讲得有理”！

两国司法部代表团还举行了座谈。座谈会上，一位罗马大学法律教授讲：古罗马文明对人类的一个重要贡献就是他们制定了一整套法律体系，在实践中不断完善。这套法律体系中有市民法、自然法与国家关系法，后来变成“罗马法”，它的基本思想和重要原则，随着时代的变化，潜移默化，不知不觉、或多或少地融进了世界许多国家的法律之中。这是不可否定的事实。

在座的一位权威律师帮着解释：“罗马法”不是凭空制定的，而是在实践与经验中总结而成的。因此，古罗马先有管理结构与政治体制。要研究“罗马法”，先得从考察古罗马的政治体制入手。

继承创新　遵纪守法

据报道，日本女作家盐野七生26岁起就在罗马学习，一待待了几十年。她花了大量心血，实地认真考察称霸地中海、横跨欧非亚三大洲的古罗马，缘何强盛？最后用15年时间写了15册“罗马人的故事”。她历经千辛万苦，实地调查研究，查阅大量资料，苦苦思索，写了这本巨著，深受不少喜爱历史的读者的欢迎。

她在书中写的东西没有虚构，年代与人物都经论证、考察、查实。她认为，古罗马所以能够成就大业，一个重要原因是，他们坚持遵守法律法规，以及制度建设。他们用法律法规管理国家，建立制度规范社会。古罗马的这种观念和方法对欧洲及整个世界带来重大影响。例如，古罗马早在公元前451年就颁布了12铜表法，废除平民与贵族不能通婚的限制，这也标志着罗马法的诞生。公元前326年又取消了债务奴隶制。

古罗马都依法了？也不是。伟大作家鲁迅讲过，翻开中国五千年历史，就看到两字：吃人！

古罗马史何尝不是吃人的历史！光是尼禄皇帝就下令血腥屠杀了数不尽的犹太人。残杀、蹂躏、焚毁、暴君，统统记载在古罗马漫长的历史上。

但是，纵观古罗马千年史，从总的方面讲，应该说，它对老百姓的统治有一套政治体制，而不是思想管理或意识形态管理。如果没有体制管理，而是依靠哪位君主的思想意识管理，古罗马不可能延续漫长的年代，创造光辉的文明，给后人留下永远道不尽写不完的一段段故事，深深印烙在一代代人的记忆中！

“历史研讨会”

翻阅多少年前的笔记本，有一次我参加了在罗马“巴尔贝里尼宫”举办的历史研讨会，会上云集不少意大利历史学家与教授，对古罗马以来的历史各抒己见，畅所欲言，无所不谈，以此得出教益，以史为鉴，古为今用。

那不勒斯大学一位老教授说，希腊统治过罗马，后来古罗马又征服了希腊。悠悠历史风云，总是变幻无常！为什么古罗马曾经横跨三大洲、不可一世？他认为，古罗马的强大也源自文化与教育。他们对古希腊文化和教育不是全盘排斥与否定，而是逐一吸收和消化，又进行改造，慢慢促进了古罗马自身教育的发展。要知道，古希腊的文化与教育是一笔宝贵的精神财富，古希腊人才辈出，出了许多杰出的哲学、科学家。苏格拉底、柏拉图、阿基米德、亚里士多德等，芳名流传至今。古希腊历史、法律、数学、天文、几何、伦理、音乐、体育等科目都创造过光辉，影响过世界。这些古希腊知识遗产，是一笔无穷的财富。谁能善于抢先消化吸收，谁就立于不败之地。这一点古罗马人很聪明，他们做到了！相反，如果他们一味排斥而不吸收，那么古罗马强盛不堪设想，也许只是一句空话，世界历史也要改写了。

讨论会上，罗马大学一位教授同意他的同行的观点，还引证了亚里士多德的两句名言，一句是：法律就是秩序，有好的法律才有好的秩序。另一句是：法律应当优于一人之治……要让法治主张成为法律监护官的权力。这位教授说，经过罗马对古希腊文明的一番改造、吸收消化与不断创新，又出现内涵极其丰富的古罗马文明，到后来对整个欧洲，乃至世界产生了程度不同的影响。他说，谁善于向优秀学习，慢慢消化吸收为自己的东西，谁就会变得比别人更优秀。美国的例子最能说明问题。美国只有短短二三百年。论历史，美国是世界上的“小弟弟”。但只是问题的一面，他们也有优势。美国人，有的来自欧洲，有的来自中东，有的来自墨西哥，世界许多地方的人移居到美国，他们不守旧，没有包袱，善于向外来的好东西、优秀东西学习，他们讲究拿来主义。凡是别人优秀的东西，他们都想拿到手。他们这样做了，所以很快变得强大了。许多优秀的犹太人才到了美国，得到良好的生存环境，英雄大有用武之地。犹太人为美国发展是有贡献的。意大利伟大科学家费米被迫迁居美国，在那里创新发明，也出名了！任何一个民族与国家都有它的优势与长处，美国善于吸人之长补己之短。一句话归纳为，法制加科学的拿来主义，就会强而不衰。

佛罗伦萨一位教授则强调，遵纪守法没有例外。在朝的，在野的，统治者，百姓平民都要遵守法律。他引证了古罗马哲学家奥维德的一句名言：制定法律法令，就是为了不让强者做什么事都横行霸道！他说，法律面前人人平等，不应成为一句漂亮的口号或者一句空话。讲来容易做来难，真正做到太难太难！用意大利俗话说，“说与做之间远隔重洋”！

他还说，法官的公正是所有公正的关键，如果连法官、律师都不公正，知法者犯法，那不是天大的笑话！但笑话归笑话，现实生活中并不罕见！大小法官与律师违法乱纪的，甚至关进牢房的，几乎每个国家都有！过去有，今后还会有。他引证了英国哲学家培根的名言：一次不公正的审判，其恶果甚至超过十次犯罪。因为犯罪虽是无视法律……好比污染了水流，而不公正的审判则毁坏法律，好比污染了水源。司法不公在任何国家任何地方，平民百姓都是深恶痛绝的，那是对法律的最大践踏与玷污！

教授认为，说到底，要求人人守法，只是理论上的概念，现实生活中绝对做不到，否则还要律师、法官、法院干什么？

西耶纳大学一位教授谈古罗马的军队为什么强大，一度所向披靡？（他还列举了几次大战役）就是因为它的战斗力强，战斗力强又源自接受严格训练。体力、耐力、技能与战术都要训练，以此形成强大战斗力。公元前一百多年两次马其顿战争，把马其顿打得溃不成军，从此将古罗马版图扩大至希腊和东地中海广大地区，并非偶然。如果没有一支素有训练，并且形成强大战斗力的军队，那是完全不可能打胜仗的。

这次历史讨论会几位教授的观点，不禁让我想起法国思想家孟德斯鸠讲过的一段意味深长的话。

他说，罗马人坚守了一些优秀品德和科学的制度，才造就了自己的伟大；到了后来，因为他们奉行与以前完全相反的一套东西，例如滋长起奢靡腐化之风等，最后又把自己搞垮了。

教训深刻，令人深思！

道法者治，道私者乱！漫漫岁月中，古罗马强盛不衰，因为他们讲法守法；最后衰落灭亡，因为他们到后来违法乱纪，奢靡腐败！

据历史资料记载，王政时代之后的罗马，崇仰美德，公民纯朴，富有爱国心与荣誉感，罗马共和国经受了考验，屹立在地中海四周广袤的土地上。可是到后来，随着一些贵重的奢华品输入罗马，奢华之风也悄悄吹入罗马；有的追求奢华，崇仰狂欢纵欲；有的铺张浪费，挥金如土；有的相互攀比，看谁家装饰得金碧辉煌！慢慢发展下去，贪污受贿成风。手掌大权的各级当权者通过多种手法，暗箱操作，有的用金币与宴席贿赂选举；有的不择手段，侵占赃物，从事高利贷和商业投机，聚敛大量财富，贪污腐败甚嚣尘上！而原有的权力制衡机制与监督机制慢慢受到削弱，最后名存实亡。

古罗马从强盛到没落是一本极佳的历史教材，了解一个个故事，让后人从中得到教训，受益无穷！

法治是根本

如果没有法治，没有一套完整的体制保证，当权者血液沸腾、头脑发胀或者一言堂、失去冷静时，就容易把法律与规章抛至九霄云外，产生难以想象的恶果，甚至亡国！

2014年秋天，中央十八届四中全会通过总结了古今中外深刻的历史经验与教训，作出了全面推进依法治国的重大决议，以习近平总书记为核心的党中央力图从“顶层设计”入手，规避人治可能带来的种种风险，这是具有划时代意义的一件大事！

我想，随着时间的消逝，法治这个重大课题也会让人们在生活的现实中看得越来越清楚。

五千年历史中我们伟大民族遭受了一场场灾难、人民付出了沉重代价和痛苦。痛定思痛，吃一堑长一智！我们从深刻反思中，真正懂得，只有法治兴，国家才能兴；只有奉法强，国家才能强！真正懂得，权力必须制度化，决策必须制度化，政治体制必须制度化！制度不是可以伸缩、可大可小的橡皮筋，而是一种硬约束。制度没有例外，不能开天窗或者走暗门、走后门！

制度是由生产方式与生活方式的历史塑造的。不是制度塑造历史，而是历史塑造制度。

我们的认识是在摸索和摔打中得到的，不是从天上掉下来的，也不是凭空想象出来的。十八届四中全会全面依法治国的决定，对我国的长治久安提供了根本保障。

当今一个个贪官，不管苍蝇或老虎，正在露出他们狡猾的狐狸尾巴，那些人人痛恨贪官腐吏，早或晚，最终摆脱不了法律的制裁！

我们从教训与实践中懂得，要从根本上杜绝与铲除形形色色的腐败，必须建立铁面无情的法规制度。像人们天天梦寐以求的蓝天白云与绿水青山一样，光是口头讲没有用，光是在聚光灯前、记者面前或者什么大会上讲一番漂亮话，“做个好演员”，也没有用！

还需要有一整套严格的规章制度与监督体系，才能真正见到实效！我们的国家只要法治真正落到实处，伟大的未来就有希望等来！

初夏的那次意大利之行

1979年，我刚到驻意大利使馆工作不久，彭冲作为上海市第一把手，率团访问意大利，我做了翻译，陪同代表团辗转意大利南北，度过了日程安排相当紧凑的日日夜夜。

一些往事今日想起，还在我的记忆之中。

看到彭冲来访，“意中经济文化交流协会”主席科隆博抽出

彭冲访问意大利，会见意大利众议长约蒂。左一为彭冲，左二为作者，左三为约蒂。

时间从北到南一路陪同，几乎参加所有活动，表示他对中国的友好，对上海的重视。因为自两国1970年建交至今的短短9年里，他作为意大利最有影响的对华友好组织掌门人，已经3次访华，2次会见周恩来，1次会见邓小平，在意大利政治家中他常常以此为豪，无论官方或民间他已被视为一位“中国通”、“中国的老朋友”。这次彭冲访意，米兰与上海即要结为“姐妹城”，他在米兰土生土长，几次到过上海，两个最大的工商业城市结为友好，自然也有他的一份功劳。

“大社会小政府”

别以为意大利是西方G8集团的发达国家，就财大气粗了。相反，它们的政府开支，无论中央还是地方政府，卡得紧之又紧，任何预算都要经过议会批准，谁的讲话都不灵，总统总理也无法增加任何一笔开支，绝对铁面无情！

他们接待外国团组访问经费很有限，怎么办？为解决彭冲一行的接待经费困难，“意中协会”协助意大利接待部门做了许多工作，从中牵线搭桥，发挥同我国经贸与金融关系密切的大企业与银行的作用，由他们提供长途大巴、安排食宿，像接力赛一样，一站又一站。由于“意中协会”工作认真负责，花了一番力气，几乎可以说，安排得天衣无缝。

“意中协会”秘书长卡洛布蒂，作为科隆博的得力助手，时而也跟随彭冲一行参加几场活动。关于经费，他对我补充说：“经费向来是个棘手问题，你们别以为米兰是意大利第一工商业中心，有全国最大的股票交易所，世界上最大的歌剧院，全国众多大企业、大银行总部，也有‘世界时装之都’的美称，米兰市政府腰包里鼓满了钱，就此财力浓厚了。恰恰相反！我们国家是企业有钱，老百姓有钱，中央与各级地方政府穷，在职官员的头脑没有一天敢越出‘紧缩开支’这根底线的！市长、副市长、厅局长以及各级官员，你请他们吃饭，他们很乐意，但是他们很少回请你。为什么？不是他们失礼，而是因为没法报销，政府的开支卡得紧之又紧。一句话，我们国家是大社会、小政府；换言之，市场经济下，社会无限膨胀，政府日益瘦身！”

这就让我想起罗马市政府。我在意大利生活了几十个春秋，看到的那个市政府，一直就是那幢橘黄色的几层小楼，起码已有几千年前的老房子！我几次进去办事，只见价值连城的油画雕塑比比皆是，但走廊弯弯曲曲，阴暗潮湿，好多员工挤在同一办公室。

如果你去罗马市政府广场参观（广场地面大理石图案为艺术大师米开朗基罗的杰作），正面那幢小楼就在你面前，比我国好多县政府楼房还要大显逊色，小得甚至不敢相信你的眼睛，一个管理300多万人口的古都市政府，怎么就紧缩在这幢矮小的楼房里？不夸张，事实就是如此！

当然需要说明的是，国情与体制不同，我们也不能简单相比。意大利的地方政府并不直接管理所在地区的生产企业。国情不同，地方政府功能也不尽相同。

“稳定压倒一切”

一路上，尤其在大巴上，科隆博与彭冲利用空闲聊了不少话题。有一次他们谈得最多的就是，没有国家稳定，一切都是空话。

话题转到中国“文化大革命”，科隆博知道“四人帮”曾在上海折腾得好厉害，彭冲当了“文化大革命”后的上海第一把手，自然很想“近水楼台先得月”，从他那里听些“四人帮”在中国折腾十年的新鲜事。其实彭冲没有细谈“四人帮”，只是从宏观上讲了一些。他说，我们开了具有历史意义的三中全会，全党决定全国以经济建设为中心，集中精力搞社会主义现代化，这是一件划时代意义的大事，这一重要转折，时间越长就会看得越清楚。以“以阶级斗争为纲”的时代一去不复返！

科说：“我们也为你们高兴啊！那你们如何从“文化大革命”这种混乱局面中很快走过来的？外人谁也看不懂的“文化大革命”！上海怎么走过来的？”

彭想了想说：“几天几夜讲不完，一言难尽呀！‘四人帮’祸国殃民！你想，“文化大革命”长达整整十年，我国国民经济几乎已到崩溃的边缘！‘四人帮’在上海、在全国都有他们的爪牙，盘根错节、气势汹汹、胡作非为，听起来毛骨悚然！他们推行的一套极“左”思潮，影响深范围广，造成种种恶果，消除它要花大力气，不容易，我们正在努力做！整修一幢幢破损的大楼容易，消除极“左”思潮的影响，极不容易，真的要花大力气！因此我们面临拨乱反正的艰巨任务！”

科说，堂堂的一个中国，素有“文明之国”美称的中国，动荡十年，西方人很迷惑，看不懂！什么“红卫兵”、“大串联”，学生不在课堂，工人不在车间，有的媒体甚至讲中国“打了十年内战”！

科强调指出：“政局动荡，‘打内战’，任何一个国家都会受不了！意大利第二次世界大战期间遭受严重破坏，铁路公路几乎全部中断，全国满目疮痍，民怨沸腾。到1945年，国民生产产值还不及7年前的1838年！抛开战争不说，就在和平年代里，我们这里不时发生的全国总罢工、大罢工，对国民经济与人民日常生活也是影响不小，麻烦多多，很伤脑筋！稳定是压倒一切的！我有领导工会工作的一段经历，印象很深的！国家要发展，先要有稳定的政治局面！”

彭冲讲：“完全同意你的看法。国家没有稳定，一切都是空话！所以我们今天更加珍惜来之不易的好机遇，千载难逢的好机遇！‘文化大革命’这一页已经彻底翻了过去！庆幸的是，中央英明，很快稳住了上海，因为上海是全国最大的工商业中心，地位举足轻重。如果上海乱，国家势必会受严重影响！我深感自己肩上担子之重！我们今天走出国门，就是要向世界表明，中国进入了新时代，国内我们要集中力量搞经济建设，进行改革；对外，我们要打开国门，要学习外国的好经验，凡是好的，要认真学，根据中国国情加以吸收消化，为我所用。”

科说：“中国是我向往的国家，三次中国之行加深了我对中国的了解与认识。”

彭冲赞赏他对中国的友情。接着说，意大利有许多领域跑在世界前列，大理石开采加工、汽车设计理念、石油化工、汽车轮胎、时装设计、食品加工，还有不少，举世瞩目，值得中国好好学。

科隆博很高兴听了彭冲列举意大利之长，也举了大理石开采一例。他说：“早在古罗马，那座宏伟的斗兽场，外面包着一层切割得精致的大理石，可谓华丽壮观，可惜后来外族入侵，这些大理石都被无情地挖走了，斗兽场从此惨遭恶运，今天人们看到的这座古建筑虽然仍很宏伟，但已是“遍体鳞伤”。几千年来我们掌握了一套开采加工大理石的先进经验。几百年前的文艺复兴时代，米开朗基罗还亲自跑到深山野林挑选大理石，多少年来世界五大洲的不少宫殿里用的也是意大利大理石。我们的大门是敞开的，欢迎中国多派团组与专家来，意大利好比一本翻开的书，随便中国朋友去翻阅。你们来访，我的‘意中协会’乐意从中牵线搭桥。”彭冲听了，感谢他的一番好意，并说，中意两国互补性强，合作领域广，两国关系前景好。回国之后，我们将会好好考虑在意大利的所见所闻，如何吸你们之长为我所用。加强中意两国友好合作完全符合两国人民的根本利益。

彭冲未乘直升机

阿古斯塔109型直升机是意大利的骄傲！

彭冲一行带着浓浓的兴趣参观了意大利著名的阿古斯塔直升机公司。

公司创建于1923年，属“芬梅卡尼卡”机械集团，上面又属包罗万象的国家“伊利”集团。谁不知道，上海，著名国际大都市！意方对上海第一把手到来，给予规格，格外重视，从“伊利”到“芬梅卡尼卡”出面接待的都是老总或副老总，分别同彭冲交谈，播放视频，参观组装车间与产品陈列馆。他们强调，公司生产直升机采用美国先进技术，引进后不断消化创新，尤其引以为豪的109型直升机，无论在哪里，人们一提“109型”，都会点赞不绝。

参观结束时，按原来日程安排，彭冲一行应当分别乘上此型直升机，在公司四周上空游览十几分钟，而且早已安排到每个细节。可以说“万事俱备，只欠东风”，只要主宾一点头，马上就可升空观光。

那天格外晴朗，一片蓝天白云。抬头可见远处阿尔卑斯山碧绿葱郁，峰峦连绵，四周环境清幽，好似一幅幅瑰丽的山水画卷。公司经理介绍讲，不远处有个清澈见底的马乔雷湖（Lago Maggiore），湖中心的“美丽岛”，拿破仑曾到这里，名人效应，从此名声大增，游客络绎不绝。从空中俯瞰，一边是逶迤连绵、气势磅礴的阿尔卑斯山，周围山丘森林环抱，另一边又有平原与江湖，别有一番风光。介绍继续说，短短几分钟，你们可以欣赏到世上独一无二的美景。公司准备好的109型直升机，是意大利的骄傲，技术性能优良，安全可靠。采用涡轴发动机，机身长11.45米，最大载重量1430公斤，1971年首飞，1976年交付使用，可在高温、严寒、高原地区使用，畅销世界许多国家。

听完介绍，彭冲表示愿意乘坐，升空转一圈。但是最后时刻，陪同参观的我国驻意大利大使偏偏摇了摇头，对公司接待人员顺便讲了个托词，热情感谢公司的一片好意，大家就告辞了。

为什么？

那是因为罗瑞卿总参谋长去赴德治疗腿疾时不幸去世的事刚发生不久。大使事后对我们说："彭冲不仅是上海第一把手，也是国家领导人，我是为了"以防万一"；公司讲直升机安全可靠，我不轻易怀疑，但是万一出事怎么办！我向国家交不了这个账呀！"

话从浓香的米兰花谈起

在一次宴席上，彭冲说，米兰这个名字很好听，在中国有种浓香的花，叫米兰，香气袭人。我做翻译，插话说，米兰两字从英文"Milan"发音翻译而来，选了两个优美的汉字；如果按意大利语"Milano"发音，则要译成"米兰诺"。彭冲笑了，中方随行人员中有位长年养过米兰花的人抢着补充说："米兰四季常青，花开不断，花小而细密，呈黄色，放在家里，清新幽雅，舒人心身。"

彭冲问，米兰的名字是怎么来的。年轻的市长托尼涅利没有马上回答，在他犹豫的刹那，土生土长的科隆博脱口而出，作了解释：'米兰'意大利一词源自mediulanum这个词，意为"平原中心"，因为米兰周围就是一片富饶的平原，尤其是波河平原。他还幽默地补充说："米兰的芳香"来自悠悠岁月，从古罗马到意大利全国统一，西班牙、法国、奥地利等都践踏过米兰，“米兰花不是温室里长的花，而是在寒风霜打中成长的花”！

大家都笑了！

随后，科隆博反问彭冲，那么上海这个名字从何而来呢？彭冲笑着说，有多种说法，不统一；他出生福建，还是请团里地道的上海人回答吧！

这位上海的同志解释说：有的讲上海地处“海上之洋”；也有的说，当时有上海浦，下海浦两条水道……慢慢叫出了上海这个名字，上海邻海，同大海结缘，因此带了个“海”字。

科隆博作为老练而又资深的政治家，知识渊博，把话题转向历史。他认为，外族入侵都会给受到侵害的民族带来苦难，人民寄人篱下，深受折磨！无论米兰还是意大利南方，都有一段段令人心酸的故事。尤其是意大利南方，受过希腊人、阿拉伯人、西班牙人等外族几千年的入侵与蹂躏。意大利曾是四分五裂、历经艰难的国家，直至1861年才算统一。但是事情都有两面，外族留下的文化及风土人情的影响也是不可低估的。漫长岁月里，人们不知不觉中受到熏陶与影响。

坐在旁边的科隆博助手布蒂补充说：“举个实例，如果米兰一条街上的管道破裂了，一天之内就会修好，奥地利人给我们带来了德国人的刻苦严谨、讲究效率的作风。如果发生在西西里或那不勒斯，等上三五天甚至个把星期，屡见不鲜，而且并不见怪！阿拉伯人的自由懒散的坏习影响了他们，直至今天，可见文化与风俗的影响是相当长远的”。

不过布蒂又加了一句：“我们北方人不能因此歧视南方人，而且也不能一概而论。北方也有偷懒的，南方也有勤快的，毕竟意大利实现国家统一，一百多年过去了！”

科隆博接着说，1971年秋天，他应中国对外友协邀请首次访问了他所久盼的中国，到了上海。听人说，上海人很勤劳，头脑灵，擅长算账，懂得持家，也许多少受了英国法国人的影响吧！不是那里有过他们的租界吗？彭冲笑了笑说，历史不容割断，相互影响客观存在。所以我们常说，不忘过去，回顾历史，为了更好面对今天，展望明天！布蒂说，听朋友讲，上海留下不少具有价值的优秀历史建筑，其中不少是英式的、法式的，也有意大利、希腊与西班牙风格的建筑，有本英语书专门介绍这些欧式建筑。

彭冲回答："是的，我们正在好好保护，优秀历史建筑都是珍贵的文物，也是上海历史的组成部分，不能忘记呀！"

马里诺宫结为"姐妹城"

这是彭冲率领上海市代表团访意的一场重要活动。

那天下午上海——米兰结为姐妹城的友好协议在米兰市政府大厦"马里诺宫"举行，意大利国家电视台与米兰地方电视台聚光灯记录了这一时刻。中意两国自1970年年底建交以来，上层交往不断，民间往来也在增加，上海—米兰作为两国最大工商业中心首先结为姐妹城，彭冲与托尼涅利市长先后发表讲话，言简意赅。彭冲说，上海—米兰都是举世有名，中意既有共同点，也有不同点，两城结为友城，增加交往，优势互补，合作空间很大，1加1肯定大于2。托尼涅利说："到了中国，谁会漏掉上海！这就如同到了意大利不看米兰等于没到意大利一样，我们能为同中国最大城市结为姐妹城而骄傲！"在签字仪式后的闲聊中，彭冲又说，小时候学世界史，知道丝绸之路，最早的概念是连接了亚洲的中国与欧洲的意大利，这是陆上丝绸之路。还有一条海上丝绸之路，从福建泉州通向印度洋、地中海。上海就在大海边，所以上海同米兰，很早以前是丝绸之路连接起来的！旁边的意大利朋友都笑了起来！

离开马里诺宫前，市政府礼宾官带领我们看了宫里的几个大厅，忙着解释这座建筑的历史。

它建于16世纪，建筑风格很有代表性，位于米兰闹市中心的斯卡拉广场，宫前树立着艺术天才达芬奇的雕像。马里诺宫的主人是热那亚的商人与银行家托马索马里诺。1861年随着意大利王国的建立，这里成了米兰市政府所在地。第二次世界大战后重建了庭院，墙上的壁画也已修复。同跑遍意大利南北的所有宫殿一样，马里诺宫的雕塑、壁画、油画、马赛克图案可以讲上几小时、写下好几页。你说它们是艺术官、博物馆也可以，但偏偏成了办公楼。几个世纪以来，宫里所有艺术珍品依然保存完好。

临走时，那位礼宾官问，上海市政府大厦一定比“马里诺宫”更美丽吧？

陪同彭冲访问的市外办主任抢着回答：是的，那幢楼很大，在黄浦江畔的外滩。但米兰与上海市政府两幢楼，各有特色。下次欢迎你们去上海，一定会看到的！

在游览大巴上，科隆博很好奇地说，我已几次去过上海，但没有看到市政府大楼。彭冲告诉他，上海外滩这幢楼有二万多平方米，建于1925年，由英国设计师设计，曾是汇丰银行大楼，同“马里诺宫”一样，它见证了上海的一段历史。坐在附近的代表团一位随行人员、脑里装着市政府大楼的信息，看科隆博很有兴趣，讲得更具体。他说，是幢罗马式古典建筑。从历史资料上写着，还有你们意大利工匠制作的壁画，构图巧妙，造型优美，但不知道他们的名字。远远看去，气势宏大。天顶上的画都用马赛克拼成，图案是古希腊神话故事，有太阳神、月亮神与谷物神，美妙绝伦。尤其值得一提的是，楼里有4根举世少见的大理石雕刻圆柱，甚至有人说世界上类似圆柱只有6根，另有2根在巴黎卢浮宫。科隆博听了，引起浓厚兴趣，连声说：下次去上海，一定要看看这幢大楼！

当官两袖清风，不容易！

那年秋天彭冲访意，意大利总统佩尔蒂尼会见了他，意方给予很高礼遇。走出总统府，彭冲对我说："这位老总统与众不同，很实在，对中国充满友情！不愧是反法西斯战争中经受考验的领导人！"

第二年秋天，年迈的佩尔蒂尼总统对中国进行国事访问。那时我国没有设立国家主席一职，彭真委员长为他举行盛大宴会。

在主宾桌上，我为彭冲做翻译，坐在他身边，顺便讲了佩

彭冲陪同意大利总统佩尔蒂尼游览杭州西湖。前排右二为彭冲。

尔蒂尼这位坚强的反法西斯战士一生廉洁奉公、两袖清风的几个故事：当了共和国总统，回热那亚老家为父母扫墓，不声不响来回都乘普通班机，费用自掏腰包；当了总统，与夫人商定，放弃总统府豪宅，仍然住在自家，而夫人在丈夫担任公职期间不跨进总统府大厦一步，仍安心从事罗马一家医院心理学医生职责；有一次佩尔蒂尼总统在米兰庆祝共和国解放日，仪式结束后又是不声不响进入一家普通饭店用餐……

彭冲说："今天人民日报发表了一篇文章，你讲的故事，文章里都有，我看了。"我很高兴地说："是我写的。"彭冲又说，西方国家里，像这位老总统那样一生两袖清风、朴实坦诚，深授意大利人民爱戴与尊敬，很少听到。他有这种高尚，真不容易！相反，人们常常听到的是，西方国家腐败贪污司空见惯，不少官员手脚很不干净。

佩尔蒂尼去外地访问，一路由彭冲陪同，从北京到西安，从上海到杭州。有一天，我同彭冲仍然聊起这个话题。他说，毛主席、周总理一生为公，两袖清风，为全国人民做出了最好榜样。建国初期发生天津刘青山、张子然的贪污事件，毛主席毫不留情，坚决要给他们处以极刑，以此告诫与教育全党全国人民，当官要为民要为公，如果为私为己，就别当官。

彭冲讲的这些，上了岁数的人其实都已知道，没有什么新鲜。但我认为，那是在1980年秋天。那时，"反腐倡廉"、"苍蝇老虎一起打"并非像今天这样成为人们议论的一个热门话题。彭冲时时不忘当官为民、廉洁奉公的精神，给我留下了不浅的印象。

蓝色的海洋

蓝色宁静、明亮、透明、深邃，意大利人喜欢蓝色。蓝色是天空的颜色，纯净的蓝色天空，包罗万象；无论你在哪里，从西西里到阿尔卑斯山，从撒丁岛到亚平宁山丘，只要你抬头仰望，在眼前深邃广袤的蓝天下，展现出一片片无垠的绿色美景。浓郁苍翠的葡萄园或荫森墨绿的橄榄林，加上清新的空气，会让你深深吸引，让你顿时心旷神怡，浮想联翩！生活在这片蓝色美景的土地上，人们尽心享受着大自然的美！

意大利北方横躺着山顶白雪皑皑、山腰山脚树木葱翠的阿尔卑斯山，东南西三边则由蓝色海洋拥抱，小小30万平方公里的国土，海岸线长达7000多公里。它那独特的地理生态环境，永远那么优雅，那么艺术，那么富于魅力！这就是地处地中海重要位置的意大利，我生活过二三十个春秋的美丽国家。

这就是海洋

蓝色也是海洋的颜色，大海内敛深沉，看上去似乎那么平静和温柔，而内部却在慢慢积聚着无穷的力量与能源，推动着潮水的汹涌！世上任何事物都有两面性：水可载舟，也可覆舟。一到冬天，水城威尼斯常常沦为一片汪洋，宽阔的圣马可广场，素有“欧洲最美广场”之称的地方，淹没在无情的大水之中，远道而来的游人实在运气不好，一夜醒来，竟被苦苦地捆死在酒店里，寸步难行呀！大海造就了世界独一无二的水城威尼斯，也给水城带来了水灾，地面下沉、潮湿、污染、大理石侵蚀、大量文物惨遭破损的严重祸害。夏天，酷热的盛夏，有时狭小运河里的水很不干净，让人不时闻到一股股臭味；夜晚也要忍受蚊子的叮咬。

神秘的海洋世界，你可以看到，也可以触摸，却难以预测它的全部、估量它的无穷潜力！只有生活在大海边，天天同大海接触，才能慢慢了解大海的本性与奥秘。

蓝色也是温暖而充满梦幻的色彩。你看，身穿蓝色上衣的意大利帅哥踢足球，绿茵场上，节奏抑扬顿挫，犹如诵读优美经典诗词；时而气势磅礴，高潮迭起；时而风平浪静，悠然飘荡。无论亲临现场，还是坐在电视机前，观赏一场由蓝色军团参战的精彩比赛，都是“豪门宴席”，美的享受，让你痴情入醉！

里米尼的魅力

许多人说，大海给意大利带来欢乐、享受与财富，我是深有体会的！

那无穷无尽的浅黄色细沙海滩，每年好几个月，数不清的人，不分男女老幼，纷纷拥向这里。有意大利人，其他欧洲人，美洲人，也有黑人、大洋洲与黄种人，他们在蓝天白云的同一穹顶之下，尽情享受大海带来的欢悦！有人在水中游泳或冲浪，有人在泛舟；有人在海滩上打排球，有人在品尝刚刚捞出水面的海鲜；有人懒洋洋地躺在细沙上，偏爱让阳光晒成古铜色；有人在五彩缤纷的遮阳棚下或休闲或看书。

说起意大利海滩，人们首选的，自然是亚得里亚海滨的里米尼（Rimini），早与我国扬州结为姐妹城。一方水土养活一方人。里米尼蓝色的海洋，我认为就是我们今天盼望的“青山绿水与金山银山”。意大利人不知多少年来就懂得蓝色海洋给人类的恩赐！

扬州地处长江与京杭大运河纵横交汇处，昔日漕运枢纽、盐运要冲，城里抬头可见碑亭、碑廊、青砖青瓦、飞檐石基山。这是历史悠久，人杰地灵的地方。我在使馆工作期间，扬州市政府代表团访问友城里米尼，我没有陪访，但在大使馆听他们畅谈几天难忘的里米尼之行，让我感到两城结为友好，似有不少共同点。两城历史悠久、古迹多；不同之处是，一个靠蓝色海洋致富，一个靠江湖与人文景观发展。两城结为友好，在今日新形势下，可以相互借鉴，互通有无，双方互补，合作空间很大。

是的，里米尼海滩平缓开阔，海水碧蓝，海滩长达20多公里，从19世纪开始就开辟海滩旅游。档次不同的大小旅馆多达2000家，大多为家庭式大众饭店，设备简朴，整洁干净。从空中俯瞰，就像无数美丽花朵拼成的几何图案。里米尼交通便捷，机场与高速公路配备齐全。

驱车20分钟，就可到“国外”。“国外”不是别处，而是坐落在葱翠碧绿“蒂塔诺”山丘之上的小国“圣马力诺”。这个60平方公里的袖珍国全在意大利包围之中，与里米尼咫尺之遥。

夏季，一架架来自德国与北欧的旅游团包机络绎不绝降落于此，里米尼的蓝色海洋与灿烂阳光在北欧人面前展示了极大的魅力！里米尼又是个古城，城里凯旋门、神庙、教堂、喷泉、雕塑等多种古迹一一保存完好。小小的海滨城，大做海洋文章，靠蓝色海洋，经济腾飞，一跃成为全国生活水平最高的地方之一。

一方水土养活一方人

而人文荟萃、风物繁华的扬州古城，在新形势下，蒸蒸日上，焕然一新。多年前在“中欧联合会”组织下，我随一大批都灵汽车零部件企业家来到扬州参观考察，畅游清瘦狭长的瘦西湖，短短个把小时，我们既欣赏了天然美景，又观赏了扬州独特的园林风光。意大利客人对此纷纷点赞：“小而精致、独一无二，胜过科莫湖”！他们知道，这是威尼斯旅行家马可波罗留下深深足迹的地方。他在自己的游记中记叙说，元朝的扬州“此城甚大”，人们“持工商为活”。他的题标为《百万》（意大利文版《东方见闻录》的书名）的游记在西方传开了，从此扬州在遥远的意大利稍有名气。我们在扬州过了夜，清幽的饭店，明亮的月光，宁静的夜晚，让我想起张若虚的一首名诗：“春江潮水连海平，海上明月共潮生。滟滟随波千万里，何处春江无月明。”

里米尼视蓝色海洋为瑰宝，对垃圾处理、海洋生态环保早有一套铁一样的严格规定。里米尼是意大利蓝色海洋发财致富的一个缩影。在一次外交活动中，我巧遇里米尼旅游局长，谈起那里蓝色的海洋、宽阔的细沙海滩、蓬勃发展的旅游业，局长自然心花怒放。不过他又很快话题一转：“你知道快乐中有苦恼，最让我伤脑筋的是那里的生态环保。成千上万的人蜂拥而至，垃圾废物成堆，如何处理？人多了难题也来了。蓝色海洋与大片海滩需要干净卫生的环境，失去优美生态就失去生命，失去一切！任何人本事再大，也无法找到一个替代品！生态一旦破坏，要花几十倍、甚至更高的代价来‘修补’！”他一再强调：“蓝色海洋是要花功夫、花代价去维护的！除了无情的严格规定，更需人们的浓厚环保意识！”

蓝色海洋畔的大理石

马萨卡拉拉（Massa Carrara）一个朗朗上口的名字，它是意大利西海岸的一个小城，人口不到10万。这里的蓝色海洋也许无法同里米尼、阿玛尔菲比美，但这里有着意大利几千年来依然取之不竭的珍贵大理石。这里，方圆几十公里的山丘上，有几百个大理石开采矿区，据说，产量约占世界产量的十分之一，是卡拉拉乃至意大利的一座宝库！

我一直向往这个盛产大理石的地方！早在文艺复兴时期，艺术大师米开朗基罗亲自前去深山挑选他要的大理石，文艺复兴的其他雕刻家也选用了这里的大理石。两千多年前，古罗马斗兽场披着一层五彩缤纷的外衣，也许用的就是卡拉拉大理石！罗马的一幢幢古老大厦与教堂，无处不用大理石！我在罗马度过几十个春秋，怎么不想去卡拉拉采石场看看？盼啊盼，有一次，为陪同国内一个考察团前去那里参观，机会终于来了！

接待我们的公司老总马尔科，一位身材魁梧的中年人，见到中国客人，首先在公司客厅介绍概况，滔滔不绝，自豪地讲述着大理石的由来。

他说："亿万年前的地壳变迁给我们带来了无穷的财富，以纯白、淡绿、米黄色居多而珍贵的大理石是意大利的'国宝奇珍'！上帝是公平的，意大利没有石油、煤炭、天然气，却有丰富多彩的大理石！几千年来，世界各大洲的高楼大厦里，很难找到一幢没有卡拉拉或意大利其他地方大理石的楼！要感谢大自然的恩赐！漫长的岁月里，这里海水终年温暖如春，无穷无尽的珊瑚在此栖息繁殖。地壳变迁中，珊瑚与其他海洋生物的遗骸变成了碳酸钙，日复一日，年复一年，亿万年里慢慢冲上海岸，沉积下来，又把遗骸微粒变成石灰岩。受海水洗冲，遗骸微粒晶莹如玉，呈现出一条条精细的纹理。大理石的形成是个漫长而复杂的过程，要用亿万年来计算！要我讲得更地道、更科学，对不起，没有学过地质，我就说不清楚了！”

交谈半小时后，马尔科开着面包车带我们上山。弯弯曲曲的盘山公路铺着沥青，来回车辆不少。介绍说，路的宽度与坡度都是按照严格要求修建的，因为满载大理石的重型卡车下山时，转弯处充满风险，稍有不慎，就会造成严重翻车后果！

这里的大理石矿体厚度竟达500米以上，简直难以置信！主要分布在三个山谷里，开采方式经过几百年的探索与改进，由落后到先进，借助现代科技，均采用全锯切，也就是使用多台连臂锯、金刚石串珠锯两种切割设备联合作业。这里的矿山装备属世界一流，全部采用机械化，最大程度降低荒料。不仅机械装备精良，自动化程度高，而且操作人员很少。他们掌握熟练的劳动技术，充满敬业精神。

我们看到，他们也是多面手，离开切割设备操作台，又继续操作叉装机进行装车搬运，甚至可当重型卡车司机。

老总马尔科说：意大利劳动成本越来越高，企业招聘员工不仅要付工资，而且还要承担养老金与福利金，几乎等于工资的两倍。企业招聘每个员工都要精打细算，它们要的是多面手。为此专门进行严格的劳动技能培训，让他们拥有多种机能。世界经济越来越全球化，竞争日趋激烈，企业要在竞争中取胜，只能从质量上花功夫，走充分发挥员工潜能、降低成本之路！

参观中我们看到切割大理石散发出的灰粉等问题，涉及环境污染。马尔科说：“环保要求越来越严，谁不遵守，一旦被监管部门发现，必受重罚，毫不留情！”、“生态环保与人民生活质量息息相关，大理石为人民造福，但开采与加工每个过程都离不开科学管理，从运输系统到供电供水，从修建开采平台到荒料堆场，从荒料分割到碎渣处理，都需精心设计与审批，集有效、实用、经济、科学与一身!”

他还说:“这里的大理石开采已有悠久历史，名扬天下，我们不能因为不严格遵守环保规定，造成生态污染，让响亮的名声毁在我们手里。如果是这样，我们既对不住祖宗，也不好向子孙后代交待!”

这里离海只有几公里，几百年来开采了难以计数的大理石，穿越蓝色的海洋，运往世界各个角落，装饰着宫殿、大厦、教堂、大剧院、陵墓等建筑，这里的山山水水仍是一片秀丽!

我从马尔科的一番话语中，深深感到，美丽的大自然离不开严格的环保规章与人们自觉的环保意识!

依山傍水的马萨卡拉拉，城里有个建于中世纪的大教堂，正面镶着白绿两色的珍贵大理石，尤其夺人眼球，是马萨卡拉拉的一张名片！前来参观的，谁都知道这里是世界“大理石之都”。小小的城镇拥有大理石学校，专门栽培开采大理石工程师及技工，还有美术学院与介绍千年开采史的大理石博物馆，让参观者短短时间里马上进入五彩缤纷的大理世界里。

马萨卡拉拉几乎成了大理石的代名词，蓝色的海洋“成就”了大理石，大理石“养育”了马萨卡拉拉!

“人生必看的51处最美景观之一”

多年前，我陪同外交学会秘书长谢黎参访意大利，有一天我们一行三人在索伦托市文化局长家里过夜，索伦托半岛之美早已闻名遐迩，只要想起那首“重归苏伦托”的动人民歌，你就会被它深深着迷。谁知主人晚宴时又谈起离这里不远的“阿玛尔菲海岸”(Costa Amalfitana)，一直聊到深夜，听了竟让我们一个个难以入睡。

主人邀我们多留一天，前去观赏一番。很遗憾，访问日程早已安排，无法改动，错过了一次良机。我在意大利学习与工作了几十载，也有意朋友多次邀请，就是没有抓紧机会。人常有这种惯性，反正我在这里长待，今天不去明天去。后来调令来了要回国，就这样机会一次次丧失了。正像我国驻苏联使馆主管留学生的一位负责人遗憾地告诉我，他在莫斯科工作好多年，没有抓紧时间去瞻仰列宁与斯大林水晶棺，哪怕一次也好，可惜没有！而我们来往中意两国之间，偶然一次乘火车路经莫斯科就去瞻仰了他们的陵墓。

再说美丽海岸

在战火纷飞的1943年9月，美英联军在意大利南方萨莱尔诺（salerno）登陆，帮助意大利打击境内的德国纳粹。

这里毗邻阿玛尔菲海岸，清澈见底的海水，清香的阵阵海风，青翠欲滴的海岸美景，神态万千的古色建筑，据当地活到今天的一些老人回忆，这些在非洲沙漠深受烈日与干燥煎熬的盟军士兵登上海岸，仿佛到了人间天堂，战争的残酷日子里让这些美国大兵享受了大自然的恩赐。有的说：意大利太美太美！

美国著名《国家地理》杂志称阿玛尔菲海岸为“人生一世必须去看的世上51个最美景观之一”。它早在1997年就被教科文组织列入世界文化遗产目录之中。这是有着古老而有丰富历史故事的地方。据考古发掘洞穴发现的资料揭示，从旧石器时代起这里就有人类居住。公元6世纪，阿玛尔菲已拥有强大航海势力，向外从事谷物、海盐、奴隶、木材贸易，以获得埃及与叙利亚的金币，再购买由中国传到拜占庭帝国的丝绸、茶叶、香料等商品。到公元9世纪，阿玛尔菲利用海上地理优势和富庶的农业，一跃成为地中海海上商业活动的一个重要中心。当意大利半岛上的其他地方仍在进行易货贸易时，这里的商人已用金币买地了。历史资料记载，阿玛尔菲的“航海法典”（Tavole Amalfitane）直至16世纪下半叶仍为地中海其他地方所承认。

时光漫漫，岁月悠悠。意大利统一之前，曾在漫长的历史长河中，纷争不断，小国林立，四分五裂。古时有名的4个海上共和国（热那亚、威尼斯、比萨与阿玛尔菲）中，阿玛尔菲因为拥有地理位置优势，同中东通商与交往密切，一度势力最强。今日如果你去观赏这里层峦叠嶂的美景，可见西西里、阿拉伯、诺曼底风格的建筑完美混合，小山城通向海岸的斜坡上的建筑依然保持中世纪的风格，一座座错落别致的建筑的轮廓十分和谐地混合在碧蓝的海景中。坡地上的梯田全是葱郁的葡萄园与果园，梯田上端则是一片片绿色的牧场。逶迤连绵的阿玛尔菲海岸一年四季气候温暖，游客蜂拥而来，是意大利蓝色海洋令人迷恋与向往的美景。

那里的柠檬树，一种四季常青的乔木，把大自然点缀得更加魅人。由于环境清幽，空气新鲜，格外香气浓郁。据当地人讲，柠檬含有抗氧化功效，水溶性维生素C丰富，对改善血液循环、预防血管硬化、消除疲劳与酸痛、增强记忆力很有帮助。意大利喜爱柠檬，喝茶、吃清蒸鱼或多种菜肴，都少不了它。用柠檬果皮加酒精、蔗糖酿制成的柠檬酒（limoncello）格外香甜，意人习惯用作餐后酒。常来华经商的一位萨莱尔诺商人有一次给我带来一瓶，品尝后，果然名不虚传。如果你在什锦水果中倒上一份柠檬酒，更加芳香甜美，回味无穷。

西西里呀西西里！

意大利地处地中海重要战略位置。早在公元3世纪的古书中就有“地中海”这个名字，意为“陆间海”，因为位于欧亚非3

块大陆之间，意文为“mediterraneo”。蔚蓝的世界海洋文明早在这里悄悄崛起。哥伦布的帆船揭开了殖民活动与世界贸易的帷幕。

地中海南端，与非洲咫尺之遥，有个美丽的海岛——西西里。只要提起这个名字，人们首先想到的自然就是黑手党这个毒瘤，在不少人眼里，西西里几乎沦为“恐怖、魔鬼之地”。说起它的苦难，漫长岁月的苦涩、血泪与辛酸，经受无休止世族仇杀、剥削、黑道屠戮的西西里，直至今日，那些弥漫全岛的柑橘与柠檬的芳香也难以冲淡人民的悲惨！面积只有2.5万平方公里的海岛，几千年来，由于它的特殊战略地位，居欧非亚三大洲交界处，使它成了历史的一个交会点，也是企图征服和争霸世界的列强手中的一个工具，又是武士来这里冒险、商人来这里谋财的一个“大熔炉”。到20世纪50年代，第二次世界大战的硝烟早已散去多年，仍有说不尽的西西里贫苦农民，被迫颠沛流离，漂洋过海，去美国、澳大利亚、阿根廷及欧洲富国打工谋生。我刚去意大利学习，暑假回到我国驻瑞士使馆，在伯尔尼、日内瓦街头或百货商店，总是常常遇到不少肤色有些黝黑、个子不高意大利侨民，交谈几句，一听那带着浓浓的西西里方言的意大利语，不用再问他们来自哪里了！在我们第一次从伯尔尼乘火车跨进意大利的旅行中，碰到的也是西西里人。他们从瑞士赶着回家过圣诞节，像我国打工者回家过春节一样，大包小包装满座位上下。闲聊中，听我们来自北京，他们个个好奇，有的争着拿出包里的烤鸡与面包同我们共享简单的午餐。西西里人，是我认识最早的意大利人。

留下无穷无尽的瑰宝

但从整体讲，西西里是意大利亚平宁半岛伸向地中海的一只皮靴尖上的“足球”，是一个美丽风光与多彩人文景观融合一体的宝岛。

斗转星移，历史的一页早已翻去！应当客观地讲，黑手党也不是西西里岛的全部。如果你去游览，从墨西拿到巴勒莫，从卡塔尼亚到阿格里琴托，从杰拉到锡拉库萨，不是荡然无存，而是遍地留下古希腊、古罗马、阿拉伯、诺尔曼、西班牙风格的文物古迹。可以说，你无论走到哪里，希腊神庙、宙斯神殿、古罗马浴场、古希腊剧场、中世纪教堂、古城堡少不了会在你眼前一一闪过！巴勒莫远郊蒙莱亚莱一座大教堂里的马赛克画，规模如此宏大，图案如此精美，简直让你眼花缭乱，赞叹不绝！古代给西西里留下了无穷无尽的文物遗产，也是意大利与全人类共同的无价瑰宝。

地中海地区，夏天炎热干燥，冬天温暖多雨，盛产柑橘、无花果、葡萄与橄榄，还有西瓜、番茄、洋葱、土豆、樱桃、洋蓟等果蔬。有一年深秋，我们有幸前去西西里。走出卡塔尼亚机场，沿着公路向杰拉驶去。漫山遍野的柑橘，一眼望不到头。路的两边，农民拿着刚刚收割的洋蓟（意文叫“卡尔乔菲”，carciofi）正在叫卖，一堆又一堆。我很好奇，久待意大利，蓟菜看多了看惯了，但从未见到眼前堆积成山的蓟菜呀！要知道，这是一种营养丰富、价格不菲的蔬菜。在饭桌上，我同西西里朋友聊起蓟菜，他们个个引以为豪。都说这种多年生草本植物，主根入土深至20—40厘米，茎直立，株高1米多，开出大大的管状花，花蕾呈红紫色，是他们，也是地中海人喜爱的优质蔬菜，剥去硬枝硬壳，吃它的总苞片及花托，清热祛湿，利尿排毒，刺激肝脏制造胆汁，降低胆固醇，还可养颜。蓟菜吃法多多，既可加橄榄油清煮，也可油炸，或者制成罐头。我认为，任何蔬果或食品的营养价值，都不要夸得太神秘化。但多吃蓟菜，必对身体有益。目前国内一些超市可以买到来自意大利、西班牙等地中海国家的蓟菜罐头。据报道，19世纪早由法国传入我国，已在上海、江浙、云南等地少量生产，物以稀为贵，价格不菲。希望不久的将来，中国市场上价廉物美的洋蓟越来越多！

热那亚，哥伦布故乡！

意大利这个海洋国家，哥伦布、马可波罗的故事早已家喻户晓。热那亚飞机场取哥伦布为名，威尼斯飞机场取了马可波罗的名字，他们的家乡以此让后人牢记两位探险家勇于向前、不畏艰辛的伟大拼搏精神！

热那亚我多次去过，每次来去匆匆。走出位于闹市的、古色古香的火车站，广场上竖立着哥伦布的塑像。在“索布拉纳门”（porta soprana）前，就有这位航海家的故居，一幢三层白色建筑，一年四季被青藤浓浓包围，正面镌刻着题词：“没有一所祖传的房屋能像这所房子一样，受到人们如此景仰。克里斯托弗·哥伦布在这里度过了童年和少年时代。”

我去热那亚，一次又一次，忙于商务谈判，几次参观当时的意大利最大钢厂（Italsider），从高炉边到会议室，从谈判桌到饭店、酒吧，错过一次次机会，就是挤不出一点时间观赏纪念哥伦布的一些东西，哪怕看座塑像也好呀！

而我当时谈的就是钢铁业务。后来出于环保需要，欧盟早就下了严格的钢铁“限产令”。昔日大型钢厂在困境中急剧转型，一座座高炉夷为平地，热那亚海滨一角深受滚滚黑烟窒息的惨景，早已成为历史与教训！后来，人们开足脑筋，将昔日钢厂巧妙改造为蓝天白云下，蓝色海洋边的一个娱乐休闲地，清幽的环境招来大批游客。热那亚人尝到了美丽环境带来的种种甜味。我听我国远洋公司代理行阿马特说：“几千万吨钢价值虽大，破坏了生态平衡，就是劳民伤财，不得人心！欧盟‘限产令’有科学根据，受人欢迎！”

看的机会失去了，听讲的机会后来终于来了。

那是“文化大革命”极“左”思潮泛滥的年代，有些船员在甲板上挂起毛主席语录，热那亚港务局不准我国“黎明号”货轮靠岸装卸作业，遵照国内指示，商务副代表刘若明与我匆匆赶去协助处理争端。没有料到，我们上了“黎明号”，就被困在船上一个多月之久。为了沟通，我国远洋公司在热那亚的代理商天天上下船只，同我们联络。有一天正好有空闲，我同这位代理聊起了哥伦布。

经我一提，打开了他的话匣子，原来他是听着祖母讲述哥伦布的故事长大的。

他说，哥伦布的父亲是个懒散的梳毛匠，开了个客栈。哥伦布是家中老大，红头发，蓝眼睛，长脸庞，高高的个子，容貌英俊。很健谈，喜欢自吹，常会捉弄人，从小当过梳毛匠，地图绘制员，卖过书籍与食糖，也当过水手。年轻的哥伦布在实践中得到磨炼。

代理继续说，热那亚公元前本属埃特鲁利亚，后被古罗马占领，热那亚在漫长的岁月中靠航海兴业的城邦，拥有强大海军，参加过十字军远征。当时意大利四分五裂，战争不断。热那亚击败过比萨与威尼斯。哥伦布受环境与家庭熏陶，学会了一套制图本领，从小学到了许多航海知识。在热那亚海边土生土长的哥伦布从小与大海结下了不解之缘，尤其在他读了马可波罗游记后，深受启发，慢慢萌生了去富庶的东方国家的念头。他一直冥思苦想，有个大胆的计划，幻想有朝一日周游世界，亲自目睹地球那边诱人的东方乐园。但由于种种原因，他的故乡无法为他实现这一美好梦想提供条件，直到1492年8月3日，哥伦布带领87名水手，驾驶3艘帆船，从西班牙出发，在茫茫的大西洋上，历尽狂风咆哮、波浪翻腾的折磨，以少有的勇气、胆量与毅力，苦熬两个多月后，终于发现了美洲新大陆。这位伟大的意大利航海家的名字从此永记史册，他是意大利人与海洋拼搏精神的典范，他的探险业绩深深感动了一代代人。

当我们去热那亚时，无处不在冒出哥伦布的塑像与名字。1992年为纪念哥伦布发现美洲新大陆500周年，热那亚在老港区建起了会议展览中心与像起重机一样的观景塔；举办了以“船舶与海洋”为主题的世博会，中国馆突出“海上丝绸之路”，以福建泉州为主线，向各国参观者展示15世纪前后中国与欧洲，尤其同意大利的通商与文化交流史。

“自由海滩”人民的海滩！

罗马靠海，但不像青岛或大连；罗马不是海滨城市，而像上海与天津，罗马城离海还有几十公里。我在罗马学习与工作，每逢盛夏都去海边游泳。刚到罗马不久，一个星期天我们第一次到了30多公里远的海滨小镇奥斯蒂亚（Ostia）。地中海，蓝色而又一望无际大海，我生来第一次看到的大海，好新鲜，很想马上跳进海里畅游一番。那时正值春天，艳阳高照下仍有几分寒意。一打听，附近海滩可以游泳，五月底开放，但要收费。夏天一到，我去游了几次。买了票，给你一个钥匙，打开小小的房间，可以换上泳衣，存放衣服。加上供你自来水冲洗，其实这种海滩并无什么其他优惠。

我想，海那么大，去海里游泳还要收费，太过分了。海滩是人民的海滩！后来在商代处工作期间，我们打听到罗马有一段“自由海滩”，那在达芬奇国际机场另一边的弗雷杰内（Fregene），要跑几十公里。那里的海滩，似乎低了一个档次。海水似呈蓝黄色，细沙里夹杂着一些碎片及纸屑。

后来意大利总统萨拉卡特宣布，把罗马海边产权原属总统府的一段海滩，大约长2公里，“捐献给罗马市政府与罗马人民”。此地名叫Castel Porziano，变为“自由海滩”，人民的海滩！

总统此举获得社会舆论一片好评，有的说：归海滩于人民，大好事！报刊与广播电视评论中说：想到人民，为人民谋福祉的当权者，人民不会忘记！一位历史学者告诉我，Castel Porziano这块海边宝地有着漫长的历史故事，早在意大利王国时期就被财政部买下。20世纪60年代萨拉卡特总统很明智，将此地献给人民，变成自由海滩，人民的海滩。不管他的一生历史如何评论，但他的慷慨捐献，深受人民欢迎。

罗马市政府接收后，筹集不少资金作了基本建设，清理了海滩细沙，对2公里长以外的海水的安全性摸了底，修起了自来水管道，还配备了几艘救生艇来回巡逻，很快宣布对外免费开放。

每逢夏天，我是常客。从大使馆出发，走上哥伦布大道，直达海滨。自由开放的海滩迎来了大批游客，有平民百姓，也有众多外国旅游者。摩洛哥、突尼斯人以及其他阿拉伯人、非洲人为了谋生，有的拎着几件衣服，有的拿着刚刚捕到的贝壳与蛤蜊，在沙滩上频频来回穿梭叫卖，增添了海滩上的热闹气氛。有人买了这些海鲜，未经清洗，剥开就吃，说是海水已消毒，我就没有这个胆量。

那个年代虽然没有一股股涌向欧洲的难民潮，但少量流向意大利的北非、中东与东欧的难民还是终年不绝，加上早在意大利到处流浪的吉普赛人，你在街头、公园或海边不时可以见到，他们很凄惨，无家可归，有的以旧车厢为家，有的挤在用木板、铁皮或塑料板草草搭起的简陋房屋里。意政府也伸出慷慨之手，给予救助，只因公共赤字严重，力不从心。大批外国难民涌入意大利，一直是这个国家面临的棘手问题。有的说：意大利毗邻北非中东，难民涌来，意大利应当伸出援助之手。有的埋怨，带来种种麻烦，尤其是社会治安，偷盗抢劫事件增多了……

罗马附近的众多海滨小镇都有一个个自由海滩，例如，安齐奥、内图诺、斯佩隆卡，直至加埃塔、那不勒斯，迷人而美丽的海滩连绵不断。八月盛夏，我认识的一位小企业家安德雷亚邀我去他家乡斯佩隆卡（Speronga）游泳。一早，我们路过拉丁纳，观赏了山南边的一个美丽公园。公园里如霞似锦的花朵缀满枝头，有的花瓣似雪花飞舞，洋洋洒洒，一片美景，令人心醉。安德雷亚说，这里终年温暖如春，冬天很少低于零下，因为在山南，北面的冷风或寒流挡住了。公园里种植着来自许多国家的奇花异草。我们漫步到一个池塘边，里面荷花盛开，粉红色的荷花竟开满池塘，是在罗马远郊呀，不在中国，简直令人难以置信！他说，这里还有欧洲少见的中国玉兰与银杏树等。公园四周是一片良田，农业发达。本来是块沼泽地，墨索里尼执政时，改造成良田。安德雷亚笑着说："独裁者不是一件好事也没有做，他搞侵略扩张与法西斯独裁统治，我们反对，历史已经有了定论。但他改造拉丁纳沼泽地的功劳也抹杀不了！"

吃完饭休息一小时，我们下海游泳。我真没有想到，仅仅离开罗马几十公里，这个斯佩隆卡小镇的海滩浴场，静谧而优美，海上平静无波，水碧如玉。抬头看，海边有个树木葱茏小山丘，夕阳西下，海风习习，天人合一，我们沉浸在大自然恩赐的快乐之中。上岸休息喝咖啡，巧遇镇长，安德雷亚把我介绍给他。寒暄中，我说，这里的优美环境是你们市镇的一笔宝贵财富，真为你们高兴！镇长说："你讲对了，靠山吃山，靠海吃海，我们靠优美自然环境吃饭，海滩是人民的海滩，自由的海滩，不收门票，一年中长达七八个月可以游泳。我们这里没有什么工业，也不准建工业，农田窄小，是旅游业养活了我们镇上的众多旅馆与饭店，养活了众多员工，养活了人民。”

镇长转过来说：“为保护优美环境，我的担子很重。好在游客环保意识强，乱丢杂物者寥寥无几。镇里雇佣几个员工，从早到晚穿梭海滩，他们身挑环保重任。你可看到，沙滩上几乎看不到一片杂质！”镇长强调：“我不能整天坐在办公室，而要到处走走，生活在人民中间，听听他们的声音。这是人民的海滩，自由海滩，人民安居乐业了，我这个镇长也坐稳了！”

未来在蓝色海洋

海洋是生命的摇篮，是人类赖以生存与发展的宝贵财富。一场以海洋为标志的蓝色革命早在多少个世纪前就在亚平宁半岛吹响号角。

中华民族发祥于黄土地，拥有世界上最高的陆地，在这里创造了中国光辉灿烂的古代文明；但是不能说，我们的古人就没有一点海洋的胸怀，放弃了走向海洋的探索。应当说，中华民族的胸怀与蓝色海洋一直息息相连的。郑和下西洋远远跑在哥伦布之前，从南洋、中东到非洲不少地方散落着中国的瓷器碎片，至今还在陆续发现，它们就是郑和伟大探险业绩留下的深深印迹。郑和7次下西洋，历尽艰辛28年。他比哥伦布早了87年。因此，不能说我们的古人只知道黄河与黄土地，没有认识蓝色的海洋，对大海迷茫与无知。

但是，也应客观地讲，过去漫长的岁月里，我们错过了海洋给我们的无数良机，我们对海洋的研究与重视做得远远不够。就拿最近几十年来说，越南与菲律宾等国从20世纪70年代起利用几个西方国家在我国管辖的海域开采了1000多口油井，据报道，每年掠夺我国油气超过5000万吨油当量，等于丢失一个高峰期的大庆油田。十分令人痛心，值得我们好好反思！我们失去的机会太多太多！

我们早已步入21世纪新时代，正在实现中华民族伟大复兴的梦想。我们应以丰富的历史知识、深邃的历史洞察力，大力提升我们民族的海洋意识。失去了海洋，就失去了未来。黄河缔造了古代伟大的文明，但像黄河最终汇入蔚蓝的大海一样，向蓝色海洋进军。海洋是生命的摇篮，那里拥有人类社会可持续发展的宝贵财富。生命之水来自大海，流归大海。

上海正在发挥排头兵作用，好几年前已从一个河口港跃升为海洋大港。洋山港区规划总面积超过25平方公里。32公里长的东海大桥每天车流不息，上海、长三角乃至全国的物资源源不断从这里流向世界各国，而地球上几乎每个角落的商品又从这里流向全国。上海百年来依托黄浦江发展的河口港，以惊人的毅力，跨越到了面向蓝色海洋的世界大港，把上海从中国从亚洲带到了世界的中心，走进了广袤的海洋世界。

资源的开发和综合利用的新时代早已到来。海洋蕴藏着巨大的资源宝库，有着丰富的食物资源与矿物资源。在陆地资源短缺、环境恶化、人口膨胀的严峻挑战面前，许多沿海国家早把目光与精力投向海洋。20世纪70年代与80年代，正值“文化大革命”和改革开放初期，我国自身实力薄弱，顾不上蓝色海洋的丰富资源。今天我国实力已有大大提升，向蓝色海洋进军的号角已经吹响，亿万中国人深深懂得：我们的未来在蓝色的海洋！

看来“软”实际硬！

话从“美国图书馆”说起

我刚到罗马学习意大利语不久，就听朋友说，罗马有个“美国图书馆”，开在闹市的威内托大街上，对面就是美国驻意大利大使馆，对社会自由开放，人人都可进去随意翻阅各种美国书籍与报刊。有的朋友还讲，不花一个里拉，让你进去无限享受精神生活，因此很有引力！那时媒体资源奇缺，意大利连电视也没有普及，更谈不上电脑与手机，可以想象美国那个免费开放的图书馆的作用与影响了！

那是20世纪60年代，冷战时期的东西方关系严重对峙，美对华奉行敌视与遏制政策，我的头脑里同亿万国人一样，对美国充满种种厌恶。意朋友尽管一再劝我去美国那个图书馆看看，我几次听了没有理睬！直到今天我才明白，以美国为首的西方大国，它们竭力发展经济科技、增强军事实力的同时，早就重视文化“软实力”了。那时，人们头脑里并没有文化“软实力”这个概念。但是，我到意大利不久就听意共等左派朋友讲美国“文化入侵”、“文化渗透”这几个字。意大利作为美国为首的北约成员国，地处地中海心脏，隔海就是北非与西亚，战略地位举足轻重。美国不仅同意大利保持紧密的经济科技与军事关系，而且也很关注意大利人的文化、生活方式与价值观。

战后留给意大利的，是一副百孔千疮的烂摊子。据统计，第二次世界大战毁灭了意大利四分之一的铁路、三分之一的公路和桥梁、90%的车辆与港口设备，工厂与民房炸得伤痕累累，全国一片萧条，面临百废待举、步履维艰的残酷现实。许多人饿着肚子，美国推行“马歇尔计划”，向处于“孤岛”中的意大利贫困山区空投面粉。一些吃过美国救济粮的年迈老人，不忘美国的援助，有的说：“是英美联军从西西里与萨莱尔诺登陆，帮助意大利击败了德国纳粹入侵军，随之又让我们从死亡线上活了过来”。美国并没有到此为止，又借助文化渗透的方式，推行自己的价值观念，企图削弱别国的民族文化。罗马闹市的那个美国图书馆便是一个小小的缩影！

有一次我同一位意大利教授聊起这个图书馆，他说：“别以为美国历史短，只有二三百年，就以为美国文化也只有二三百年了。这种看法是片面的，不对的！一个国家历史与它的文化的长短，不可相提并论。美国移民中有英国人、犹太人，还有墨西哥人、意大利人、中国人等，大量外来人生活在美国，他们带去了自己的文化与风俗。因此，美国文化是多元文化。仅就犹太人来说，他们把几千年的犹太文化基因传到了美国，成为美国文化的一个组成部分。美国文化汇集了世界一些悠久历史文化。美国人不仅懂得发展经济，也很有文化头脑，他们重视文化的发展与影响。”

听了教授一番话，我想，为什么战后不久，美国不仅在经济、科技与军事上，而且还从文化上对意大利进行渗透，施加影响！

我们刚去那里，看到大街小巷的电影广告，除了意大利影片，就是美国、法国影片。不少意大利人谈起美国生活方式津津乐道，很欣赏。美国利用多种文化产品，连同价值观念与生活方式无时无刻不在行销与影响意大利！

“多接触多交往，才能相互了解”

我对文化影响的重要性，认识是从实践与经历中慢慢提高的。

有一次我同汉学家彼特罗、罗莎夫妇交谈。他们都是意大利首批来华学习中文的留学生，早在20世纪50年代末就到了北京。

他们说：“在中国寒窗几年攻读中文，正是中国贫困年代，社会上飘逸着朴素的民风。学汉语时，中国同学教我们民间常爱讲的一些话，如‘新三年，旧三年，缝缝补补又三年。’这些话很生动形象，反映了中国人爱节俭朴素的良习。我们在北京时间长了，看到的听到的也多了，感触就深了！我们深深感到中国文化传统源远流长，光就汉字来说，形象而富有诗意，譬如说：‘近水楼台先得月’！人们一谈起世界古老文明，离不开欧洲的希腊、罗马，亚洲的中国、印度，是有道理的。然而我们从中国回到意大利，同朋友聊起中国，他们的头脑几乎空白一片，还有种种偏见与疑虑。他们讲的中国，同我们在中国看到的，完全不一样！有的好奇地问中国男人后脑还留辫子吗？女人还裹小脚吗？让我们笑了半天！但我们细想，根源究竟在哪里？能责怪他们吗？不能！意大利报刊对中国报道少得可怜，偶尔有一些，很片面，甚至误报。意中两个文明古国之间虽然远隔重洋，但不能像老子讲的那样，“鸡犬之声相闻，老死不相往来”，而要多接触多交往，才能相互了解。中国艺术团这次来意大利巡回演出，轰动了一阵，效果很好，街头巷尾人们议论着中国，犹如从古老而又年青的中国吹来的阵阵春风，艺术团所到之处，掀起了一股中国热！像这样的艺术团，今后要多来！接触交往多了，意大利人的头脑不再是空白，自然会慢慢了解中国！”

他们说的那次巡演，是1964年中法宣布建交后，由文艺精英组成的中国艺术团，访问了西欧几个国家，仅在意大利演出就长达一个多月。我正在攻读意大利语，有幸为艺术团做翻译，体会颇深。艺术团从意大利西北重镇都灵开始，后去米兰、博洛尼亚、莫德纳、雷焦艾米利亚、特里亚斯特、威尼斯、那不勒斯、巴厘、巴勒摩与罗马演出。特里亚斯特市长会见金仲华团长时说，看了中国艺术家的精彩表演，让意大利人开了眼界！过去意大利人只知道中国有悠久而又优秀的文化，悠久与优秀在哪里？答不出来！眼见为实，现在就不一样了！他还说："我们这里毗邻南斯拉夫、奥地利及东南欧国家，是沟通欧亚两块大陆的一个交通枢纽与门户。要说意中两国的悠久历史上的频繁交往，从中国来意大利，先要从我们这个大门进入！”

艺术团到博洛尼亚，在精致的“市镇歌剧院”演了一场。市长会见了金仲华团长，他是意共党员。虽然那时由于中苏两党激烈争论引起中意两党关系冷淡，但市长还是讲了一番热情洋溢的话。他说：“中国艺术团来到英雄的城市博洛尼亚演出，是献给市民的一份厚礼。第二次世界大战期间，我们上山打游击抵抗入侵的德国纳粹分子；你们流血牺牲，英勇抗击日本军国主义！我们两国都有共同的遭遇与经历。博洛尼亚人民对中国人民怀有深深的友情，中国艺术家们的一个个精湛表演让观众陶醉入迷！你们要常来，我们也要去中国！相互交往多了，就了解了；了解多了，感情就深了！”

中国艺术团在水城威尼斯“凤凰歌剧院”上演了京剧“白蛇传”，这是在意大利巡演期间的唯一一场。彩排时电视台赶去剧场抢拍场景，先报为快，引起不小的轰动。当地报纸也作了篇幅不短的报道，赞扬中国这个神话故事彰显了中国人民向往与追求美好纯洁爱情，反对邪恶势力的斗争精神！

艺术团进饭店用餐，上菜的服务员伸出大拇指，有的说："很幸运，我们在剧场里看了戏，又在你们身边，为你们服务！有的说：你们第一次来，以后还要常来，威尼斯欢迎中国艺术家，这是马可波罗的故乡！"

中国艺术团艺术总监同凤凰歌剧院艺术总监交谈时，这位总监说："意大利神话故事真不少，描绘的也有人民追求与渴望爱情与正义，同各种罪恶势力拼命搏斗，最后成为悲剧，令人深思与感慨，富有深刻的教育意义！京剧"白蛇传"虽然唱的是中文，观众听不懂，但演员表现出色，形象与肢体动作就是国际语言，他们不仅看得懂，而且尽情欣赏，引起的一阵阵热烈掌声就是最好的说明！中国艺术团来到凤凰剧院，剧院记下了你们的名字，也是我们剧院的光荣！从此建立的联系不能中断，要继续！马可波罗走了好几年才到中国，今天交通发达了，我们更有理由加强往来。只有往来不断，才能增进相互了解！"

28盘录音带

我在我国驻意商代处工作时，正是"文化大革命"那几年。意大利广播电视公司（RAI）驻香港记者桑德罗有一次正回意大利休假，参加了我国商代处招待会，我们从相识到相知，变成了朋友。他出生西西里，热情健谈，黝黑的脸，有些像半个阿拉伯人。聊起他的出生，他说西西里养育了他，历经外族入侵的海岛塑造了他的个性与人品，人活在世上要为穷人多讲话。他通过努力拼搏，找到了工作，与新闻事业结缘。在香港生活了几年，虽然没有踏上中国内地，但对中国充满友情。他说，香港贫富差异大，一边是高楼大厦的花花世界，一边是简陋低矮的贫穷区，多少人为谋生，日夜操劳。他去采访过他们的生活，认为世界很不公平，像杜甫名言一样，“朱门酒肉臭，路有冻死骨”，他为他们艰苦奋斗的精神而感动！说：“中国人了不起！像我们西西里人一样，是从贫穷中闯过来的。我出生在一个穷苦的家庭里，懂得生活之艰难！”

我说：“你了不起，学了杜甫的名言！”他说，这是他在香港的中国翻译教的。

后来向我表示，希望去中国采访，“让好奇的意大利人了解毛泽东周恩来的中国！”我国商代处把他的愿望转告了国内，很快成行了！

他是以意大利国家电视台记者的名义去中国的。到了“文化大革命”期间的中国，前后采访两个多星期，走遍大江南北。回到意大利，他来找我说：“我带回28盘录音带，都是在中国各地的采访录音，有工厂、学校，也有好多其他部门，可惜都是中文，因为时间仓促，录音未能译成中文。意大利广播电视公司准备编辑一部纪录片，介绍中国。编辑前，先要28盘录音带译成中文”，他希望我从中协助。

正当我同商务处领导商量时，意大利国家电视台又把这28盘录音带交给了意大利首批去中国学习汉语的留学生彼特罗。彼由北京返意后，好长时间没有找到一个令他满意的工作，只受聘于加拿大在罗马的一家电影公司，可惜没有用上中文，用他的话说，“因为当时的中文并不吃香”。意大利电视台请他翻译28盘录音带，他的中文终于派上用场，显然也会得到一笔不低的报酬。

谁知，录音带中方言很多，让他难以如愿以偿，就来找我帮忙。最后的翻译由我与彼特罗合作完成的。28盘录音带，总共好几十个小时的谈话，一句句译成意文，工作量不小呀！我同他约定，我愿放弃周末休息去翻译。我们连续奋战了四个星期日，每天工作八九个小时，最后大功告成！那时我的意大利文刚入门不久，他说：你不用顾虑，快快随便翻，我来记下标准的意大利文……彼特罗精通速记，我听一段翻一段，等我一口气译完，要不了3分钟，他就记录成文了，他的母语功底很深。他看我有时也在记下些什么，好奇地问“为什么？”我说，口译不一定好，看你用优美的意大利文记录，在向你学习表达方式。他笑了，顺便夸了一句：“好认真，好虚心好学！”我说，同你讲中文，你经常脱口而出一句句中国成语，可见你在中国寒窗几年多么刻苦好学！他说：天上掉不下pizza（意大利比萨）！学好一门外语，哪有轻而易举的事！

那个年代，合作译完28盘录音带，我完全为他“义务劳动”，不收分文，头脑里毫无报酬的念头。但是我又想，四个星期不休息，我却学到了不少东西，我的意大利文又向前跨了一步！

又过了一段时间，那部纪录片终于在意大利“电视一台”播放了。虽然纪录片带着浓浓的“文化大革命”烙印，“造反有理”、“把无产阶级文化大革命进行到底”、“红旗插遍全中国”之类的用词很多，但是播放南京长江大桥时，也让观众看到“文化大革命”期间我国在南京建成了一座宏伟的公路与铁路两用桥。解说词中说：“中国人认为这是活学活用毛泽东思想的伟大胜利”。记者桑德罗采访了建桥的一位技术员，技术员说：“中国虽然贫穷，但中国人民志不短，有骨气，我们面前没有任何困难克服不了，我们有信心建设祖国的未来……”

意大利电视台赠送我们一部纪录片拷贝，转送国内前，我又连续看了两遍，听到讲“中国虽然贫穷，但中国人民志不短，有骨气”这样的语言时，我心中暖洋洋的！“文化大革命”期间外国记者去中国采访，许多地方或多或少受那个时代极“左”思潮的影响，在所难免。但不能因此讲，记者写的报道都是消极与反面的。只要记者不怀恶意或敌意，对中国少一些偏见，报道还是可以发挥正面作用的。

那部纪录片播放后几天，来我国商代处洽谈生意的那不勒斯商人费尔迪南多说：“看了影片印象很深，南京长江大桥工程了不起，公路铁路两用，缩短了乘火车由上海去北京的距离。我们那座墨西拿跨海大桥希望早日建成，半岛通向西西里的交通发达了，南方经济也发展了。意大利经济与科技水平跑在中国前面，照理我们应当早就建成那座大桥。可惜，意大利‘党派太多、人多嘴杂’，至今仍是泡影，让人一言难尽！影片还有上海、北京、广州的不少镜头，让我们看到中国之大。我想先把我们的生意做大，有一天去中国看看！”

中间商金梯利同我国做了几十年生意，有一次对我说：“文化大革命”从中国传来的尽是“红卫兵造反”、“当权派靠边站”、“武斗”、“打内战”这样乱糟糟的东西。这部影片告诉人们，中国还在建设，不能说“全面打内战，什么都停了”！中国，我去了不知多少次，去的都是北京上海广州。下次要去南京看看这座长江大桥。

还有，连罗马普通市民也有一些议论。有一次，来我国商代处服务的一位自来水管道修理工说，他也看了纪录片，认为“文化大革命”时期的中国并不是意大利媒体讲的那样“全国混成一片”，南京长江大桥这样宏伟的工程表明，“看问题不能太片面！”

一部不长的纪录片就会给人引起不少反应与感触！

文化看似软，实际并不软！

从“丝绸之路”到“丝路花雨”

威尼斯市长马里奥里戈在米兰“斯卡拉歌剧院”看了中国

的《丝路花雨》大型舞剧后，激动地说，威尼斯伟大旅行家马可波罗沿着古老的《丝绸之路》跋山涉水，冲破千辛万苦到了中国。今天我看了《丝路花雨》，让我又想起马可波罗几百年前的中国之行。《丝路花雨》舞剧以优美生动的艺术形象，刻画了这条友谊通道上的一个个生动故事，要感谢文化的无穷威力与巨大的穿透力！

是啊！《丝路花雨》描写的是几千年前亚欧大陆“丝绸之路”上的陈年旧事，勾起的是漫漫岁月里人民之间的感情。甘肃省的这部大型舞剧在米兰“斯卡拉歌剧院”上演5天，场场爆满，观众多达1.2万。门票早就告罄，开场前仍有不少观众挤在门口等退票。像今天中国看到的一样，一些“黄牛”趁机贩卖高价票。那是1982年9月，原来票价1.5万里拉，“黄牛”的黑票卖到8万里拉。那天我去斯卡拉，从下车走到剧场短短一段路，就有5人问我有没有多余的票，从他们脸上看出渴望进场欣赏中国艺术的迫切心情。

米兰“晚邮报”说，中国艺术家的表演具有一种新奇的神秘魅力，它在文艺版几乎用了整版篇幅详细介绍与评论《丝路花雨》。其中说：场上演出高潮刚结束，台下观众鼓掌不息，歌剧院里掀起了一个个高潮！有人站起来，有人狂热鼓掌！评论还说：剑舞、绸舞、荷花舞、凭栏仙女，各具特色，富有感染力，都是中国悠久文化艺术中的精华，令人陶醉与倾倒！观赏这部展现文化形象的舞剧，让观众了解中国，了解中国人不同于欧洲的行为举止与生活方式，观众感到新鲜好奇！

“斯卡拉”这个名字对中国许多音乐爱好者并不陌生，从外面看好像是幢不起眼的建筑，但走进里面才知其“庐山真面目”。否则怎会堪称世上装饰最华丽、音响效果最佳的一个歌剧院呢！

《丝路花雨》是我国第一次派到意大利进行商业性演出的大

型歌舞团。斯卡拉给予高度重视，邀请了意大利20多家报纸与广播电视台前去采访报道，还请了10家大剧院的总监入场观看。斯卡拉歌剧院总监解释说，为什么如此“大张旗鼓”？因为这是来自遥远的东方、具有悠久与灿烂文化国家的艺术团。在斯卡拉200多年的历史中，西方古典歌剧来此频频演出，从《茶花女》、《蝴蝶夫人》到《阿伊达》、《托斯卡》等，中国大型歌舞剧还是第一次。人们好奇，不了解，感到神秘，所以我们要扩大影响，让更多人知道！

正像有位热情而有眼光的文艺评论家对记者所说：“我来看的不仅是一台舞剧，而要仔细观看演员的服装与表演水平，要看舞剧的道具与布景，从全方位细看，从而对悠久的中国文化艺术产生一个具体的印象。耳听为虚，眼见为实；文艺源自心灵，又触动心灵；听别人演讲，常常带有演讲人的主观意识，或许也有偏见；文艺演出不一样，它是形象的生动展现。人们普遍赞扬它，《丝路花雨》果然名不虚传”！

老少皆知的“马可波罗”

在中国，不时可以看到以“马可波罗”命名的酒店、酒吧、面包店与书店，意大利这位旅行家的名字已在中国家喻户晓。

“马可波罗”电影编剧拉贝拉说，800多年前马可波罗随父亲与叔父从威尼斯出发，横渡地中海，穿越西亚广袤的大地，历经三年半载的长途跋涉，终于抵达元代的上都与大都。当时谁会想到，他在中国久住17年，不仅谒见元世祖忽必烈，而且屡被委以重任，巡视中国南方几个省，还作为特使去亚洲其他国家。他的才智赢得了忽必烈的赏识与信任。他解释说，为什么要编写这个剧本？因为马可波罗是意中两国悠久交往史的一个知名人物，意中两国人民茶余饭后闲聊，“马可波罗”便是一个热门话题，你一句我一语很快可以沟通人的心灵。闲聊时还在问，面条究竟是谁发明的？有的说，起源于意大利，是马可波罗带去中国的；也有说，起源于中国，是马可波罗带回意大利的；更有人说，最好没有结论，始终成为我们两国民间谈笑的一个话题。

马可波罗这个老少皆知的人物，其实人们没有了解他的全部，因此我要编写这个故事。1292年，他离开中国，回到阔别多年的故乡威尼斯。不幸的是，在3年之后威尼斯与热那亚的一场战争中，因为威尼斯战败，他当了俘虏，关在热那亚监狱之中。在牢房里他向狱友鲁斯蒂凯利一一详细口述了在中国的见闻，鲁边听边记，整理成书，这就是后来译成多种文字的马可波罗游记。因为他讲的见闻包含17年丰富而又多彩的大量知识，意大利文版取名“百万”（milione）。拉贝拉认为，马可波罗去中国只是一个旅行家，本着好奇与探索的心态而去，不是掠夺财富的殖民主义者。他带去的是西方的文明，带回的是中国与东方的文明。他的游记为西方了解中国打开了方便之门。航家海哥伦布就是读了他的游记慢慢萌生航海探险寻宝的念头，无意中发现了美洲新大陆。拉贝拉强调，编写这部剧本，意在通过马可波罗的故事歌颂人民之间的友谊。各国人民历史与文化传统不同，生活方式与风俗习惯有异，不能强求一样，不能把自己的意志强加于人。你有你的习惯，他有他的风俗，各国人民之间应当相互尊重、相互借鉴学习。

这部彩色宽银幕影片共有8集。意大利广播电视公司为表示友好，首先邀请我国驻意使馆人员观看了第一集。放映毕，还举办酒会招待。在热情友好的气氛中，电视台一位经理对我说：电影外景拍摄于意大利、摩洛哥与中国，耗资相当可观。为什么我们舍得不惜工本？因为这部影片不仅在意中两国上映，而且还向世界发行，起码多达60多国，估计还要扩大。我们把这部电影看作为意中两国新形势下文化交流中的一场“重头戏”。把几百年的一位伟大旅行家的故事搬上银幕，可以充实意中两国悠久交往史的内涵。我们认为，增进人民之间相互了解绝不是一件小事！

“马可波罗”电影剧本由艾敏译成中文，她是我的老同学，曾在意大利寒窗学习，回国后因为她太热心文化事业，到电影资料馆工作。几十年如一日，孜孜不倦、不辞辛劳翻译了不少意大利著作，为中意文化交流贡献了自己的心血。

文化无论诗词歌赋、琴棋书画，还是文献、音乐、翻译、视觉艺术、电影、摄影、广播电视、游戏与体育用品，无不体现各国的文化底蕴，都在播洒人民之间沟通的火种。文化同政治与经济相互影响，相互交融。文化对政治与经济也会产生作用，健康的文化就是有力的促进。新形势下，中意两国之间文化交往日趋密切，文化是心灵的纽带，为健康文化事业辛勤工作的劳动者是人类灵魂工程师！

“秋菊打官司”与“电影回顾展”

1992年9月，影片“秋菊打官司”荣获威尼斯第49届国际电影节金狮奖。几天后这部影片在我国驻意大使馆放映，招待意大利各界朋友。我坐在电影厅里细细注意着观众的反应，放映之后，同不少人交谈，他们对影片朴实的拍摄手法甚为赞赏。罗马大学一位教授说，中国贫困落后地区的一位农妇围绕讨一个说法，四处奔波，讨不到一个说法她就死不甘心，这种渴望社会正义的精神实为可嘉，反映了中国农民对维持自我权益的觉醒。张艺谋执教的这部影片所以能够获大奖，就是因为他把秋菊的坚强朴实的个性描写得入木三分。

罗马文化局的一位官员说，影片把秋菊这个农村妇女拍摄得十分到位，她个性执拗，又很自尊自强！我读过几本介绍中国的历史书。几千年的封建社会里都是人治，皇帝说了算，皇帝的话就是一切！观众从秋菊身上看到了中国农民的法制观念正在觉醒，这是一个令人深思的深刻变化。

张艺谋从威尼斯来到罗马，大使馆为他庆功。对荣获那届威尼斯电影最佳女主角奖的巩俐因为有事，未来罗马而遗憾。在餐桌上，我们为中国电影走向世界为高兴。谈到这部获奖影片，谦虚平和的张艺谋只是聊了些拍摄影片的经过。给我的感觉，他想说的是影片是向观众提供美的视觉享受，一部好的影片可以震撼人的心灵。影片首先要有一部好的剧本，然后再在拍摄技巧上做足文章。影片要带给观众精致的感官满足，引起观众的感情激荡与共鸣！由于各国历史与文化传统不同，各国电影无不打上本国历史文化传统的烙印。自然环境对人具有潜移默化的作用，人生活在不同的环境里受到了不同的熏陶与影响。张艺谋说，“秋菊打官司”就是发生在中国黄土地上的一个故事，没料到会有如此热烈的反响！可见，要刻苦探索与讲究电影的表达与拍摄艺术，好的东西自然会有魅力！

张艺谋又说，这次参加威尼斯国际电影节同许多同行接触与交流，受益匪浅！电影这门艺术是没有国界的，同行之间相互学习，可以取长补短，不断追求完美！观众买票看电影，好比吃食物进入肠道消化吸收一样，是从大脑吸取“精神营养”，人的生活与工作需要大脑指令，因此电影无时不在影响着观众！

这让我想起意大利的那次“电影回顾展”。那是2007年，30部意大利电影在北京、上海放映！阵容强大的意大利电影代表团在上海举行记者招待会，团长说：30部跨度长达几十年的意大利影片，有悲剧，有喜剧，也有讽刺剧，扫描着意大利社会的深刻变化。中国观众从“甜蜜的生活”、“意大利式的结婚”、

“豹”等影片中，既可看到灿烂的阳光、优美的风光、城市的风貌，又可领略意大利人的生活中的酸甜苦辣。影片中的故事只是意大利沉淀的悠久文化传统的一个缩影！两千多年来，古老的“丝绸之路”就是沟通两国人民之间感情的一座桥梁，今天渴望和平与发展的共同愿望又把我们两国连接在一起。电影可以发展特殊作用，它是培养大脑联想或者虚幻功能的一种好办法，也是打开观众视野的一把钥匙。

我听一位上海电影评家说，“意大利电影回顾展”放映的30部影片，有着意大利新现实主义与现实主义相合的特点。新中国成立不久，中国观众看到的《警察与小偷》、《偷自行车的人》、《罗马，不设防的城市》、《罗马，11点钟》等几部优秀影片，就是意大利新现实主义的代表作，几位知名的大导演维托里奥–德西卡、卢基诺—维斯康蒂都是中国观众熟悉的。意大利的电影风格与中国的现实主义有着不少相似之处，两国电影人可以相互切磋与探讨，互相借鉴学习。

还有一位文艺评论员说，意大利目光犀利的名导演的拍摄手法生动细腻，影片中的主要人物令人难以忘怀，哪怕叙述的是日常生活中的一些琐碎的故事，都是活生生的、感人的；影片注重社会性与现实性，寻求个性化的表达方式，没有故意做作，而且真实反映浪漫的意大利人的生存境遇、心理状态与各种情感纠葛。电影是一种见效快的载体，可以帮助观众了解一个国家的文化与传统；可以跨越国界，用视觉传递情感，可以加强人民间的沟通，没有语言障碍。

“回顾展”在上海影城举行了隆重的开幕式，热情的上海影迷纷纷拥入电影厅。精通汉语的意驻沪总领事马里奥–毕尼讲话中说，意中两国源远流长的文化交往，希望通过这次“意大利电影回顾展”，在21世纪更加发扬光大！

一部获奥斯卡九项大奖的影片

在厦门举办的国际投资博览会上，意大利参展商博西尼同我聊起电影，原来他是个十足的影迷，而且颇有自己的见解。好几年前他看了影片“末代皇帝”。打开话匣子，就滔滔不绝谈起这部影片。他说，3岁登基的中国“末代皇帝”，未等宝座坐热，4年后又在革命的风暴中赶下了台，从此中国结束几千年的封建时代。被废黜的“末代皇帝”，历经那段中国动荡岁月的风风雨雨，后来变为一个普通平民。有一天他独自回到紫禁城，从皇帝的宝座下居然掏出了当年登基时放在宝座下面的蝈蝈笼子。导演贝尔托卢奇拥有高超的拍片艺术，一个小小的片段让观众看了之后发出阵阵笑声。这就是电影艺术持有的感染力！一部表观中国近代史上颇有传奇色彩的影片，看编剧如何去写，导演如何执导？他陪家人兴趣浓浓地看了两遍，为什么？因为导演贝尔托卢奇执导风格独具匠心，能从“末代皇帝”的故事中抓住切入点，结构安排不是平铺直叙，所以引人入胜，深受观众喜欢。博西尼问我，影片中的故事是否符合历史事实？

我告诉他，这是文艺作品，我们对历史题材文艺创作的态度，有句话：“大事不虚，小事不拘”。“末代皇帝”变为普通公民后重返紫禁城，再找皇帝宝座底下的蝈蝈小笼子，那是意大利编剧与导演丰富而又大胆的想象力，也是他们的艺术幽默。影片中的故事采用实线与虚线的结合，手法新颖而独特，收到了良好效果！

这部影片的成功给人以启示，说明文化的传播需要讲究艺术与方法，需要亲和力，也常常需要润物细无声，让读者或观众在轻松和谐的氛围中进行情感交流与思维碰撞。“末代皇帝”获得九项奥斯卡大奖，从最佳影片、最佳导演、最佳改编剧本到最佳作曲、最佳服装设计等，震撼了世界影坛，不是偶然的！

博西尼还说，影片“末代皇帝”中的主角溥仪是一个观众喜欢的人物。欧洲历史悠久，皇帝很多，古罗马就有不少皇帝，1861年意大利统一直到1946年成立共和国，又有几位国王，他们也有不同的传奇故事，但像溥仪这样的故事，还找不到，因此欧洲人看了影片觉得很新鲜好奇。

在有一次，从上海乘高铁到南京，意商维托里诺也同我聊起这部电影。他说在皮斯托亚影院上映，几乎场场客满，里面坐着许多中国人，都是旅居普拉托的华侨！皮斯托亚与普拉托只有几分钟的车距。普拉托市文化局局长是他的好友，听他说，“末代皇帝”上映的那几天，一片盛况，不仅影院上座率高，而且成了街头巷尾、饭店酒吧议论纷纷的一个话题。他认为，电影短短一二小时，效应立竿见影，不像看一本书，即使畅销，也要挤时间去读，然后慢慢消化、吸收、反思。“末代皇帝”拍得很高超，要归功于编剧与导演，贝尔托卢奇不愧为名导演。“末代皇帝”下了台，在英国教师的调教下，接受了西方的理念，学会了跳舞与打网球，会骑自行车，剪下了辫子，戴上了眼镜，穿上了西服。影片告诉观众，人是会变的，不管过去当过皇帝还是国王、总统，地位变了，条件变了，生活方式与处世态度也会变。影片拍得生动自然，观众容易接受。过去不了解中国的，看了这部影片，至少知道中国近代史上那段动荡多变的历史。我说，你讲得一套又一套，很有看法。他说：“人各有爱好。我生来偏爱电影，生在“足球王国”，就是不爱看足球。每逢周末，至少一部电影，走出影院，就是骑自行车跑十公里，每周坚持不断，几十年如一日。电影是我业余生活的一个重要组成部分……”

罗马母亲河“夜市”

台伯河，那条亘古不息的台伯河，将古城罗马一分为二，狭长的河道充满一个个神话故事。台伯河里两个抛弃婴儿、喝母狼奶成长的故事成了罗马诞生的象征，台伯河是罗马的母亲河；跨年从大桥上跳进冰冷河水、成为罗马人象征迎新年的台伯河，由于年久失修，早就失去航运价值。可是自20世纪70年代起，这里开辟了夜市。小商品、手工艺品、土特产、旅游用品、图书杂志、服装鞋帽、厨房用具、卫生用品，应有尽有。一个个摊位搭建在河两岸的石砌平台上，来自意大利20个大区的商品一一来此展销。本来一些传统手工艺品，因为市场日趋萎缩而后继无人、濒临淘汰，随着这个夜市的兴旺又慢慢催发了它们的活力。

夜市创始于1977年，每年从6月至9月，历时100多天！罗马市民与各国游客慕名而来，熙来攘往，热闹非凡。在这片狭长的小天地里，有零摊小贩、采购员、中间商、家庭主妇，甚至巨商富贾。来这里，有洽谈生意的，观摩取经的、切磋工艺的、挑选商品的、交流信息的，还有好奇散心的，构成了古都一角一道独特的风景线。我在大使馆时，也两次赶去凑热闹。罗马人爱过夜生活，九点之后进入高峰，直到深夜，不少热闹的摊位甚至开到凌晨才歇业。这里还有多彩的文艺演出水上舞台，以民间歌舞为主，西西里与撒丁岛的民族歌舞，身穿平时很少看到的鲜艳服装，令人耳目一新。一个个有长有短的节目，水平高低不齐，飘逸着浓浓的地方色彩，甚至有些濒临失传的民间艺技也在这里找到了展现魅力的空间。像上海城隍庙一样，有的在现场包粽子，有的在制作糯米年糕，有的绣花、剪纸、雕刻，也有人表现如何从一条条蟹腿中快捷抠出肉来。我听一些观众说：台伯河夜市，仿佛重现几十年前的生活，充满艺术氛围，富有活力，精彩而又引人！

据罗马的老人说，在漫长的岁月里，台伯河两岸杂草丛生，多少年无人过问，一度成为一些无家可归的流浪汉与乞丐们的栖身之地；也是娼妓、吸毒者以及毒品贩子神出鬼没的场所。每晚夜幕降临，站在岸边的娼妓向过路行人或驶过的汽车频频招揽客人。台伯河有一段几百米长的路，人们称为“罗马式的红灯区”。台伯河，充满神秘色彩的台伯河，那里有一座座式样多异的桥梁，一幢幢价值连城的古建筑，台伯河也是彰显意大利社会生活的一个万花筒。

1976年意大利“民间传统研究所”经过精心研究，提出了改造台伯河面貌的设想与计划，得到罗马市政府的支持。实施计划几经波折，困难重重，主要来自资金筹集。而且当时正遇西方能源危机爆发之后，资源匮乏的意大利，经济陷入萧条。尽管如此，在短短一年里，施工人员经过艰辛努力，罗马这条母亲河两岸边好几千吨重的垃圾及脏物得到彻底清除，然后建起了长达4公里的石板平台与800多个店铺，安装了电线与煤气、自来水管道。随着垃圾杂物的清除，台伯河的水质变清了，滔滔河水重又泛起清清的层层微波。

罗马《信使报》说：“城市需要有效管理，一个名不见经传的民间传统研究所发挥了大作用，民间促政府，取得了成效，罗马人感谢它！不少罗马人说：市政府应当主动做的，民间机构抢先了！希望政府官员少一些党派之争，少讲空话大话，多做实事，为民谋福祉！”

民俗经济包含历史、情感、现实等多方面，是一个国家与社会的构成要素。国家走向现代化，大力发展先进高端科技固然十分重要，但继承与发扬民间传统工艺与手工业，也是必不可少的。将来即使生产与生活高度智能化，也不可能没有绣花、剪纸、雕刻、理发、修鞋、灯节、庙会吧！百姓还得吃饭穿衣，还要有人理发、修鞋！民俗反映人民大众的价值观念与生活趣味。时代在发展，先进科技、智能化、信息化的趋向日趋明显，但它们不是生活的全部。一个社会只有同时具有民俗经济，协调完美结合，才会丰富多彩！

看似软，实际硬！

有人讲，文化有时看不见摸不着；有人说，看一场文艺演出，开始产生感性认识，好比触及皮肤，后来由感性变为理性，慢慢混入血液；有人认为文化像山谷中静静的滴水，天长地久，滴落的水有着穿石的无穷威力，千万不要小看！文化的渗透力不容忽略。一顿美食首先就是舌尖上的享受，也是感性的享受，但时间长了，美食文化也可触动心灵！

文化是一定政治和经济相互交融、相互影响的产物。文化发展了，也会对政治与经济反过来产生难以估量的影响。北京举办奥运会，上海举办世博会，不仅是激烈精彩的体育比赛与丰富多样的一场场展览，而且也会产生巨大的影响，因为通过体育比赛与展览，它们向世界展示了中华悠久的文化与传统！中华文化具有独特的魅力！

文化是历史与文明的积淀，是土壤，也是果实，是一个完整的生命体。我们要珍惜伟大祖国的文化，是在幅员广袤的沃土上产生的悠久优秀文化，那是民族的灵魂！从南到北，从西到东，屹立在亚洲东部的祖国，有宽阔的平原，茂密的森林，蜿蜒的山丘，辽阔的草原，美丽的海岛，也有一望无际的大沙漠。沙漠同平原相比，自然环境无疑是恶劣的，但对豪放的沙漠文化来说沙漠又是它的“一片沃土”！

文化的力量是难以估量的，看似软，实际很硬！我们要说好国际语言，讲好中国故事。

著名电视主持人曹可凡说，“卧虎藏龙”为什么荣获奥斯卡奖，他认为李安电影的内核是中国儒家文化，他同美国编导又花了很长时间的“脑力激荡”，最后用外国人听懂的电影语言来讲述中国文化。

中国文化要走向世界，需要花时间花精力！

想起那位杰出外交家

我在意大利与北京同他有过几次接触，关于他，我没有轰轰烈烈的事情要写，但留下印象倒不浅！都是几十年前的往事，一些时光中的碎片，我想把它如实写下来。

他在“文化大革命”期间遭受迫害，“文化大革命”后出任中国人民对外友好协会会长，解放前地下工作中曾做过周恩来

王炳南会见意大利众议长英格拉奥。左一为王炳南，左二为意中经济文化交流协会主席科隆博，左三为英格拉奥，左四为作者。

得力助手，新中国建立后努力贯彻周恩来“另起炉灶”的方针，积极组建外交部，他就是外交元老王炳南，一位新中国外交史上杰出的外交家。

热心“民间外交”

1979年秋天，他率团访问了意大利。那个年代，随着中意两国建交后关系的全面发展，意大利一些民间友好组织也冒了出来，大家熟悉的就有“北一南二”：“北一”就米兰的“意中经济文化交流协会”，“南二”就是罗马的“意亚协会”与“意中友协”，三位负责人，分别是参议员维托里诺·科隆博，议员朱利奥·奥兰多与友好人士乔尔乔·祖盖蒂。

那年，王炳南年事已高，风尘仆仆，率领我国对外友协代表团来到意大利，同三个友好组织、社会团体、各界人士先后接触，每到一地，侃侃而谈。我虽未随团活动，但也参加了他的几场重要会见与会谈。

我听他讲过，开展民间外交灵活多样，多做民间的工作也很重要，可以润物细无声，推动与影响所在国政府的决策。民间外交与“政府外交”相辅相成，必不可少。

他生动地举了日本的例子

1972年田中首相来北京与周总理相见，签订中日建交公报，不仅因为田中与大平正芳两位政治家有远大眼光，奉行对华友好政策，而且也是同日本民间对华友好的强烈呼声密不可分的。那是毛主席、周总理对日本人民做了大量工作的结果，我们寄希望于日本人民，民间推动政府，终于迎来了这一天。因此要重视民间外交，不可忽视公众、舆论、社会团体及社会精英对政府的影响。

所以到了意大利，无论走到哪里，王炳南不顾年迈与疲劳，花了大量时间，广泛接触、交谈，设法多了解别人，宣传我国政策。

他在接触中了解到，三个友好组织中，罗马的“意中友协”活动经费严重不足。负责人祖盖蒂本在北京工作好几年，是我国国际广播电台招聘的意大利语专家，他热情诚恳，平和谦逊，对中国很有感情，回国后没有找到工作，他不愿在家闲着，想着中国与中国人民，着手组建了“意中友协”。但协会缺乏意大利财团资助，同由两位参议员掌门的两个友好组织明显不同。我在意期间，看他的友协几次搬家，会址由大变小，人员不断精简，以减少租金等日常费用。为此王炳南同他聊得很深，邀请他访华，在北京又是亲切交谈，派部门负责人陪他去外地参观游览。据我所知，在王炳南会长亲自关心下，我国对外友协力所能及，每年给了他形式多样的一定资助，帮助解决实际困难，在意大利开展工作。例如，他在罗马开设一家出售中国书籍的书店，取名“马可波罗”，书籍由我对外友协部分赠送或部分特价优惠。一段时间里，那些热爱中国、向往中国的意大利读者便是书店的常客，书店的开设解决了他们欲购中国书籍的燃眉之急，尤其是中国编制出版的多种工具书（英汉、法汉、西汉、意汉、德汉、新华字典、百科全书，还有红楼梦、西游记等古典小说等），深受欢迎，我几次去过，开在罗马“万神庙”旁边的一条幽静的小街上，生意还是不错的。

“姐妹城”，一对又一对！

王炳南访意，赶上上海—米兰“姐妹城”签字仪式，那天在米兰市政府所在地——“马里诺宫”同上海市第一把手彭冲一起参加这场活动。

彭冲已是国家领导人，王炳南是我国有声望的杰出外交家，两人出席签字仪式，大大加重了这场活动的分量！了解情况的“意中经济文化交流协会”主席科隆博特意向年轻的米兰市长托尼涅利作了一番介绍，托说：今天是米兰市政府“历史的一天”，“中国两位重量级人物亲自到场，是米兰的荣幸！”

米兰“晚邮报”也在报道中说：意中两国“姐妹城”从米兰——上海开始，体现了两个最大工商业中心在各自国家中的特殊重要性，签字仪式既隆重又简单，说隆重，因为中国来了两位大人物；说简单，因为短短几分钟，讲短话，加上签字与香槟酒！米兰《今日报》认为：中意两国两个最大工商业城市结为友好，丰富了合作领域，创造了有利气氛，为中意关系打开了新的一页！

王炳南率团访意，不仅为了上海—米兰结成“姐妹城”，而且也为苏州—威尼斯结为友好做许多工作。

我国对外友协，作为“姐妹城”牵头与主管部门，为上海—米兰结为友好，为苏州—威尼斯、南京—佛罗伦萨、常州—普拉托以及两国间一对对友城的建立，做了统一规划。

苏州早有“东方威尼斯”之美称，两城结为“姐妹城”从民间舆论与历史交往看，好似水到渠成，只要等待签署协议的时间了，其实不然！

那时的苏州古城，经历“文化大革命”十年沧桑，市区不少街道已经很破旧，也不够整洁。1977年“文化大革命”刚结束不久，我陪意大利外长访华，到了苏州，车队穿过一条条马路，不少老外睁着大眼看窗外，有的说：我们是在“东方威尼斯”吗？有的讲：“又脏又乱又穷！”、“河水也不清呀！”一片议论！好几位随外长访华的摄影师拍下了不少镜头，第二天意大利报上也有些不好的报道。总之，意大利人对当时的苏州印象并不好，很失望！

王炳南作为杰出的外交家，这位出席日内瓦国际会议当过周恩来助手的外交家，出访意大利之前，自然做足了“功课”。他同威尼斯市长亲切会见，促膝交谈，无论在市长的宴席上，也是参观游览途中与陪同人员自由自在的交谈中，王会长身在威尼斯，一边赞扬它的美景，更多的还是畅谈苏州的悠久历史与文化，谈马可波罗在游记中对苏州的印象与描写；又说苏州的历史故事成了不少文人的抢手题材，相信威尼斯也一样。

王会长说，苏州是个“鱼米之乡”、“锦绣之地”，这里人杰地灵、物产丰富，有众多园林，盛着丝绸、锦缎和苏绣；是我国江南一座以“小桥、流水、人家”出名的古城，文人笔中的苏州是“家在画中住，人在画中游”。“文化大革命”十年中国经济遭受严重破坏，苏州也一样，这是暂时的。我们要从发展眼光看未来，“文化大革命”这场灾难已经成历史，相信苏州同全国一样会变得越来越好，越来越美丽。中国人民勤劳智慧，改变面貌的欲望很强烈很迫切，相信要不了几年，苏州面貌就会有个明显改善，变得天蓝水清，整洁干净。我们看今天，要更多想到明天，事物总是会变的。

市长听了语重心长的一番话，很受感动，事后接受当地记者采访，赞扬王炳南知识渊博，随和谦虚，亲切诚恳！还说，如果不看市政府礼宾官准备的介绍资料，谁能想到他是一位经验丰富、久经考验的杰出外交家呢！市长最后说，中国、苏州，他一定要去！将尽快考虑访华计划，去苏州签署两城结为友好的协议。

朴实谦和

王炳南一行访意，接待部门安排的食宿很普通，如住的酒店最好是四星级，米兰那么多高级酒店，就是四星级也有高低之分，王一行下榻的一家是普通四星级酒店。有一天吃自助早餐时，我问王有没有休息好，酒店很一般。他说：“酒店很不错，我满意！我们来访不能让人家破费太多！”吃早饭时，我向他介绍了意大利酸牛奶、火腿肉、奶酪等，他说：“随便吃一点可以了，意大利饮食很出名！我们来这里访问，客随主便，生活上不要提任何要求，他们接待我们很不容易，不要给主人增添任何麻烦！”

有一天，王炳南一行到了中部托斯卡纳地区，参观意大利一家武术学校，抵达时只见彩旗招展，悦耳的中国音乐响彻全场，气氛异常热烈！校长讲，学校成立已有几年，学生酷爱中国武术，他们勤学苦练，精神焕发，已练了一套基本功。中国武功具有悠久历史，他们都是中国优秀文化的崇拜者，随后学生作了半小时的现场表演。

说实话，在遥远的意大利，这些年轻人能够练到这一水平，我们看了深感惊讶！王炳南赞赏孩子们的精彩表演，高兴地说：“世界上每个国家都有自己的优秀文化与艺术，各有千秋，相互交流，相互借鉴，都可从中受益！”

中午，当地一个民间团体负责人设午餐招待王炳南一行，吃的是甜瓜加火腿、番茄罗勒面、烤牛排、生菜，还有葡萄酒、奶酪与咖啡。主人说“饭菜很简单”，似乎有些不好意思。王炳南说：“我们吃了一顿很合口味的意大利饭菜，都说地中海美食好，吃了之后深有体会。你们用的作料少，肉是肉，菜是菜，简单清淡，一目了然。生活就是这样，山珍海味如果不合胃口，那也不算好。而我们今天吃的，道道菜味道鲜美，很好啊！”

席间，主人还介绍，托斯卡纳是盛着葡萄酒的地方，意大利最好的葡萄酒产区就在附近（人人都说自己家乡好，每个地方都说自己家乡的葡萄酒最好！）。这里属于北方温带气候与南方海洋性气候的交汇点，适合葡萄优质品种的生长，最昂贵的酒一瓶要几万里拉，今天你们品尝的酒则属中等，说不上最好！王炳南说："好喝！意大利葡萄酒世界有名，各种酒各有特色，我们喝了很有特色的葡萄酒，满意！"

同主人举杯祝酒时，王炳南竭力让自己的手颤抖得少一些。我知道他患上帕金森症，表现出一个杰出的外交家在外交场合应有的风度，即使同民间机构的一位负责人干杯，也很注意这些细节！他还对我说过，已打听到西藏有治帕金森的一种草药，回国后设法去找找，也许可以治好，病在自己身上，凡事都要乐观想开！

坐在我一边的王炳南，一位久经考验的杰出外交家，在波兰华沙同美国大使进行9年谈判的外交部元老，在中美大使级会谈中表现出卓越外交才华的王炳南，生活上那么随和，对自己的疾病那么乐观，一无所求，一点没有架子，他的形象突然在我心目中变得很高大！

同"意亚协会"的交谈

在罗马，王炳南会见意亚协会会长朱利奥·奥兰多，一位资深的政治家，早在20世纪60年代就出任意大利总理政治顾问。奥1975年曾以邮电部长身份访问中国，会见王震副总理，用他自己的话来记，"一生对中国留下深深的回忆"。

他对王炳南说："意亚协会顾名思义，要同亚洲国家发展民间关系，为什么我选亚洲？

因为亚洲是块古老的大陆，中国、印度、波斯、巴比伦的悠久文明同古希腊、古罗马、古埃及一样，多少个世纪一直影响了世界，直至今天！亚洲也是一块充满矛盾与希望的大陆，因此我要创建"意亚协会"，去了解亚洲，熟悉亚洲，沟通意大利与亚洲国家的民间关系。民间交往是国家关系中的重要组成部分。

我去中国一看，证实了我的这一想法。中国人民热情好客，脸带微笑。让我难忘的是发生在长城上的一个故事。

我们有一天攀登长城，突然遇到暴风雨，眼看很快个个都要变成‘落汤鸡’，谁都没有想到，意外的惊喜来了，几个战士给我们送来了雨伞，每人一把，解放军战士真的很可爱、很体贴……”

奥也是参议员，也许竞选中练出的口才吧，一打开话匣子，滔滔不绝刹不住，热情非凡，似乎不让王炳南讲话！

王赞扬他对中国的一片友情，说：“你去中国访问时，‘文化大革命’还未结束。短短几年，中国发生深刻变化，我们正在集中精力搞建议，敞开大门同各国人民友好往来。欢迎你再去中国看看，不仅北京，还可去外地。中国欢迎世界各国的老朋

左二为意中友协会长祖盖蒂，左三为意亚协会主席奥兰多，左四为作者。

友与新朋友。”

奥说，“其实我的意亚协会主要还是同中国、伊朗、印度等少数国家发展民间关系。为什么？一是因为，协会受资金与人力的限制，不可能把我们的工作面铺得过大；二是因为，目前亚洲形势复杂多变，矛盾与冲突不断，因素多多。还有同意大利民间情绪有关，例如，意大利人对日本人普遍少了些好感。”王炳南问为什么？奥回答，一是日本人同德国人一样在二次大战中凶狠残忍，在中国杀了几千万。亚洲虽然遥远，意大利人或多或少还是知道的。二是战后以来，来欧洲的日本人，人人身带照相机，橱窗里的时装、广场上的雕塑、包罗万象都被他们偷偷窃取走了。今天罗马、米兰有的，明天东京、大阪也有了，意大利人讨厌他们抄袭知识产权，有的说日本人太鬼、太狡猾，好多意大利人不喜欢，还有还有……

王炳南与代表团一行听了都笑了起来，王说：“日本是中国

意亚协会主席奥兰多早在中意两国建交前就同中国驻意商代处建立友情。左一为奥兰多，右一为中国商代处负责人，中间为作者。

的近邻，两国交往源远流长。我们对日本大肆侵占中国的那种野蛮残忍，记忆犹新；八年浴血抗战，我们遭受惨重损失，的确死伤了好几千万人。但是日本人民是没有责任的，他们同意大利人民一样，都是牺牲品，也遭受战争的苦难。我们要谴责的是日本军国主义，以及战后以来一直不认错、不道歉的少数极右分子。”

奥兰多说，这表明中国政府的明智与远见，把侵略战争的发动者与该国人民截然分开！

他还谈到战乱中的西亚。他说，巴勒斯坦、以色列、黎巴嫩，古老而又遭受苦难的地方，至今冲突不断、战乱不停，那里没有和平与安宁。天天传来的都是不幸消息，意大利人实在看不透！“意亚协会”眼下尚无计划同西亚这些国家民间组织建立与发展关系。

王会长说，阿拉伯与非洲一样，宗教派系多，民族矛盾多，部落多，利益与矛盾相互交叉，错综复杂，分析问题离不开这些方面。例如巴以矛盾，中国同情巴勒斯坦人民，但以色列也是客观存在，也不能把它赶到大海。你们比我们离得近，对它们更了解。

宗教问题谈而不倦

科隆博同王炳南交情颇深，一位是虔诚的天主教信徒，一位是共产党员，两人相见，坦诚交谈，从中意两国关系到世界棘手问题，从两国缔结“姐妹城”到中梵关系，无所不谈。而谈得最多的还是宗教与中梵两国关系。

我的一个感觉，科隆博只要一提宗教问题，总是精力充沛，谈而不倦。

对错综复杂的中梵关系，他们两人心知肚明，不是用简单几句话就可说得清楚的。仅从新中国建立至今的几十年，就有很长的话题。

对宗教自由，科说：几次去过中国，也去教堂做过弥撒，中国人享受宗教自由，他很高兴，在中国看到的同某些西方媒体的歪曲报道不同，他的眼睛在说话。但作为老朋友，说句心里话，希望你们还要做得更好一些！

他认为，宗教几乎与人类诞生相随而生。人类有文字记载的几千年，就有几千年的宗教史，宗教是个悠久的社会现象，谁也避不开、躲不开，它活生生地存在于人类生活的世界里。不管你走到哪里，都有宗教！不要说去梵蒂冈了，就是你们去欧洲博物馆与教堂欣赏油画、壁画与雕塑，如果不懂宗教，就很难理解这些艺术品的真正含义。宗教与文化艺术几千年来有着千丝万缕的联系。他向中国朋友多次表明自己的看法，宗教劝人为善，鼓励人活在世上要多做善事，想着他人。西方国家

王炳南访问意大利。左一为王炳南，右二为意中经济文化交流协会主席科隆博。作者做翻译。

不少信教的富翁热心慈善事业，可以列举好多例子。人民享受了充分的宗教自由，精神生活充实了，他们的心情也舒畅了，他们就是一个国家的稳定因素。相反，如果一个国家人民没有充分的宗教自由，精神空虚，情绪低落，那国家与社会就稳定不了，早晚会出问题，甚至发生动乱。宗教不能简单看作为迷信，而是一种信仰。世上许多宗教人士大力办教育，也倡导科学与文化艺术。利玛窦到了明代的中国，作为传教士，应当承认，他带去了西方的先进科学，而不是愚昧无知。

王炳南耐心听了他的“一套理论”后说：“正如你所说，也所见，中国人民享有宗教自由。宗教自由是我国政府的一贯政策。中国国内宗教很多，他可以信佛教，你可以信天主教、基督教，互不干涉；公民有信教的自由，也有不信教的自由，有信教之后不再信教的自由。人总是有信仰的，但不能说信仰就是宗教信仰，信仰是广义上的信仰，不能把信仰狭隘化。作为公民，都要遵守宪法，爱国爱民，热爱社会主义。走社会主义道路是我们国家的根本选择。至于你说，希望我们做得更好些，我要说，有些地方偶然发生一些不良现象，我也不能否定。中国领土辽阔，情况复杂。如果出现，我们要作具体分析，那绝不是政府政策所致。但我相信，人民享受充分的宗教自由，在中国会越来越好。”

王又补充说：“老朋友相见，我也要说：历史上发生过宗教禁锢人们思想的悲剧，就在古城罗马，科学家布鲁诺惨遭火刑活活烧死了。”科隆博说，这一悲剧的确不可否定，那是发生在几百年前黑暗年代的荒谬事件，它也从反面教训了梵蒂冈。时代在进步，后来梵蒂冈对过去的迫害承认了错误，顺应了时代潮流。应该看到，梵蒂冈也在变。

科自然又把话题转到中梵关系。他是多么盼望有一天，这个欧洲最小的“城中之国”能够同中国建立外交关系啊！可是直至1996年去世，他没有盼到这一天！

那天同王炳南交谈，他长长叹了口气说，新中国同欧洲各国建立外交关系，唯独梵蒂冈例外！这个例外不知要到哪年哪月才能打破？

有一次刚抵北京，他就迫不及待要见王炳南，说带来了梵蒂冈方面给中国的口信。王从容不迫，耐心听了，然后笑着说："我们相见多次，中梵关系已是老话题，你很关心，我是知道的，这次你又带来梵方口信，我会转告的。你很清楚中国天主教爱国会独立自主自办教会的方针。由于你也知道的原因，中梵关系要从长计议，等待时机成熟，我们的大门是敞开的，我们的方针也是一贯与明确的。所以至今中梵没有建交，就是因为梵蒂冈利用宗教问题干涉我国内政。梵方如果真正改变态度，不再干涉中国宗教事务，中梵两国关系就可回到健康发展的轨道上来。"

科又强调，梵蒂冈虽小，影响却很大，教皇是世界十多亿天主教徒的精神领袖。世界几大洲都有众多的天主教徒，尤其在欧洲和南美洲。中梵建交，中国在天主教众多的国家与地区的影响也会更加扩大。他说，尤其教教众多的国家，他们的态度对政府决策是有影响的。

失去了，永不再来！

从同济大学报告会谈起

有一次，佛罗伦萨大学建筑设计与文物保护教授七八人组团来华，在上海同济大学举办报告会。休息时我同他们闲聊，一位酷爱中国文化与文物的意大利教授对我说，他看了好多书籍，对我国了解颇多，话题转到北京，他说：“意中两个文明古国遍地都是文化遗产，可惜宏大的北京城墙早已不复存在，令人痛心啊！如果事情发生在意大利，肯定闹翻天！你看，罗马修建20世纪七八十年代的一条地铁，文物遗产部仅仅为了发现一些地下文物，同公共工程部打了一场又一场官司，拖了好多年！没完没了的司法纠葛是不好，严重影响地铁工程。但是，文物部门的认真精神令人佩服……”他一口气还讲了很多。

我说，谈起北京城墙，离不开当时历史背景，一言难尽啊！著名建筑家梁思成曾苦苦哀求过：“每挖北京城墙一块砖，等于割我身上一块肉。”如果时光倒转到今天，北京城墙绝不会拆掉；今天再做假设已经没有用，我们会从中吸取深刻教训，不再犯错！

教授长长叹了口气：“说真的，毁掉这座宏伟的城墙是中国文化史，也是人类文化史的悲剧！世上任何人，不会比建筑学家和文物专家更加懂得历史文化遗产的珍贵，它们远远超过生命，失去的永不会再来！”

他问我，“你到过卢卡吗？”我说，不但去过，而且尽情赞赏了宽大宏伟的卢卡城墙，在托斯卡纳那座历史名镇，足足待了半天，久久不愿离去，意大利把它城墙保存如此完美，实为少见！教授说：卢卡城墙是稀世奇宝，至今一直保存完好。不要说外国人了，意大利人亲临观赏，也会发出阵阵惊叹！它是托斯卡纳这个古城的一张光彩夺目的名片！每个古城都应有自己的特色，城墙就是卢卡的无穷文化遗产！

在意大利教授团同同济大学的交流会上，郑时龄教授重点介绍了上海历史文物保护，讲到上海市区早就界定无数幢“优秀历史建筑”，在门口墙上镶了块大理石。镌刻上“优秀历史建筑”标签的，上海已有六七百处。任何人、任何部门不得随意改动；上海决心要把老的好的东西传承下去，它们绝不能毁在城市滚滚建设的洪流中。

意大利客人对我国吸取“文化大革命”惨痛教训，开始重视历史文化遗产的保护而感到欣慰。有的说，犯错误不可怕，包括拆掉北京城墙，重要的是今后不再做傻事！往事有好有坏，正反两方面的经验都要听，好的发扬光大，不好的作为教训，让我们活得更聪明，做得更有意义！

老祖宗给我们留下的文物遗产应当完整保护，任何部门任何人不得擅自改动，更不能破坏。优秀历史建筑不可逆转，一旦破坏，无法挽回！

视文物为国宝

意大利早在20世纪70年代，政府专设文物遗产部，这是这个文明古国负责全国文物保护的最高权威机构，直接管理散布在全国各个角落的重要文物遗迹、考古挖掘区以及博物馆藏品。像罗马、佛罗伦萨、威尼斯、那不勒斯、博洛尼亚、比萨、西耶纳、乌尔比诺等众多历史名城，为了保护它们的历史风貌不受任何破坏，早就界定专门的“历史中心”。“历史中心”内的一砖一瓦都不能拆碰，因为国家法律规定，区内所有建筑虽有产权之分，但外部结构管理权隶属国家，你拥有所有权，可享受使用权，却没有对建筑物进行整体改造的权利。外部结构的任何维修，事先必须按法办理一整套手续，经国家文物部门严格检查、鉴定和批准。在酷爱文物的意大利人眼里，有时一小段断壁颓垣也是宝，绝不允许任意拆除。

意大利专家对保护与修复文物，随着现代科技的发展，越来越讲究科学性，把它看作既是艺术，又是技术。他们认为，对文物要进行经常性保护，与其等到文物毁坏时修复，不如定期进行保护。如室外文物，各种优秀建筑物与雕像，不可避免都会受到大气及烟尘的腐蚀，定期修复保护为最佳之策。而室内的文物，例如博物馆，一定要控制参观人数，防止排放过量二氧化碳对文物的污染。还要定期检测存放文物的建筑，控制好温度、湿度。如果没有定期检查与经常性保护，一旦文物遭受损坏，那就后悔莫及，难以弥补。

我在罗马久待几十年，几乎三天两头经过“历史中心”，从威内托大街、巴尔贝里尼广场、科尔索大街，经威尼斯广场、帝国大道、斗兽场到古罗马公共浴场；从民族路到三岔口喷泉、万神庙，再穿过台伯河，到天使古堡；真的，没有发现任何变化！绝对碰不得！怪不得有人开玩笑，如果达芬奇、米开朗基罗、贝尔尼尼等艺术大师“有一天复活”，去罗马旧城转圈兜风，也是不会迷路的。

罗马四周的卫星镇，从弗拉斯卡蒂到维泰尔博，从杜斯卡尼亚到蒂伏利，马里诺到格罗塔费拉塔，古镇中心都有广场与教堂，或者博物馆、酒吧与饭店，几乎看不见任何新建筑。黑黢黢的外墙，即使已有修复，外人也毫无察觉！

我好奇地打听过当地人，他们说，使用的是一种特殊的建筑材料，可以快速氧化。他们用心血与头脑来呵护他们心目中的优秀建筑，保持安静淡定而又古雅的生活环境。习惯了这种生活的意大利人，面对摩天大楼，也会看上一眼，或者说句赞赏话，实际上他们并不喜欢！像众口难调一样，居住环境的选择也是千奇百怪的。

我国驻意大利使馆于两国建交后不久就买了带有院子的一幢五层楼房，后来为了需要，想在院里一块绿地上盖所多用途的小会堂。使馆虽然不在罗马“历史中心”，但审批手续照样很严，市政府文物局收到使馆申请后，还专派专家与技术员前来实地察看与测量，前后等了好长时间。最后只批准小会堂建在地下一层，地面依然保持绿化原貌。

两国建交前，我国驻意大利商务代表处租了一幢小别墅，院子背后有棵不大的树，大部已枯死，很不美观，我们把它砍掉了。不久，市政府有关部门发现了，向我们严正指出，罗马市区内私人院里的树木虽然所有权属私人所有，但未经市政府批准，不可任意砍伐。后经我们认真解释，才算了事。

有位意朋友告诉我，他在罗马郊外80公里处想买块地皮，修建2000平方米的一幢楼，罗马市政规划部门回应说，按规定，他应买的地皮不可少于5000平方米，因为这里地处市政计划中的“风景区”。审批手续复杂繁琐，而且还规定，他那房子的定位要考虑四周原有建筑，与邻居建筑应有一定距离，不是说，你可以在5000平米的地皮上随心所欲地盖房的。意大利是这样，欧洲其他国家对历史文物与风貌的保护也同样高度重视。据报道，2013年为撒切尔夫人举行葬礼，有人在伦敦圣保罗教堂四周拍了张全景照，结果发现这张照片同48年2个月前，在同一地点为丘吉尔举行葬礼的照片惊人相似。时光几乎穿越半个世纪，伦敦的历史中心风貌却依然如旧。

但是，也不能说，他们做得十全十美了。意大利的违法建筑也是屡见不鲜的。有的建筑公司热衷投机活动，绕过法律法规，通过黑市买卖或租赁等手段，扩展地下建筑业，偷偷为富翁大佬修建高档住宅。20世纪70年代—90年代，大规模建房浪潮并未解决住房矛盾。房屋占有贫富之间天壤之别。富家大量买房，拥有豪华第二第三住宅或者天价别墅，甚为普遍；而低下层家庭，有的长期“蜗居”，有的租赁小房，拥挤不堪。贫富不均、畸形失衡的现象难以消除。

“塔城”的古建筑

博洛尼亚（Bologna）称为“塔城”，在意大利颇有名气！

11世纪到15世纪，这里的塔多达200多座，虽然不像比萨斜塔那样举世闻名，却为古城增添了风采。其中之一名叫阿西内利，高97.20米；另一座叫卡里森达，高48.16米。两塔一高一矮，相映成趣。它们原是中世纪波洛尼亚两个贵族家庭所建，塔名就是两家族的名字。15世纪之后，有的古塔因为年久失修，慢慢倒塌了。有的因为市镇建设所需，不幸拆掉了。今日依然可见的是9座塔，造型迥异，大小不同；还有10座高低不等的钟楼。其中最有魅力的就是阿西内利塔了，它倾斜2.23米，从底层到塔顶共有498个台阶。朋友说，如果晴空万里，登塔远眺，斜塔东部的亚得里亚海依稀可见。那次我去波洛尼亚，因为日程安排紧凑，未能爬上去欣赏塔城古色古香的美景。

博洛尼亚大学，黄墙红顶的建筑群，是古城夺人眼球的地方。它建于1088年，公认为欧洲最古老的大学。据资料介绍，早在13世纪，这所学府的学生就超过1万。昔日博洛尼亚曾同巴黎齐名，称为中世纪欧洲的两大文化中心。一位博洛尼亚医疗仪器公司老总引以为傲，他对我说："每个国家、每个城市都有值得赞赏与骄傲的东西。我在家乡土生土长，要说有什么骄傲的，非波洛尼亚大学莫属了！我是从这所学府走向社会、开创事业的，如果没有这所古老的大学，'塔城'也不可能同巴黎并驾齐驱！"

这位老总深感遗憾的是，"过去有些人不珍惜古建筑，那么多古塔，因为没有及时维修保护，在岁月中默默消失了。如果它们留到今天，我的家乡仍有200多座古塔，该是一笔难以计数的文物遗产，'塔城'之名可以名副其实了。今天我们格外懂得文物遗产的重要性。任何古建筑，都要掂掂它的分量，绝不能手下无情！"

人们吸取了教训，今天博洛尼亚的古建筑在岁月中依然保存完好。引人注目的，是遍及大街小巷的精美回廊，其总长度达三四十公里，犹如我国的广州等南方城市。一个不到50万人口的古城里，竟有如此长度的回廊，在意大利是独一无二的！而回廊中，尤以"意大利银行"这座宏伟建筑四周的一段格外引人入胜。回廊的天花板上饰有历史与宗教题材为主题的油画。博洛尼亚的青年们走出学校，爱到这里散步闲聊。从傍晚到深夜，回廊人流不断，塔城人与各国游客来回穿行，热闹非凡，是城市一道亮丽的风景线！

有一次我去参观，接待部门——博洛尼亚建筑合作社负责人安东尼奥告诉我，这个古城的老建筑能够保存完好，不靠天不靠地，靠的是人民的智慧与创造力。因为城中错落有致的老建筑，由于风侵日蚀，有的早就面临倒塌风险。建筑合作社与市政府紧密合作，多方筹集资金，有计划有步骤地进行维修。他带着我走进一条小巷的回廊说："你看，这根柱已现残缺，随时都有倒塌的危险。早在我们计划之中，马上进行维修。”他又走了一段，指着另外几根廊柱说：“经过建筑合作社设计师与技工的巧妙构思与辛勤劳动，它们完全恢复了’青春’，但修旧如旧，千万不可修复一新！”

安东尼奥引以为豪的是，博洛尼亚的“历史中心”早已被联合国教科文组织列入世界文化遗产目录之中，是塔城与意大利的光彩！“历史中心”，绝对禁止修建任何新建筑，在一座座年代不同的古建筑里，油画与雕塑受到严格与精力保护，因为都是城市的精华与无价之宝！

从市中心到郊外，值得一提的是规模宏大的盘山走廊。博洛尼亚郊外的一座山丘，海拔291米，取名“前卫峰”。据说，古时，民兵在此远眺，观察敌人动静。作为塔城象征性的一个古建筑圣卢卡圣堂就屹立在这津1674—1734年间，博洛尼亚人在山丘脚下的萨拉扎戈门起，修建盘山走廊，共有660个拱门，蜿蜒而上，直达圣卢卡圣堂。今日游客拾级登上，沿着这条长廊，既可观赏古建筑的雄伟气魄，又可眺望博洛尼亚全城美景，令人情趣盎然。

文物遗产关系到民族特色

每个国家都有历史，要知道，文物遗产关系到民族的特色，是国家魅力与竞争力的一体重要体现。一个古城的历史风貌保存好，是时代的缩影，也诉说着历史的沧桑变迁。珍贵的古建筑如果不懂得精心保护，而是任意推倒重建，那就让古建筑无源无根，城市的一段历史也没有了，城市的魅力也支离破碎了！

欧洲许多国家保护、开发、利用文物遗产定为一个基本国策。人们走到那里，让人感受到，是漫长的岁月赋于城市别致的韵味。欧洲人的文物保护意识值得我们学习。

意大利政府每年都有拨款，用于文物遗产的保存与修复。但鉴于财政困难，只有几十亿欧元，虽然逐年增加，依然杯水车薪，与实际需要相距甚远。后来制定法律，将国家彩票收入的千分之八用于文物遗产的保护。政府与社会舆论还鼓励企业和个人赞助文物保护。斗兽场、少女喷泉、万神庙等著名文物的修缮费用都是来自企业或银行不菲的赞助。教科文组织与欧盟对意大利文物保护也提供了不小的资金援助。

历史建筑都是不可再生的珍贵资源，拆掉了，永远没有了。重建的，即使艺术多么高明，仿造得多么逼真相像，终究是假的。古建筑，尤其是意大利众多的大理石古建筑，包括几千座千姿百态的大小教堂，气势恢宏，有黑黢黢的，也有灰黑色的，有的如受烟熏火燎，有的墙壁麻白相间，有的雕镂镌刻繁复多姿，因为历尽沧桑，深深留下历史印痕。它们即使已经修复，外人毫无觉察。欧洲人偏爱修旧如旧，巧动脑筋，用智慧与心血呵护着自己的优秀建筑。如果你有时间前去细细欣赏，这里散发着静谧的气息，充满着岁月的积淀，多少年过去了，依然可见，绽放出震撼人心的美。如果有空闲，坐在一家古色古香的酒吧里，一边品赏喷鼻香气的浓缩咖啡，一边悠悠观赏一座座矮小的古老建筑，也是一种美的享受！

卢卡的城墙

佛罗伦萨大学教授谈到城墙时说，世界几大洲的大小古城有城墙的太多了，意大利托斯卡纳的一个小城叫卢卡（Lucca），它的城墙人们普遍认为是欧洲至今保存得最完整的城墙，因为全城都在城墙包围中。它原为防御工程，今日变成了可供大众赏景的优美游览景点。城墙四周没有护城河，全长4.5公里，宽敞得可以驾驶汽车；但这仅仅说说而已，实际上绝对不可能！每逢周末或假期，无数自行车爱好者围着城墙转圈，享受着文化古迹赐于人类的快乐！

城墙是卢卡古城的无价之宝，也是意大利与全人类的珍贵文化遗产。登上城墙俯瞰，眼前一片橘黄色与橘红色。城墙里的一座座教堂、宫殿、古建筑、老民房几百年来一直保持着特有的风情，那么宁静与美丽，好像这里远离尘世，一切泰然淡定，自然闲雅！

教授接着说，城墙建于16世纪，共设置了12处幕墙，11处棱堡和4个城门。人们可以从外伸的棱堡爬上去，免费开放。来自四面八方的游客，刚走出火车站，很快就可见到城墙。因为城市规模小，一切都很方便，没有喧嚣，没有拥挤不堪的汽车与人流，同罗马、米兰、威尼斯、都灵、佛罗伦萨大城市截然不同。卢卡城默默无声地静卧在比萨旁，四周山清水秀，一块块绿茵茵的草坪与葱郁山丘犹如一幅美妙的风景画！从中央到大区政府及卢卡市，都视城墙为“国宝”，采取了种种保护措施，制定了有关规章制度，几百年来，谁也不敢拆下一砖一瓦，这里绝对碰不得！

在南京的“姐妹城”——佛罗伦萨的带动下，卢卡早同南京签署了保护古城墙合作的文化交流协议。六朝古都南京至今依然保存着明代城垣墙，绵延30多公里，气势雄伟，规模巨大。虽然城墙长度远远超过卢卡，但就保护技术与保护意识而言，南京大有学习借鉴之处。世界文明丰富多彩，又各有千秋，没有高低或优劣之分！世界文明，因相互交流而丰富，因相互借鉴而进步！意大利拥有保护文化与文物遗产的丰富经验。

佛罗伦萨大学教授说：“这次我们同上海同济大学就文化与文物遗产保护专题进行交流，为了加强沟通与了解，为今后开展合作创造条件。意中两个文明古国的大地上拥有说不尽的文化与文物遗产。虽然意大利被联合国教科文组织批准的项目居世界之首，但我们不能以此而头脑发热发胀！中国历史悠久，幅员广袤，还有许多文化与文物遗产尚未发现，我们之间合作潜力很大，大量的交流合作项目摆在我们面前！意大利敞开合作的大门，尤其对友好的中国。”

卢卡诞生了伟大的音乐家贾科莫·普契尼（Giacomo Puccini），他精心创作的歌剧“图兰朵（Turandot）”中吸取了中国民歌“茉莉花”的音乐，而歌剧中脍炙人口的“今晚无人入睡”，已在中国家喻户晓。卢卡，同中国多了一份缘分！

上海保护文物正在下功夫

我在上海生活多年，每次来到外滩，看它的一幢幢建筑，感慨多多！

据2015年6月报道，上海外滩已入选我国首批历史文化街区，外滩的历史风貌共有43个街坊，总共用地面积为100多公顷，是上海100多年来发展与繁荣的一个象征，表明我国对历史文物的重视。像上海这样的大城市，最近百年经历得太多，越能保持好历史风貌，让文化遗产的完整性得以体现，值得肯定。要强调的是，优秀历史建筑不可逆转，一旦破坏，无法挽回。

眼前那些具有鲜明的欧洲新古典主义和折衷主义风格的大楼，只要你有机会去细细欣赏一座座建筑的艺术特色，你会发现不少建筑，气势恢宏，尺度壮观；内部装饰精雕细琢，有的大楼顶部仿古罗马万神庙穹顶，里面的柱廊、吊灯、楼梯、雕刻，精美的玻璃镶嵌画，多彩的大理石地面，充满了构图巧妙、栩栩如生的哥特式，巴洛克式，希腊式、西班牙式等等多种艺术风格，散发着一股股浓浓的欧洲风情。

虽然我在古城罗马久待，但我也没有发现，罗马哪条古色古香的大街有像上海外滩那样，集中了那么多的精雕细琢、楼堂荟萃的建筑！

还有那幢位于陕西南路上的、中西合璧的马勒别墅。院里3000多平方米的建筑，前后花费9年之久，于1936年竣工。别墅顶上覆盖着绿色琉璃筒瓦，整座别墅采用赭红色耐火砖建造，中嵌彩色瓷砖，远远望去，散发出浓浓的童话色彩。整幢别墅的形体塑造，空间气氛，设计风格，都具有北欧建筑特性，是上海闹市中的一座珍贵优秀建筑。还有匈牙利著名建筑师在上海30年，为这座大都市留下了近百幢优秀老建筑，从国际饭店、百乐门、大光明电影院到徐家汇教堂，他设计的建筑风格鲜明，样式各异，成为旧上海的一个地标性建筑，在悠悠岁月里，影响着城市的气质，影响着人民的生活，是上海城市面貌与建筑艺术中的重要记忆。

“新天地”颇有吸引力，中外游客到了上海几乎都会去那里。“新天地”是上海利用与改造石库门等老建筑的一个勇敢的尝试，也是一个有争议的尝试。外国人认为他们看到是真正的中国，但又不全是！因为这里没有摩天大楼与车水马龙，但老房子原来的主人都走了，是香港一位富商改造的，里面安装了现代化的设施，这里有饭店、酒吧、歌舞厅、商场，可以买到全球所有奢侈品牌。我陪同不少意大利朋友去那里，有的说：“上海的里弄与石库门本来不是这样的，这里却变了样，旧的主人不在了，里弄铺起珍贵的砖石路，有的空空荡荡，这里留下的只是一个‘外壳’！”中国人到了那里，认为在上海看到了异国风情，坐在这里喝咖啡，又宁静又幽雅，还可欣赏上海这座城市的美丽，别有一番乐趣！有人认为，改成这样的“新天地”是个催化剂，它激发人们的创新思路。一个城市老建筑的改造与利用不能千篇一律，而要因地制宜。重要的是，任何优秀老建筑不能遭受破坏，尤其它的建筑风格不能擅自改动！任何优秀老建筑都是光芒四射、无比珍贵的怀旧场所！

至于北京、西安这样的古都，有着难以描绘的珍贵文物与古建筑。就是北京城外的那座卢沟桥，曾在马可波罗游记中誉为“世界上最好的、独一无二的桥”，历经8个多世纪的风霜侵蚀，加上战乱、污染及保护不善等原因，一度伤痕累累，破损严重。后经多次整修，那设计严谨、结构坚固、装饰着神态各异的小狮子桥栏，一一重又展现在人们面前，让人无不感慨中国古代人民的智慧与辛劳！

有一次我陪意大利企业家安德雷亚游览北京，他不时翻阅瑞士人编写的中国介绍（意大利文版），临走前夜突然告诉我，要看“马可波罗桥”（意大利人给卢沟桥起的名字），可惜行程早已安排，次日一早就要飞西安。经我解释，那座桥远在郊外，时间不允许，老外遗憾了半天，说：“哪怕牺牲购物、不吃不喝，也要前去目睹古桥的风貌；如果下次再来，首先想看的，就是那座具有魅力的马可波罗桥！”

爱护文物，蔚然成风

有一次去普拉托牙医朱塞佩家作客，走进他那朴素简洁的公寓，让我感到惊讶的是客厅里的古玩与工艺品。客厅只有30多平米，墙壁两边的橱窗里陈列着来自世界许多国家的古董，有埃及、约旦、伊拉克、叙利亚，土耳其，摩洛哥、突尼斯的，也有马来西亚、印度、印度尼西亚、日本、韩国的，还有两件中国古董——花瓶与玉雕（说是古董，我看不出什么年代的），他能准确说出北京琉璃厂与上海东台路的名字，经过精心选购，小心翼翼从中国带了回来，一直视为宝贝。他说，文物的珍贵在于反映一个国家的历史与文化，热爱文物，就是热爱生活，生活要有品质，有了品质才有意义。今天人们生活在丰富的物质世界里，不能整天吃喝玩乐，三句话不离酒吧与歌舞厅，而要讲些历史、文化与艺术。他的夫人莫妮卡是小学老师，她说，学校重视文化与文物教育。重视文物教育要从娃娃开始，学校定期组织与陪同学生参观，从实践中让孩子们懂得文化与文物就是国家的历史的一部分。她自己更是酷爱文物与古董。

她又说，丈夫身为牙医，空闲时间有限，利用假期外出游览，热心搜集古董，虽然数量有限，算不了什么，但她爱丈夫热爱文化与文物的品质修养。

意大利作为文物古国，我知道，每年五月，都有免费参观博物馆、美术馆、文物古迹陈列馆的“文化遗产周”。每逢这个机会，我也抽空利用了，看了罗马大小不同的博物馆、陈列室，目睹大众百姓蜂拥而至，竞看文物的一股热情！

意大利人认为，陈列的各种文物的价值，只有得以充分利用才算有意义；免费开放有助于培育公民热爱文物的意识。从罗马到佛罗伦萨，从威尼斯到那不勒斯，从米兰到西西里，文物周期间还组织多种形式的免费音乐会与研讨会，均由国家文物遗产部安排，有的在教堂，有的在图书馆，有的在文化馆，围绕历史、文化与文物这个主题，让更多人享受文化与文物之美，以此逐步提高他们的文物意识与艺术修养。

在这个国家，无论你走到哪里，都可看到保存得好好的、形式多样、年代不同的文物遗产，人们热爱文物、视文物为宝的意识非常浓厚。

当你谈论世界某个角落的文物惨遭破坏时，街头巷尾都会议论纷纷，严厉指责或痛骂。多年前，阿富汗塔利班极端分子毁掉该国荒山上的大佛，在意大利几乎成了引起公愤的特大话题。从广播电视到社会舆论纷纷谴责！过了半年，食品公司企业家马里奥来上海参展，聊起这个话题，还很激动与愤慨，他说：“毁掉的不仅是阿富汗的国宝，也是世界的瑰宝，他们这样肆无忌惮，也毁掉了自己的良心！他们是历史文化的罪人！人类永远不会原谅他们！”

还有一次，我国刚在罗马建立商代处不久，我们应邀到罗马银行外事经理多纳蒂家里作客。本想利用机会与他谈谈发展两国金融界关系这个话题，不料进入客厅，他那琳琅满目的古董与艺术品首先夺人眼球，聊天话题也从这里开始了。他说，他爱历史文化，也喜欢搜集文物古董。他从事银行这一工作并不后悔，但作为职业，置身银行，不能整天谈金融，生活是多方面的。又说：“不要以为美国人有钱，很富裕，但美国没有历史，至多二三百年。当我们意中两国进入文明时期，他们还是野蛮人。不少美国人缺乏历史观，不讲过去，只讲今天与明天。”尽管他常去纽约曼哈顿出差，只是为了做生意，心底里讲很不喜欢。因为有几次在饭桌上、酒吧里同几个美国同行闲聊，话题都是金融、赚钱、亏本。一提到古希腊、古罗马、文艺复兴，话就谈不下去，或者聊不深，因为有些美国人缺乏对文化与艺术的兴趣。接着又说，意中两国都是文明古国，我们重视历史，热爱文化。他相信，在新的形势下，意中关系有着广阔的发展前景。他认为，人因为生活环境与经历不同，各有爱好，兴趣有异，实为正常。他父亲是罗马大学历史系教授，在父母熏陶下，潜移默化，从小喜爱搜集文物与艺术品。可他选择的是金融之道，也没有冲突。工作之余，搜集一些艺术品陈列于家。他认为：“我们的生活离不开历史，少不了文化！”

上海努力吸取国外有益“养料”

好多年前，上海杨浦区为一个旧区改造进行国际招标，想吸取国际先进理念，为城市改造递增价值与内涵。参加竞标的有美、德、澳、意4家公司。我参加了意公司陈述报告的翻译。

那天我们先在上海城市规划馆开全体会议，各家陈述一遍后，中午时分，到规划馆顶层简单西式午餐。喝咖啡时，大家走到阳台眺望上海景观，3位意大利建筑设计师看到眼前的高楼大厦，不禁感慨万分！一个说，没想到摩天大楼中夹杂着一幢幢老建筑，各种风格的建筑很和谐，上海的宏伟气魄别具特色，景观迷人！另一位说，几年前他来过上海，短短一段时间，面貌大变，众多新楼冒了出来，照此速度下去，他很担心上海老房越来越少，逐步丢失上海城市风韵！第三位讲，他读了几本介绍旧上海外国租界的书，亲临一看，同书上讲的对不起来，几乎面目全非。他说，城市迅猛现代化进程中如何保存好有价值的优秀历史建筑，是摆在今人面前的现实课题。他说：那些优秀老建筑是上海的过去，今天是从昨天来的，没有昨天与今天不会有明天；历史、现实与未来永远相互相连、不可分隔！

上海招标部门还组织4国竞标人员再次去杨浦区改造区域实地察看，其中有陈旧荒芜的江湾体育场。

外国设计师来到体育场正门，只见上端有陈毅于1953年扩建时写的“上海市江湾体育场”题词，格外醒目。

我对3位意设计师说，陈毅为新中国建立后的第一任上海市长，同毛泽东、周恩来同一代领导人，共和国元帅，副总理兼外长，一位文武双全的杰出领导人。老外听了说，那他的题词也值得好好保存呀！他们一致认为，这座体育场富有特色，外墙用的是清水红砖，无比珍贵，实为少见，同古罗马斗兽场用大理石完全不同！还有连绵不断的拱门，太奇特太漂亮！虽然场内杂草丛生，一片荒芜，但建筑布局采用链锁式、古堡式，庄严宏伟，视觉上给人以无比精致、光影交错的印象！他们走访许多国家，从未看到过20世纪30年代类似的宏伟体育场，它反映上海的一段历史，完全可以修旧如旧，古为今用，好好保存！有的说，看了这座体育场的风貌，可以想象设计师与建筑师的智慧与才华！

又说："你们称它曾是'远东第一体育场'，我们不是听别人讲，今天看了，果然名不虚传。这一珍贵老建筑，绝对不能拆掉，而要不惜代价，好好保存，拆掉了不会再来。"

他们一再强调：一个国家也好，一座城市也好，要尽量保护好有价值的老建筑，它们是历史文脉，随着时间的消逝，优秀的老建筑就会越来越珍贵。

虽然我国保护文物的意识有所加强，但可惜的是，我们国家大，文物多，直至今日依然存在不少问题。

举例来说，我国明朝加固重修的万里长城，据报道，约有30%已经消失或遭受严重破坏，历经风雨侵蚀不少城楼摇摇欲坠，时而也有人偷拆长城上的青灰色厚砖，拿去盖房子。

我们的古人留给中华民族的举世无双的文物遗产应当引起有关部门与全社会的高度重视。失去了，不会再来；花大钱重建，都是假的，没有意义！

保护文物也是发展文化事业的组成部分，可以滋润人们的精神与修养。人有文化与修养，到处受人尊敬！

难忘的葬礼

国家领导人出访都有双方或多方商定的日程，他们的访问日程有时常会精确到分钟，安排好日程很不简单与容易；一般来说，商定的日程不会轻易改变。

可是20世纪80年代中，正在访问欧洲的中国总理突然提前一天赶到罗马，为什么？

一段故事说来觉得有些意思，弹指间，时光滑过好几十个春秋！

总书记骤然去世

话题让我穿越到1984年6月。

意大利共产党第一把手贝林格在竞选中过度劳累，患脑溢血后不幸突然去世。他是意共威望甚高的总书记。意共中央决定为他举行盛大葬礼，向中共与许多国家的党派发出了邀请，中国共产党应邀派代表参加。

当时中国总理正在欧洲访问，接到国内指示后，缩短了他的挪威之行，于1984年6月13日中午就提前飞到罗马。

葬礼在罗马宽阔的圣乔万尼广场举行。广场一端的圣乔万尼教堂为罗马古城四大教堂之一，教堂巍然矗立，上端的雕像百姿千态，栩栩如生。它的规模虽然略小于梵蒂冈圣彼特大教堂，但也可想象其宏伟壮观。同罗马城里的其他三个大教堂截然不同的是，圣乔万尼教堂前有着一片宽大的绿茵茵草坪。历史点缀现实，现实诉说历史。这里，记载着战后几十年来的潮起潮落、风风雨雨，它们都是充满矛盾的意大利社会波澜起伏的一个个见证！

人们不会忘记，20世纪60到80年代，大罢工与抗议浪潮发出的呼声一次次响彻圣乔万尼广场，它们大多是意共、社会党等左翼工会发起的。意共选择这个广场为贝林格举行葬礼，并非偶然。因为总书记病倒前一周，他还在这里向几十万人发表了激昂慷慨的竞选演说。人们看到，那天的贝林格虽然同以往一样，神态自然，两眼炯炯有神，但脸色憔悴、疲惫不堪，本来额上早就不少皱纹，此时皱纹又增多了好几道。谁也没有料到，可恶的病魔即要夺取他的生命！

葬礼现场，近百万人

那年6月上旬，欧洲之夏姗姗来迟。而举行葬礼那天，罗马的太阳突然大显了夏天的威力，温度急剧上升十几度，晒得人们满头大汗，汗水湿透了衣衫。

但是天气再热，也没有超过葬礼现场近百万人的热情。聚集在广场及四周的人群，几乎看不到边际。

后来我读了不少报道，聚集在广场及四周的人群，几乎看不到边际，多达一百多万。光是运送来自全国四面八方的群众，意交通部门专门动用火车专列25列，大巴500多辆，还有许多架包机与数不清的中小面包车。光是安排交通运输意大利有关部门就花了一番力气！

各国葬礼的风俗习惯不尽相同，意大利的葬礼不仅仅奏哀乐，还有红旗招展，唱歌、鼓掌、呼喊不绝于耳。那天，“红旗歌”、“再见吧，亲爱的！”以及好几首脍炙人口、悦耳动听的歌曲响彻广场上空，都是家喻户晓以及多少年来百姓一直爱唱的歌曲。意大利人向来热情、开朗、健谈，富于表情与手势，喜怒哀乐溢于言表。他们随着内心感情的波动，忽而狂喜，忽而大怒，忽而挥舞拳头，忽而与人紧紧拥抱。习惯把内心感情痛痛快快倾泻出来才了事。贝林格以身殉职的高尚精神深深打动着他们的心！那天，圣乔万尼广场上，有痛哭号啕、眼泪奔涌、悲伤欲绝的，有大声欢呼的，有高喊口号的，也有大声高唱的。坐在观礼台上眺望，千姿百态，波澜壮阔，怪不得中国总理说：“场面感人，什么都有，实为少见！”

老朋友，布拉格相识！

也可见贝林格的魅力之大！他生于撒丁岛萨萨里，年仅13就投入反法西斯斗争，一度被捕入狱。是意共继葛兰西、陶里亚蒂、隆哥之后的第三代领袖，当他出任意共总书记时，中意两党关系仍处冰冷期。

时光流逝，世事在变。山重水复疑无路，柳暗花明又一村。浮云终究遮不住太阳。“文化大革命”结束后几年，贝林格果断率领意共代表团来华访问，中意两党关系正式恢复了。胡耀邦在团中央工作时，曾在布拉格的国际组织中与贝林格相识。贝来到北京，老朋友重逢，双方本着忘记过去、展望未来的精神，谈得又深入又融洽。胡耀邦还专程陪同他访问了南京等地。贝的中国之行，中方接待规格毫不寻常，引起反应之大实属少见。意大利共产党当时号称西方国家的共产党老大，中意两党关系正常化，反响自然很大。

潮起潮落，多少事!

中意两党关系正常化，让我想起不少往事。

悠悠岁月，尘封了多少茫茫世事！从20世纪60年代起，随着中苏关系的破裂，“国际共运”硝烟弥漫，潮起潮落，激荡不息。别说中苏两党之间的剑影刀光了，那时我们认为意共站在苏共一边，我们同它也有一段难忘的唇枪舌剑。

世上事，千千万，都离不开当时的历史背景。每件事无论大小不同，往往没有“明码标价”，也没有贴着标签。现在看来，有些事，是非难分，再要说得一清二楚，看来相当困难，也没有必要。

那时，我正在意大利深造外语，对中意两党关系中的这些插曲，格外敏感！多少个春秋一晃而过，至今不说刻骨铭心，至少可说，没有忘去！

我刚去罗马不久，就碰上一次意共党代会。当时，好像国际上有个不成文的惯例，共产党开会都是互邀代表参加的。我党代表赵毅敏应邀来到罗马，未料意共总书记陶里亚蒂在会上指责我国。为弄清他的那段晦涩难懂文字的原意，我们拼命查阅词典，又请教了意大利朋友，终于完整译成中文。陶的突如其来，气急了看来思想准备有些不足的赵毅敏，急忙请示国内后，立即作了相应答辩，表明中方立场。

那时中苏两党争得火热，我党也回击意共对我的指责，一连发表两篇批判文章：“论陶里亚蒂同志与我们的分歧”、“再论陶里亚蒂同志与我们的分歧”。两篇论文洋洋几万字，犹如两颗重磅炸弹，引起震撼与强烈反响。从此中意两党进入冷冻期。也不知从那年开始，在国内的公开报道中，一提到意共，就加上“修正主义”的帽子，即“意共（修）”。对这个标签，许多意共党员表示过不满。我在意大利听过他们一些议论:“国情不同，你们说我们修正主义，修正什么呀?好像有些摸不着头脑!”有位罗马大学社会学教授，对左派有好感，但不是意共党员，针对意共（修）这个话题说：给一个党派安上一个帽子的做法不可取，有不同观点可以争论，哪怕时间长，但千万别给别人扣帽子！有些意共领导与普通党员对中国依然很友好。我们刚去罗马学习，聘请一位家教，他就是充满激情、对中国很友好的意共党员。那几年，我们不时去意共主办的“再生”书店买书，书店紧挨“黑店街(via botteghe scure)”的意共党中央，时而巧碰意共中央领导巴叶塔兄弟、阿门多拉、英格拉奥、李高西等人。他们一见我们，都会热情打起招呼，做出没有隔阂的样子；我们与意共党员结为朋友的也有不少。可见两党关系的恶化并没有完全影响个人交情。

花开花谢，风霜雨雪，就这样，我党与当时号称西方世界第一大党——意共的关系，几乎冷淡了20年，两党之间的交往也陷于停顿。连“文化大革命”结束后马上来华访问的意大利共和党领袖拉马尔法，到了北京怀着满腔热情专为意共说情，也吃了闭门羹。

过去的事都离不开当时的历史背景。今天活着的人不能用今天的眼光要求当事人。青山遮不住，毕竟东流去！又过了几年，情况变了，变得很快！1979年年初，中联部副部长吴学谦去罗马，探讨恢复两党关系的可能。贝林格以极大的勇气，迈出第一步，1980年亲自来华修补两党关系，中方极为重视；贝去世后，中方又给予高规格，派总理参加葬礼，也就不足为奇了！

红极一时，“历史性妥协”！

贝林格待人平等谦逊，恪守信义，以理服人。他的魅力与才华，更多表现在国内政策上。他的目光从不局限于自己的党，而是高瞻远瞩，着眼于国家利益。那几年，意大利党派林立，争斗不息，政局激烈动荡，政府像走马灯地更迭。任何一个大党即使在大选中获胜，都不过半数，无法单独执政。天民党只得联合社会党等几个小党，称为“中左政府”模式，断断续续，尝试了几十年，总是跌跌撞撞，早已风雨飘摇。在世上，跌宕的意政局一直谈为笑柄。后来贝林格与天民党领导人莫罗，随时代潮流而动，孜孜不倦洞察社会现实。他们在求同存异的原则下，探索了“历史性妥协”的新模式。即以最大执政党——天民党与最大在野党——共产党为首，联合执政，组成远远超过50%的稳固多数。大洋彼岸的基辛格格外敏感，撰文惊呼掀起了“地中海红浪”。后来虽然因为莫罗惨遭“红色旅”杀害，这一模式突然夭折了，但人们对贝林格与日俱进的胆量与勇气依然留下深深回忆。贝林格的人格与为人，在意大利众多政要中，可算口碑甚佳。许多党派与意共纷争不已，常为吵得面红耳赤。但他们一致认为，“贝林格是尊敬、热情与献身的榜样！”、“他是一位少有的、道德高尚的人，廉洁奉公的人，诚实正直的人！”意最大报纸“晚邮报”说：贝林格一生光明磊落，公而无私！连党派与信仰不同的人也认为，“意大利民主失去了一位伟大的领袖！”人们赞颂他，当之无愧！罗马偏右倾向的《时代报》在一篇评论中承认：“虽然我们并不赞同贝林格的政治主张，但他正直与坦诚的高尚品质是应当肯定的；可以说就人品而言，近几十年来他是意大利政治舞台少有的与少见的一位！”

老总统，亲吻灵柩

那天，参加葬礼的，不仅有所有党派的代表，还有88岁的总统佩尔蒂尼。葬礼仪式结束后，全场那么多人谁也没有走动。因为大喇叭中宣布，请大家不要走动，要先让这位老总统走下观礼台。我从近距离看到，佩尔蒂尼在一位礼宾小姐的搀扶下，一步一步慢慢走下，最后一次亲吻了贝林格的灵柩，才走上等候在一边的专车。

人们都知道，几天前，当贝林格在北方巴托瓦竞选演说时突然晕倒后，佩尔蒂尼即刻从罗马赶到他床头，跪了下来，默默为昏迷不醒的贝林格祝愿，眼泪不禁掉下来了。他从脑溢血突发到去世，仅仅历时68小时。老总统居然不顾劝告，一直没有离开医院。医院只得为总统在院内开了一间邻近房。贝逝世后，总统派自己的专机陪贝林格灵柩一直护送到罗马“黑店街”意共党部。专机起飞前，他激动万分，说：“我把他带回去，他是我的兄弟，也是我的儿子与战友！”灵柩由巴多瓦运送至威尼斯马可波罗机场，沿途20公里几十万人冒着倾盆大雨为他送行，千万支康乃馨、玫瑰花抛向灵柩，以表深深的敬意！意大利媒体纷纷赞扬佩尔蒂尼总统，有的说：“他是国家元首，又是一位有血有肉的领导人，充满感情与友情的领导人，他为我们树立了榜样，意大利为有这位老总统而骄傲！”

这是当时的真实报道。

一举一动都是照自己的镜子

几个小例子

我们在平时生活中，不时可以听到类似这样的事情：有一天，一位小伙利用打折优惠进了一家海鲜自助餐厅，兴奋不已，狼吞虎咽，一连“消灭”二十几盘海鲜。但回家不久浑身发胀，严重呕吐，难受至极，患了胰脏腐蚀性炎症。危急之中，家人呼叫120急救车将他送到医院抢救，住院几天“排难”，结果花费2万多。

国人到欧洲旅游，有一次，几位游客在瑞士中部一个著名游览城的酒店里吃自助早餐，盘子里的食物“堆成小山一样”，吃了一点就走。酒店一位中年女经理看在眼里，痛在心里，感到无法忍受，从此在餐桌上放着英中两种文字的牌子，写着：瑞士由于道德的原因，希望亲爱的顾客不要浪费任何食物！酒店还展示一些处于饥饿与死亡边缘的儿童图片，用意非常明显，以此教育那些随意挥霍饭菜的客人。

有人考察过“自助餐”的来源，说它来自于海盗，海盗粗野、放荡不羁，讨厌礼节与规矩，喜欢畅欲豪吃。但人类早已进入文明时代，有人讲，今天的自助餐好比一杆秤，它能称出食客的文化程度与素质。

高铁上聊得好热闹！

任何人无论走到哪里，一举一动都会给人留下一个印象。只是有人心直口快，马上讲出来；有人内向，放在心里，不等于他对你没有看法！

我遇到过一件小事。

意大利一位销售咖啡壶、咖啡机、咖啡粉的亚洲经理梅尔古里，是我结识多年的朋友，刚开始他在意大利一家高档瓷砖公司，后来改做咖啡生意。他打算久居上海，还在一个高档区租了一套雅致的公寓。为便于语言沟通，他常邀我陪他去杭州商务谈判。一天清早，我们赶到虹桥车站乘高铁。火车驶出上海，天气晴朗，窗外一派好风光，赶上一个难得的蓝天白云；他爱坐商务座，一个车厢里只有二十几个座位，让人格外舒适。奇怪的是，我看他心情不悦，究竟哪里不满意？我问了好久，他才说，在虹桥车站等候大厅，看见一位小伙子，打开可乐罐头刚喝两口，就随便抛在干净而光亮的地上，不以为然，拔腿转身就走。他看到了全过程，气愤愤地说："丑陋的中国人，让我感到恶心！"

我说：一分为二，有好有坏！应当讲，绝大部分还是好样的！我也承认，极少数年轻人素质差，不知道他们的祖辈父辈风里来雨里去，如何省吃俭用，如何从苦难岁月中熬过来的！

我还顺便讲了周恩来"舔盘子"的故事。20世纪60年代初，我国由于天灾与政策失灵，经历"三年困难"，饿肚子的，甚至饿死的真不少。周恩来想人民所想，急人民所急，有时开会到中午，留部长吃饭，不仅家常便饭，而且连盘子里留下一点油腻也会舔得干干净净。周恩来习惯成自然，不容半点浪费。中国有些名言，受过苦难的人永远忘不了："谁知盘中餐，粒粒皆

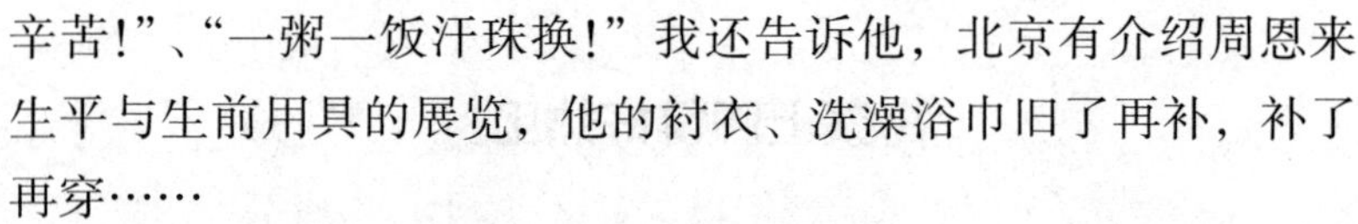

辛苦!”、“一粥一饭汗珠换!”我还告诉他，北京有介绍周恩来生平与生前用具的展览，他的衬衣、洗澡浴巾旧了再补，补了再穿……

这个故事倒把这位年龄不大、早已有些秃顶的老外说笑了，马上说:“周恩来，好样的！这种朴素精神受人尊敬！可惜，今天不少年轻人变了，变得让人心酸，让人不认识了!”他又补充说：意大利人讲究传统，不少人有周恩来这样的好习惯，盘子里留下的油腻他们会用面包一一擦干净，再吃下，而舍不得半点浪费！他们认为，人富了，好啊！但没有任何理由随便挥霍，没有任何理由浪费粮食……

梅尔古里所说，一点也不夸张，我在意大利度过几十载，亲眼所见呀！甚至，意国总理为胡耀邦总书记设欢迎国宴，我做翻译坐在身边，他一边畅谈，也是自然养成的习惯吧，看着他当着中国总书记的面，一边也用面包擦去盘子里牛排剩下的油汁，而且自然而又熟练地擦得干干净净。

短短40几分钟不知不觉到了杭州东站，我们围绕这个话题，聊了又聊。我们一致认为，总之，生活中种种现象，有好有坏吧，到处都有，要从两分法看问题。

不过他又说，在中国还看到一些怪象，“看不惯，很讨厌!”例如，有人在地铁或高铁车厢里接电话，嗓门高得震耳，讲得没完没了，完全不顾四周人群。还有，飞机刚落地，不少人顿时站起来抢拿行李，挤满过道，乱糟糟的！我真搞不懂，为了抢先几分钟，干吗要这样？在欧洲不是没有，但不常见。

这又让我想起多年前的另一件小事。

有一天，一位意大利皮革专家毛里秋同中国公司谈完业务，拎着40公斤重的行李从24层乘电梯下楼，准备奔浦东机场回国。没想到电梯刚到底层，没等他出来，外面的人拼命挤满电梯又要上去，老外急出满身大汗，用意文大声吼斥：Lasciatemi uscire prima，signori，un po di cortesia！（先生们，讲点礼貌吧，让我先出去！）后来过了好久，他同我又聊起此事，还不忘“旧恨”，说：“中国不是礼仪之邦吗？还发生在上海，一个国际大都市，极不相称呀！”我说，的确不好，极少数人素质差，我们也看不怪！他又说：你们去意大利或者欧洲别的什么地方，乘电梯优先女士，不管认识不认识，这是基本的礼貌！怎么不管三七二十一，不让人先出来就抢着挤进去呢，简直不像话！

我说，这些事我也看不惯，素质与修养的提高，不是一朝一夕的事，真是说来话长了！

别让抹布“抹黑”星级酒店！

我有个怪癖，无论下榻普通饭店或星级酒店，哪怕五星级，都要每天擦洗一次电视遥控器、桌椅子、床头柜，以及洗脸池、马桶盖等。怪癖来自于多年前的“亲自”目睹！有几次，我因有事，留在酒店房里办案，打扫人员进来整理，只见一块抹布从头到尾擦到底，什么都擦，简直让我大吃一惊，哪有这种清洗的呢？

无独有偶，“新民晚报”2015年5月2日一篇题为“别让‘抹布’抹黑酒店业”的短文中说，记者暗访杭州两家五星级酒店，发现抹布的循环利用与某些廉价酒店并无二致，擦完马桶擦浴缸，擦完浴缸擦杯具；健身房的塑料拖鞋用完后冲也不冲，客人一走，服务员又放进鞋柜。而酒店高管时而显身大堂，衣冠楚楚，笑容可掬！从他们身上很难觉察两者反差之大！高档饭店也好，普通旅馆也罢，问题根本不在乎穿着时髦的大堂经理在门口打个招呼，而要抓好层层管理，有一套严格的规章制度。在激烈竞争的市场经济时代，住客的眼睛是雪亮的，经营饭店如果不从提高服务质量，尤其是清洁卫生上严要求、堵漏洞上下大功夫，而光做一些表面文章，时间长了，非但无济于事，而且迟早门庭冷落、关门倒闭。

我在意大利几十年，常有机会下榻他们的五星级酒店，也碰上过好几次，与我的同事留在房里处理事务。有时服务员进来打扫，看她们手拿好几块抹布，从卫生间到床桌前后，擦洗时分别使用不同的抹布，自然养成良习。我的同事问服务员，“你用那么多抹布?”她说:“酒店规定很严，洗擦不同的地方必须使用不同抹布，清洁绝不是小事。”

一对可敬可爱的意大利老夫妻

我听一位好朋友多次讲起一对意大利白发苍苍的老夫妻的故事。

男的叫马里奥，很干瘦，身材高高的，精神矍铄；女的叫伊范娜，身材偏矮，头脑敏捷，聪慧贤淑。马里奥在二次大战中当兵受过伤，按国家规定，享受一份战争养老金。不到退休年龄就享受养老金的他，不甘寂寞，主动找了份工作，在罗马税务局上班，由于他敬业刻苦，又勤奋热情，颇受重用，很快晋升为经理。后来步入真正退休年龄，拿了双重退休金，共有4000多欧元。

多年前，由于偶然因素，夫妇俩结识了侨居罗马的一位外国中年女性，取了个“瓦伦蒂娜”的意大利名字。萍水相逢，老夫妇见她举目无亲，热诚解囊相助。日久见人心，他们共同的坦诚与善良，耳濡目染，慢慢加深了了解，沟通了心灵。

老夫妻常邀瓦伦蒂娜去家吃饭，吃的是西红柿罗勒面，烤鸡腿或牛排，加上柠檬生菜、奶酪、葡萄酒、咖啡，最普通的地中海家常饮食，欢聚一堂，心花怒放。老人用他们朴实深沉而又灼热的一颗心，“烧热”了瓦伦蒂娜的心，让她在异国他乡感到人间之温情！她说：一个陌生的地方，远离家乡，马里奥与伊范娜让我尝到人间温暖，好人不分国籍、没有边界！

但是，平静自然的生活中不会没有风波，心细的老夫妇有一天偶然觉察出瓦伦蒂娜似喜似忧，满眼怅惘，追问之下，才知她的丈夫早有外遇，同几个女人鬼混，无情地背叛了她，让她陷入无限痛苦之中。

瓦伦蒂娜与丈夫从自己的国家，漂洋过海，经过艰苦创业与奋发拼搏，好不容易在罗马远郊建了一幢漂亮的房子，安顿了下来。

青春几何？光阴几何？生活犹如大自然，有阳光，有阴云，有酷夏，也有严冬。月有阴晴圆缺，人生也会有残缺。他们正当可以享受一番欢乐时光，却好景不长，瓦伦蒂诺为丈夫的无情背叛而陷入无限悲伤！很快，精神憔悴衰弱，让她夜里多虑失眠。老夫妇为人正直，不善言辞，品性刚直，虽然不好插手他们夫妻间的纠葛,但从不袖手旁观，而是爱憎分明，仗义执言，敢于站在正直善良一边，痛恨喜新厌旧、得意忘形、道德败坏的丈夫，深深同情瓦伦蒂娜的遭遇。有一天因为她身体严重不适，70岁的马里奥坚持驱车从罗马赶到郊外，陪她去罗马市中心的一家大医院检查，来回跑了200多公里。几天后，老人又去为她拿回检查报告，知道瓦伦蒂娜子宫患病，医生建议割除为安。老人怕她难以承受精神打击，不敢在她面前吐露半句真言，反而讲了一番安慰语，鼓励她勇敢面对现实，坚强生活下去。说：人生路不会平坦，像天气一样，不会天天阳光灿烂。人要懂得在各种条件下如何好好生活……闲聊中，得知她有个闺蜜叫安娜，住在罗马远郊另一个小镇。后来老人几经周折，驱车跑了整整两天，到处打听，才算找到了安娜，要她慢慢启发瓦伦蒂娜同意切除子宫手术，勇敢地生活下去。

一波未平，一波又起。瓦伦蒂娜有一天发生了车祸，不幸颈椎与腰间盘严重受伤。医疗期间，她身带重重的铁架，生活难以自理，历时好几个月。此时此刻，丈夫早已离她而去。老夫妇不顾年迈体弱，几乎天天上门精心照料。瓦伦蒂娜家的冰箱坏了，失去保鲜功能，马里奥想得很细，每隔一天就为她送去一公升牛奶与新鲜蔬菜，几乎风雨无阻。老夫妻在罗马郊外有个小菜园，种着多种蔬果，有黄瓜、番茄、土豆、豆角、洋葱、苹果、猕猴桃、无花果。为了给她送些自产的蔬果，夫妻俩还会发生一些小争吵。伊范娜吃在嘴里想着瓦伦蒂娜，捡菜挑菜之时，常会让老伴开车送菜去，有时老伴不在身边，便会打电话让瓦伦蒂娜去取，老伴回来知道了，怪她“不该麻烦人，你剩下一斤半斤菜，人家回来汽油费比菜价还高呢!”伊范娜回敬一句:“你懂什么？超市能买到我们这里的新鲜有机蔬菜吗?吃了不是对瓦伦蒂娜身体有益吗?”

毫无血缘关系，只是偶然相识的朋友，老夫妇以赤诚之心以待，让身在异国他乡的瓦伦蒂娜感到人间真情。

后来瓦伦蒂娜与她丈夫离婚后，为财产分割，又经历了漫长的法律纠纷，她伤心地离开了意大利，回到了自己的国家。只是为了打几场没完没了的官司，好几次只得重返罗马城。

意大利的司法程序，往往拖而又拖，拖上三四年、七八年，甚至不了了之，早已屡见不鲜。每次当她抵离罗马机场时，老人马里奥不顾刮风下雨，总是驱车接送。有一次，她于深夜抵达机场，老人从市中心出发去机场接她，再陪送至罗马远郊瓦伦蒂娜家中，然后自己回到罗马城，东方已经发白。黑夜里，在弯曲的山丘小路上来回奔波200多公里。邻居说“你已年过七旬，太辛苦，深更半夜不怕出事?”老人回答,“瓦伦蒂娜无依无靠，我不去相助，能安心入睡吗?”

漫长的开庭间歇期，瓦伦蒂娜不在罗马，将自己的汽车停在老夫妇的郊外别墅里。马里奥想得周到，从城里专门赶到郊外别墅，每隔几天发动一次，跑上一段路。有位邻居笑他“多此一举”，他也笑着说，汽车长时间不发动，会有安全隐危，为了安全，并非多此一举！

一对意大利老夫妇，没有半句豪言壮语，没有半句漂亮话，没有半点包装，为一位深受丈夫折磨的外国女人默默地奉献着自己的爱！

后来瓦伦蒂娜告别罗马，定居在自己国家。天各一方，彼此牵挂不断，在意大利度过的日日夜夜成了他们永远难忘的记忆。两位老人思念身在远方的瓦伦蒂娜，专购长途电话卡，三天两头打电话与她亲切问候、闲聊。心有灵犀一点通，瓦伦蒂娜身在远方，心也在两位老人那边。老人腰酸背疼，用了一种虎骨膏很灵，她会千方百计托人带到老人身边；家乡的土特产、适合老人穿戴的衣帽等东西也频频寄到老人那里。就这样，电话与书信成了他们沟通心灵的唯一工具，连续了好几年，电话来电话去，从未间断。每逢圣诞节、复活节这些西方传统节，一张张漂亮的明信片总会寄到老人那里。老人说：这不是明信片，而是瓦伦蒂娜一颗纯洁的心！又过了好多年，两位老人都因感冒引起并发症，两个月内先后溘然长逝，让瓦伦蒂娜陷入无限悲痛！去世前几天，两老人还从病榻上打国际长途电话，以微弱的声音与瓦伦蒂娜恋恋不舍，作最后的告别！瓦伦蒂娜说：这不是约定，也不是偶然的巧合，而是深情的自然反映！

近朱者赤，近墨者黑。世界上的事，从来是“一花不是春，孤雁难成行”！

瓦伦蒂娜与两位老人相处久了，肝胆相照，疾风知劲草，患难见真情！有几次老人生病住院，她，不仅前去亲切照料，而且不声不响拿回替换衣服，第二天又把清洗与熨烫得平整的衣服送到老人面前。她常常应邀去老人家作客，与其是吃饭，不如说是相助。心灵手巧的瓦伦蒂娜，来到老人身边，便会见缝插针，自然而然找活干。看他们衬衣领子或袖子磨损破了，她会拆了反转过来，以旧翻新，老人便可再穿好几年。灯泡坏了，管道流水不通了，她会很快换上，加以疏通，在老人眼里博得了“多面手”、“巧手”的美誉。几道菜刚吃完，她会抢着清洗盘子与刀叉，擦洗厨房餐厅，总是闲不下来，甚至比老人还忙。老人看在眼里，感同身受，疼爱在心。伊范娜尤爱整洁，眼光高，别人洗的盘子她也许不一定满意，唯有瓦伦蒂娜的活，她是百般称心。瓦伦蒂娜典雅的气质，纯洁的心灵，勤快的双手，敏捷的头脑，老人常会点赞不绝，含情脉脉。

家家都有一本难念的经，老夫妻有个不争气的儿子，加上婆媳不和，儿子离婚后又娶，婆婆仍不称心。好在瓦伦蒂娜常在老夫妻身边，给了他们说不完的安慰与舒悦。于是老人见人就夸:“瓦伦蒂娜不是我们的女儿，但胜过亲生女儿!”而瓦伦蒂娜也说:“马里奥、伊范娜不是我的父母，好比亲生父母!”

意大利这位老夫妻的一言一行照亮了他们自己，也照亮了无数善良朴实的意大利人。我在这个国家度过几十个春秋，听到的、看到的太多太多!

像这对老人一样的高尚意大利人，可以列举很多很多，深深沉淀在我心坎中!

富起来容易，素质提高不容易!

胡耀邦总书记一再说，精神文明体现人的修养与素质，真的很重要，绝不是小事！物质丰富有时很容易，可是精神文明的提高就不简单了！他又说，物质文明提高了，精神文明必不可少，少了绝对不行！精神文明体现人的素质与修养，也体现在人与人的关系中。中央花了好大劲，不久前十二届六中全会认真讨论与研究后通过了决议，大家要好好学，好好领会，变成实际行动。中国走向世界，中国人民要展现新姿态新面貌！还说：你们在国外，身处外交第一线，你们的一举一动、一言一行反映着国家的形象，别人都看在眼里。

胡耀邦总书记的这些话是在20世纪80年代访问意大利时讲的。我为他做翻译，从一场到另一场的活动中，我们同乘一辆车，他爱谈爱聊，甚至不止一次谈过相同的话，几十年过去了，让我终生难忘！

一个人活在世上不过几十年，犹如乘上一艘漂荡在汪洋之中的小船，除了风平浪静，有时也难免遭遇不测，不管如何，都要勇敢面对生活的现实，做一个堂堂正正的人。一个完美的人生，不见得要赚大笔大笔财富，也不见得要有了不起的惊人成就，而主要看你哪怕是简朴平淡的生活，活得是否快乐而有意义？人到了晚年，心静了下来，就要好好总结一番，总结一生中正反两方面的经验，都是很宝贵的。有了修养与素质，我觉得淡泊的生活也是很美的，很有意思的！

我想，人的一生难免会犯一些错误，有多有少，各人情况不同，但错误都是暂时的遗憾，只要有勇气改正错误、向前走一步就好。没有魄力改正错误、错过改正的机会才是永远的遗憾！人生一世苦乐相伴，顺境逆境，所得所失，都要冷静坦然，淡定心安！

尤其要在生活中好好学习，不断提高自己的修养与素质。人要有文化与修养，文化、道德与修养赢得人们的尊重。无论到哪里，你的一举一动不要觉得无所谓，其实就是一面照亮自己的镜子。

文化遗产何其多!

2014年6月的同一天，我国京杭大运河、丝绸之路与意大利彼埃蒙特葡萄园景观被联合国教科文组织同时列为世界文化遗产。

各国文明各有千秋，了解多种文明真谛，推动文明互鉴交流，有助于消除误解与偏见，增进相互理解与信任。

意大利国土面积只有我国三十三分之一，截至2015年，文化遗产已有51处。狭长的亚平宁半岛，加上西西里、撒丁等几个小岛，为什么世界文化遗产之多名列世界第一？

意大利拥有古罗马与文艺复兴两大文明，文物古迹遍及亚平宁各个角落，罗马、那不勒斯、佛罗伦萨、维罗那、西耶纳、乌尔比诺等城市的“历史中心”都由联合国教科文一一列为世界文化遗产，完全可以理解。

局外人不可思议的是，为什么工业高度发达的彼埃蒙特地区的“葡萄园景观”居然也成了文化遗产呢？它的奥妙究竟在哪里？

彼埃蒙特葡萄园景观

彼埃蒙特（Piemonte）葡萄酒品种很多，既有品质产地认证的doc酒（监管产地品牌）45种，又有docg酒（监管及保证产地品牌）15种，它们在全区葡萄酒产量中比重之大，为全国20个大区之首。

在假冒伪劣充斥市场的今天，商品的产地品质认证颇为重要，不仅涉及生产与制造商的经济利益，而且更为重要的是，关系到广大消费者的生命健康。

彼埃蒙特名牌葡萄酒是著名的意大利葡萄酒的精华与骄傲，也是国家一笔无与伦比的财富。

这块沃土上，闻名遐迩的名字有，内皮奥洛（nebbiolo），巴罗洛（Barolo），巴尔巴雷斯科（barbaresco）等，还有巴尔贝拉（barbera），莫斯卡托（moscato），多姿挑（dolcetto）等等。这里的葡萄酒，色泽淡雅，味道饱满，结构严谨，加上高酸度、高单宁的特点，酸度明显，单宁强劲。新酒散发红色酱果与香料的气息；陈放久了，又有烟草、松露、干果的芳香。

早在3000年前，古希腊就称意大利这块风水宝地为“埃诺特里拉”(enotria)，意为“葡萄酒大地”。从阿尔卑斯山到西西里岛，纬度跨幅大，土壤肥沃，气候多样，葡萄与葡萄酒品种繁多，在漫长的岁月里，意大利人从长期的反复实践中把纯朴悠久的传统同现代工艺结合得天衣无缝。

值得一提的是巴罗洛酒，称为“酒中之王”，散发出丰富、和谐、完整的复合纯正芳香。说它历史悠久，因为早在18世纪英国商人的函件中已有记载，这种庄重的高品位酒，具有贵族时尚，深受欧洲英、法、意等国家王室的青睐。酒体饱满纯正，酒味浓郁，酒精度高，称为“酒中之王”。经过至少3年窖藏和陈化，酒味变得干爽、饱满，口感从丝绒般的柔滑变成宜人的甘草味，此时此刻才能送到消费者面前。

酒酿制后放在阿尔卑斯山与亚平宁山中特产的栎木或橡木桶里，把酒中苦涩与过高的单宁酸慢慢消掉。它只用“内皮奥洛”葡萄酿制，在国际上不仅享誉盛名，卖出高价，而且深受欢迎，同法国波尔多酒、borgogna酒并驾齐驱。

这种葡萄品种可追溯到公元13世纪，种植面积约为1200多公顷，分布在彼埃蒙特11个市镇。早在1896年，还是意大利王国时期，农业部就界定了内皮奥洛葡萄种植地域。人们点赞地中海美食，葡萄酒就是美食中的一枝独秀。因为它含有乙醇、色素、维生素、矿物盐、单宁酸等多种物质，借助酒精在肠胃的吸收，可以避免不少氧化现象，预防心脑血管病、心肌缺血、动脉硬化；也有助消化与利尿，防止溃疡等肠胃病。地中海美食中，优质葡萄酒占着非常显著的地位。

“谈起来容易，真正做到不简单”！

在意大利工业最发达的地区的葡萄园景观评为世界文化遗产，想起多年前胡耀邦总书记在都灵的访问时的一段讲话。

那天中午，菲亚特掌门人阿涅利为他举行盛大宴会，也是为胡总书记一行的热情饯行，因为傍晚就要结束欧洲之行从都灵返回北京。

在依依不舍的热烈气氛中，宾主话题很广，从展望菲亚特与中国合作前景到尤文图斯足球队，从物质文明到精神文明。谈到菲亚特与都灵所在的彼埃蒙特大区时，阿涅利自豪地说：“彼埃蒙特大区不仅吹响了意大利统一运动的号角，而且工农业高度发达，盛产葡萄美酒，是意大利的一块宝地！今天请各位品尝的就是巴罗洛酒！”胡耀邦好奇地问：“你们怎么做到的，工农业高度发达，还有著名的葡萄酒？因为世界上不少地方，工业上去了，农业下来了，工业造成的污染势必糟蹋生态与农业。”阿笑了笑：“是啊，人与大自然和谐共处，讲起来容易，真正做到不简单！漫长的时间里，我们也走过不少弯路，今天的美景是从教训中‘逼’出来”！

坐在附近的费孝通副委员长听了很感兴趣，突然插话问：“怎么逼啊？”阿涅利说：“世界上许多东西只有失去了，才觉得珍贵，尤其是生态环境，这是人类赖以生存的条件，生活品质唯有缺了生态美景就不行！”

可惜因为时间有限，话题没有深入展开，让我听了尤为感慨！

我想，从大老板口中的“逼”词可见，意大利人从痛苦教训中动了真格，环境与污染向来水火不相容，没有刚性条文规定与铁面无情的监管，没有倾家荡产的惩罚，青山绿水与蓝天白云从天上掉得下来吗？世上总有少量奸商，口头一套，实际干着肮脏的勾当，不顾人民死活，为了金钱，造成污染，恶化生态环境。

有一次，陪同都灵商会组织的彼埃蒙特汽车零部件企业家代表团考察安徽合肥与芜湖几个城市，大巴上坐在我身边的一位老板，也聊到这个话题。我说：“彼埃蒙特大区自然之秀丽与生态环境之迷人我是深有感触的，由于工作原因，我一次次去过。你们如何做到的？”老板回答，一句话说不清楚！罗马不是一天建成的。保护生态，人人有责，哪个环节都不可松懈！举例来说，监管人员，开不了半点玩笑！监管应是名副其实的监管，而不是理论上或者口头上随便讲讲的监管，更不是在电视镜头前面讲番漂亮话的监管！监管人员一旦发现严重受贿腐败，是要坐牢的，到了冰冷的铁窗，他们才会后悔，懂得不能贪、不敢贪！哪个厂“制造严重污染”，哪个厂先受重罚，罚得它伤筋动骨；如不悔改，就要毫不客气让它关门倒闭，去见上帝！

意大利几十年前从痛苦中吸取了教训，狠下决心治污，今日生态明显改善，但时而还会出些问题，可见治理生态是个长期艰苦的过程，也是摆在人类面前的一个重大课题。

让我把话题转到上海。我在上海生活多年，昔日苏州河的恶臭，凡是上了年纪的“老上海”，谁也没有忘记！多年来，上海花了九牛二虎之力，已经大见成效，今日展现在人们面前的这条母亲河，虽然离清澈见底日子仍会很长，但给了人们希望。可喜的是，经过多年转型发展绿色GDP坚持不懈的努力，这座超大型国际大都市已见惠益，好比当春好雨，润物细无声。据报道，上海生态环境的改善，二氧化碳、二氧化硫、氮氧化合物排放的减少，等于再造了100个“世纪公园”。上海应当在环保的道路上毫不留情，毫不动摇，坚持走到底！

“山脚之下”

彼埃蒙特“Piemonte”意大利文的含义是“山脚之下”。这块宝地面积只有2.5万多平方公里，比我国台湾省略小一点。境内43%为山地，31%为丘陵。景色多姿的波河发源于阿尔卑斯山，很快流经彼埃蒙特，穿越都灵古城。如果你去观光，无论走到哪里，抬头可见白雪皑皑的阿尔卑斯山峰，而半山腰则是森林环抱的绿色世界；秋天，从都灵到阿斯蒂，从诺瓦拉到库内奥，翠绿的山丘，碧蓝的天空，鳞次栉比的农舍，簇簇鲜艳欲滴的葡萄，大自然的美仿佛无处不让你身边闪烁。

这块临近法兰西的意大利西北部大区，不仅丘陵起伏，风光美丽，而且人杰地灵，科技领先。这里有汽车巨人菲亚特，还有几千家围绕在它四周的、独具一格的汽车零件部中小企业。境内又有飞机、航天、卫星、精密仪器等众多尖端企业。如此众多先进企业集中于彼埃蒙特，这在意大利各大区中也是独一无二的。

尤其令人难忘的是，远远领先世界潮流的造型设计，也在这个大区，皮宁法里那、朱贾罗等设计大师早就闻名于世。正是这块沃土，人与自然和谐共处，遍地都是大大小小的葡萄园，这里也冒出了“葡萄酒之父”美称的世界酒界耀眼的明星人物安杰洛·嘉雅（angelo gaja）。

联合国教科文组织经多次考察鉴定，彼埃蒙特葡萄景观为世界文化遗产，也是意大利第50处文化遗产，绝非偶然。

“文化遗产”真的多！

列举意大利51处文化遗产，加上简介，起码可写好几页，一个个熟悉而又陌生的名字！熟悉，因为有的早已闻名遐迩；陌生，因为不少人只知道其名，不知其质，不了解它们的深层次内涵。

列举几个：“庞贝”、“最后的晚餐”、“罗马历史中心”、“佛罗伦萨历史中心”、“威尼斯及其泻湖”、“西埃纳历史中心”、“比萨奇迹广场”、“卡塞塔皇宫”、“阿玛尔菲海岸”、“阿西西圣济各大教堂”、“维罗纳城”、“蒂伏利戴斯特庄园”、“阿德里亚那别墅”等，不少国人游览意大利，如果没有看过全部，起码看了好几个。

不久前，在一次朋友聚会上听一对夫妇讲，他们参观巴黎与罗马后，觉得巴黎很宏伟，不愧欧洲的大都市，而罗马很破旧很一般……坐在一边的一位资深的艺术家笑着说：“看你们从哪个角度讲，如果光凭眼前看到的城市建筑说，巴黎无疑跑在罗马前面。但从历史与文化底蕴看，毫无疑问，罗马应当在前。欧洲的古文明源自希腊与罗马，至今留在意大利的文化遗产远远跑在欧洲各国之前，那里还有人类社会另一大文明——欧洲文艺复兴，它的摇篮在佛罗伦萨，在意大利，以后才逐步传到欧洲其他国家。所以意大利的文化遗产十分丰厚，是一笔难以计数的人类精神财富！”

这位艺术家又说，他跑了世界77个国家，意大利去过几次，可惜停留时间都不长。他认为，那里的文化艺术是人类取之不尽的精神食粮！它的文化遗产多于其他国家，绝非偶然。

我曾陪同清华大学一位著名建筑师参观罗马“历史中心”，他认为，越是对罗马的文化遗产与建筑风格研究得透彻，越是懂得这些珍贵文化遗产的真实价值。没有文化的，跑来一看，也许觉得罗马破破烂烂，没有什么意思！好比一块价值连城的古玩，外行看不懂，专家鉴定是“无价宝”一样！我说，你讲得好！好多年前，随访意大利的一部分中国工作人员看了罗马古迹与市容，也许他们走马看花、太匆忙，有的回来说：“罗马城破烂陈旧，仿佛到了第三世界”！

这位建筑教授笑了好一阵说：“不是破烂陈旧，而是文物古迹，充分反映意大利的悠久历史与灿烂文化！”意大利的众多文化遗产为什么会被联合国教科文组织一一鉴定，数量之多名列世界第一？难道因为意大利离巴黎的教科文组织近吗？这些专家看多了就喜欢了？不是的，是有科学道理的。意大利热衷申遗是一回事，说到底，这里荟萃的文物还是教科文组织专家经过严格考察与论证的结果！”

罗马“历史中心”的文化遗产在世界名城“历史中心”中，如果不是首屈一指，至少也是名列前茅。

20世纪80年代中，在米兰看那幅深藏在阴暗教堂里的世界名画“最后的晚餐”，那时正在修复。我陪周南副外长爬上了脚手架，零距离欣赏名画的修复。要感谢意大利外交部，为我们来了个“例外”。安排周南访意日程的礼宾司官员说：“中国不同，我们来个例外。修复艺术对外绝对保密，但我们对中国朋友是开放的。”其实我们零距离观看，也没有看出什么修复奥妙。那些修复工匠，面对我们几位参观者，如若无人，仍在不慌不忙精心作业。介绍说：“对名画修复，我们愿花大功夫，恢复与保护好达芬奇的这幅巨作，留给子孙后代，要对得起艺术大师。他创作了三四年，我们修复也要花去好几年！”我们知道，艺术大师达芬奇创作这幅名画时，构思运笔，废寝忘食，夜以继日，凝聚了他的心血与智慧！

在高速公路上，我们还在议论这次参观，周南说：“我国有些地方急功近利，修复文化遗产，短短一段时间就要完工交账，不知道文艺创作与文化遗产的修复是要花心血的，花工夫的！这方面，我们要好好学习意大利。我们改革开放，大门敞开了，走出国门的人越来越多，我们要用点心，要用脑，边看边思考，每个国家的长处都值得我们好好学习”。

“可看的太多，看你们选择哪些”？

李先念作为国家主席访问意大利，参观了那不勒斯。

那时我在驻意使馆工作，为准备李先念的那不勒斯之行，我们同意大利外交部礼宾司商谈参观日程，他们说：“去那不勒斯参观游览，可看的太多，只有短短一天多，看你们选择哪些地方为好？”他只是简单提了那不勒斯几个景点的名字，没有作细的说明。

是的，那不勒斯不仅有美轮美奂的卡普里与伊斯基亚岛，有神奇莫测的维苏威火山，有从火山岩浆覆盖中挖掘出来的两个废墟城——“庞贝”、“埃尔科拉诺”，而且还有列为“世界文化遗产”的“那不勒斯历史中心”与郊外的“卡塞塔皇宫及园林”。

对于三面环山、一面临海的那不勒斯，神态万千，别具风韵，意大利民间有句俗语：“见了那波利，死了也甘心！”

“那波利”（Napoli）是“那不勒斯”的意大利名。这里，公元前8世纪，曾是希腊移民居住的地方。后来他们又在附近开辟了一个新居民区，取名Neapolis（新城），希腊文nea意为“新”，polis意为“城市”，意大利语的Napoli由此而来。

民间有个流传已久的动人故事：几千年前，一个美丽纯朴的姑娘名叫帕泰尔诺佩（Paternope），一年四季，无论阳光明媚，还是刮风下雨，她都爬到小山丘上唱歌，她的悦耳歌声诱惑了船上的无数海员，让他们听得如痴如醉。可是后来姑娘不幸离开了人间，她的遗体就安葬在山丘上。据传说，那不勒斯就是在她的墓地上创建的。因此直到今天，“帕泰尔诺佩”也成了那不勒斯的另一个名字。市里，一条风光优美的海滨大道也取了这个名（Via Paternope）。

那不勒斯，一个美丽多彩的海滨城市，荟萃丰富的文物，碧波万顷的那波利海湾，蜿蜒曲折的海岸线，耳熟能详、优美动听的那不勒斯民歌，朴实开朗、热情奔放的人民，意大利比萨饼与浓缩咖啡的发源地，这里，一直是人们向往的地方！

无论民间还是官方场合，交谈中，人们爱用带有那不勒斯方言的一句名言：“si tira a campare”，表示“生活还算过得去”；原意是率直开朗的那不勒斯人，面对生活路上的困难与艰辛，没有悲观失望！

有一次，我同意大利国家旅游局一位官员聊起发展中意两国旅游业时，他说：“罗马、威尼斯、佛罗伦萨因为古罗马与文艺复兴两大灿烂夺目的文明而出名，一向成为外国人畅游意大利的首选之地。其实，那不勒斯无论从哪个角度上看，它的魅力有过之而无不及！”

他说，为什么那不勒斯老城区的“历史中心”列为“世界文化遗产”？

因为这里有135个风格各异的教堂，有近100个雄伟多样的殿堂，城里的城堡、王宫、歌剧院、广场等众多历史优秀建筑，为那不勒斯打造了一个丰富多彩的文物世界！

古老的那不勒斯大学创建于1224年。“十日谈”的作者薄伽丘等名流在这里留下了他们的足迹。1537年西班牙统治时期，就创办了一座音乐学院，号称世上“最古老的音乐学院”。

花园般的市政广场（Piazza Municipio）花木扶疏，喷泉溅玉，环境清幽，广场及四周一座座优秀历史建筑，历史点缀现实，现实诉说历史，它们集中体现了那不勒斯灿烂的历史与深厚的文化底蕴！

建于17世纪的王宫，同“新堡”遥遥相望，中间隔着一大片清香扑鼻的绿茵草坪。王宫里不仅存放着油画、壁画、挂毯、雕刻等珍宝，而且见证了意大利统一史上一次历史性事件。1860年，“西西里王国”的末代君主就在这里宣布退位，为意大利统一扫除了一大障碍。

王宫侧面是金碧辉煌的“圣卡洛”歌剧院，建于波旁王朝的1737年，规模宏大，音响效果极佳，有近3000个座位，音乐爱好者普遍认为，它同米兰“斯卡拉”歌剧院与维也纳歌剧院相比，毫不逊色。

那不勒斯是“意大利的音乐之乡”，家喻户晓的那不勒斯民歌一直回荡在世界各个角落；那不勒斯也是世界著名男高音卡鲁索的故乡，他童年时参加教堂唱诗班，后来辗转欧美不少国家，成为世上杰出的男高音。他是那不勒斯的“伟大儿子”，也是向来生性开朗、充满活力的那不勒斯人的骄傲！

市政广场东南方，雄踞着一座古城堡，取名“新堡”（Castel Nuovo）。这座建于1279年的气势非凡的雄伟古堡，拥有5座高大的圆筒形塔楼，中间还有一座异常精美的凯旋门；为什么又称它为“新堡”？因为在此以前，那不勒斯城里已有不少城堡，只是相对而言。

离市政广场不远处的“国家考古博物馆”（Museo Nazionale Archiologico），建于1738年，馆内展品之丰富多彩，为众多参观者深感惊叹！从古希腊、古罗马直至西班牙等外族统治时期的珍贵文物一一展现在观众面前，而且还有被维苏威火山爆发而淹没的古城废墟中挖掘出来的一件件老古董；有人说：几千年前的古城被维苏威火山爆发而淹没，一场史无前例的大灾难！但也正是这些滚烫岩浆的覆盖，这些稀世文物才得以完整保存至今！

那不勒斯西北面的山丘上松涛起状，果林满地，有个名为“卡波迪蒙特宫”（Capodimonte），始建于1738年，前后耗时100年之久，一精美幽静的花园环绕四周，宫里珍藏着许多著名画家的作品，其中有提香、马萨乔等人，还陈列着陶瓷、兵器、甲胄和象牙雕刻等珍品。

一条最出名的海滨大道上，一边可以欣赏万顷碧波、茫茫烟水的蔚蓝地中海，一边可以看到一个奇特的12世纪建成的古堡，名叫“蛋堡”（Castel dell’Ovo）。

有一次，意大利为七国首脑会议东道主，别出心裁的时任总理贝卢斯科尼，选择“蛋堡”为主会场，因为形状像鸡蛋，由此得名。但是，晚宴不在城里了，却在那不勒斯郊外二三十公里的“卡塞塔王宫”里。在此招待世界“最富俱乐部”的首脑，显然，给会议的安保增添了难以想象的麻烦。况且，那不勒斯还有猖獗一时的“卡莫拉”恐怖组织，一个走私贩毒、抢劫绑架、敲诈勒索、无恶不作的犯罪集团，连那不勒斯警察局长也承认：“打击卡莫拉，将是一场旷日持久的战争”！面对距离与恐怖主义带来的问题，贝卢斯科尼没有动摇，仍然选择了这里！

为什么？

“那不勒斯晨报”说，照理城里到处都有豪华讲究的宫殿可以举行宴会，为什么意大利总理偏要选择卡塞塔王宫？

因为，这是意大利的另一个“文化遗产”，一个犹如法国凡尔赛一样的游览胜地，既有宏伟的宫殿，又有世上独一无二的宏大园林。这座风格对称、均衡、和谐的宫殿，始建于波旁王朝时代的1752年，先后花时22年。楼层仅为5层，但占地面积颇大，殿前的宽敞广场上长满了一年四季青葱欲滴的冬青树，显得格外清幽宁静。王宫长247米，宽184米，高36米，共有1200个美观华丽的厅室，珍藏着难以计数的金银器皿、陶瓷器、油画壁毯、丝绸织品、大理石雕塑，还有教堂与宫廷剧院。

尤为吸引人的是它的御花园，占地120公顷，中间是一条长长的水渠，两旁种着各种争奇斗艳的花木，还有一座座奇特的古建筑；从宫殿望去，绚丽多彩的美景，一览无余！御花园的另一头是瀑布奔腾、飞花溅玉的小山坡，逶迤连绵，流彩溢光，流水来自好几公里之外的葱郁群山。

这里有着岁月抹不去的纪念！

1860年，意大利王国成立前，意大利"统一运动三杰"之一、民族英雄、伟大的军事家加里波第（Garibaldi）在附近会见了即将变为国王的维艾玛努埃莱二世（Vittorio Emanuelle Secondo），历史性的会晤记载在卡塞塔王宫的史册上。

加里波第幼年时常听母亲讲述意大利遭受外族入侵屈辱的故事，心里充满着为祖国复仇的怒火，27时发动起义，失败后被迫流亡到南美，为南美民族解放斗争立下了功劳，后来同他并肩战斗的乌拉圭姑娘阿妮塔成了他的妻子。1860年他率"千人团"（红衫军）解放了西西里岛；此时，深得人心的"千人团"变得了"万人团"。同年8月18日，他又率领大军从西西里浩浩荡荡穿过墨西拿海峡，直指那不勒斯，9月7日南意大利的统一基本完成。

更有纪念意义的是，第二次世界大战期间，这座王宫作为英美联军指挥部，1945年4月29日，在此举行了入侵意大利的德军投降的签字仪式。

一位从中国进口大量绣花台布的那不勒斯商人的一个大仓库，就在卡塞塔郊外。我几次走进他的仓库，他讲的却不是让他发了财的台布生意，而是这里的珍贵文物。他说："卡塞塔因为王宫与御花园而闻名，因为拥有这些历史文物而富饶！王宫与御花园，不仅是那不勒斯的一棵摇钱树，而且也是意大利的一个聚宝盆！所有卡塞塔人，不分男女老幼，视王宫与御花园为永远取之不尽的'一个金矿'"！

那次，我随李先念参观那不勒斯，意外交部礼宾司一位官员对我说：李先念主席看了卡普里岛、庞贝火山城等几个景点，因为时间有限，也只能这样了。不过，卡塞塔王宫及御花园，"不是凡尔赛，胜过凡尔赛"；只有亲自一看，才知名不虚传！它们不仅在意大利，而且在欧洲，也是赫赫有名的！

那不勒斯"比萨"也在申遗

早在2011年意大利就向教科文组织递交"比萨"（pizza）申遗，但不幸的是，当年就在初选中遭淘汰。意大利的一股满腔热情换来冷风雪雨。

但是他们没有就此止步。钟爱比萨的意大利人，痴迷比萨的那不勒斯人，申遗努力仍在继续。他们感到自豪的是，在美国、加拿大、澳大利亚、中国、日本及欧洲、南美洲、非洲每个角落，越来越多的人都迷上了这种美食。尽管美国人讲，吃比萨最多的人不在意大利，而在美国，因此比萨的实际故乡在美国。

后来有一次我同一位意大利朋友聊起这个话题，他毫不犹豫，反击说："美国不是标榜最讲知识产权吗？美国的'比萨热'

还不是意大利人带去的，因为意大利移民多，侨居美国的意大利人少说也有几十万，到处都有他们开设的饭店。比萨的故乡在意大利，在那不勒斯，不在美国，他们休想与我们争夺知识产权!”

这位朋友常来中国做生意，一待就是几个星期。无论到哪里，每隔两三天就要吃一次比萨，十足的比萨迷。有一次到了中国西北一地，好不容易找到一家，品尝了比萨，觉得特有地方风味，在遥远的中国过了把瘾!

意大利全国中小企业联合会，联合那不勒斯比萨师协会、全球绿色基金会发起了请愿，在亚平宁半岛召集签名，短短一段时间，就有30多万人签名，为意大利再次申遗制造了外围气氛，增加了筹码。加上2015年米兰世博会主题“滋养地球、生命能源”，意大利人认为起源于那不勒斯、今日风靡全球的比萨，早晚盼到申遗成功的一天。

他们认为，农业文化遗产对意大利，乃及整个世界都有重要意义！用我们的语言来说，民以食为天，吃饭、吃健康之饭是全人类的头等大事。圆圆的比萨，周边略高、中间浅薄，其实配方简单，以面粉、奶酪、橄榄油、番茄、罗勒为基本原料，随着时代的发展，加上大蒜、咸鱼、火腿、金枪鱼、虾仁、橄榄等，品种繁多，顾客随意挑选，百吃不厌。根据文字记载，那不勒斯比萨最早可追溯到18世纪上叶。几百年来，意大利人养成习惯，他们喜欢吃太复杂的比萨，这样既可省钱又益于健康。

如果你去意大利漫游，你可发现不少比萨店，门面干干净净，但空间狭小；制作全过程公开透明，都展现在你面前，可以看他们怎么制作，但没有地方让人坐下吃，经济实惠的比萨，行人买了边走边吃。

旧铁路巧妙修复利用

也许由于亚平宁半岛诞生了像达芬奇、米开朗基罗、拉斐尔等众多艺术天才，意大利人向来喜欢文化艺术与文物古迹。

即使不是文物，凡是旧的东西，不是不管三七二十一，统统拆除；而是独辟蹊径，凡有保存价值的，可以利用的，尽量修复如旧，加以利用，力求与自然生态和谐统一。

可以举例来说。

随着现代化进程的加速与高速公路的日趋完善，据报道，意大利有6000多公里长的老化铁路遭淘汰，沿线近2000个车站沦为废站。

但是，向来同古色古香结下缘分的意大利人，并非简单拆除了事，而在废物利用上绞尽脑汁，大做改造复旧的新文章，为人民添加趣味与福祉。到目前为止，经过能工巧匠的精心设计，与大自然生态环境巧妙匹配，已有700多公里的旧铁路改造成“绿色通道”，有的变成自行车车道，有的成了“步行街”，有的改造成城市间旅游观光的有轨电车线。形式多样，无奇不有。国家将3月8日定为“被遗忘的铁路纪念日”。民众纷纷走出家门，有的步行，有的骑自行车，有的骑马，有的乘短途小火车，支持政府加速改造与利用过时的旧铁路。意大利南方阿布鲁齐与莫利塞两个大区，亚平宁群山千姿百态，有的逶迤连绵，气势磅礴；有的悬崖绝壁，险象环生。在蜿蜒群山峻岭中，100多年前修建的一条铁路直通辽阔的国家森林公园。

老掉牙的铁路，本来早已落入淘汰的命运。可是意大利人并没有这样想。经过一个民间机构的精心修复改造，这条报废铁路后来变成了旅游观景绿色专线，老式火车厢刷成铁锈式，仿制成20世纪30年代的风格，座椅全是硬木制成，游客登到海拔1000多米的山顶上，不仅眺望四周美景，还可寻访山腰中的古堡遗址，别有一番风味！

在罗马以北的翁布里亚大区，一条长达50多公里的旧铁路，穿越19个山洞和24个悬空铁路桥，1926年修建时，因为爬坡角度大，有的达到45度，类似我国詹天佑修建的八达岭爬山铁路，修建技艺之高超，曾轰动一时。但岁月无情，毕竟到了报废之日。意大利人舍不得这条“铁路奇葩”，耗时十年之久，将旧路焕发新春的活力！人们可以骑马登山赏景，沿途开发垂钓乐园，将陈旧的火车站变为火车博物馆，让参观者重温昔日的火车发展史，既可赏景，又长知识！

但是在意大利，修旧时间长得令人惊叹，不少工程历时好几年。欧洲假期与宗教、民俗节日多，不像我国，好多工程节假日照样进行。或许也有人说，拆掉了索性建个新的，也不要如此漫长时间呀！但是，国情与民间习惯等种种因素不尽相同，理念与做法有异。

他们把旧车站变为画廊、饭店、咖啡馆、骑马与射箭“学校”，甚至变为便民的小诊所。改造旧铁路旧车站需要大量资金，国家财政严重赤字，心有余力不足。国家出台优惠政策，以零租金转让，鼓励民间投资创业。

同济大学建筑与城市规划学院著名老教授阮仪三好几年前接受记者采访时说：“欧洲老的就是老的，新的就是新的；欧洲对古城保护的经验，那种处理人与人之间关系的方法，那种家乡观念、地方风情，（过去一段时间里）我们都没有学到……没有学到欧洲的经验，是很大的遗憾！”

可喜的是，我国在迅速崛起的同时，文物保护，在政府、各界社会舆论与媒体的重视下，这几年情况有了明显好转，这是值得点赞的。

保护文物就是发展文化事业的一部分，越来越多的人懂得，

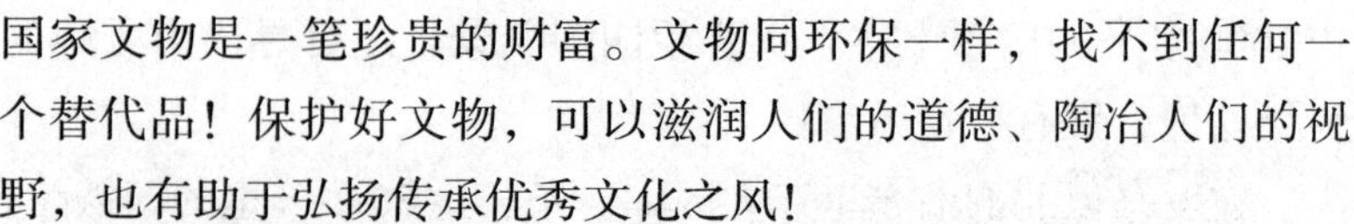

国家文物是一笔珍贵的财富。文物同环保一样，找不到任何一个替代品！保护好文物，可以滋润人们的道德、陶冶人们的视野，也有助于弘扬传承优秀文化之风！

保护好我国散落在各个角落的、难以计数的珍贵文物，我们要走的路还是很长很长的！

说说贝卢斯科尼（Silvio Berlusconi）

如果谈起最近几十年意大利的政治家，有个怎么躲也躲不开的人物——贝卢斯科尼。

这位家产万贯的大企业家，几次出任总理，掌控大权，地位显赫。可惜这位中等偏矮的大人物，晚年官司不断，绯闻频传，丑闻缠身。到头来又被议会剥去了参议员的头衔，光环丢失，落入了尴尬境地。

好几次我同来华访问的意大利人聊起他。其中一位经历丰富的大企业老总深有感触地说："如果谁有文艺才华，贝氏的一生倒是可以写个剧本；从纨绔子弟出身，到四处闯天下，他拼搏了几十年，腰包鼓足，登上事业顶峰，一度评为'意大利首富、全世界最富的总理'！可惜后来为富不仁，玩世不恭，不保晚节，误入歧途。他是意大利一个有争执的人物，有人说黑透了，有人认为还很红。依我看，看人看事一分为二好。不能因为晚年出了些事，而全盘否定他。他也有值得人们肯定的好多方面。"

听了这位老总的一番话，我苦苦查阅了资料，又在不同场合请教了几位知情的意大利人。

我想说说贝卢斯科尼的故事。

创业与创新成就了他

离米兰不远的阿尔科雷别墅树木葱郁，草坪上点缀着簇鲜花。别墅的主人兴致勃勃地讲述着他的成功之道。

那几年意大利导演贝尔托卢奇的影片“末代皇帝”正在意大利与西方风靡，街头巷尾竞相议论中国几千年封建王朝崩垮前这位皇帝的风风雨雨，一时间成了一个热门话题。英国“经济学家”周刊盛赞贝卢斯科尼勤于思考，勇于开拓，他写的采访为了吸引更多读者，形象地称他是20世纪“意大利的未来皇帝”！

一位英国“金融时报”记者专程采访他，希望他掏出一套创业成功的秘诀。贝卢斯科尼谦虚了起来，笑着回答：我谈不上什么奥妙，简单讲，就是工作，工作再工作！人活在世上要有一颗进取心，我认为，勤奋的工作态度和坚韧不拔的精神是事业取得成功必不可少的！

贝卢斯科尼出生于一个小资产阶级家庭，父亲是米兰一家银行的经理。年轻时他有一头棕黑卷曲的头发，平时笑颜常开，热情好客。可他不安于平淡舒适的生活，富于冒险精神，喜欢去外面的世界闯一闯。他当过导游，陪同旅游团周游许多地方，见闻很广，也当过摄影师，还在宽阔的沙滩海滨浴场上唱过弗兰克西纳特拉悦耳动人的歌曲。因擅长吹拉弹唱，与同学组织了一个“四人小乐队”，在学校内外演出；家里有钱，偏不当“啃老族”，靠用自己赚来的钱上大学。

他爱读世界风云人物的书籍，读了一本又一本，常常看得津津入迷。有一位名作家的话给了他启迪：“有志者事竟成，人贵在有精神与毅力，有了这一点，事业成功就有希望。”他暗暗下决心说：“意大利已是共和国，我成不了国王，起码也要当上一个大集团的主人吧!”

寒窗苦读了几年，大学毕业那年，他做了一篇商业广告的论文。论文语言流畅，观点明确，见解颇有独到之处，受教授倍加赞赏。论文得了奖，大大增加了他投身商业的兴趣。刚走出校门，他决定经商办企业，做一个适应时代潮流的新型企业家。

那几年，世界发生能源危机，钢铁、汽车与其他传统工业受到严重冲击。他说，不能跟在这些传统工业后面，走别人走过的老路，而要创新，走一条适应时代潮流的新路。当时，菲亚特（汽车、拖拉机、推土机、船用发动机、军用飞机、机器人等）、伊利（集机械、宇航等众多领域于一身的超大国营集团）、埃尼（石油化工）、蒙特迪生（化工）、奥利韦蒂（打字机、计算机）、倍耐力（轮胎）等国有与私人财团遐迩闻名，牢牢掌握着意大利的国经济命脉，他还是一个默默无闻的“小卒”。

他从20世纪60年代初就创建了一个建筑公司，腰包慢慢鼓起来了，成为米兰一个富有的建筑商，并荣获意大利共和国“劳动骑士”称号。菲宁韦斯特集团（Fininvest）是后来由他一手创建的。

一步一个脚印，该集团集建筑、银行、保险、足球、电视、出版于一身。“菲宁韦斯特”这个名字，当初在总部所在地米兰，知者也是寥寥无几，更不用说意大利了。

短短几年里，员工多达好几万，营业额升至几百亿美元，贝氏赚足了钱，一度将经营了百年的老牌企业“菲亚特”之主阿涅利抛到了后面，成了意大利首富。

创业先从房地产入手!

战后的意大利，人们努力重建家园，恢复国民经济。按捺不住的南方贫困农民，从西西里、撒丁岛、卡拉布里亚等大区纷纷背井离乡，拥向米兰打工谋生。有的在那里打拼了几十年，由于房价普涨，苦于买不起房子，被迫在米兰远郊找个廉价栖身之地，每天起早摸黑，来回奔波几十公里。房屋这个短板，成为米兰突出的经济与社会难题。

贝氏看到了建筑业大有希望，大脑里勾画了一个功能齐全的居民小区的蓝图，就在米兰离城较近的里那泰机场（Linate）附近买地建小区（据说借了3亿里拉），称为“米兰2村”。经过几年设计与修建，一幢幢风格多样的七八层楼房拔地而起，大多为橘黄色或橘红色，附近配置了商场、学校、医院、饭店、酒吧、影剧院、体育场、教堂，加上一块块绿色绸缎般的草坪。还有办公大楼，其中之一就是“电视5台”总部。那几年米兰冬季多雾霾，污染困扰着这个意大利最大的工商业中心。

一个难得的阳光灿烂的冬日，朋友把我带进“米兰2村”，汽车慢慢穿行，四周环境清幽，情趣盎然。介绍说，这里住着一万多居民，离飞机场又近，深受喜欢，房子很快销售一空，让集团投入的资金及时回笼，利润丰厚。媒体称，这是为解决米兰城市住房拥挤，菲宁韦斯特集团进行的一个有效尝试。集团尝到了甜头，马不停蹄，接着又在勾画修建“米兰3村”的蓝图。

但是修建“米兰2村”并非一帆风顺。因为离飞机场近，飞机经常飞过该地上空，噪声太大，让人讨厌，人们不愿去买房。据说，神通广大的贝卢斯科尼竟让飞机神秘地改变了航线，避免了一场“米兰2村”升值潜力有限的危机，从此“米兰2村”身价暴涨，变危机为机遇。

当印度富翁阿加汗卡林在撒丁岛“丝梅拉尔达”海岸修建一大批豪华建筑群时，贝氏也把眼光瞄准那里，敢于向他挑战，计划在风景如画、引人入胜的“杜尔盖塞”海滨修建大众化建筑群，以他的“大众化”战胜印度富商的“豪华化”。而他自己，则在丝梅拉尔达海岸建造了一所舆论称为“有吃有玩有享受”、应有尽有的超豪华别墅。后来，几位欧洲政治家先后应邀到此作客，其中有英国前首相布莱尔与俄罗斯总统普京。

从电视到超市、广告、金融、出版业

菲宁韦斯特集团在这位远见卓识的企业家引领下崭露头角，独树一帜。迈入80年代，贝氏巧妙运用电视武器，使电视业营业额急剧增加。那个年代，意大利的私人电视台多达700多家，而最有影响的就是菲宁韦斯特的3个台了:“电视5台”、“电视4台”与“意大利1台”。它们从国外购入大量电视节目，尤其是美国好莱坞电影与肥皂剧，让不少观众耳目一新。意大利人普遍认为，这3个台节目丰富，构思新颖，颇有吸引力；且功率大，几乎可在全国范围内收看。而意大利的大部分私人电视台仅仅限于所在城市地区。

贝氏的私人电视台，后来又向国外扩张，至法国、西班牙、德国等国家，一跃成为欧洲最大的私人电视公司。有人讲，同当时的意大利3个国家台相比，不仅势均力敌，而且有过之而无不及。

有一次我去“电视5台”参观时，电视台节目制作部主任说：“电视5台”占有几幢楼，我们面临着节省与有效利用空间的棘手问题。因为随着时间的流逝，节目越丰富，储存资料越多，我们不能从扩大空间上下手，而要千方百计压缩成微型。我们要用创新中找出路。

那时，还是20世纪90年代，“电视5台”一帮年轻人勤于思考，自己动手研制了许多折叠布景。有一个面积不大的资料室，存放着6500部录像带，犹如一个小图书馆。一层层架子上布满着录像带，按英文字母顺序排列，全部输入电脑储存。他们点了一部电视剧的片名，工作人员几秒钟就找到了。他们要我随意点个名，我说，要看“AC米兰—意甲冠军”的录像，短短10秒钟就在我眼前。参观中，他们重复贝卢斯科尼的一句话：“办电视要精心加勤奋，再加科学性效益性！”

说来容易，实际上充满了曲折与困难。因为意大利法律规定，经营广播电视业务属于国家垄断，私人根本没有机会涉及这一领域。精通法律的贝氏没有因此止步，他认为随着形势的发展，法律不会永远不变。等待变化之时，他先创建了一家金融投资公司（mediolanum），大力集聚资金。他知道，一旦法律允许创建私人电视台，急需可观资金，他可捷足先登。机遇来了，就看谁能大胆跑在前面，走别人没有走的路。

面对菲宁韦斯特集团的飞速发展，尤其是掌门人贝卢斯科尼别出心裁，咄咄逼人，有的欧洲媒体舆论说：意大利人不仅浪漫潇洒，而且富于想象与幻想。就创新而言，最有活力、生气与想象力的企业家就是贝卢斯科尼了！他勤于思考，勇于开拓，能把幻想变成现实，在欧洲还没有像菲宁韦斯特集团那样把电视与超市两个领域巧妙结合、熔于一炉！

意大利没有像美国沃尔玛、法国家乐福这样的大型超市，但名为斯坦达（Standa）的小超市遍及全国大小城镇，几乎无处不有。贝氏不惜出资近8亿美元，从经营严重亏损的蒙特迪生集团手中果断收买过来。他把集团生产的录像带、录音带、唱片、激光录音机等产品充实超市，利用手中掌控的电视大做广告；利用集团出版社发行超市商品介绍，寄给到千家万户，从食品、服装、化妆、卫生到家居用品，斯坦达手册成了“生活之家”，在广大消费者面前，展示斯坦达超市；也成了深入人心、家喻户晓的“意大利人之家”！换主后的第一年，斯坦达迎来开门红，不仅扭亏为盈，而且销售量激增。

贝卢斯科尼在影视业与广告业两方面动足了脑筋。当“米兰2村”尚未完全竣工时，他就探索创办“电视5台”。建台伊始，遇到的困难难以想象！技术与专业人员奇缺，设施也远远不够，经验又不足，步履维艰！他硬着头皮干，带头吃在办公室，睡在办公室，同少数刚刚招聘来的专家一起奋战了许多个日日夜夜。后来，“电视5台”（意大利第一家私人电视台）开业了。刚搬进新居的“米兰2村”居民，高兴地看到电视台就在他们身边，从米兰到伦巴底大区，慢慢扩到了亚平宁半岛南北及附近岛屿，人们都可收看。让意大利人看到一个风格多样、完全耳目一新的电视台，同3个国家台相比，各有千秋。用意大利人的话说：“电视5台”吹进千家万户的是一阵阵清风！

进入20世纪80年代，工农业在国民经济中的比重明显下降，第三产业不断膨胀。以服务业为主的菲宁韦斯特集团像葱郁苍绿的阿尔卑斯山，一派盎然生机。但是，影视业、出版业、广告业、保险业、超级市场竞争异常激烈，甚至你死我活。贝氏面前险象环生，似有云雾缥缈之感。

1990年贝氏收购了陷入亏损严重困境中的蒙达多里（mondadori）出版集团，很快转亏为盈，恢复了它的青春。几乎无人不晓，是意大利最大的书刊出版集团，仅出版杂志多达50多种，占意大利杂志市场近40%的份额。

广告是一面镜子。可以开阔视野，沟通信息，了解工商、金融、科技世界，产生巨大经济效益。菲宁韦斯特集团的广告业务不断扩大，立足意大利与欧洲，面向世界。贝氏专建意大利广告公司，成立没有几年，年广告费高达几十亿美元。广告市场的竞争激烈而无情，甚至是血淋淋的，贝氏说：“我有信心拿到一大块蛋糕，关键是挖空心思，敢想敢做，别出心裁，不走别人的老路。竞争中不会不冒风险，也可能有挫折与失败，像驾驶一艘大海航船一样，惊涛骇浪不时扑来，你要勇于面对，心细胆大，巨浪之后就是风平浪静。经商路上，恶境与良辰并存，困难与希望同在。”年富力强的贝卢斯科尼走过了坎坷不平的好几年，不畏竞争中的压力，不畏艰难曲折。用他的外事顾问里纳尔泰的话来说，他从来反对拖泥带水、吞吞吐吐，喜欢先下手为强，赶在别人面前。跟在他身边，让人看到从他身上时时迸发出一股股创业的动力与威力！

AC米兰飞黄腾达地红了一把！

一段时间里，许多足球迷知道贝卢斯科尼是AC米兰的大老板，却不知道他当过几任意大利总理。

AC米兰足球俱乐部短短几年里所以一鸣惊人，是同这位大人物的决断与毅力息息相连的。

20世纪80年代这支老牌俱乐部队陷入一场令千万球迷为之痛心的贪污丑闻。丑闻爆发前，AC米兰已荣获11次全国甲级联赛冠军，多次登上欧洲3大杯赛顶峰。受丑闻牵累，球队卷入旋涡，降到乙级，无数球迷深感耻辱。处在风口浪尖的AC米兰，好似风烛残年，路在何方？

我去那里拜访时，一位俱乐部官员讲了一个故事。降了级的AC米兰，有320个铁杆粉丝，心急如焚，他们带领写了信，签上无数球迷的名字，一封又一封。信是给贝卢斯科尼写的，强烈希望他购买风雨交加、恶浪滚滚中的AC米兰，彻底整顿更新，为米兰市增光！

谁也没有料到，贝卢斯科尼以其特有的胆略和魄力，毅然买下了这家俱乐部，决心一切从头开始。他四处走访，虚心拜足球行家为师，广开言路，加上自己的经验，多方挑选足坛精英，从荷兰高价引进古力特、巴斯藤与里杰卡尔德3球星。巴是顶级前锋，里是著名后卫，古能攻能守，构筑起球队大梁。

他从帕尔马请来了教练萨基。萨基本为一位皮鞋商，也踢过球，未能成为球星，血液里却溶化了浓浓的足球细胞，把默默无闻的帕尔马杀进了如火如荼的意甲联赛。贝氏发现了他的才华。有一天，把一份聘请书放在他的办公桌上，萨基看到菲宁韦斯特集团大财主器重他，异常激动，甚至热泪盈眶。他愉快到了AC米兰，开始另起炉灶。贝氏用人不疑，尊重教练，要他大胆尝试绿茵场上的新打法，研究足球新战术。

在这位老板的激励下，随着荷兰“三剑客”的引进，萨基也采用了荷兰全攻全守的新打法。这种打法，场上波澜壮阔，声势浩大，攻守兼备，风云变幻。球迷从铁丝网外常常可以看到，“米兰内洛”训练场上，萨基身穿T恤衫，带头摸索，与球员研究与切磋战术，总是练得满头大汗。在他指挥下，“三剑客”经过一次次磨合，与其他球员配合默契而流畅，形成了一股股强大战斗力。AC米兰，很快在意甲绿茵场上所向无敌，得分遥遥领先。

在萨基的执教下，尤其是大老板贝卢斯科尼稳坐帐中，运筹帷幄，荷兰“三剑客”以及巴雷西、马尔蒂尼等球星，让新生的AC米兰如虎添翼，昔日困境中的球队简直变了个样，焕发出青春的活力！

AC米兰不仅在意甲，到了欧洲绿茵场，虽然难为常胜将军，但也常使皇马、巴萨、曼联、利物浦等欧洲传统劲旅多次败下阵来。

1988年高歌猛进，就拿下了意甲桂冠。那几年，意大利好多足球俱乐部严重赤字，债台高筑。唯独AC米兰财源滚滚，魅力不衰。光门票收入，就超过了马拉多纳与卡雷卡所在的那不勒斯队。

经营足球是一门深奥的学问。

那次我去参观“米兰2村”，我问陪同参观的一位俱乐部官员，“三剑客”给你们带来好运，你们怎么挑选上的？他讲：“我们招聘球星，不是凭一时冲动，也不是听所谓专家或行家的一面之词，而是事先做足功课，有番深思熟虑。一年四季俱乐部派‘密探’去世界各地临场观球，通过录像等多种渠道收集资料。收买一个球星要从多角度全面了解，钱要花在刀刃上！决定引进那个球星，最后都由贝卢斯科尼拍板，他是事先认真与反复听了许多有益建议，然后果断拍板，但绝不是心血来潮”！

我又问：合同文本是谁起草与准备的？他回答：“AC米兰俱乐部向来就有一个经验丰富的法律顾问团。招聘球星的每条条款一一精心研究制定。招聘阶段，最伤脑筋的是天价引进费与高昂的球星年薪。涉及金钱，有时讨价还价激烈万分，有时看似谈判要破裂，因为某些因素的出现，柳暗花明又一村，大功告成了。情况很复杂，谈判要用脑，要研究艺术与手法，说来话长呀！”

关于教练下课条款，我问了在上海经营多年的一位意大利律师，他说：“白纸黑字，一定要写得一清二楚。教练的表现与业绩是难以预测的。今天看来才华横溢，让足球队势不可当。但并不等于这位闪闪发光的教练永远无敌于天下！人会变的，情况也会变的，足球场上充满变数。如果规定时间里教练没有达到俱乐部指定的目标，是要卷铺盖走人的。招聘时的友好气氛代替不了合同上的条款。友好是友好，文本是本文。合同文本要逐款逐字琢磨敲定，千万含糊不得，否则教练会钻空子，俱乐部要吃大亏，遭受巨额经济损失！”

这位律师也是AC米兰铁杆粉丝，又说：萨基风光了几年，但他不是常胜将军，后来又招聘了卡佩洛，与萨基相比，才华毫不逊色，AC米兰光彩不减当年。随后几年里，教练频频更迭，很可惜，AC米兰失去了那几年的活力，常在风雨中飘摇！贝氏把管理权交给副手加利亚尼，过问少了，“气候”也变了！也正常，世上没有永不凋谢的花朵！

聊起卡马乔在中国的下课风波时，这位意大利律师笑着说：哪有这种含糊其词的聘请合同？应当从中吸取深刻教训，中国承受经济损失，就当是支付一笔昂贵的学费吧！

1899年AC米兰创始人休伯特基普林选了红黑两色球衣，当时他的意思是，“红色是魔鬼的颜色，黑色则会散发出恐怖气息”，他要让所有球队在AC米兰面前心惊肉跳！

几乎所有人粉丝说，创始人讲得有理！

一段时间里，咄咄逼人的AC米兰，它魔鬼般的红色，染红了贝卢斯科尼！那种黑色，的确让许多足球劲旅闻风丧胆！

仕途波澜起伏，曲折而不平凡！

1994年贝氏步入政坛，创建并领导“意大利力量党”（Forza Italia）。不知道他取这个名字心里怎么想的，但力量（forza）这个意大利文，有时也有“加油”的含义，如“Forza, Milan！”（AC米兰，加油）！也许他在球场待久了，从中得到灵感，要为意大利加油！

同年3月该党就在大选中获胜，5月出任政府总理。由于意大利国内矛盾复杂，党派争斗激烈，社会与经济难题层出不穷！有人讲：“意大利的事，执政党做得再好，在野党也会从鸡蛋里挑骨头，想尽办法找麻烦！”很有魄力的贝卢斯科尼，从商界到政界，断断续续，潮起潮落，几次入主基吉宫（总理府），大大露了一手，为意大利国际形象、经济发展、人民福祉倾注了他的不少精力！他的业绩也是有目共睹的！

但他在仕途上走过了一段不平凡的时光。人们对他的评价，功过是非，各有各的说法，始终褒贬不一。

在他当政期间，接待了胡锦涛、温家宝等国家领导人对意大利的正式访问，他也走访了中国。应当说，他对中国还是重视的，中意两国各个领域里的关系继续向前发展。

贝执行中右政策，对外立足欧洲，在许多重大国际问题上又较多偏向美国；但是，他也不盲从，利益这条纽带始终决定着这位桀骜不驯的政治家的言行。有时他很不听话，做出的一些举措常让使美国与西方恼火，典型的例子是意大利与利比亚关系。

那几年美国要置卡扎菲于死地，而贝氏从意大利国家利益这一根本考虑出发，敢于同利比亚这位“头号人物”实现互访，自己跑到利比亚，卡扎菲到了罗马。意方还在蓬菲利总理招待所园里专门建造了豪华而舒适的帐篷，供他下榻。利比亚石油资源丰富，缺乏技术与人才；意大利资源贫乏，化工技术先进，几十年来又在利承包了众多石化工程，修造了大量民房、公路与医院。两国经贸互补性强，改善意利关系完全符合两国的利益。贝跨出了勇敢一步，主动同卡扎菲领导的利比亚改善关系，受到意大利国内广泛好评。

我听几位意朋友说过这样的话：“意利两国隔海相望，卡扎菲执政时期两国经贸关系密切。利比亚的石油我们需要，一夜运到意大利，运费便宜，我们给它美元，双方满意。至于卡扎菲，专制也好，独裁也罢，是利比亚人民与国内的事！美国挑起搞乱利比亚，几年过去了，局势非但稳不下来，部落、派系、宗教之间的矛盾错综复杂，斩不断，理还乱。谁都难以说得清楚，不知乱到哪年哪月？不少流离失所的利比亚难民，不时滚向意大利，乘上船一夜就到兰佩杜萨，我们所当其冲！美国人埋下的祸根，欠下的债，让意大利与欧洲去偿还，很不公道！”

有位大企业老总认为：“欧洲人应当从美国一手点起的‘阿拉伯之春’这把火中清醒了！”

到了2015年，早已步入晚年的贝氏不甘寂寞，不顾乌克兰与西方国家的反对，毅然走访了克里米亚，与普京总统会晤，还一起参观了一家著名酒庄，引起西方媒体与舆论不小的轰动。

身为政治家，时而有些荒诞可笑或者尖酸刻薄的言论，再经媒体炒作，有时闹得乌烟瘴气，满城风雨！

这就是贝卢斯科尼！

最突出的一次是2003年，意大利为欧盟轮值主席国，总理贝卢斯科尼在欧洲议会演说时，信口雌黄，竟在大庭广众嘲笑一位德国籍议员长得适合演“纳粹监狱的牢头”，顿时引起众怒，会场一片混乱，会议中断了。任何事都要为自己的行为埋单，一时间，意德两国陷入了一场不大不小的外交危机。后来贝氏作了一番道歉，并解释只是开了个玩笑，因为意大利正在拍摄一部反映纳粹的影片，我推荐这位议员去演“纳粹牢头”。

不少意大利人嘲笑与愤慨：“又是这张丑嘴惹的事、闯的祸！丢意大利人的脸！”

不可捉摸的麻烦与遭袭让他很头痛、愤懑与失落。有一次，新年前夕，罗马街上一名砌砖工人用照相机架向他抛去，右耳后方受了轻伤。祸不单行，几年后，他在米兰参加一场公开活动，突遭一名男子投掷的教堂模型击中，嘴唇打破，鼻子流血，还打掉了他的两颗牙齿。在保镖护送下，急送医院治疗。有一次去总统府，路过一个地方被民众认出，立即高喊“小丑”！无可奈何的贝氏自言自语：“这让我太伤心！”

花开花落，人老去！

俗话说，福兮福所倚，福兮祸所伏！

身处逆境的贝卢斯科尼，腰缠万贯的这位意大利名人，玩世不羁，玩物丧志，到头来，是非成败转头空！

首先在房地产领域一夜暴富的这位大款，步入政坛后，知法犯法，政治行贿、税务欺诈、性丑闻接连发生，贪欲惹来杀身之祸。

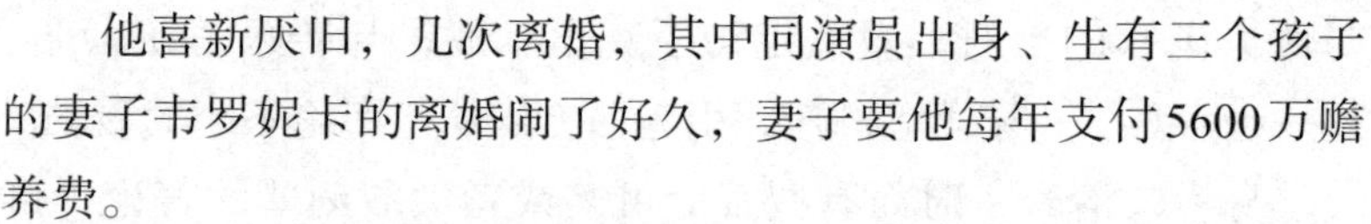

他喜新厌旧，几次离婚，其中同演员出身、生有三个孩子的妻子韦罗妮卡的离婚闹了好久，妻子要他每年支付5600万赡养费。

几次出任总理期间，官司缠身，司法纠纷不断。法院开审时，应付手法诡秘，常以公务繁忙为由而缺席庭审，迫使审判拖延，妄图逃过一劫，不断引起公愤！

意大利民众纷纷责问：“法律面前人人平等，成了一句空话？”

后来，法院终于判了刑。因年迈等原因，判他监外执行，象征性地从事社区劳动。

我在各种场合问过经历不同的意大利人，听听他们对贝氏的看法。

有的说，他的几十年，还是为意大利做出了有益贡献。谁不犯错？错是错，罪是罪，不能因此抹杀他的功绩吧！

有的讲，机关算尽有何用？人为财死！人生岂能用金钱来囊括，金钱也囊括不了人的一生！

有的认为，人一旦有了成就与财富，万万不可忘形得意，游戏人生！世上的路没有比贪欲更险恶的了！

道不尽写不完的佛罗伦萨

为外长当"导游"，措手不及！

有一次钱其琛外长访问佛罗伦萨。我国领导人及部长访意，去佛罗伦萨访问的并不多，为什么？其中有个交通不便、花时太多的客观原因。因为它在罗马与米兰之间，与罗马相距近300公里，那时佛罗伦萨机场很小，甚至不如比萨机场，罗马—佛罗伦萨间没有航线，也没有高铁，虽有高速公路，但每边只有2个车道，卡车堵路已是司空见惯，单程也要2个多小时，来回一次路上就花半天多。

钱外长在罗马紧张会谈会见，留下不到一天时间，经意大利外交部精心安排，前去佛罗伦萨参观，想看看这个文艺复兴的摇篮。意方为了中国客人更好地了解文艺复兴的发祥地，专门找了一个"佛罗伦萨通"的导游。

谁知，钱外长一行到达约定地点杜奥姆广场（Piazza Duomo）时，人们盼望的导游没有及时赶来。后来才知道，他被车流堵在半途，有口难言！佛罗伦萨城中的街道狭窄，如果你乘大巴去参观，只得停得远远的，下车走上漫漫路！

时间不等人，钱外长的主要陪同人员姜恩柱急中生智，要我赶快上去应付谁也没有料到的尴尬局面。这就苦了我，要我介绍佛罗伦萨闹市中心的这座气势雄伟的主教堂及周围古建筑，没有那么简单。幸亏多年来翻阅过一些资料，头脑里有些“储存”，才算没有出洋相！

这座主教堂又名“百花圣母堂”，总长169米，可以说是世界上一座少见的大教堂。它始建于13世纪末，竣立于15世纪中叶，历时100多年，据说实际花了好几百年。谁也没有急功近利，为贪图一时效益而匆匆竣工，古代人的智慧与耐心十分令人钦佩！今天我们看到的大教堂正面，是19世纪建成的。世上任何一座宏伟建筑，尽管设计精细完美，建成后总有改进和修补的余地与必要。正像规模宏大的米兰主教堂与梵蒂冈圣彼得大教堂一样，历经漫漫时光、悠悠岁月的风吹雨打，背后总是隐藏着一个规模巨大的加工厂加以支撑。带领我们破例登上米兰主教堂的一位主管讲:“那个别人看不见的加工维修厂，工具与设备之齐全，外人很难想象的！”

佛罗伦萨这座大教堂的辉煌在于宽敞的八角形讲坛以上的巨型穹顶，出于文艺复兴时期建筑大师布鲁内莱斯基（Brunelleschi）之手，是他天才般的智慧的结晶。穹顶直径42米，顶高114米，花费他14年的汗水与心血！大穹顶呈红色，专家认为:“他的建筑技艺与风格大大超前于同时代的相似建筑，布鲁内莱斯基敢于向中世纪传统的教堂形状发出挑战，为生气勃勃的文艺复兴的建筑业预报了第一朵春花，它是佛罗伦萨所有建筑中的一座精品！”

大教堂右侧高耸着一座82米高的钟楼，从下到上统统镶饰着乳白、淡红与浓绿3色的珍贵大理石。它是文艺复兴初期的艺术大师乔托（Giotto）的一个杰作。佛罗伦萨人引以为豪的是，城里的大理石古建筑得益于邻近大理石产地马萨卡拉拉，否则很难想象遍城都有那么众多的大理石建筑！

钟楼1334年始建，乔托花了整整3年的心血，他采用方塔形，设计为5层。可惜刚建好一层，乔托不幸去世了。为了纪念这位艺术大师，人们取名“乔托钟楼（Campanile di giotto）”。后由另外两位建筑师完成了他开创的宏大工程。这座方塔形建筑，每个侧面的几何形窗户充满着艺术感，留给参观者的印象是钟楼空灵剔透，意态飘然。钟楼的下面2层为封闭结构，周围饰有一幅幅精致细腻的浮雕。从底爬到顶层，台阶将近300个，要一口气爬上顶，对体质是个很大的考验！在顶上，可以尽情欣赏佛罗伦萨古城的美景。可惜钱外长一行受时间所限，未能登顶。

主教堂广场上共有3个建筑，除主教堂与钟楼之外，还有一个建于11世纪的、天下闻名的“圣约翰洗礼堂”（Batistero di San Giovanni）。它的正面呈八角形，披着绿白相间的大理石外衣。洗礼堂的3扇青铜大门上的精彩浮雕，叙述着圣经上的一个故事，深深吸引着千万信徒与艺术爱好者，这是很有观光价值的一个景点。我注视着参观的游客，有的驻足良久，静静品味浮雕的深刻文化与艺术内涵；有的好奇地看上一眼，匆匆而过！

洗礼堂北门上的28幅浮雕，叙说着耶稣与他12个门徒的事迹，南门上的28幅浮雕讲的是约翰生平的故事。对着主教堂的是东门，普遍认为，其艺术价值远远高于其他2扇门。是由艺术家吉贝尔蒂花费27年汗水的一个杰作！2扇门上各有5幅镀金浮雕，描绘从创世纪到大卫王的圣经故事，其中有旧约圣经中描述的亚当与夏娃的题材。每幅浮雕的大小约有1米见方，人物多达上百个，形象个个富有立体感，栩栩如生，入木三分！图案无比优美，雕工细腻精确，连艺术大师米开朗基罗看了也很赞赏，因此称为“天堂门”。

毛主席“考问”外宾

我在外交部工作时能够经常听到毛主席周总理会见外宾的谈话精神。知识渊博的毛主席有一次幽默地“考问”外宾，问道“阿美利加”这个名字从何而来？毛主席说，阿美利加原是一位意大利航海家的名字，他认为哥伦布穿过大西洋发现的新大陆，不是亚洲的东部，而是另一块大陆。阿美利加后来就成了美洲的名称。

阿美利哥·维斯普契（Amerigo Vespucci）1454年生于佛罗伦萨一个富裕家庭，是商人与银行家、航海家、探险家、旅行家。

哥伦布读了马可波罗的《东方见闻录》，对书里包罗万象的描写，深受吸引。他历经千辛万苦，与风浪搏斗，几次横渡大西洋，当他好奇地发现新大陆时，他误认为是亚洲东部。

当哥伦布第4次西航时，阿美利哥也几次去过他到达的一些地方考察，从西班牙与葡萄出发，多达3到4次。但他究竟去过几次？历史上是有争议的。可贵的是，当他回到欧洲后，写了一部游记，断定哥伦布发现的一块新大陆，不是亚洲的东部。16世纪初，德国著名地理学家马丁–瓦尔德塞米勒按照阿美利哥在游记中的描写，出版了一张世界地图，地图上首次称美洲新大陆为“阿美利加洲”，纠正了哥伦布的错误。“阿美利哥”后来演变为“阿美利加”。米勒采用的这个名称，获得了世界的广泛认可。

我好奇地问过一位资深的意大利历史教授，名叫米雷兰：“佛罗伦萨是人类文明史上一颗闪闪发光的明珠，那里人杰地灵，人才辈出，人们知道出了不少油画、雕塑艺术大师，那里并不靠海，怎么也冒出一个航海家来呢？”

她笑着说，佛罗伦萨离海也不远呀，最多不到百公里！当然冒出一个航海家，靠不靠海只是客观条件，不是决定因素。要知道，从中世纪到文艺复兴的漫漫岁月里，佛罗伦萨是落后与先进、蒙昧与文明、迷信与科学、神权与人权、宗教桎梏与个性解放进行无情激烈较量的一个“角斗场”！当人类智慧蒙上愚昧无知的黑纱时，传统的理论、概念或规则常会披上神圣的外衣，被人们奉为神圣不可侵犯的准则。谁要是触犯，就被视为异端与叛逆，轻的判刑，重的招来杀身之祸！可是，佛罗伦萨的有识之士不畏艰险，冲破重重束缚，冒着生命危机，走上探索与寻求真理与科学之路。意大利人向来拥有探索与创新精神，有的爱冒险！别人没有做的，他们硬要去冒险一番。阿美利哥就是这样的人！世界几千年的文明史告诉我们，英雄豪杰都是在风雨苦难中产生的，温室里的鲜花虽然美丽，但经不起风吹雨淋！佛罗伦萨冒出个“不出名、又出名”的航海家并不偶然！可惜阿美利哥是一位被时代遗忘的航海家，说他不出名，因为无法同哥伦布相提并论；说他出名，因为美洲大陆以他名字命名了！

“百合花之城”

佛罗伦萨位于亚平宁半岛北部一个宽座山丘，静静的阿尔诺河（Arno）从城中穿越而过。特殊的地理位置形成了这里的气候，春秋冬三季很舒适，而夏天，尤其是7—8月，气温可能高达40℃，称为意大利的一个“火炉”，犹如我国的重庆、武汉、南京与杭州。

漫漫岁月，亚平宁半岛上出现过许多世上许多城市都有美丽的花朵标为市花，像我国上海为玉兰花，北京为月季花，洛阳为牡丹花一样，佛罗伦萨则为百合花（giglio）。这种花五彩

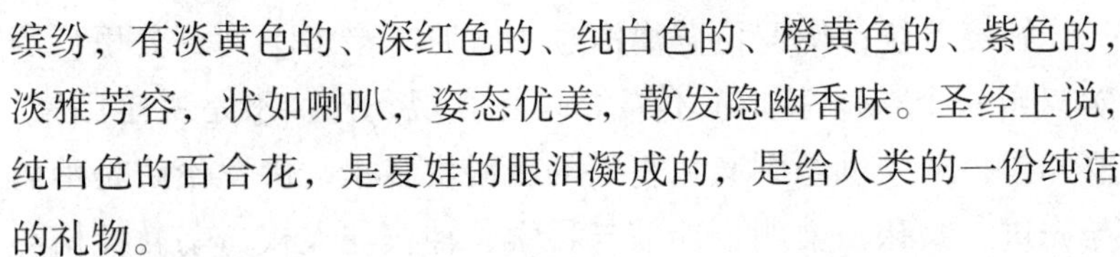

缤纷，有淡黄色的、深红色的、纯白色的、橙黄色的、紫色的，淡雅芳容，状如喇叭，姿态优美，散发隐幽香味。圣经上说，纯白色的百合花，是夏娃的眼泪凝成的，是给人类的一份纯洁的礼物。

相传中世纪佛罗伦萨教俗两党之争爆发一场血腥战争，人民深受其害。1260年9月，神圣罗马帝国的皇帝派在托斯卡纳蒙塔佩尔蒂山附近与教皇派展开激战，打得血染山野，哀鸿遍野，最后击败了罗马教皇的佛罗伦萨教皇派。但丁在不朽之作“神曲”中地写下了“分裂的鲜血染红了百合”等名句。因此百合花不仅是鲜血凝成的花，也是渴望洁与和平之花！

佛罗伦萨的百合花是紫色的，球迷并不陌生，紫色也是这个城市足球劲旅“菲奥伦蒂纳（Fiorentina）”球服的颜色，球队曾荣获意甲冠军，也多次参加欧洲冠军杯与联盟杯赛，应是一支很有名声的俱乐部队。意著名国脚詹蒂利（Gentilli）、阿根廷球星巴蒂斯图塔（Batistutta）身穿紫色球衣，风光无限，风靡过足球世界。

相传古罗马时期就给佛罗伦萨起了个吉祥的名字Florenzia，意为鲜花盛开、繁荣昌盛。英文名Florence以及后来翻译的中文名均来源于此。但佛罗伦萨的意大利文为Firenze，著名诗人徐志摩首次按意文音译为“翡冷翠”，充满诗情画意的美丽名字，符合古城的气质与风情！读了徐志摩写的“翡冷翠的薄暮”等优美诗文，翻阅画家黄永玉的“从沿着塞纳河到翡冷翠”画册，对这座文艺复兴名城多么令人陶醉与向往！

以花为名的建筑在城里是很多的，尤以那个地标性教堂为突出。主教堂的原名是“百花圣母堂”（Santa Maria del fiore），这座粉红色、绿色与奶油白色的大理石建筑，从外表就展现出女性的优雅高贵气质！

圣卡罗城门附近，有个英国人墓地，好比一座鲜花盛开的优美花园，这里不仅埋葬英国人，还有不少瑞士人！走进墓地散步，幽优的自然环境，新鲜的空气，会让你忘记身处墓地！有人开玩笑地说："如果有一天自己埋葬在这片浪漫之地，也算是在天之灵、安息中的享受吧！"

"佛罗伦萨五月音乐节"创始于遥远的1933年，颇有名气。五月是繁花似锦的春天，散发浓浓的芳香，彩色的红霞落在翠绿的山丘，沁人心脾！春天是佛罗伦萨芳香醇郁的季节！

春天，春回大地，万物苏醒的春天，也成了一幅举世闻名的油画的名字！

当你走进乌菲齐艺术殿堂时，不可不去欣赏的油画，就是波提切利（Botticelli）的"春"（primavera）。油画线条流畅轻盈，风格优美雅静，是在和谐的线条特殊旋律上，在人物轮廓的交替上组织起来的，这些人物犹如在笔直的树干和天上明亮的光线作为背景的舞台上摆好一样的。"春"赞扬了对人性的美，描绘了爱情、欢乐与大自然美的维纳斯乐园，在橙子树和香桃树下，身居中央的维纳斯，仪态端庄，神情安详，正在迎接春天的到来。在她的感召下，希腊神话中的众神使者丘比特拨开严冬的阴云，展现了春天的曙光。风神从天而降，把春神送往人间。花神凭借春神与风神的威力，将争芳斗艳的鲜花撒满人间。此时维纳斯的头上飞来了丘比特，将那象征爱情的神箭也射向了人间。三位美女在爱的感召下翩翩起舞。波蒂切利的画经常取材于希腊与罗马的神话故事，他是为美第奇家族新盖的别墅而作的。虽然题材为神话，但画家生长于"百合花之城"，艺术来源于生活，应该说，是佛罗伦萨色彩斑斓的生活环境给了他绘画的丰富灵感！

离佛罗伦萨不远，有个名为皮斯托伊亚（Pistoia）的著名苗圃城。这里是北方温带气候与南方海洋性气候的汇合点，世上多种树木遍及山丘与平原，方圆多少公里，尽是一片绿色优美的世界！得天独厚的生态环境造就了皮斯托伊亚的“春色满园关不住”的“苗圃世界”！一个个带着合作社名字的苗圃遍及全镇。从这里，每天成千上万枝嫩绿的树苗运往意大利与欧洲各地，点缀着这块古老、富饶、文明的大陆。当地的“苗圃经济”高度发达，人民以经营一个个姹紫嫣红的苗圃为生，财源滚滚，丰衣足食。皮斯托伊亚敞开胸怀，是佛罗伦萨的后花园，为这座欧洲文化艺术之都营造了优美的生态环境；为人类高质量的生活，从这里源源不断，天天无私地输送着清新湿润的氧气！

“百合花之城”不远的地方，还有鲜花盛开、绿树成荫的蒙特卡蒂尼（Montecatini）温泉城。我曾几次到过这里，湛蓝的天空，馥郁的花香，轻柔的凉风，顿时感到心旷神怡！散步大小街道，无论走到哪里，无数形状与高低不同的树木，争芳斗艳，顿时让人感到，宁静、温馨、清心成了温泉城的主旋律。走到市中心，广场四周随处都有的咖啡馆与餐厅，散发出阵阵扑鼻清香。

为什么温泉城一年到头游客纷至沓来？为什么这里的五星级酒店房价比罗马、米兰还昂贵？农民模样的苗圃合作社老板布鲁斯基有一次带着我来这里游览了半天，他说：“如果你在这里精致大理石柱环绕的温泉池里泡上一段时光，不免会有置身仙境之感，游客为什么不来享受？”、“这里是全世界富豪们尽情享受的天堂，也是他们抛出大把钞票的场所。享受与付出从来就是均等的！世上没有免费的午餐！”

“百合花之城”附近，另一个名为佩夏（Pescia）的小镇，盛产各种花色迷人的鲜花，于是这里成了意大利鲜花博览会举办地。还是这位善良正直、热情非凡的苗圃合作社老板给我的机会，在温泉城用完中餐，开车不到半小时，我们走进了佩夏鲜花博览会。展现在我们眼前的，鲜艳夺目的花朵，香得醉人，美得秀韵多姿，绚丽娇艳！要感谢大自然，这是大自然的恩赐，在这块沃土上，为人类创造了这个惊世骇俗的芬芳世界！

西海岸外有个名为百合花的小岛。我在那里有幸度过半天，尽情享受了地中海银白细软的沙滩与碧蓝海水带来的快乐。从圣托—斯泰法诺小港乘上渡轮很好就到“百合花岛”，一个环境幽静、安静自然、吹拂轻盈海风的“人间乐园”，给人以清爽惬意的感觉！

翡冷翠，缕缕清香的翡冷翠，馨香阵阵的翡冷翠！盆地中心，三面环绕着青葱碧绿的翡冷翠！

一个赫赫有名的大家族

漫漫岁月，亚平宁半岛上出现过许多有名的大家族，米兰有斯福尔扎（Sforza）、维斯贡蒂（Visconti），曼托瓦有贡扎基（Gonzaghi），而佛罗伦萨的美第奇（Medici）家族，赫赫有名，呼风唤雨，拥有强大势力与实权的名门望族，在意大利与欧洲几乎家喻户晓！人们了解一点意大利历史，也许不一定知道斯福尔扎、维斯贡蒂或贡扎基家族，但不会不知道美第奇（也有译为梅迪奇）这个名字的。3个世纪的光阴里，最为出名的是佛罗伦萨的第一位僭主科西莫·美第奇（Cosimo Medici）与文艺复兴黄金时代的僭主洛伦佐·美第奇（Lorenzo Medici）。

美第奇名字从何而来？开始有人讲，美第奇本是药剂师（medici的意大利语的意思是医生），因为家徽上的球形像药丸。但这一说法遭美第奇家族否定。他们说，徽章图案来自钱币兑换商店的标志。从13到17世纪，佛罗伦萨的风风雨雨，无论繁荣昌盛，还是争权夺利的血腥残忍斗争，总是躲不开美第奇这个大家族！

历尽沧桑的佛罗伦萨到了13世纪，羊毛与纺织业迅速崛起，建立了据说是世上最早的银行，铸造了精致的金币，一跃成为亚平宁半岛上的经济重镇。历史上著名的佛罗伦萨城邦共和国，实际掌握在这个贵族大家的家族之手，是银行业巨商，从事高利贷活动，借贷利息高达25%，赚得了难以计数的巨额利润。腰缠万贯、叱咤风云的美第奇的足迹几乎遍及佛罗伦萨每个角落。他们亲自邀请艺术大师为家族设计修建别墅、宫殿，创作油画，雕塑大理石。美第奇家族重视美化环境，在佛罗伦萨大兴土木，兴修宫殿、教堂、城堡与桥梁，许多建筑浸透着文艺复兴时期艺术家的汗水。

历时3个世纪的美第奇家族统治，交织着繁华与衰落、平静与风波。美第奇时期的佛罗伦萨，经济金融高度发达，一度称为欧洲最大的工商业与金融业中心。但事物都有正反两方面，炫耀伟大，铺张浪费，骄奢淫逸，大肆挥霍，争权夺利，互相欺诈，也引起了百姓的不满与反抗，最后这个大家族在风雨飘摇中没落了。

佛罗伦萨至今留下的一座座价值连城的宏伟建筑，无不同美第奇家族有关。最为出名的就是僭主广场上的旧宫（Palazzo Vecchio），这座宏伟的三层建筑，全由粗壮的琢石砌成，塔楼高达94米，巍峨壮丽，犹如一座堡垒，建筑专家赞为一座意大利风格独特、夺人心目的老建筑！

为什么有“旧宫”这个名称？原来，它是这个大家族的住所，称为西纽利亚宫（signoria意为僭主），宫殿的广场称为西纽利亚广场。后来这个大家族又从没落的银行家皮蒂手中得到了更加豪华的皮蒂宫（Palazzo Pitti），住宅由西纽利亚宫迁到这里，于是西纽利亚宫自然称为“旧宫”了。

皮蒂宫是一座花园式建筑，在阿尔诺河畔风光秀丽的山坡下，宫的前面有大型喷泉，宫殿采用大块石块，不拘小节的设计风格反而让整幢大厦落落大方，表现出恢宏的气势。

1865年意大利王国的首都由都灵迁至佛罗伦萨，皮蒂宫成了王宫。而“旧宫”曾是意大利王国的议会与外交部。今天成为世界最大油画、雕塑、壁毯博物馆的乌菲齐画廊，本来就是美第奇家族的政务厅，Uffici后来演变成乌菲齐（Uffizi）这个名称。它始建于1560年，由两幢长长的3层大楼组成，整体平面形成U字形。共有45个大小不同的展室，展出的油画、雕塑与壁毯多达4800多件。珍藏着意大利文艺复兴时期的精华，也是人类文化艺术中的精品！

教授米雷兰问我：知道世界资本主义的萌芽为什么在佛罗伦萨？因为这里是一块经济与文化艺术崛起的沃土。人类几千年文明史，时代的重大变迁与转折都有深深的历史背景，而不是偶然的。到了17世纪，我们这个亚平宁半岛四分五裂，意大利落后了，沃土转到了英国，世界上最早的工业革命就在那里发生了！

新旧时代交替中的一位巨人

佛罗伦萨曾有繁荣的城邦共和国，但丁（Dante Alighieri）当过共和国执政官。

当时的西欧，进入封建社会后，天主教会宣扬的宗教神学成为巩固封建统治的重要支柱。凡是违背宗教教条的一切言行统统视为异端邪说，遭受残酷迫害。各种科学只能为宗教服务。但丁强烈反对教皇干涉内政，提倡人文主义，肯定生活的创造者与享受者是人，而不是上帝，反对教会的来世观念、禁欲主义与蒙昧主义。他主张人是万物之本，要以人为中心来衡量与考察一切事物。提倡人权，反对神权。提倡个性与个性自由，反对神的权威与宗教桎梏。但丁的主张严重触犯了黑党与宗教教义，执掌权力的黑党暗中勾结教皇，以莫须有的罪名，残酷迫害但丁，判处“流放与罚款”。顽强的但丁不但拒不认罪，而且大声疾呼，严正抗议。但丁遭遇罪上加罪，被永远驱逐出佛罗伦萨，这个他所深爱的故乡。

在浪迹天涯的岁月里，但丁始终不渝地坚持自己的政治主张，不向反动势力屈膝投降，四处漂流，过着贫困潦倒的生活。他满怀对黑暗势力不共戴天的深仇，满怀对故国山河的热恋，广泛接近民众，深入了解社会与人民疾苦。生活的坎坷与颠簸充实了他的头脑，激励着他的精神。他以惊人的毅力，用意大利俗话写下一部伟大的“神曲”，给后人留下了1.4万多行的诗文，以三韵句为格式，成为意大利文学史上最伟大的民族史诗，也是世界文学宝库中的一个不朽杰作！值得一提的是，“神曲”也让柔美悦耳的意大利语焕发了优美的音乐性语言的韵味与特色，为意大利民族语言的形成与发展奠定了扎实的基础！

罗马大学一位文学教授讲，但丁是文艺复兴的一位先驱，他自幼求知欲强，刻苦攻读拉丁文与古典文学，多才多艺，知识渊博，文学功底深厚而扎实，加上流浪生活中的丰富灵感与锲而不舍的精神，“神曲”的写成，功到渠成！但丁誉为“中世纪的最后一位诗人，新世纪的最初一位诗人”，当之无愧！

安娜·布雅蒂，这位毕生孜孜不倦研究意大利文学、翻译中国文学作品的著名汉学家，几次同我谈到但丁。有一次意大利佛罗伦萨为伟大作家巴金发奖，巴金因为健康原因无法前来，我们受大使馆委托前去领奖。对巴金怀有特殊友情的安娜也兴致勃勃出席颁奖仪式。安娜·布雅蒂，这位毕生孜孜不倦研究意大利文学、翻译中国文学作品的著名汉学家，几次同我谈到但丁。

她说：“但丁生长在新旧交替时代，是冲破中世纪黑暗顽固势力的勇士，又是照亮与迎接新时代到来的一盏明灯！他生活在激烈动荡的岁月，宗教神学钳制了人们的思想，摧残了科学与文化。他的伟大在于站出来勇敢反对封建蒙昧与宗教教条，披荆斩棘，用生命换取真理，提出人文主义的响亮口号！但丁这个名字是佛罗伦萨人的骄傲，因此家乡人每年用托斯卡纳盛产的纯正橄榄油送到拉韦纳的但丁墓冢，点亮那盏长明灯，自1780年简朴的陵墓落成后，日夜点燃，生生不息！但丁遗骨虽然没有安葬在佛罗伦萨，但他永远活在佛罗伦萨人的心中！因为佛罗伦萨人知道，但丁留下的一篇篇文字，教育人们要抗击黑暗与邪恶。每个社会不可能干干净净，正义定要压倒邪气，人与人之间关系的核心是爱！只有爱充满世界，世界才有美好的明天！”

“草地”的故事

普拉托（Prato）的意大利文意思是草地、牧场。古代，这里本来就是佛罗伦萨郊外的一大块草地与荒地，后来历尽沧桑变迁，住的人多了，建为一个毗邻佛罗伦萨的小镇。受佛罗伦萨悠久纺织工业的影响，早在中世纪，这里就有集贸市场，每年9月集贸市场规模尤大。这一传统延续了600—700年，直到19世纪毛纺业开始兴起，这里慢慢变成意大利的一个毛纺中心。漫漫岁月里，普拉托纺织城已在欧洲稍有名声。

但后来形势变了，毛纺原料的短缺与价格猛涨，严重困扰着这里的毛纺业。勤劳智慧的普拉托人，不畏艰难，没有困死在意大利资源贫乏、纺织原料严重匮乏的短板之中，他们挖空心思，加速转型，研发新技术，探索生财之路，最后生产出一种精致的再生毛。他们从美国、加拿大、澳大利亚及欧洲国家廉价买来大量丢弃的旧西装、旧毛衣，经精心消毒与加工，制成价值不菲的多种精品。曾有几十年，再生毛几乎成了普拉托的代名词。

当时的普拉托市长兰迪尼，一位40开外、充满活力、热情非凡的意共党员同我谈起普拉托的蓬勃发展时说："我们是从国际市场激烈竞争的夹缝中逼出来的。市场经济嘛，谁有高招另辟蹊径，出奇制胜，谁就可以生存壮大。我们研究与掌握了一套利用旧毛料加工成精致再生毛的高招技术。我们这里本来就有先进的纺织机械，身边的优势得以充分利用。经科学鉴定，再生毛质量堪忧，畅销广大市场，普拉托被人誉为'欧洲废毛加工厂'，我们为此骄傲！"

市长继续说："地球上的资源不是取之不尽用之不竭，人类要学会旧资源再利用与循环利用，不造成污染，利于环境保护，为人类谋福祉。相信普拉托人在这方面作了个小小的榜样！"欧美媒体一度大量报道蒸蒸日上的普拉托中小企业，把它们的工业结构称之为镶嵌画。看来很分散，又互不相干，就像无数块大小不同颜色有异的小石子，通过纺织企业家协会的协调与调控，有机联成一体，形成一个甚为完整的纺织与服装体系。镶嵌画名称由此而来。这里的中小企业灵活便捷，一旦发现市场供销新要求、新动向，马上调整生产，甚至转型，改变花色花样，适应市场需要。

佛罗伦萨历史悠久，在它城外的这块"草地"同样也在夸耀它的漫漫岁月！如果你有心寻幽访古，穿行于普拉托的幽静曲折深巷小街，你会发现一条条带有纺织味道的街名，如"纺织路"、"羊毛街"等。当地人说，多少世纪以来就是这些名字。这里也有一座座古教堂与优秀古建筑，依然保存完好！

发展到当代，一个10多万人的城市，早在20世纪80年代，中小纺织企业及遍及千家万户的家庭微工厂，多达1万多家，出口额几十亿美元。英国金融时报记者为此专门前去采访调查探秘，幽然地写道："走遍大街小巷看到的是，富有危机感的普拉托，家家是工厂，遍地是市场！普拉托人一度睡不着、吃不香，他们绞尽脑汁，奋发进取。这些普拉托人白天在企业打工，晚上回到家带着老婆孩子成了家庭微企业主，地位变了，工作在继续，直至深夜。他们废寝忘食，苦心经营，日复一日，年复一年，靠自己的智慧与勤劳的双手创造了大量财富！他们从逆境与困境中逼出了这股劲！普拉托发达的中小企业一度誉为意大利经济发展中的一个奇迹。”

但事物都有两面性。千万家家族微小企业为躲避沉重的税务负担，从不注册登记，默默暗箱作业，称为意大利名副其实的“地下经济”（l’economia sommersa）。普拉托由此也戴上了“地下经济城”的帽子，这一怪象引起社会舆论的高度关注与广泛议论。直至20世纪80年代中，意大利中央统计局宣布，意大利的DGP因为没有包括数量相当可观的“地下经济”，如果算上，已经超过英国。

常州的“友城”，温州人的“天下”！

普拉托纺织与服装业高度发达，早在20世纪80年代就同我国江南著名纺织城常州结为友城，两城都有纺织优势，互签姐妹城协议，顺理成章。普拉托虽小，但有不少强项；常州迅猛发展，实力不断增强，与普拉托开展友城交往，实际上不限于普拉托，而可同紧挨的佛罗伦萨与托斯卡纳大区广泛合作。优势互补，对双方有利。多年来，两市加强了双方在经贸科技文化方面的交流，应当说，受益不浅，合作潜力不小。

可是谁也没有料到的是，仅仅20多年，这里却变成了浙江华侨的天下。据说生活在这里的温州与青田人起码已有好几万，人们冠以意大利的“中国城”之称。

怪不得电视剧“温州一家人”在普拉托拍摄场景，有一段很不短的故事。

华人在这座佛罗伦萨郊外的小城里，经营的饭店、酒吧、超市、中国货行、服装厂、服装店、旅行社、理发店、摄影楼等各式店铺，已有3000多家。每逢周六，顾客盈门，各大商场最为火爆，生意兴隆。可惜按意大利法律规定，星期日所有商店只得关门歇业，无一例外。谁要开门，一经查实，会受巨额罚款。

漫步华人集中的街区，华语广告牌与灯箱抬头可见。这里的华侨华人，无论走到哪里，开口不离温州方言，犹如置身在浙江的一个小城里。他们勤奋刻苦，拼搏奋进，谋求发财致富，为普拉托的GDP做出了几乎10%的贡献。一家家中国餐馆与酒吧散布在大街小巷。有人讲，这个华侨社区，好比北京城南的"温州村"。他们虽然身居他国异乡，依然飘散着浓浓的中国情，永远割不断的乡愁，一直保持着家乡的习俗，每逢春节、中秋，少不了的宁波汤圆与月饼！尤其是春节，亲朋好友聚餐不断，热闹非凡。我在罗马工作时，曾有几次应邀参加华侨聚餐的经历，前后几十道菜，一次次干杯祝酒，盛情之下，四面应酬，历时数小时。说句心里话，也不轻松呀！

他们毕竟身在异国多年，不会不受当地习俗影响，有的进教堂做弥撒，有的空闲时进去转转，欣赏一下油画与雕塑，充实自己的精神世界。每当圣诞节、复活节等西方传统节日到来时，他们也会同周围的意大利人一起欢度一番。

普拉托已有华侨联谊会、华商等4个华人社团，多方面发挥了不小的作用，进一步凝聚了华侨华人，帮助化解内部矛盾与纠纷，也沟通了他们同意大利各个有关部门的联系。社团教育华侨华人尊重当地法规、与意大利人和谐相处。他们也为当地的贫困、弱势人群慷慨解囊，伸出友谊之手，曾向普拉托医院捐赠10万欧元与1辆救护车，得到社会舆论的普遍好评。

多次来常州采购高档睡衣的意大利商人毛里秋，这位土生土长的普拉托人，笑着对我说："我几次去普拉托那几条街道，好像到了中国，满街都是东方人，我却成了‘洋人’！有时，普拉托的商场、饭店里，公共汽车上，中国人多于意大利人”！

不过他也坦率讲：“他们也有美中不足，意大利语水平普遍很低，也许忙于做生意，抽不出时间学点意语，很可惜！还有，大部分人自成一团，同当地人交往不多，尚未融入意大利社会。”

浙江旅意华侨在佛罗伦萨郊外这块“草地”的故事尚未讲完！

他们在普拉托创业致富前，曾在佛罗伦萨近郊一个名叫塞斯托的地方开创事业。这些人来自四面八方，有的已在意大利侨居几年，有的通过多种渠道刚踏上亚平宁半岛。人生路上的曲折与艰难在所难免。他们在佛城发达的服装业影响下，在这里开设了一家家制衣厂，狭小的空间里，又是作坊，又是住家，吃喝拉撒都在一个小圈子。他们很少外出，白天干活，晚上点灯夜战，继续制作一件件衣服与日用品。四周的佛罗伦萨人开始不以为然，后来注意上了这些中国人，觉得他们有些神奇迷离，不可思议：“每逢周末我们外出郊游，悠然飘荡，享受着生活的乐趣；而这些中国人怎么不知疲倦，仍在苦苦作业呢?”

媒体作了报道，给它戴上了“偷税漏税”、“脏乱差的地下经济”的帽子；有的意人上街抗议，指责造成环境污染，有损“百合花之城”的形象！一时间社会舆论纷纷指责，成了佛城与意大利人议论的一个热门话题。给这些苦苦打工的中国人戴上的这顶不雅观的帽子，你说事实是否完全如此？也不见得！是否完全捕风捉影？也不能说！这是一件谁也难以厘清的事情！

但是没过多少年，这些华侨华人从艰苦的实践中吃一堑长一智，不断总结正反两方面的经验，懂得尊重当地法规与风俗习惯，慢慢走上了一条健康创业致富的道路。

一位事业有成的青田华侨深有感触地说：“你想能成就一

番事业，先要有所作为！万事开头难，人家说过我们‘脏乱差’，也许不可避免！我们不靠天不靠地，硬着头皮干，终于从非议声中过来了！过去的事就算弯弯曲曲的创业道路上的一个插曲吧！别人说对了，我们就改；别人说错了，我们也不过于在乎”！

故事延伸到宁波与温州

佛罗伦萨与南京于20世纪80年代初结为友城后，百合花的芳香飘香中国长三角。佛罗伦萨与南京都有深厚的历史与文化底蕴，两城结为友好，加强沟通，优势互补，互惠共赢。佛罗伦萨喜爱六朝古都的南京，很快就在城市选了一条大街命名“南京路”。

漫漫岁月中，也许这些旅居普拉托的浙江华侨的牵线搭桥，佛罗伦萨又同宁波签署友城协议。后来居上，两城交往充满活力！也许佛罗伦萨与它郊外的普拉托的热情感动着宁波人，就在市里的大剧院广场上竖立着米开朗基罗的杰作“大卫”雕塑的青铜复制品，按1比1的比例制作，是佛城赠送给宁波市的珍贵礼品。宁波市也以一个具有东方特色的雕塑回赠文艺复兴艺术大师的故乡。

我陪同来华经商的老外一次次去过宁波，总想好奇看一眼这件复制品。可惜一次次失望，终因时间紧迫而未能如愿以偿。有一次在上海，我同这位老外聊起此事，他也后悔了半天：“你为什么早不说？否则我们无论如何也要赶去看看呀！那座‘大卫’雕塑，虽是复制品，却有着内涵丰富的长长故事，作为意大利人，看了更有感触呀！”

你到温州城里，只要细心一点，常会发现带着熟悉的意大利名字的饭店与酒吧，销售意大利葡萄酒的商店也是频频可见，也许对我这个在亚平宁半岛度过几十春的人来说，格外敏感与好奇！好像看不见摸不着，意大利与欧洲其他国家的风俗无时不在这座充满创业与改革风波的城市里找到一些蛛丝马迹！

多年前，意大利国家电视一台专派采访组前去探索温州经济崛起的诀窍，在那里拍摄了不少场景。我有幸陪同电视记者，中途在杭州休息喝咖啡，我问他："你们千里迢迢赶来温州采访，为什么？"他说："温州人'占领'了西欧，西欧几乎成了温州人的天下。我们很好奇，为什么不来？我们要来这里看看他们出生的地方，他们从小吃什么喝什么长大的？是谁给了他们这些胆量与刻苦精神，漂洋过海闯西欧的？"采访结束时，我又问："你问我的问题，答案找到了？"他回答："与其说是找到答案，还不如说是得到启发。来这里一看一听，才恍然大悟！原来这里同意大利一样，从温州到瑞安、青田与丽水，山丘连绵，几十年前都是穷乡僻壤，他们挤在狭窄的空间里，是恶劣的条件逼着他们往外闯的。我想，他们的胆量与勇气一部分是逼出来的，另一部分也许是娘肚子里来！"

他还补充说：现在他明白了，为什么美国、澳大利亚、巴西、阿根廷等国的外国侨民最多的是中国人与意大利人？原来都是因为穷，逼着他们闯南走北的！他们侨居异国他乡，几十年的风风雨雨与曲折波澜，没有割断浓浓的乡愁！这次来温州采访，我又发现了意中两国人民间的一个共同点，身在异国他乡，他们思家思乡心强！在这块美丽的土地上，青山绿水之间，3层4层甚至5层6层的漂亮民居遍地林立，建筑风格不同于中国传统，稍有欧式建筑的味道。我们采访中知道，生活在意大利与西欧的温州人念念不忘家乡，可以想象，必有大笔欧元到了他们父母与亲友口袋里，像意大利每年获得可观侨汇一样。

有一次我同一位意大利皮革专家从温州驱车去衢州，一路没完没了的葱翠山丘，姿态各异，神态万千。开了大约两小时，我们去休息站加油，在那里居然发现了罗马的“真理之口”雕塑，一副人形面孔，眼鼻嘴历历可见。我们喜出望外，几乎异口同声地说：“定是那些温州华侨的主意或建议！否则怎能相像这里会有这个雕塑呢？”我很快将手伸了进去，老外开玩笑：你不怕手被吞食吗？我回答：心不虚呀，怕什么！我告诉老外：“住在罗马几十年，这个‘真理之口’最多看过两次，也没有当它一回事，因为罗马遍地是文物。而在这条山区高速公路上，倒是让我格外新鲜好奇！”

老外开了个玩笑，说温州人好厉害，不仅经济渗透，也搞文化渗透！我说：时代变了，经济全球化倾向日趋加剧，文化无边界，各国文化相互借鉴与影响的趋势也在发展。

老外说，“真理之口”在罗马“历史中心”本是一个很不起眼的古迹，据说可能是古罗马下水道口的一口井盖，后来变成了世界上最古老的一个测谎器。有的讲，这个面谱原是希腊一个神“特里同”的，他是个粗鲁的男子，不是美人鱼，人身与面孔像父亲，鱼尾像母亲，但毕竟是爱情的结晶。中世纪邪恶势力猖獗，人们认为这副面谱的大嘴代表神的判决，用来对付说谎者。因此“真理之口”慢慢出名了，参观者慕名而去。

这里，城墙也拆了！

在南京举办了佛罗伦萨与南京的城墙图片展，可惜佛罗伦萨的城墙只剩下3公里，还剩下8个城门与几座塔楼，同南京25公里长的城墙相比，佛罗伦萨大显逊色！

佛罗伦萨的城墙最早建于古罗马，大规模修建始于1286年，断断续续历时好几个世纪，同我国长城一样。米开朗基罗曾是修筑城墙的“总执行官”，他的设计图纸依然保存完好。他加固了城墙内部土壁垒工程，建造了堤墙结构来保护城门，以提高城墙的整体防御能力。

如此珍贵的文物，什么时候拆除的？曾被拆过多次？最大规模的拆除是在1865年前后，意大利王国的首都由都灵迁到这座文艺复兴的发祥地。佛罗伦萨古城区街道狭窄，向来就是交通瓶颈；城墙影响交通，拆掉实为无可奈何！但今天看来，这座珍贵的古城墙已经不复存在，实在太可惜！它反映了佛罗伦萨的大气与历史底蕴，曾深深烙印在人们心中！优秀老建筑的沧桑，让人流连其中，体会道不尽说不完！

佛罗伦萨前市长卡普贾尼告诉我："美中不足，城墙拆掉了，只留下3公里及8个城门，周边建了优美的绿化带。城墙上常会长出多种植物，厉害的爬上城墙，侵蚀着它，每年都要清理修复。这是我们的国宝，我们制定了专门的保护法。拆了城墙，佛罗伦萨便筑了一条环城路"。

可见世上不少国家都有留下遗憾与教训！我本来以为意大利这个文明古国在保护文化与文物遗产方面做得相当完美，没想到他们也有憾事呀！这样一想，拆掉北京与苏州城墙也就可以理解了。不少意大利资深文化人士一谈起北京、苏州拆除了城墙，总是叹息不已，原来他们也有过经验教训呀！各国历史上的一件件往事，有好有坏，有些憾事不能一概指责，而要冷静分析，究其原因都离不开当时的时代背景！

话从那座跨海大桥讲起

如果有人问，世上哪个宏伟建筑工程争论最多，那么按我自己所知，就说墨西拿跨海大桥了。这座跨海大桥，连接亚平宁半岛与西西里岛，我在意大利几十个春秋，听到意大利朝野党派、政府内外争议不休，至少已经争议半个多世纪，而且至今仍是纸上谈兵，始终不见大桥的踪影。

据说，有关部门已有一个规划，大桥全长3690米，将是一座悬垂式大桥，堪称世界之最，每小时汽车流量可达4500辆，每天火车通行能力为200列。何时动工建设，规划是否会有变化，仍是一个未知数。

围绕这座跨海大桥，各方争议一直没有“偃旗息鼓”。大桥一端是亚平宁半岛最南端的雷焦卡拉布里拉（Reggio Calabria），另一端是西西里的墨西拿（Messina）。

地震高发带

为什么跨海大桥争议了半个多世纪还没有争议完?

其中一个原因是，这里是地震高发地带，历史上发生过三次强震，遭受惨重伤亡。据史料报道，强震发生时，伴随泥火山喷发，引起山崩地裂，大地上下震动，随之是沉陷、海啸、洪水接踵而来。这种破坏性极强的地震历史上称为“五毒俱全”的大震。

三次强震，第1次发生在1783年2月；第2次与第3次发生在1908年冬春之交，前后仅仅相隔2个月。大约15万人死于3次罕见的深重天灾。死因是地震、海啸、火山喷发、浓烟骇浪，以及灾后的饥饿与干渴，后来又蔓延痢疾等流行病。

墨西拿城及西西里岛、卡拉布里亚大区的许多城镇房屋震塌，建筑物顿时一扫而光！震中地区，古希腊人、阿拉伯人、西班牙人等留下的大量稀世遗迹几乎荡然无存，不仅是意大利的不幸，也是人类珍贵文物的惨重损失！

海啸发生时，海岸陷落，声如巨雷，6米高的海浪无情地冲向陆地，一幢幢大小不同的建筑物顿时一扫而光！据历史资料记载，在三场天灾浩劫中，亚平宁半岛南端与西西里东部惨遭的严重损失，不但闻所未闻，而且难以统计！

墨西拿城里，加里波第大道南边的教堂巍然挺立着一座16世纪修建的钟楼，高达90米，没有躲过强震的浩劫！后来坚强的墨西拿人又在原处修建了一座60米高的钟楼。设计师在钟楼的南边与西边还配上时钟、日历、星象圣母像，以此表达墨西拿人享受安宁、平淡生活的心愿！

一位墨西拿人告诉我，重建工程是在强震后的很短时间里开始的。市政府从苦难中总结经验教训，规定新建的城市街道必须按照平行或垂直交叉的四方形设计，路面宽度不得少于12米，民宅高度也不得超过12米。延伸在墨西拿海峡尽头，耸立着一座圣母像，巨大的基石上用拉丁文写着：“我为你们，为你们的城市祝福！”

因此，人们普遍认为，在此地区修建一座跨海大桥，就是向现代科技的严峻挑战！地震高发区建大桥，从技术上如何应对？意大利国内外许多专家多少年来作了大量研究与探索，也是颇有争议！

在巴勒莫举办的“地中海问题”研讨会上，意大利国际问题研究机构的研究员翁贝尔托对我说：“建设连接半岛与西西里岛的跨海大桥刻不容缓，不可再拖！开发南方，不仅让南方受益，而且符合国家利益！西西里是地中海中的第一大岛，这座美丽的海岛发达了，必将成为意大利的摇钱树。不仅如此，西西里毗邻北非与中东，战略地位不可小估！第二次世界大战中，英美联军为什么选择西西里登陆？绝不是偶然的！值得人们好好反思。西西里发展了，丰饶了，意大利的“南大门”也稳固了！相反，西西里欠发达的短板如果长期得不到弥补，对意大利始终是个隐患。人心思安，战后几十年一晃而过，难道这座跨海大桥仍是空谈一场吗？太荒唐了！”

在一次国际食品展览会上，来华参展的墨西拿商人安德雷亚的展台上摆着西西里葡萄酒与西红柿、蓟菜罐头。言谈之中，让我知道，他的根深植于对他家乡满怀激情的热爱之中。墨西拿郊外有盛开的柠檬和橘子树，无论走到哪里，都是香气袭人。公路两旁，有着撒满山丘的一片片绿茵与各种叫不出名字的野花。墨西拿阳光充足，是鲜花盛开的城市。交通便捷了，这里的鲜花不仅卖到罗马、米兰、威尼斯，而且可以卖到世界各地。用鲜花做成的美食吸引着无数游客。他说，如果你能去那里，别忘了品尝玫瑰花面包、菊花酱烤鸭、仙人掌油炸鱼等佳肴，不仅在高档饭店，而且在路边的小摊上也可尝到，墨西拿无处不有。

他说，不幸的是，墨西拿遭受太多的苦难！一座地震高发区的城市！他从小就听他爷爷讲了1908年的两次大地震，几乎毁掉了墨西拿80%的建筑。爷爷说他命大，从两次大震废墟的空隙中钻了出来，奇妙地活下来了，仿佛耶稣告诉他：“大难不死，必有后福”！果然又在第二次世界大战的枪林弹雨中幸存了。爷爷讲，他的命是“上帝给的，上帝告诉他，坚强地活下去”！不过，他不迷信，比任何人都现实，没有生活在虚无缥缈中。爷爷又说：“既然活了下来，就要好好珍惜生命，没有人比我更加懂得生命之珍贵！天灾人祸毁灭不了墨西拿！今天的墨西拿，靠勤劳的双手，什么都会有的！”

安德雷安说：“爷爷的话一直记忆犹新。第二次世界大战期间墨西哥遭受了激烈轰炸，再次受了重伤。天灾加人祸，墨西拿经受严峻考验！墨西拿没有倒下！今天人们去那里，看到城里的不少建筑都是战后修建的。家乡又古老又年轻，因为早在公元前8世纪就是古希腊人的天下。今天的墨西拿是一座现代化的海滨城市，依山傍水，风光秀丽。爷爷临死前对我爸爸说：家里这块宝地是命根子，要教育子孙锲而不舍，精耕细作，丰衣足食不靠天不靠地，而靠你们自己的智慧与勤劳！”

这次带来上海的展品，都是他家3公顷地上的产品，那里没有工业污染，一年四季阳光充足，空气新鲜，都是名副其实的有机食品。墨西拿的西红柿味道鲜美，做成的番茄酱畅销市场，深受欢迎！

“也许是太民主的恶果！”

当我陪同西西里企业家安东尼诺几次经过杭州湾跨海大桥时，他总会发出深深的感叹：“也许太民主的恶果吧”！面对36公里长的杭州湾大桥，顿时让他触景生情，自言自语地说：墨西拿跨海大桥不足4公里，两端隔海相望，从现代科技看，其实并非一个棘手难题。难道现代先进科技要在地震高发区修建跨海大桥面前屈服吗？争议了几十年，吵来吵去，还是一纸空文！议会激烈争论过，政府内外议论不绝！如果一个人生于50年代，光听争论，等到现在，头发都等白了，还是空对空！意大利是个民主国家，民主是个好东西，大家可以自由发表不同意见，我赞同我欣赏！但是，没有集中的民主，问题就来了。太民主弊端多多，议而不决，决而无果，不仅影响经济发展，而且给人民带来种种烦恼！我们国家吃的就是太民主的亏。任何事都要有个度，不能走极端！"

他说："墨西拿跨海大桥就是意大利太民主的一个牺牲品，类似例子不知有多少"！他还列举佛罗伦萨—博洛尼亚高速公路迟迟未能扩建的例子。这条修建于20世纪50年代末的高速公路，由于蜿蜒曲折与高架桥、隧道太多，每边仅有两条车道，深受大卡车严重受堵之苦。不到100公里的一段山路，有时竟荒唐地花去个把小时，高速路变成了名副其实的慢车道，堵在那里，谁不怨声载道！但围绕扩建与生态环境等问题，社会各方一直争论不休。日复一日，年复一年，旧貌始终未能变新颜。他说："这是米兰通向罗马高速公路上的一个瓶颈。博洛尼亚与佛罗伦萨又是两个重镇。弯弯曲曲的一段路居然几十年无法得到改善，成了太民主的另一个牺牲品！这个党一个意见，那个党另一个主张，生态主义者坚持环境生态不容受到破坏。你说你的，他讲他的，争议来争论去，最后还是不了了之……"

我说，我在意大利吃了几十年面包、喝了几十年牛奶，看到的听到的太多了，也听过其他朋友的相似看法。有的朋友还说，对民主要进行认真反思，从太民主的弊端中吸取教训。

有位汽车部件公司老板来华经商，谈到民主这个话题时，他举了乌克兰的例子。他说："乌克兰爆发'颜色革命'，刚开始，西欧不少人有的拍手叫好，有的煽风点火，包括不少意大利人。那里折腾了好几年，到头来，一个好端端的乌克兰，曾有'欧洲粮仓'美称的乌克兰，居然成了一个让欧洲人大伤脑筋的'烫山芋'。茶余饭后，我同朋友聊天，大家感到，不顾一切、片面追求民主，换来的不会有什么好东西！"

北方维内托大区一位化工集团资深的老总同我聊起意大利民主时说，意大利民主是人民几十年反对墨索里尼专制独裁换来的胜利成果，是“用鲜血凝成的民主，因此格外珍贵”！有了民主可以防止专制独裁在意大利复活，也有利于克服腐败。上了年岁的老人都深受法西斯独裁之害，血淋淋的惨痛教训让他们永远难忘!”、“但是，战后以来又过去了几十年，民主这个东西在意大利与欧洲其他一些国家好像变了味变了调，有些滥用，有些过头，产生的弊端日趋明显”！

这位曾在几家大集团任要职的老总还深有体会地说：“许多事实表明，民主无边，或者说没有集中的民主，肯定是不对的，不可取的!”例如，为什么2008年西方爆发金融危机后意大利经济一直陷于困境，摆脱不了阴影？固然，因为受到国际大环境的影响，我们生活在同一个地球，经济全球化倾向越来越明显。但原因是多方面的，也有内因。情况千变万化，每个国家国情不同。意大利深受体制牵制，政府与议会议事总是慢腾腾的，有时慢得像蜗牛，议论了好一阵才作决定，白白浪费了宝贵的时间，丢失了良机。为了适应瞬间多变的全球化经济，一个国家的政策是要进行及时调整或微调的，可是我们很难做到。

这位老总想起前总理贝尔卢斯科尼，认为他手脚不干净、逃税丑闻缠身是这位政治家的不幸，但他个性泼辣，有魄力，决策果断。意大利苦于没有一个廉洁而有铁腕手段的人物来执掌政权！

同博洛尼亚企业家朱塞佩交谈，他认为意大利民主体制是好的，但不完美，有它的缺陷，主要问题是主流民意很难反映到国家的政策上来，因为意大利党派太多，各党头目先从本党利益考虑，置国家与长远利益于脑后。每逢大选来临，政客面向基层，纷纷发表竞选演说，好像下接地气，其实表面文章很多，他们有的在演戏，装着听取百姓呼声；有的多少反映一些大众疾苦，但时间长了，就抛在脑后了。说穿了，他们是为了捞取更多选票。

南方，意大利的短板

意大利的政治与经济的重心集中在中部与北部，作为外国驻意外交机构，除了同意大利官方打交道外，同地方政府与民间的交往也主要集中在这些地区，一般来说，同南方的往来是很少的！

尽管如此，他们对意大利南方的研究还是很重视的。英国驻意使馆一位参赞对我说："南方，交往少，但吃偏饭，我们调研不少！"

各国都有不同的短板，像我国东西部发展差异一样，意大利南方经济欠发达，人均GDP远远低于中北部。有的意大利人幽默地说："南方是意大利的第三世界"、"意大利的非洲"、"基督不到的地方"、"开发南方太费劲，找不到灵丹妙药"。

南方为什么落后？

原因多多。意大利南方曾是历代帝国与王朝激烈争夺的战场。早在公元前七八百年，那块美丽多姿的大地就被希腊人占领为殖民地，故后来就有"大希腊"(Magna Grecia)之称。

从罗马帝国到意大利统一前的漫长岁月里，南方这块沃土不断遭受外族入侵，阿拉伯人、诺曼底人、西班牙人都在这里留下他们的足迹，至今依然保存着不少珍贵遗迹，就是南方悠悠历史的最好见证。外族对意大利南方的风土人情，乃至人的个性无不打上深深的烙印。1860年由加里波第率领的"红衫军"打到西西里岛时，出发地热那亚的资本主义工商业早已颇为发达，但"红衫军"到了西西里，看到的现实同北方截然不同。西西里与南方其他地区仍是落后的庄园经济，大片土地牢牢地把持在大地主和教会手里，封建主义仍在南方占着主导地位，而资本主义工商业连萌芽也没有显露。小说“豹”生动描写了这段生动的历史故事，20世纪60年代由名导演维斯康蒂搬上了银幕，这部彩色宽银幕电影在意大利国内外引起了很大的反响，让人看到早已步入资本主义的欧洲，在意大利南方仍由封建主义顽固坚守！

意大利南方，总面积大概有十多万平方公里。指罗马以南的西海岸和佩斯卡拉东海岸为连接线的以南地区，包括西西里与撒丁岛。那里，山丘、山峦遍布，崎岖不平，平原面积大约只占12%。就自然环境而言，全年降水量偏低，且又集中在秋冬少数几个月，春夏作物生长期恰恰干旱缺水。雨季到来，常常倾盆大雨，水土大量流失。历史上有过一次次惨痛记载。有时暴雨一来，因为这里丘陵地带的土质吸水性差，形成湍急的水流，从上而下，一泻千里，使沟壑、池塘积满死水，苍蝇蚊子繁殖成灾，滋生严重的痢疾，造成可怕的痛苦与死亡。

多少年来经过整治，面貌变了好多。今天，如果驱车去那里观光，公路两边的橄榄园、柑橘园、柠檬园，一望无际，一一从你眼前闪过。山间长着栗子树、山毛榉、云杉木，有茂密的森林，时而也有光秃秃的山丘。

战后，意大利政府为开发南方，投入大量精力与财力。早在1950年，就创建南方开发部，实际上是个制定振兴南方经济、管理一个名为“南方基金局”的政府机构，拨款一万亿里拉巨资，相当于意大利当年国家收入的10%，实施开发南方广大地区的战略计划。中央政府一方面在南方实行土地改革，清除庄园经济的残余势力，收购大片土地，然后以优惠与分期付款的方式分配给无地或少地农民。这一“耕者有其田”的政策收到了一定效果。另一方面，进行一系列基础设施建设，先从解决居民饮水困难与交通堵塞两大方面着手。

该振兴计划的头十年，南北方差距并没有明显缩小，可见发展落后地区是个复杂的系统工程，不可能一蹴而就，急于求成，欲速而不达。

意大利开发十多万平方公里的欠发达地区，竟是如此之难！可以想象，要解次我国西部广阔的落后地区问题之复杂、任务之艰难！每个国家国情不同，向落后开战，采取的方政策略也各不相同。但是，保持几十年艰苦奋斗的精神永远少不了，摆脱落后主要还靠人民的智慧与勤劳的双手！

我同南方布里亚大区出生的参议员奥兰多交谈时，他说："振兴南方谈何容易！南方历史的包袱太重太重！讲句不雅观的话，有人说南方是个'大杂烩'。说它'大杂烩'，我不同意，但也有几分道理。南方经受太多的苦难，几千年来形形色色的外族入侵，南方人民深受磨难，他们从烧杀抢劫、奸淫掳掠中走到今天。到20世纪50年代，依然穷乡僻壤的南方山区的大批农民，为生存而被迫背井离乡，奔向美欧发达地区。有位历史学家形象地说，'南方的江河大海里流的是人民的鲜血'"！奥兰多认为："要在这片大地上振兴经济，需作长期打算，既要讲究实效，又要找到正确途径。"

罗马大学一位历史教授说过，为什么斯巴达克率领9万奴隶的起义，那场震撼古代世界史的伟大起义发生在南方？因为那里的奴隶苦难深重。有压迫就有反抗，有苦难就要造反。历史上的每次起义都是逼出来的。南方人民受尽屈辱与蹂躏，这段悲惨史不能忘记！

到了20世纪80年代，南方面貌发生了很大变化，从那不勒斯（Napoli）经巴厘（Bari）至塔兰托（Taranto）的高速公路建成了，这是沟通两个大区的一条大动脉。在塔兰托，修建了号称欧洲最大的现代化钢厂，年产一千万吨钢，为南方经济腾飞发挥了作用。我们应邀前去参观时，公司经理说，所以建在海边，因为铁矿石全靠进口，不少钢产品又要出口，我们实际是个"加工厂"，这就是意大利经济的一大特点。公司拥有2万名员工，主要就地雇用，一定程度上减轻了南方日趋严重的就业压力。但是好景不长。欧盟出于环保考虑，制定了严厉的钢铁限产令。一个大量投入的现代化企业很快碰上了"寒冬"。

离开工业区，钢铁公司经理带我们去塔兰托老城看看。原来这是座建在一个小岛上的海滨古城，街道弯曲而狭窄，活动空间很小。同南方其他地区一样，这里，公元前700多年就是希腊的殖民地。据说，古希腊著名人物柏拉图也在这里留下他的足迹。他说，老城失去了活力，外地来的旅游者一走而过，留不住人，开发旅游业难度不小。这里失业严重，许多年轻人找不到工作，纷纷奔向米兰或瑞士、德国寻找工作谋生。

最后他又说："开发南方，伤脑筋！看来先要改变南方欠发达地区人民的理念！"

人文环境，潜移默化

有一次我同罗马社会经济研究所冈巴里研究员聊起南方发展滞后问题时，他自问：意大利文艺复兴的丰富硕果只是中部与北部的产物，它可以慢慢传到法国、比利时等西欧发达地区，但对意大利南方的影响可以说"微乎其微"。为什么文艺复兴的伟大作家与艺术大师但丁、达芬奇、米开朗基罗、拉斐尔没有在南方冒出来？因为南方没有那种"气候与土壤"，人们不能幻想沙漠里会诞生一个人文或科技天才来！意大利北方由封建主义转向资本主义比南方早了好几百年。文艺复兴非但不可能发生在南方，而且在庄园经济与封建主义浓浓笼罩下的南方也很少能够接受文艺复兴的影响。

他又补充：且不说别的，就南方人的个性与作风而言，由于他们的先祖受到阿拉伯人长期统治的影响与熏陶，漫长的岁月虽然早已成为历史，但历史不能割断，直至今日有的南方人个性依然比较古怪，有的有野性，有的很彪悍，有的较粗犷，有的莫名其妙，难以言说！历史与环境对风俗习惯与人民个性产生的影响，好像看不见摸不着，其实不然，无时不在起着潜移默化的作用，人们不知不觉中受到熏陶。所以开发南方，先要改变人的观念，先让头脑开窍。

他举了个例子，如果南方某地修建一个工程，计划3年，十有八九拖到5年才竣工，拖拉作风已是常家便饭。如果在北方，不能说百分之百，但按时完工的概率就很大。事实不可否认，直至今日，阿拉伯人的懒散的阴影仍在南方不少地方没有消失！他强调，北方人没有任何理由歧视南方人。南方在进步，人的作风与习惯也在变！从1861年意大利实现统一、建立王国以来，毕竟一个半世纪过去了！人们要用发展的眼光看南方！北方在变，南方也在变，整个世界都在不断变化中，包括风土人情与生活习惯。

从另一方面说，据历史资料记载，意大利南方的优质柑橘、柠檬、开心果、甜瓜与新型小麦是由阿拉伯人带来的。南方多彩的自然风光与人文景观和谐融合一体，构成了意大利特有魅力的游览胜地。

这块长期遭受外族践踏的美丽大地，也成了一些文人墨客向往的地方。德国文豪歌德盛赞巴勒莫是“世界上最美丽的海岬”，因为在几千年的漫长岁月里，巴勒莫作为一个地势险要的天然良港，历经多种不同宗教与文化传统的洗礼，因此无论走到哪里，让人尽情享受风貌截然不同的美景带来的舒适感！我国一位作家领了蒙德罗文学奖后，从巴勒莫来到大使馆，我听他说，坐在巴勒莫的临街咖啡馆观望，也许几千年的混血缘故吧，穿过大街的一个个西西里姑娘中，身姿丰满、楚楚动人的，十个中起码就有六七个，比例之高在其他地方很少见！一位世界著名地理学家说，“凡是到过巴勒莫的人，都会忍不住再回头看一眼才慢慢离去”。因为这里的古迹虽然不能说都是金碧辉煌、完美无缺，但是全城内外，宫殿、教堂、美术馆、修道院、酒店、咖啡馆与广场绿茵草地、柑橘园、柠檬园浑然一体，你在这里不仅可以品尝各种海鲜与可口而健康的地中海美食，得到舌尖上的充分满足，而且又可“品尝”城市多元人文景观的种种“美味”！

开发落后地区，教育优先

意大利经济研究所研究员隆比尼认为，振兴与开发不发达的南方，人才开发尤为重要。希望政府加强对南方的教育投入，从培养人才上下大功夫。他说，发展落后地区，大搞基本建设，筑路、造公共建筑是一回事，但更要从教育着手，首先改变落后地区人民的观念与思维。观念的改变不是可有可无，而是必不可少。他手头掌握的大量数据表明，同样一笔投入，如果投在意大利中北部，产生的经济效益要比南方高得多。20世纪50、60年代，“南方基金局”开发南方的有些项目，“光开花不结果”，纳税人的血汗钱白白抛入了大海。分析其原因，很多很多，不乏贪腐滥用。说到底，缺乏完善体制与严格监管。

好的管理离不开人，更离不开出色人才。拥有先进理念的管理人才不是从天上掉下来的，而要有计划加强培养。但是，办教育需要大笔经费。首先要加强南方中小学教育。国家教育预算要向南方倾斜。现实很冷酷，国家公共赤字日趋严重，每年教育经费的增加只是停止在呼吁上，难以变为现实。议会讨论每年财政预算法，爆发各个部门“竞相争夺战”！各自强调“自我重要性”，国防部认为加强防御必不可少，外交部要求增加预算，教育部说培育人才关系到国家的未来。公说公有理，婆说婆有理，争论来争议去，几个月过去了，仍未达成妥协，甚至爆发一场政府危机。

墨西拿，擦肩而过！

意大利的面积只有我国三个江苏省那么大，大约一半在南方。我在使馆工作期间，意大利南方除了那不勒斯、巴厘与巴勒莫几个城之外，好多地方我也没有去过，有的只是擦肩而过。

有一次，从罗马乘火车去巴勒莫参加地中海问题讨论会。火车开到半岛最南端的雷焦—卡拉布里亚市，被拖上了海峡渡轮，向西西里方向徐徐驶去。旅客可以留在车厢里，也可走向渡轮甲板赏景。我在甲板上眺望对面的墨西拿，不到4公里的海峡，正巧蓝天白云，美丽的墨西拿尽在我眼中。风平浪静的地中海像湖面一样，碧波荡漾，不见白浪滔天，天空中飘着薄纱般的轻云，无数只海鸥在自由翱翔，皎洁无比的蔚蓝色，美丽清澈的大海，令人着迷的大海！阵阵清新凉爽的海风，时而让人闻到海腥味的海风扑面吹来，吹拂着我的头发与面颊，让人忘记大城市的喧嚣与杂乱，忘记人间烦恼，无不感到心旷神怡！

我听旁边的几位游客说，墨西拿海峡的美光听别人说，难以去体会，只有身临其境，才有切身感觉！我想，这不是我们常常讲的“百闻不如一见”吗！可惜渡海只有个把小时，我多么希望渡轮长长停留在这个美丽海峡上啊！那天穿越海峡之旅成了我在意大利几十个春秋的记忆碎片，现在只能一点一滴去追忆。辽阔深沉的大海，浩瀚壮美的大海，恢宏大气的大海，胸怀宽广而有魅力，时而汹涌澎湃，气势磅礴；时而烟波浩渺，云雾缥缈；神秘而又难测的大海，给人启发，发人遐想！

“我们为欧盟铺石打桩！”

我在使馆工作时，有一次参加意大利总统国庆招待会，巧遇出生在墨西拿的一位西西里企业家，谈到他的家乡，像中国人浓浓的乡愁一样，“谁不说自己的家乡好”！让他引以为豪的是“历史上难忘的墨西拿会议”。他说别小看墨西拿，家乡的百姓说，欧盟是从墨西拿起步的！

早在1955年6月1日，参加欧洲“煤钢共同体”的法、德、意、荷、比、卢六国外长在墨西拿会议上，建议将“煤钢共同体”的原则推广到其他经济领域，建立“欧洲共同市场”。有了这次会议，才会有1957年3月25日六国外长的罗马会议，决定建立“欧洲共同市场”。他们签署了著名的“罗马条约”，并于1958年1月1日起正式生效。如果没有墨西拿会议的成果，也就不可能首创“欧洲共同市场”。墨西拿为欧盟的建立“奠了基、打了桩”，欧盟的发展史上记下了墨西拿的名字！

进入21世纪，来华参加意大利电影回顾展的墨西拿电影明星玛丽娅·格拉琪亚·古奇诺塔，在一次又一次接受上海记者采访期间，不愿休息片刻，也同我聊起她的家乡美。

她也说，1955年的墨西拿会议为欧盟的建立“奠基铺石”，欧盟好比一幢宏伟的大厦，墨西拿离布鲁塞尔又远又近。如果“罗马条约”是欧盟历史上的里程碑，那么墨西拿就为这个里程碑铺下了第一块基石！换言之，欧盟这艘大轮是从我的家乡抛锚起航的！

我笑着说，1955年，那是你父母辈经历的年代。你热心电影事业，也很关心政治与历史啊！她说，谁不爱自己的家乡！“墨西拿会议”墨西拿人谁不知道呀！连家乡的小青年也会见人就讲的。

她又问我，你去过陶尔迷那（Taormina）吗？我说，很遗憾，没有去过，但我知道它的美。她说，墨西拿所以迷人，因为旁边有了陶尔迷那！

这是一座建在层层山石上的滨海小镇，一面是奇突的悬崖，一面是清澈见底的蓝色地中海。翻阅游览书籍，都以“上接蓝天、下临大海、岿然耸立”来描写这个小镇。有的说，是上帝镌刻在西西里东海岸上的一颗“小明珠”。每当夜幕降临，小镇的点点灯火与天上闪耀的繁星连成一片，让游人分不清哪里是人间哪里是天空！但岩石与大海还不是小镇的全部，更有奇妙的文物古迹引人入迷。2300多年前的一座马蹄形剧场，修建在悬崖边，人们很难想象古希腊人竟有如此高超建筑艺术！从山脚下仰视，剧场犹如一个悬吊在半空中的巨碗；站在剧场高处远眺，几千年沧桑岁月留下的残垣断壁尽收眼底。后来罗马入占领西西里，古希腊剧场又成了古罗马上流社会尽欢作乐的场所。

有人说，到意大利观光，为什么一个小小的海滨古镇一年四季的游客超过当地居民几十倍、百亿倍？因为这里让人抚今追昔、浮想联翩！ 1.5万居民的陶尔迷那，大小旅馆多达100多家，可以容纳1万多人过夜。从海边到大街小巷，饭店、酒吧、商店布满其中。靠山吃山，靠水吃水，陶尔米那人深深懂得优美自然环境与文物古迹之珍贵，他们世世代代靠旅游业发财致富。精心保护文物，保护美丽家园，成了他们的共同信念与共同行动！

“他的贡献其实比马可波罗大”

胡耀邦总书记访问意大利时，在汽车上同我们聊起中意悠久岁月中的两个意大利人马可波罗与利玛窦，说：马可波罗的知名度高，了不起的旅行家，因为他的一本游记让不少西方人开始了解中国，所以他的名声大。两人相比，利玛窦传来了西方近代科学，他的贡献其实要比马可波罗大……”

胡耀邦知识渊博，他所以这样讲，是有充分根据的。我想，我在外交部西欧司主管意大利等南欧几个国家，对这位意大利传教士更有责任好好了解一番。

后来我就利用空闲翻阅了资料，也趁机请教了一些资深的意大利与中国朋友，想更多认识利玛窦（Matteo Ricci）这个历史人物，尤其了解这位传教士给明朝时代的中国传来了欧洲哪些近代科学？他的贡献究竟有多大？我们应当如何评价他？

从意大利到山东

秋高气爽的9月底，意大利马尔凯大区议长率领的代表团访问山东，利玛窦的故乡就在该大区的马切拉塔城。山东早同马尔凯结为“友好省区”，这次邀请他们去山东，想推动两省区经贸文化关系的发展。

意大利“外贸协会”驻沪代表处里有位马尔凯大区的常驻代表，名叫葆兰，她请我为议长代表团做翻译。她是意大利全国20个大区中唯一派驻上海的代表，来华前学了中文，年轻有为，活动能力强，广交了朋友。本来一个非常陌生的名字，一段时间里上海知道“马尔凯”的人越来越多，南京路步行街的一幢商厦里专设了马尔凯产品的销售区。

我们一行十几人从上海出发，去青岛、济南与曲阜转了5天。意大利客人好奇地参观了海尔公司、葡萄酒企业及山东其他部门，兴致勃勃地游览了多彩的山东名胜古迹。很巧，那天大区议长同山东省长会见后，代表团作为省长的客人，参加了山东省长举行的国庆招待会。客人说：“赶上中国国庆，很幸运！虽然不在北京，但济南的热闹气氛，留下深刻印象。一生中从未见到的烟花，五彩缤纷，充满新意，让我们大开眼界！”

在充满友情的气氛中，山东省长除了畅谈两省区开展广泛合作外，也提到了在明朝久待的利玛窦，说他是中意两国漫长友好交往中不得不提的著名人物，让意大利客人感到格外亲切与兴奋，几百年前的一位马尔凯人为两国人民之间的友谊辛勤播下了种子。

代表团里，来自利玛窦故乡的大区议员罗贝尔托，年过半百，资历丰富，一路上凡有空闲，我们好几次就以利玛窦为话题，聊了好久。他说：“马尔凯面向东方，从大区首府、港口城市安科纳（Ancona）到南斯拉夫、阿尔巴尼亚与希腊非常便捷，历史上同东南欧、中东与远东的交往是跑在意大利其他地区前面的。我的家乡马切拉塔无论年长年幼，都以利玛窦为骄傲！他年轻时离开故乡，奔向遥远的中国，一直到死，没有再回故乡，永远安息在中国这块大地上。翻阅历史书，有他这样经历的意大利人是很少很少的。他从意大利到葡萄牙，又从那里出发，漂洋过海，历经艰辛，从印度终于踏上中国的土地。到了澳门，辗转南北，在华生活了几乎30年。是的，他是耶稣会传教士，想去中国传教，但是回顾他在中国的漫长岁月，光讲传教远远不够。他为了同中国沟通，在中国接触上层与中下层，首先苦学了中文，能讲一口流利的中国话。他知道语言是沟通的重要工具。他带到中国的，不仅是天主教义，更有欧洲的科学与艺术，文艺复兴时代的科学与艺术。他的一生同中国结下了不解之缘。因为家乡出了这位“奇人”，几百年来，马切拉塔没有人不知道你们这个东方文明古国的！家乡人都说“中国不遥远，很邻近”（La Cina non lontana，ma vicina）。可惜，马切拉塔太小，中国知道利玛窦故乡的人，寥寥无几！

我说，接触与交往多了，慢慢就了解了。过去由于我们之间交往不多，互相缺乏了解，但许多人中国人还是知道利玛窦的，他是中意两国友好交往史上的一位名人。

到了曲阜，面对规模盛大的孔庙、孔府与孔林，罗贝尔托说：真是山外有山，天外有天呀！到了山东一看，才知世界之多彩！不看不知道，本来以为意大利与欧洲建筑风格多异的天主教堂林立各地，以为了不起了，原来中国也有一座座富有特色的庙宇。孔府、孔庙、孔林占地之大、建筑规模之宏伟简直难以想象！只有亲眼所见，才敢相信！孔子是中国古代伟大的哲学家、思想家，也是圣人与贤人，欧洲人也很崇拜。没想到“文化大革命”时期曾遭批判与唾弃，我们很惊讶，总算现在正常了，孔子受到世人的尊重。

他说，意大利不少人阅读了《利玛窦中国札记》，有意大利文、拉丁文、英文、法文、西班牙文等多种版本，是一部了解中国封建时代很有参考价值的巨著，书中也概述了他在中国的种种经历。从中可知，利玛窦懂得要在中国传布天主教义，首先应当尊重中国的文化传统，深入了解中国悠久的文化与充满智慧的儒学。今天我们终于看到了孔子的故乡，儒学在中国所以精深博大，源远流长，不是偶然的。利玛窦懂得，西方的天主教义同中国的佛学与儒学不是相互排斥，而是相互融汇。如果他没有这种宽容心与风度，而是不顾中国国情、一味传布天主教义，不要说30年，就是3年也很难站稳脚跟。

在从青岛到济南的豪华大巴上，我同大区议长也谈到了利玛窦。他说："利玛窦故乡本来很穷，像过去整个马尔凯大区一样。这里，美丽的山水没有给人民带来财富，贫穷落后一直困扰着我们，有人称马尔凯也是'被人遗忘的地方'。不少人背井离乡前去美国、阿根廷、巴西、澳大利亚寻找谋生的天地。要说发展，还只是从20世纪70年代开始。今天面貌大变，同样的秀丽景色变成了巨大的财富，是意大利一个最有生气的新兴大区。我们正在走向世界，说到同中国与其他国家的关系，不少地方各有自己的优势。米兰因为是米兰，最大的工商业中心；威尼斯说是最美丽而独特的水城，有马可波罗；彼埃蒙特说有菲亚特，设计了世界上跑得最快汽车；佛罗伦萨以文艺复兴为豪……我们已同山东省结为友好省区，山东是孔子的故乡，儒学的发源地，而马尔凯是利玛窦的故乡。几百年前他以冒险家的探索精神，长途跋涉，到了中国。马尔凯人视利玛窦为沟通的桥梁，在今天新形势下，我们不是来传教，而是来开拓新天地的。我们之间不仅经济贸易科技交往富于潜力，而且文化交流也有令人可喜的前景。"

不久前，我听一位意大利朋友说，在马切拉塔的主教堂入口处，高挂着两幅用中文解说的图像，一幅是利玛窦在北京的墓园照片，另一幅是2010年马切拉塔为纪念利玛窦逝世400周年而绘制的利玛窦像。

家乡人为什么挂在这个主教堂两侧如此鲜明的地方？因为少年时代的利玛窦，在这里接受了教育，受到了熏陶。马切拉塔还建立了一座孔子学院，教授汉语，传播中国文化。小小的马切拉塔，充满着中国的气息。

这位朋友还说，利玛窦在马切拉塔实际上只生活了十年多，12岁就去罗马学习神学，后来辗转葡萄牙与印度，到了中国。要说他内心中的乡愁有多浓，后人难以评说，但马切拉塔人因为利玛窦而一直关注着中国。

去利玛窦故乡

好多年前，我在大使馆工作时，以政务参赞的身份应马切拉塔文化局邀请，前去那里介绍中国的改革开放。去利玛窦故乡看看，是我早就渴望的。今日终于变希望为现实。

马切拉塔毗邻亚得里亚海，本来是不出名的小城。因为出了利玛窦，早已名闻欧洲，也成了人们向往的游览观光城。

漫步大街小巷，看不见高楼大厦或玻璃幕墙，好像现代化的气息一点没有传到这里，古城之外则是一派宁静的绿色世界。人们在这里，可以看到的只是古老的城墙、石板铺设的路、一幢幢低矮的橘黄色民宅。当地人讲："你眼前的一切，可以说，同利玛窦生活的年代相差无几。"

利玛窦博物馆是马切拉塔的一个骄傲，里面挂着鲜明的中文标语："利玛窦，文明的相遇。"仔细一看，有利玛窦与徐光启合作翻译与著书的图片，有中国皇帝的手谕，还有好多他在中国几十年的活动资料。

博物馆讲解员说：你去意大利参观，没有哪个博物馆可以看到几个世纪以前的一个意大利人在中国生活与工作如此珍贵的资料。

那天我从罗马出发，向东北驱车不到三小时，就到马尔凯大区（Marche）大区。论面积，这个区不足一万平方公里，为什么叫"马尔凯"？

“马尔凯”有边境或交界之地的意思，因为历史上，在四分五裂的年代里，这里曾是教皇国与世俗国的分界之地，因此得名。

它东临碧波荡漾的亚得里亚海，北临袖珍小国“圣马力诺”。一望无垠的绿色丘陵，古堡、喷泉、雕塑、油画随处可见，是一块既古老又充满生气的地方。艺术大师达芬奇盛赞马尔凯是“一片比例协调的土地！”

值得一提的是，这里有奇特的“弗拉卡西溶洞”，连续延绵15公里，石灰岩层厚达几百米，人们称为“欧洲最美的一个自然景观”。溶洞里，上下层次不同，各层之间由垂直洞穴相连，形状各异。异彩纷呈的钟乳石、石笋、石柱、石幕、石瀑布布满其中，令游人惊叹不已。有个溶洞高244米、长189米，人们幽然地说，即使米兰闹市中心的杜奥莫大教堂搬到这里，也有足足的容身之地。

今日的马尔凯，不仅中小企业星罗棋布，而且还有少不了的橄榄油、松露、葡萄酒，人们在这片清幽的土地上可以尽情享受着舌尖上的美感。

我去介绍中国改革开放政策时，文化局负责人玛丽内拉在报告会的开场白中说：“马切拉塔同中国有着不寻常的缘分，出生于1552年的利玛窦，从这里起步，去罗马学习法律、哲学与神学后，于1577年奔向遥远而神秘的中国传教，谁也没有料到，他在中国待了28年。如果说威尼斯因有著名旅行家马可波罗而同中国结缘，那他只在中国待了17年，远远比不上利玛窦。马可波罗是去中国旅行的，而利玛窦不仅去传教，而且带去了近代科学，有天文学、数学、地理、音乐、美术等自然科学与人文学……”

报告会结束后，马丽内拉请我吃饭，我们在饭桌上继续交谈开场白中的话题。她说：“不可否认，利玛窦是虔诚的耶稣会士，1552年出生在一个普通家庭，父亲是药物家，母亲是温存而质朴的家庭妇女。聪敏的利玛窦在父母的熏陶下，养成了勤奋好学的良习。他怀着极大的宗教热情去中国传教。但是，到了中国，人生地不熟，他不畏艰难，以超人的毅力学习中文，钻研中国法律，了解风土人晴，克服了交流与沟通上的种种困难。我们从他的“中国札记”中知道，他带去中国的东西，以及在中国制作的“宝贝”，有地球仪、天体仪、钟表、三棱镜，以及珍贵的世界地图，这些都是推动时代进步的科学工具，让当时的中国开了眼界，像马可波罗游记让西方人开始了解中国一样。我们知道，那张地图是不能同当今的世界地图相比的。但是，说它珍贵，因为是在几百年前，而且对当时的中国来说，是看到的第一张世界地图。还有，受利玛窦影响，中国的目光逐步投向西洋的历法，一些上层官员倡议也在中国采用。到了清朝初期，西洋历法终于替代了中国传统的历算方法，这是时代的进步。我还可以列举更多例子。世界需要相互交流，交流促使进步。”

我赞扬她对利玛窦的深刻了解，她谦虚地说：一位故乡人400年前到了中国，我在文化局工作，深刻了解利玛窦是我的本行，算不了什么！她说，读了有关利玛窦的大量书籍，头脑充实了……

在饭桌上，一位年迈的马切拉塔历史教授，知识渊博，满腹经纶，对利玛窦在中国28年的所作所为，了如指掌。他说，几次读了“利玛窦中国札记”的意文与拉丁文版，从中大受启发。历史是一面照亮今天与明天的镜子，人们可以从历史中吸取教益。据历史资料讲，当这部“札记”传到欧洲时，引起了轰动，欧洲过去只从马可波罗游记中了解中国，读了他的“札记”，叙述包罗万象的一本书，欧洲人了解更多了。利玛窦在“札记”中写了中国的封建制度、风土人情、版图、物产与文化科技等许多方面。他的接触面广，不仅同明朝的高官、贵族、著名学者打交道，而且因为通晓中文，广泛接触平民百姓，因此他的“札记”具有广泛性与代表性。他在中国传布天主教义，但他并不是机械地宣讲，而是深入到中国社会，刻苦研究儒学，力求将天主教义与儒学学说互相融合。至于具体效果如何，这是另一回事。他长期生活在中国南方，后来到北京度过了生命的最后十年，享受了官方的津贴。据比利时一位神父说，他的这份特权“以前从未给过任何外国人”。利玛窦死后之所以能够安葬在北京，是因为他得到明朝神宗朱翊皇帝的信任……

老教授讲了许多许多，最后深深叹了口气说：几百年来沧桑巨变，岁月无情！利玛窦是热爱中国这块大地的，否则为什么一去不复返，客死中国？令人遗憾的是，1900年他的墓地被义和团捣毁，墓穴被人掀开，碑石被砸碎，墓地惨受糟蹋。利玛窦罪过何在？后来晚清政府总算重修了墓地，让他得到安息。麻烦没有完，到了中国“文化大革命”年代，安息中的利玛窦也不得安宁，重又遭殃，红卫兵要他“永世不得翻身”，无情地“折磨”他，他的墓碑竟被深埋了。我们过了好久，才从各个渠道知道这些荒唐的。

我好奇地问他，从哪里看到这些资料，教授说：“有的是在华的欧洲人写的，有的是中国人写的，资料来自四面八方。因为我爱利玛窦，花时间搜集了资料。”

我说：过去发生的一些荒唐离不开当时的历史背景，说来话长。各个国家的往事中常有一些曲折与离谱的插曲，中国也有像你讲的这些事。好在今天，中国面貌焕然一新，历史上的荒唐早已成为笑柄，错事得到纠正。利玛窦为推动中西方文化与科技交流作出了贡献，是中意两国悠久关系史中的一个著名人物，意大利纪念他，中国也尊重他。他的名字早已记载在我们两国的友好交往史册上。

从马切拉塔返回使馆，我又翻阅一些资料。

是的，利玛窦在肇庆、韶关、南昌、南京等地传教，最后到了北京，生活依然俭朴。他忍受着身在异国他乡的孤独寂寞，克服了生活习惯不适应带来的种种困难。他广交朋友、乐善好施的行为感化了不少人。热情传播天文学、地理学、数学知识，还自制了天球仪与地球仪，表明星空和地球的形状，以及太阳与地球的位置，行星的轨道。他同徐光启克服了语言上的障碍，以锲而不舍的精神，共同编译了“几何原本”等西方著作，使明朝的中国人读了耳目一新。

英国科学家李约瑟说过，在文化交流史上，看来没有一件事情足以和17世纪一批到中国的欧洲耶稣会传教士那样，因为他们既充满宗教热情，又精通欧洲文艺复兴和资本主义兴起而发展起来的科学。李约瑟认为1600年是中国科学发展的转折点，而对中国科学发展有过重要贡献的外国传教士中，首先就是利玛窦。

李约瑟的这番话，对利玛窦这位传教士究竟如何看，我想是可供我们参考与反思的。

凭吊利玛窦墓园

“意中经济文化交流协会”主席维·科隆博作为政治家，又是虔诚的天主教徒，有一次到了北京，向中方接待部门提出去利玛窦墓地凭吊的要求，当然很快如愿以偿，他很高兴，对我说：早想去凭吊，一位了不起的意大利人，最后病死中国！几百年来人们怀念他，因为他来中国不仅传教，而且传播科学与文化知识。

他的亲密助手卡洛布蒂在前去凭吊的路上告诉他，利玛窦1610年去世后，安葬在北京阜成门外，今日北京市党校内。“文化大革命”期间因为极“左”思潮泛滥成灾，他的墓地没有幸免于难，“文化大革命”后很快修复了。

科隆博说，他早也知道这一切，历史已经翻过这一页，中国在进步，我们向前看！想当初，利玛窦千里迢迢来中国，作为传教士，他当然要传教，他传的是神本主义与天主教神学，没有传授文艺复兴的人本主义，这是时代的局限和他的局限，后人不能苛求他，不能责怪他。他的了不起，在于传教中懂得把意大利与欧洲的近代科学带到了中国，也虚心好学地钻研中国的儒学，接触中国的现实，可以说，他是能够把两者微妙结合在一起的人。受他影响很大的科学家徐光启，后来皈依了天主教，两人紧密合作，翻译了欧几里德的“几何原本”与“测量法义”。他还绘制了一张世界地图，取名“坤与万国全图”，献给中国皇帝，这是中国人看到的第一张世界地图。世界多大？地球多大？让中国人开了眼界。

意中经济文化交流协会主席科隆博与作者。

科隆博补充说:“中文是一种含义丰富的语言，但是外国人实在难学。利玛窦克服千辛万苦熟练掌握了中文，他并没有到此停步，而是帮助中国采用拉丁字母注汉字语音。仅就语言学这一点而言，利玛窦也是了不起的！我的‘意中协会’举办中文学习班，中文教员告诉我，利玛窦的贡献在于解决了中国音韵学研究中的棘手问题，给中国汉语拼音开辟了一条蹊径。利玛窦在华28年，传授科学知识，明朝的科学与社会前进了一步。世界在沟通与交流中前进，一个闭塞的国家要想发展与前进，只是纸上谈兵。意大利向来就是开放的国家，意大利人富于冒险与探索精神，马可波罗、哥仑布、利玛窦出在意大利并不偶然。在意中两国的千年交往史上，不仅有马可波罗与利玛窦，还有素有‘欧洲汉学家先驱’之称的马尔蒂尼与米兰出生著名画家朗世宁等等”。

听了他的一番话，我又好奇，又感触颇深！一位信教的政治家，不是光讲政治，对历史与利玛窦，一开口也是滔滔不绝，又有自己的看法。

对科隆博，我很佩服！

凭吊利玛窦墓园出来，我问科隆博，利玛窦为什么在华传播“地心说”，而没有传播“日心说”？

他想了一会，又同身边的助手布蒂议论了一会，然后回答我:哥白尼的“日心说”著作虽然出版于16世纪，但是历史上任何科学知识的传播不会一帆风顺，科学与反科学的理论常常会有激烈争议与反复较量，要有一个相当过程。利玛窦离开欧洲时，也许哥白尼的“日心说”刚刚确立，尚未广泛传播，或者也有可能，他并不知道这种新学说。究竟怎样？今天难以考证！

科隆博认为，利玛窦在中国绘制了太阳与地球的位置，以及行星的轨道。如果他知道“日心说”，不可能到了中国故意隐瞒，不告诉中国人，我们今天可以做这样的设想。这个问题有待中意两国的历史学家作一番研究给出准确回答，研究越深越透彻，我们也希望看到一个真实的利玛窦！

他的以上看法，是两次对我讲完的。第二天我们见面时，他首先告诉我说："你的问题我回到酒店后查了资料，问了代表团其他成员，我又想了好久！"

动机和效果

我们究竟如何看利玛窦这位耶稣会传教士在中国的所作所为？

我同上海一位历史学家谈起此事。他认为按照马克思主义观点，评论历史人物不仅主张动机与效果的统一，而且在动机与效果不统一时主要看效果。

古今中外的历史人物，情况非常复杂，要求我们对具体人物进行具体分析，用简单几句话很难说清楚。

我们不能苛求历史，不能苛求历史人物。有时一个历史人物的动机不一定好，但产生的效果是积极的，那么他的贡献应当予以肯定。不能因为开始动机不纯或者狭隘，就把他的一生产生的积极效果全盘否定了。

利玛窦在中国传教，传播科学知识是他的手段，但是他传播的科学知识，从天文学、数学到语言学、音乐、美术等许多领域，这些知识的广泛传播客观上产生的效果，远远超出了人们的意料。同时也应看到，宗教也不是完全排斥科学，有时对科学是容忍的，甚至可以借用。一个虔诚的宗教人士，对科学同样可以有所贡献。至今，世上仍有不少信教的出色科学家。

在一段时间里有人批判他，贬斥他，指责他来华传教为"文化侵略"。我们不能把利玛窦等耶稣会士同鸦片战争后来华的传教士相提并论，因为他们是天主教传教士，就统统视为“文化渗透”或“文化侵略分子”，历史背景不同。

康熙皇帝说过，“洋人自利玛窦到中国，二百余年，并无贪淫邪乱，无非修道……”

从过去漫长的中外文化交往中看，宗教来往是文化交往中的重要组成部分。我国法显、玄奘、鉴真等人对中外文化交流的重大贡献一直受到肯定。同样，我们对利玛窦这样的传教士的贡献，不能一笔勾销，甚至贬斥批判。

利玛窦在明朝万历年间来到中国，他抱着想做“耶稣的勇士”的动机而来，在中国传布了天主教义。这是不可否认的，他的动机是狭隘的。但是，利玛窦在华几乎度过了30年，他入乡随俗，喜欢穿中国服饰，勤奋学习汉语，博得了人们的好感。他并不限于传教，还花了四年翻译中国儒学的经典“四书”成意大利文，介绍给欧洲与西方其他国家。有人赞扬他是当时“沟通中西方两大文明的桥梁”。他的活动推动了中国与西方的文化科技交流，产生了积极效果。由于他带给来了西方的科学与哲学思想，在他影响下，明朝逐步开创了中国人学习西方的风气。

在北京的世纪坛里，有74位对中国历史做出重大贡献的人物塑像，其中外国人只有两位，一位就是利玛窦。世纪坛中央大厅里就有利玛窦的浮雕。

2006年5月25日，国务院将北京的“利玛窦和外国传教士墓地”列为“全国重点文物保护单位”。

从“鲜花广场”到昭雪平反

我要感谢安娜·布雅蒂（Anna Bujatti），一位充满激情、知识渊博的汉学家。她的家在罗马鲜花广场边一幢古老的楼房里，我每次去找她帮忙，只要谈完正题，她总会给我讲些鲜花广场与梵蒂冈的故事。

鲜花广场曾是中世纪和文艺复兴时代罗马最有生气活力，也是最粗暴血腥的地方。两个看来相似矛盾的概念，恰恰凸

从留学时期起就同安娜一家建立了深厚友情。二排左二为安娜，左三为作者。

显了鲜花广场深厚的历史蕴含，这里有平和温馨，也有刀光剑影！

说它生气活力，因为这里曾是罗马的一个商业与文化中心，四周一条条小街狭巷以经营某种生意为特色，如弩匠街、保险柜匠巷、锁匠街、帽匠巷、裁缝街，顾名思义，一目了然。犹如北京的米市大街、猪市大街的由来一样，这是平民百姓最爱生活的地方。说它粗暴血腥，因为这里有罗马异端裁判所，在广场一边的马市与牛市里设有高高架起的、令人毛骨悚然的绞首架，又像昔日北京的菜市口。中世纪的那个丑名远扬的宗教裁判所在这里呼风唤雨，无恶不作，令人发指！

1600年2月17日，哲学家布鲁诺在此被教廷异端裁判所活活烧死，像戊戌变法失败后谭嗣同等六君子在菜市口慷慨就义一样。翻开厚厚的历史书，世界各国的城市街道的变迁竟有如此惊人的相似之处！

说得更早一些，古罗马时，这里曾是杂草丛生、蚊虫滋生、易发洪水的台伯河畔的一块空地，虽然13世纪空地的南侧已有一些建筑，但直至15世纪大片土地仍未开发。广场附近的第一个教堂兴建于14世纪。这里曾是从圣乔万尼广场通向梵蒂冈的必经之路。一家家客栈与商铺开设在鲜花广场周围的街道上。安娜说，这里小贩云集，平民百姓络绎不绝，有的来买这个，有的来购那个，日常生活所需，这里几乎应有尽有。当初，有的墙壁一半已经塌陷，有的破旧铁门呈现满目锈斑，有的拐弯旮旯长着野花与野草，历史的岁月在这里留下种种痕迹，留在一代又一代生活在这里的人的记忆里，多少人的头脑里尘封着一段段有趣的历史故事，可惜都已先后离去，没有一一记载下来！

安娜说，她的这些知识，一部分来自长辈的叙述，她是听着这些生动故事长大的；另一部分来自历史课本，挤时间翻阅了大量资料。她深深感到，“读书受益无穷，让她开阔了视野，陶冶了心态！要感谢那些苦苦写书的人，他们是人类文化传播的耕耘人。可是现实很冷酷，世上很少听到写书发大财的，倒有不少写书人到头来穷困潦倒！”

她又谦虚地说：“虽然知道得不少，任何人的知识都是有限的，不完全的，依然觉得了解得不够！知识是海洋，即使一生勤奋学习，还是学不完，永远无止境。”

1889年，这里才建为鲜花广场。时间长了，广场上蔬菜水果摊、鱼肉摊鳞次栉比，一排又一排。四周还有咖啡馆、小饭店，男女老幼喜欢到此聚会消遣与闲聊！这是古城罗马一个充满生活气息的地方！几乎同鲜花广场毗邻，还有一幢规模宏大、古色古香、深暗式的大厦，名叫法尔内塞宫，这就是法国驻意大利大使馆，这座宫殿的来历，也有一段不简单的故事。

人多嘴杂知下情

安娜讲，总之，这是罗马一块人多嘴杂的地方。当时鲜花广场流传一句名言：“只要经商诚信，别怕别人去议论”！

人多嘴就杂，别人的嘴谁都堵不住呀！善良的商人心想，规矩行商，半夜不怕鬼敲门，不怕别人去议论！当然对那些奸商也是一个有力的警告！哪个不担心人多嘴杂？别小看舆论的厉害，常会压垮一家企业，压死一个人。安娜说：伟大作家鲁迅不是也讲过“人言可畏”的名言吗！中国也一样啊！

附近还有交易兴旺的马牛市场，在以农牧业经济为主的社会里，畜牧业交易给附近街区创造了商业繁荣与大量财富！直至今天，鲜花广场依然应有尽有，在这里混久了，谁都知道哪家店铺价廉物美！

几百年来，这里仍是罗马平民百姓喜爱的一个生活场所。

在果蔬摊位或酒吧饭店，从早到晚议论不止，有批评声与咒骂声，也有欢笑声与哀叹声。国家政策所向、社会风貌、人生酸甜苦辣，你在这里都可以了解个大概！百姓议论最热闹的话题自然是物价上涨、官吏腐败之类丑闻。例如国家中央统计局宣布年通货膨胀率为百分之几，百姓回答：那是谎言，政府报喜不报忧！哪有那么美的事，起码隐瞒好几个百分点。有人批评总统总理议长，有人咒骂地方官吏，尤其是那些灵魂丑恶、手脚肮脏的贪官腐吏。

20世纪60年代初，罗马达芬奇国际机场贪腐丑闻案爆发，这里大街小巷简直炸开了锅。安娜讲："连我的妈妈也是满口骂声，她讲话语速之快、抨击贪官一针见血之厉害劲儿，让我简直插不上嘴"！可恨的是，那位贪官居然没有被骂倒，后来反而当了好几届政府总理，真是咄咄怪事！意大利的丑闻大概都是虎头蛇尾，一旦揭露，全国上下闹得满城风雨；日子长了，虽然百姓仍在咒骂，但查了一阵，不了了之，始终不见真相在哪里！百姓为此满腔义愤，引起更大的牢骚与咒骂！

安娜认为，不管怎么样，百姓肚里有愤慨有怨气，他们有气要发泄，谁也堵不住他们的嘴！意大利人人都可批评当政者，常常谁也管不了谁，谁也说服不了谁！但当政者高高在上，他们听不到民间的心声，至少很难真实了解下情。民间的怨气，憋在肚里不好，让他们发出来总比不发要好。否则总有一天，"火山会爆发"！

鲜花广场就是百姓发泄怨气的好地方，也是了解下情的理想之地！

安娜幽默地说：也许这是意大利民主的一个特点吧！只要你在这里的酒吧或饭店待上一二小时，你常常可以听到人民的呼声。也许他们的好多议论很偏激，也可能是偏见、不全面，但你听了，至少可以分析与思考，从中得出一些客观结论，了解我们国家的不少社会现实！而好多活生生的现实，你在外交场合很难听到、也很难了解到。

引出一个新话题

我说中国也有一句名言，叫“知屋漏者在宇下，知政失者在草野”。汉学家安娜虚心好学，非要我在她的笔记本上写下这句话，她连连赞扬汉字非常形象，含义丰富，尤其喜欢“宇下、草野”四个字。她略有歉意地说：“一时翻得不理想，容我多想一想，要翻成一句优美的意大利语。翻译常常不是文字直译。”她拿了中国人讲“酒肉朋友”的例子，说译成意文不能带上“酒肉”两词，而要译成”amici di comodo”（意为“自私的朋友”）。意大利文与中文颇为相似，同义词与反义多，一词多义，内涵丰富。这句中国名言一旦译出，立即打电话告诉我。

日久见人心，几十年相处，我知道安娜日夜费尽心思做学问的毅力与恒心！

她说，几十年来很有体会与感触！翻译意中两国文学作品，不是简单的文字翻译，而要吃透文字的含义，将自己置身于文学作品之中。换句话说，翻译文学作品，也是一个慢慢接近原文的创作过程。如果自己缺乏深厚的文学功底与文学涵养，翻好一部文学作品是不可能的。她又说，从鲁迅、郭沫若到毛泽东、陈毅的诗文，内涵丰富，译成意大利文，要苦苦寻找好的表达方式。同样一层意思，由于千百年来意中两国的历史文化与社会变迁不同，表达方式也有异。好的表达方式不是凭空臆想出来的，它们来自翻译家的文学修养。因此翻译家，先要打好扎实的母语基础，慢慢积累知识；也要深入了解那个国家的历史与文化。而这些知识的积累，不是三年四年，也不是七年八年，而要几十年的心血！俗话说，慢工出细活！在翻译的征途上，像艺术大师雕塑精品或大作家创作一样，绝不能急功近利，而要有极大的耐心与毅力，去反复推敲、“精雕细刻”！为了找到一种好的表达方式，有时白天想，夜里还在梦中想！安娜强调，一部好的翻译，不是简单的文字的翻译，而是要让读者看到文字背后的文化与语境！真是说来容易做来难！

安娜又举了几个例子，如“好记性不如烂笔头”，意大利语应译为：carta canta，Villan dorme（意为“纸张在歌唱，维朗在睡觉”）；“远水救不了近火”，campa cavallo che erba cresce（意为给牛吃草时才想到要长草）。

我说，你讲得很有道理，几十年的辛劳，有这种体会，了不起！我也常常遇到，过去许多作品翻译得不理想。像我们中国人读一些翻译过来的欧洲作品一样，我几次翻阅，有些文字晦涩难懂，读得似懂非懂，几次读不下去。看来需要有人重新翻译。反过来讲，中国的几大古典名著，如《红楼梦》、《水浒传》、《西游记》、《三国演义》等等，早已译成好几种外文，不知外国人是否看懂，或者看懂多少？人民之间需要沟通，语言沟通非常重要。

广场中央的铜像

让我们把话题回到鲜花广场！

有一次交谈，安娜又提鲜花广场上布鲁诺的塑像，一位生于那不勒斯附近的科学勇士，为追求科学，追求真理而宁死不屈的哲学家！

1600年2月17日，鲜花广场行刑台上四周站满了义愤的群众，布鲁诺被绑在广场中央的火刑柱上。此时此刻，坚强不屈的布鲁诺仍然没有低头，反而高声呼出：“火，不能屈服我，未来的世界会了解我，会知道我的价值！黑暗即将过去，黎明即将来临，真理终将战胜邪恶！”教廷宗教裁判所的刽子手气急败坏，忍无可忍，抢着用木塞堵住了他的嘴，广场上燃起了熊熊大火。这位公开宣布支持哥白尼学说，主张日心论，批判教会伪科学的伟大哲学家、思想家倒下了！

死后，罗马教廷怕得要死，害怕人民抢走骨灰怀念他，竟把他的骨灰同泥土混杂一起，偷偷抛到了河里。但是，布鲁诺的伟大形象是永远磨灭不了的。鲜花广场中央的一尊铜像就是后人对他的永恒缅怀！多少年来铜像上盖着一层深深的尘灰，显得格外深暗，但是尘灰掩盖不住布鲁诺的伟大精神！

安娜说，她在这里住了几十年，时而从窗外远眺，无论平时或周末，蓝天白云或刮风下雨，白人黑人，亚洲人澳洲人，世界各国的参观者总是慕名而来，来到这个灰暗的鲜花广场，纷纷拍照摄影留念，对这位捍卫科学的勇士表示一份敬仰与怀念。

安娜又说，去罗马观赏，最好事先读些介绍书籍，心中有个大概了解。否则，匆匆走过，很难“品尝到每个罗马景点的滋味”。因为里面都有丰富的历史故事，可以扩大你的视野，得到教益。如果一点不了解，光看看表面，你就感到罗马破破烂烂，没有多大意思！参观游览不是看热闹、走过场，而要长知识，丰富自己的头脑，提高文化素养。

有一次安娜有些空闲，邀请我们几位好友去她那里吃顿便饭，顺便闲聊一番。我们去时，只见她忙得满头大汗，一会煮面条，一会拿出火腿肉与奶酪，一一分到盘里。番茄酱是买来的罐头，不是自己做的。在我们面前，显得有些忙乱，少了些条理。看样子，她平时很少做饭，集中精力做学问了。偶然做一次饭，好像少了些熟练。世上确实没有十全十美的人，安娜满脑子知识，一生热心钻研学问，翻译中文名著，就忽视了持家、穿着与厨艺等方面。人的精力总是有限的，我们不能苛求她样样都会。那顿饭，我们吃得照样很开心。

她向来就是一个朴实坦诚的人，没有半点虚假，你要问她问题，就像一本百科全书，同你讲得头头是道，毫无保留，恨不得全部掏出来，无私地献给你！饭桌上，安娜仍在聊鲜花广场上的历史故事，畅所欲言，滔滔不绝！

教皇终于认错了！

一位教皇终于为伽利略平反了。安娜认为，为什么不给鲜花广场上的布鲁诺昭雪平反？也许由于伽利略的名声大于布鲁诺，伽利略更有代表性。罗马教皇也不可能给一个个受冤者平反！

1992年10月31日约翰·保罗二世教皇对着教廷神职人员和20名红衣主教说，伽利略在17世纪30年代由于天文观不同受到教廷的审判，吃尽苦头、备尝艰辛，是不公正的；并说“永远不要再发生另一起伽利略事件”。这是罗马教皇有史以来第一次为含冤而死的伟大科学家平反昭雪。伽利略生活在17世纪的一个神权时代。他对布鲁诺被活活烧死的悲剧深感痛绝。用自己的实践、考证与研究，勇敢坚持真理，向当时认为神圣不可侵犯的伪科学提出了挑战。他用望远镜观察发现了宏观世界未被前人所知的真相，证明哥白尼地球绕太阳运动的学说，大胆否定了教会主张的“地心论”。他制定了落体定律与惯性定律，发现月球表面凹凸不平与太阳黑子，银河由无数行星组成。宗教裁判所恨之入骨，先是把哥白尼的书列入禁书，又下令禁止销售伽利略的书。后来变本加厉，勒令伽利略到罗马受审。伽已69岁，身弱多病，风烛残年，被揪到一座教堂跪着当众忏悔。在酷刑下，即便他被迫“否定”了哥白尼的学说，还是当了宗教裁判所的9年囚犯，可见裁判所的虚伪与歹毒！肉体与精神的无情折磨，使他双目失明，终于含冤去世。罗马教廷残忍到连他死后还不放过他，坚持反对为他举行公葬及树传立碑。

安娜说，今天重温这场悲剧，让人看到，宗教裁判所几百年前的荒谬无耻、凶暴残忍，令人发指！直至现在，人们每次从那座灰暗的大楼前走过，似乎仍有阵阵寒气袭人、阴森晦气临头！其实，这幢深灰色的楼房成了一个最好的反面教材，教廷以异端罪名迫害科学与哲学忠良永受历史与人民谴责！参观者来到鲜花广场，广场中央是布鲁诺的铜像，广场那边又是臭名昭著的宗教裁判所旧址。历史不能忘记呀！历史可以教育后代！人活在世上，不懂历史，不知过去的苦难，整天想的是花花世界、穿着打扮，就会显得很无知与无聊！

但是，梵蒂冈在时代变迁中也有进步，不能认为那里死水一潭，一成不变。小小梵蒂冈，总有一个个讲不完的话题。

安娜说：我是土生土长的罗马人，梵蒂冈天天在我眼前闪过，照理应当透彻了解它，其然没有那么简单，也没有那么容易！它在你身边，如果不去潜心研究，深深反思，而是不加用心，熟视无睹，那只是对它似熟非懂！

用发展眼光看问题

安娜认为，无论如何，要以发展与变化的眼光来看梵蒂冈与罗马教皇。世界在变，时代在前进。梵蒂冈与教皇也在变。正像世界上的事与人一样，有的变好了，有的变坏了。随着时间的消逝，它们不可能停留在一个水平上。你知道，梵蒂冈作为世界天主教“心脏”，它也有科学院，名曰“教皇科学院”，有80名学者，来自不同国家、不同种族、不同信仰的科学家元老。他们探讨与研究人类遗传学、天文学和化学战争等重大课题，要向神学家介绍现代科学的发展，传播科学知识。科学院院士中也有无神论院士，第一位女院士是意大利丽塔蒙塔尔奇尼（Rita Montalcini）。蒙氏1909年出生于都灵一个犹太人家庭，1936年于医学院毕业后，开始利用鸡蛋胚胎探索神经系统的奥妙。此时，面对德国纳粹推行的种族迫害的残忍现实，她不敢出门，躲在小间潜力研究。为逃避法西斯迫害，她辗转比利时与意大利。战后去了美国。于1986年荣获诺贝尔医学奖，表彰她用坚韧不拔的意志发现了神经生长基因。她在充满荆棘的科学道路上付出了艰辛的劳动，在美国刻苦钻研了23年，1969年返回意大利。她的重要发现，为治疗神经退化症、帕金森氏症，为人类早发性痴呆症带来了希望，为基因科学的发展开辟了一片新天地。

意大利记者前去采访，灰白短发梳整得端庄大方的蒙塔尔奇尼很低调，偏爱安静平淡的生活。记者在采访中写道："蒙塔尔奇尼常常露着温柔的微笑，从她明亮的两眼中折射出聪颖与智慧。是她，几十年发愤忘食，潜心探索医学秘密，年复一年，默默无闻，任劳任怨；在一个同行之间常常嫉妒、敌对的世界里，她那种文人相敬、功高而不居功、誉高而不恋誉的精神实在难能可贵！她懂得如何处世、如何待人，无论做人还是科研，她应是意大利乃至世界科学家的一个榜样！"教皇科学院任命这位无神论科学家为院士，绝非偶然，是有深刻考虑的。

1983年梵蒂冈又设立"教皇文化委员会"，目的是在新形势下广泛接触新闻记者、医生、艺术家、工程师等知识分子。该委员会强调，宗教信仰与科学应当相互关联、沟通，而不能相互抵触与排斥！

我也想，宗教同世上一切事物一样，这个社会现象也经常处在无穷无尽的变化之中，它同赖以生存与发展的社会有着千丝万缕的联系。宗教从本质上讲是保守与落后的。但不能一讲宗教，就同迷信相提并论，而要以变化的眼光来看！宗教作为一种社会意识形态，信教者无处不有，他们是一支值得重视的社会力量。任何一个国家不会没有信徒。信徒如果生活在宽松的环境里，能够享受充分的宗教自由，心灵上得到安慰与满足，那么他们对这个国家的社会稳定可以起到促进作用。如果有人披着教徒外衣，暗箱操作，行肮脏勾当之实，那是任何国家都是不可容忍的！人们不能忽视宗教问题，宗教将是长期存在的社会现象。在科学突飞猛进的今天，同样需要重视宗教问题。

安娜说，罗马教皇每到一处，几万信徒拥到那里，为什么？因为他有号召力、动员力，不可小看！教皇常常以为贫困与迫害者讲话的身份出现。当今世界，富翁越来越多，奇怪的是贫困化趋势也在加剧。埃塞俄比亚的儿童骨瘦如柴，挣扎在死亡线上。你要知道，非洲与拉美这两块大陆，天主教徒很多很多，穷人仍占大部分。如果教皇不为穷人说些话，怎么赢得人心？因此，教皇一次次讲话，再也不限于泛泛的布教传教了！他的话题越来越广，从东西方关系到南北对话，从非洲贫困到中东危机、巴以冲突，所有重大国际问题都在教皇的话题中。

安娜举了约翰·保罗二世教皇的例子。这位波兰人曾是语言家、戏剧家、诗人与作家。他有语言天才，当教皇不久，一次次对公众的讲话，意大利语本来讲得不错，过了一段时间，越来很流利。据说，他精通十几种语言。他多次呼吁："放下武器，谈判解决争端。"他还常常说，在仇恨之处要播种友爱，在失礼之处要播种宽恕，在纠葛之处要播种团结，在怀疑之处要播种信心，在错误之处要播种真理，在失望之处要播种希望，在黑暗之处要播种光明。

1986年，在方济各诞生地阿西西，他又召集世界众多国家的宗教领袖聚集一堂，为世界和平祈祷。有的媒体称，这是梵蒂冈史上很难找到先例的一大创举！

他在多次讲话中号召制止生产核武器，要公平对待穷人与被压迫者，解脱政治迫害者。他常常利用自己的身份调解与斡旋国际舞台上的“烫山芋”。福克兰群岛战争一触即发之时，他果然分别走访了英国与阿根廷，敦促两国使用和谈手段解决争端。虽然最后战争爆发了，但教皇奔走两国之间的努力仍为媒体所肯定。在黎巴嫩冲突一时达到高峰时，他曾考虑前往贝鲁特调解。巴勒斯解放组织领人阿拉法特去罗马访问，又会见了他，虽然遭到以色列以及犹太人的强烈攻击，但他没有动摇。在圣彼得广场的公众集会上，他大声讲，他是以调解人身份致力中东和平的，巴以冲突只有通过和谈才能谋求公正解决。他还强调，罗马教廷对以色列与巴勒斯坦持同样的怜悯态度，两国的宝贵传统都应得到尊重。

这位波兰籍教皇，用意大利“欧洲人周刊”的话来说，有“强烈的意志力量和少见的魅力去镇服天主教世界”！安娜认为，要从两面看，他的确同四五个世纪以来的所有意大利籍教皇有些不同，一定程度说，他顺应了世界潮流的发展。米兰《今日报》在评论教皇所作所为时说，约翰保罗二世教皇“异常活跃，关注国际热点，拥有笼络人心的特有天才，历史将会记下这位非意大利籍教皇的名字”！安娜说，报刊的评论可以当作参考，我们如何正确看待，还要好好思考，得出一个符合事实的客观结论！

莫德纳，一个响亮的名字！

莫德纳（Modena），在米兰与博洛尼亚之间，是一个很有名气的城市！有人说，是“上帝镶镌在美丽波河平原上的一颗明珠”，那里有地中海美食，有威猛极速的世界顶级跑车，那里也是世界歌王帕瓦罗蒂的故乡！

意外长会见周恩来以后

1973年年初，意大利外长朱塞佩·梅迪奇会见了周总理。在以后的参观访问中，这位莫德纳出生的政治家，留着山羊胡子、温文尔雅的外长，一聊起同周总理的热情交谈，总是颇为激动。

在上海参观的汽车上，他对我说：“我的家乡莫德纳是意大利富饶的农业区，我对农业怀有特殊感情。毛泽东、周恩来重视农业，富有远见。中国是农业大国，民以食为天。农业发展了，百姓吃喝不发愁！”谈到周恩来，他说：“没想到，自己成了意中建交后，第一位见到这位伟大政治家的意大利部长！周恩来言简意赅，几次提到连结意中两国的‘丝绸之路’，这条穿山越岭的漫长古道，我想从中国长安开始，最终延伸到意大利与欧洲其他国家，威尼斯、维罗纳、莫德纳、米兰都在这条古道上；意中两个文明古国，各在欧亚大陆，正是这条留下千古美名的古道缩短了我们之间的距离，感到格外亲切”！在杭州畅游西湖时，他又同随同来访的维科隆博参议员聊起这件事，科说：“我的家乡是米兰，周恩来提到古罗马、秦朝、丝绸之路、马可波罗，短短几个名字凸显他的深厚历史感，从历史谈到今天，展望未来，站得高，看得远”！他又说：“不到两年我已是第二次见到周恩来，很幸运”！

梅迪奇外长会见周总理后，离京前的晚上，在人民大会堂的一个大厅里为中国主人举行盛大答谢宴会。宴会上的地中海美食是由他乘坐的专机从意大利带来的，而且还带来几位意大利大厨为宴会掌勺。除了带来的意大利橄榄油、葡萄酒、奶酪与面条外，美食中有一道主菜——“莫德纳猪蹄”（zampone di Modena），是外长家乡的特产，像中国到处可以吃到扬州狮子头、北京烤鸭一样，意大利哪个饭店都有！坐在主宾桌上的梅迪奇，情绪亢奋地介绍他的家乡特产。先要从猪蹄中取骨，然后塞进绞碎了的、已经配制多种香料的精致肉，吃在嘴里芳香开胃，不含乳糖与其他添加剂。

外长说，莫德纳地处波河平原，土地肥沃，风调雨顺。早在中世纪，周围广阔的农耕就得到开垦。波河是意大利的母亲河，世世代代，生生不息，河水如乳汁，养育了意大利人。为什么方圆一百公里的帕尔马、博洛尼亚与莫德纳都有美食城之称？要感谢波河的无私恩赐，北方又有阿尔卑斯为屏障，这里雨水充沛，物产丰富，加上人民的勤劳与智慧。莫德纳盛产奶酪、火腿、葡萄酒、香醋与蔬菜。所谓美食，说穿了发明家都是农民，今天高级饭店的一道道佳肴都出于农民之手，只是后来慢慢加工提高，变得精致了！

我知道，他当过几年农林部长，酷爱农业与大自然；选为参议员后不喜欢安家于罗马闹市，在近郊找了所别墅作为临时住所。每逢周末都要回到他的家乡莫德纳。两国建交前，他在罗马那幢幽静的别墅里约见我国驻意商务代表，表示对中国的友好与向往！话题离不开农业，对中国重视农业表示赞许！他说："一个国家农业搞好了，说明当政者领导有方，有智慧有远见！荷兰、澳大利亚、法国、阿根廷农业发达，所以它们的奶牛、牛肉、小麦闻名遐迩；意大利的葡萄酒、橄榄油、火腿、奶酪、面条是人类舌尖上的一个个美食，也是国家之宝！意大利缺资源，先天不足，逼着我们硬在加工业上做起大文章。我们进口硬小麦，加工成几百种形状不同的面条，可以长期保存，畅销全世界。"

值得一提的是，莫德纳生产一种著名的香脂醋（balsamico），名闻欧洲。它黏稠而醇厚，酸中带甜，倒在蔬菜上滴醋成珠，芳香四溢，深受习惯了地中海美食的广大消费者喜爱！我几次陪同莫德纳的一家贸易公司老板去河北、山东采购翻砂产品，他说，这种香脂醋历史悠久，已有好几个世纪。本来是莫德纳一家贵族豪门的厨房秘方，一直严格保密。曾以"公爵醋"、"高贵醋"而闻名。直至第二次世界大战结束，随着豪门贵族衰落，才慢慢传到民间。它以葡萄汁为基本原料，酿制发酵时间远远长于普通醋，时间越长越高贵，因此味道香醇圆润！

世界"引擎之都"

莫德纳生产法拉利、玛莎拉蒂、兰博基尼、帕加蒂等多家世界顶级汽车，它们的总部一一设在城市郊区。例如玛莎拉蒂的幕墙办公楼并不算高大，从楼的外表看，让人很难想象拥有国际高档汽车品牌的形象！

意大利人并不热衷追求什么"全国之最"、"欧洲第一"或者

"世界第二"之类的名堂！埃尼集团（国家碳化氰集团）足迹遍及世界几大洲，它的罗马总部仅是一幢20层的火柴盒式的楼房。"伊利集团"是融飞机制造、航空航天、造船、公路建设、银行为一身的超级国营集团，它的总部蜷缩在罗马维内托大街一幢不到10层的老宅里，应是非常"瘦身"。意大利的企业一般以"不求最大、但求品质优先"为自豪！他们认为，凡事求大、好大喜功并不好！也可能因为这种创业与经商风格，意大利身为G8集团成员国，很少听到有什么航母般的跨国大公司，或者像沃尔玛、家乐福这样的大型超市。意大利以星罗棋布的中小企业为国民经济的重要支柱。那些响彻世界的时装品牌，从古驰、范思哲、芬迪、瓦伦蒂诺到阿尔玛尼、哲尼娅、加巴纳等等，说穿了，一家家都是家族式企业。

看了"江淮"再看"奇瑞"，在从合肥到芜湖的豪华大巴上，我同访华的意大利汽车企业家代表团一边尽情观赏窗外闪过的一片片黄灿灿的油菜，把安徽四月的农村点缀得格外美丽；一边议论着"汽车"这个热门话题。坐在我一边的都灵商会会长巴尔贝里斯，一位资深的企业领导人，曾在菲亚特集团长期担任要职。我好奇地请他讲讲法拉利的创业史。

这位在大企业拼搏了几十年的谦逊老人，好像满脑子装着知识与经历。他说，恩佐法拉利（Enzo Ferrari）1898年出生于莫德纳一个小业主家中，父亲开了个小小的钣金作坊，但掌握了一套出色的铸铁技艺，而且又是个狂热的车迷，常带儿子观看汽车比赛，那些惊险刺激、惊心动魄、激发疯狂的场面深深吸引了父子两人。在一次次赛车场景的熏陶下，小法拉利梦想成为一名出色的赛车手。但人生之路难以预测，残酷的现实摆在他面前！父亲因病去世后不久，第一次世界大战爆发了。法拉利应征入伍，战后回到家乡莫德纳，父亲留下的钢铁作坊早已关门歇业，家境苦涩。他渴望成为一家汽车厂员工，先去找阿尔法罗密欧汽车厂公司，不幸遭到冷酷拒绝，梦寐以求的热情化为泡影！“视跑车为自己生命的一部分”的法拉利，在坎坷与挫折中没有心灰意冷，反而催发了他拼搏向上的活力！他到处借钱筹集资金，自费参加的一次次赛车比赛，屡获奖励，出尽了风头，表现出高超的驾驶技艺与才华。后来被阿尔法罗密欧汽车公司老板看中，成为赛车队试车员，32岁时升为车队队长；39岁时车队以他的名字命名为“法拉利车队”，在39场大奖赛中拿到11次冠军，法拉利功不可没，让阿尔法罗密欧汽车公司荣登世界跑车行业的第一把交椅。

但是人的一生不会一帆风顺，后来由于多种原因，他同阿尔法罗密欧汽车公司彻底闹翻与决裂了。此时，48岁的法拉利在莫德纳与博洛尼亚之间创办了小小的汽车厂。1947年生产出第一辆法拉利汽车（Tipo 125），以“腾马”为标志。最初他是限量生产了350辆，用于出售，有一辆存放在法拉利博物馆。

我们坐在大巴上闲聊，也引起了前后排几位汽车企业家的兴趣。有的补充说，这个“腾马”还有一个偶然的来头。

在1923年的一次赛车比赛中，法拉利偶然结识了一位杰出飞行员的母亲。这位母亲告诉他，她在第一次世界大战中牺牲的儿子驾驶的战斗机两侧各带有一匹“跃马”徽章的战斗机。如果能以“跃马”为标志，定会带来幸运！这件事深深触动了法拉利，从此就以“腾马”为法拉利汽车的标志。他用自己生产的车一次次推向汽车大赛，借此检验汽车的性能。很顺利，夺取了多项桂冠。但是，毕竟工厂太小，经济实力有限，难以筹集到应对参加汽车大赛昂贵的费用，让他常常陷入尴尬境地。菲亚特集团财大气粗，向他伸出援助之手，一步又一步，1969年开始部分收购，1988年买下了他公司90%的股份。汽车尤其是跑车与赛车，品质之重要无须多说。法拉利参加一次次汽车大赛，有欢乐也有悲伤。1952年的一次大赛中，惨不忍睹的事故发生了，12人死于瞬间，恶讯传开，世界舆论一片哗然，连梵蒂冈的机关报“罗马观察家报”也挤入咒骂的行列，指责法拉利是一个“现代恶魔”！可是法拉利没有倒下，从诽谤与谴责声中冷静分析汽车失事的原因，吃一堑长一智，深刻总结了教训，在汽车品质上狠下功夫！用他自己的话来说，法拉利的品牌是“从失败与考验中冲出来的”！

儿子迪诺·法拉利也有出色才华，可惜英年早逝。老法拉利痛失接班人，深受打击，一段时间里出门始终不离黑领带与墨镜打扮，以示对儿子的哀思！1988年恩佐·法拉利去世，享年90岁。1991年起，刚刚卸任世界足球杯大赛意大利组委会主席要职的卢卡蒙特泽莫罗加盟法拉利公司，后来成了公司的掌门人。他以公司创始人勇于创新、不畏艰险的精神为起点，用自己的经验与智慧，将法拉利带到了前所未有的高度，更加畅销于世界。

我同他早在意大利足球世界杯大赛期间有过多次接触。2006年，他随意总理普洛迪访华，在南京我们匆匆相见，我恭喜他领导有方，法拉利风光！他说：“一言难尽！引领一个品牌企业有艰辛，风光背后也有说不完的故事！”

我问常来中国经商的都灵汽车零部件厂老板赞毕尼，为什么法拉利偏爱红色？他笑着说，颜色有象征意义，像一家家足球劲旅一样，尤文图斯偏爱“黑白”两色，AC“红与黑”，国际米兰“蓝与黑”，菲奥伦蒂纳“紫色”，拉齐奥“天蓝色”，它们为什么这样或那样选择，都可讲一段段故事。法拉利认为红色是火焰，可以引起激情，是最能体现运动精神的一种颜色！无论商家或游人到了“引擎之都”，少不了的参观项目就是法拉利总部展览厅、法拉利世界汽车博物馆、恩佐法拉利村，多少年来已经成为莫德纳的几个景点。

初到莫德纳

我在意大利留学时，有一次随巡演意大利的中国艺术团，来到莫德纳。近百人组成的中国艺术团，云集东方歌舞团、北京与上海京剧院的文艺精华，著名演员有杜近芳、陈爱莲、杨春霞、莫德葛玛，陆春龄等等。

中国艺术家来到波河平原3个古城，引起了当地的不小轰动。博洛尼亚最大的日报《雷斯托德尔卡林诺》说："这是从古老的丝绸之路另一端吹来的一股清新而优美的艺术之风"！考虑到方便，艺术团下榻博洛尼亚的一家酒店。按计划，要在博洛尼亚、莫德纳与雷焦艾米利亚3个相隔几十公里的古城停留4天演出3场。有两个晚上，演完戏，吃了晚饭，艺术团要驱车一个多小时，从莫德纳与雷焦艾米利亚返回博洛尼亚，已是深夜两点多，虽然有些劳累，大家心里还是甜滋滋的。因为每场演出结束，谢幕多达十几次，艺术团从团长、演员到工作人员全都沉浸在一片欢乐之中。

那天午后，艺术团的大巴开进莫德纳，大家印象最深的就是像博洛尼亚一样，这里不少古色古香的建筑底层，都有长长的柱廊。有的高大而宽敞，有的富丽堂皇，有的很简单。在莫德纳小巧玲珑、独具一格的歌剧院准备布景时，我就好奇地问起剧场工作人员，他们说，如果你有机会，上街走走，细细观赏这些柱廊，定会引起无限兴趣！有的柱廊是大理石圆柱，顶上布满着线条精细的壁画，含有历史与宗教故事；有的柱廊长得让你一眼望不到头！如果碰上雨天与火辣的夏日，逛商店不必担心，可以免受风雨的凄冷或烈日的酷热，漫步其中感到温馨与舒爽。下午与晚间，不少游人与市民，不分男女老少，纷纷拥向那里散步聊天，或者进商店购物。莫德纳的珍贵老建筑所以能够保存完好，一是大多采用大理石，因为这里离布雷夏、维罗纳大理石产地并不远；二是保护意识强，莫德纳人视古建筑为宝，人人爱护，家家珍惜！

艺术团团长金仲华在餐桌上聊起莫德纳与博洛尼亚古雅的建筑时说："欧洲为什么称为'旧大陆'？因为欧洲同中国一样有悠久的历史文化和漫长的光辉文明。我们这次来欧洲演出，只因时间太紧凑，无法欣赏这些古老的东西。如果将来有机会以游客身份而来，倒是很有意思！这里遍地都是老建筑，不管历史如何演变，那些教堂、钟楼、喷泉、广场都深深烙印在每个时代人们的记忆里，流淌出来的就是一段段尘封的历史！就拿上海来说，虽然开埠至今仅仅几百年，但众多老建筑也很珍贵，它们都是上海历史与文化艺术的组成部分"。

后来我一边潜读意文，一边翻读有关莫德纳的城市介绍。原来这些风格多样的柱廊构成了小城一道独特的风景，也为生活在这里的居民撑起了一个个平静的散步与购物的环境。市中心的大教堂、广场与钟楼早已列入联合国科教文"世界遗产"目录。这座宏伟的圆顶大教堂修得富丽堂皇，闪耀出意大利建筑与装修艺术的光辉，列为"世界遗产"，绝非偶然！大教堂建于一千多年前，入口处有大理石狮子守护，上方镶镌着精致的玫瑰大窗。大教堂一侧，有个名为"基尔兰蒂娜"的钟楼（Torre Ghirlandina），是一座高达88米、半哥特式半罗马式的大理石建筑。钟楼上面珍藏着一只"偷来的水桶"，著名诗人塔索的诗篇中有"偷来水桶"一篇，描写这段历史风云。据说，为了这个水桶，莫德纳与邻近的博洛尼亚居然爆发一场战事。沧海横流，刀光剑影，历历往事早已烟消云散。

小小莫德纳，遍地古建筑。那个埃斯腾斯图书馆里，珍藏着但丁"神曲"的手抄本，抄于1481年；还有名为埃斯泰的精美"圣经"，内有费拉拉画派的插图多达1200幅。

博洛尼亚、莫德纳与雷焦艾米利亚是意大利著名的“红区”，意为意大利共产党等左翼党派在历次选举中稳获多数，市长均是意共党员。这是拥有反法西斯光荣传统的地方。二次大战期间，无数爱国战士离家上山，在亚平宁山区打游击浴血奋战，抗击入侵意大利的德国纳粹分子。名为“切尔维”的一家兄弟忍受重重苦难，从敌人手中夺取武器，参加轰轰烈烈的抵抗运动，最后惨遭残酷杀害。可歌可泣的七兄弟故事早在意大利家喻户晓！从博洛尼亚到莫德纳，到处都有纪念二次大战中抵抗运动纪念碑。中国艺术团4天的演出，一直洋溢在中意两国人民的友好气氛中。不少上了年岁的意共党员与游击队员伸出大拇指，纷纷向我们表示：“毛泽东周恩来的中国，伟大！”、“意大利人民与中国人民心连心！”

“世界男高音之王”的故乡

2005年岁末，帕瓦罗蒂最后一次来上海大剧院演唱，著名电视主持人曹可凡前去采访，只见歌王满脸憔悴，消瘦乏力。他因为关节与髋关节动了手术，庞大的身躯变得步履蹒跚。这同我随胡耀邦总书记访问意大利时，第一次见到神采飞扬的“歌王”形象相比，简直天壤之别，判若两人！我记得，那天挤得满满堂堂的意大利总理的招待会上，离我们远远的帕瓦罗蒂，渴望结识中国领导人，他以充沛的精力很快从人群中挤到胡耀邦总书记面前，他说：“终于盼到这一天！两周后即将随热那亚歌剧院去中国演唱”！当他听了胡耀邦总书记“欢迎、欢迎！让我们在北京再次相见”的亲切话语时，我看他顿时眉飞色舞，洋溢着无比兴奋与激动神情！两周之后他第一次到了久盼的北京，从展览馆剧场到人民大会堂万人厅的精彩演唱，轰动了大江南北。自称“上帝宠儿”的帕瓦罗蒂还在北京欣赏了京剧“霸王别姬”，他顿时萌发童心，要求中国化妆师为他装扮成西楚霸王项羽的模样，嘴里唱着一段好似意大利语，其实谁也听不懂的唱词，引得众人捧腹大笑！歌王在北京的消息传开了，当时月薪只拿几十元的不少中国痴情歌迷，甘愿从千百公里之外，乘飞机竞相赶去北京目睹与欣赏“歌王”的风采！

人总有一天离开这个世界。最后一次访华后仅仅隔了一年多，71岁的帕瓦罗蒂去世了。他身患胰腺癌，在纽约一家医院做了手术，过了两个月，病魔就夺去了世界歌王的生命。2007年9月8日，近5万人拥向他的故乡莫德纳，为这位歌王送上最后一程，其中有意大利总统纳波利塔诺、总理普罗迪以及联合国前秘书长安南，无数歌迷来自世界几大洲。

帕瓦罗蒂1935年生于莫德纳郊外，家庭并不富裕，父亲是面包师，母亲当过雪茄烟厂女工。父母都酷爱音乐，父亲作为业余男高音，在莫德纳很有名气。也许从小受了音乐家庭的熏陶，他有一副金嗓子，声音宏厚圆润。他不忘父亲的教诲，“人不能同时坐在两把椅子上”，生活中必须放弃一些！他说，放弃与选择是很痛苦的事，看你如何决断？他考虑良久后，果断放弃了教师职业，19岁那年毅然走上音乐之路。他有乐观向上的心态，爱好美食、赛马、开跑车与绘画。浑身充满音乐细胞，有自己的独特唱法，唱得清畅与圆润，富于穿透力，总是与众不同，是一位音乐天才。他崇拜意大利的音乐前辈卡鲁索与斯泰法诺，赞扬卡鲁索歌星“最重要的素质是记忆”之说；也努力做到像斯泰法诺那样，歌星的声音不能有半点矫揉造作，而要自然而优雅！1964年首次在米兰斯卡拉歌剧院登台演唱，一举成名。1967年为纪念音乐家托斯卡尼尼诞辰一百周年，他在威尔第的“安魂曲”中独唱。他是被指挥大师卡拉扬选中的，他那洪亮而优雅的声音，像一颗闪耀无限光彩的星星在世界乐坛上冉冉升起，引人注目。

1972年，他在纽约大都会歌剧院演出“军中女郎”，他以丰满华丽、刚柔并蓄的歌喉，连续唱出9个带有胸腔共鸣的高音C，震动国际乐坛，从此“高音C之王”成了帕瓦罗蒂的代名词。音乐行家普遍认为，他的巨大成功除有一口金嗓子与聪敏过人的接受能力外，更主要是他刻苦顽强、勤奋好学，并有不屈不挠的事业心！唱歌已成为他生活中的欢乐源泉。他说过，“没有音乐我无法生活”。那次难忘的演唱会，让他异常兴奋，他说：“在普遍认为男音禁区唱段“多么快乐的一天”中，我终于突破了！我是上帝的宠儿！”1990年开始他联手多明戈与卡雷拉斯组成“三大男高音演唱会”。那年夏天，正值足球世界杯大赛在意大利举行，七月的罗马阳光明媚，为足球世界杯赛决赛制造热烈气氛，“三大男高音歌唱会”从古罗马“卡拉卡拉”公共浴场发出的歌声，通过电视现场直播，响遍了全球。从此，三大男高音联手从洛杉矶体育场、巴黎埃菲尔铁塔到北京故宫午门广场，一场场演唱会，风靡世界！

帕瓦罗蒂对中国有一种特殊情怀，正是他在意大利国宾馆“玛达玛别墅”与胡耀邦总书记相见时所说：“我的一生中，世界有的国家我可以不去，但中国我一定要去！”1986年到2005年他4次到过中国。第2次是2001年6月三大男高音紫禁城演唱会，第3次是2001年12月在上海大剧院的独唱音乐会。最后一次来到中国，又在北京与上海献艺，为了让更多观众有机会聆听，他选了北京首都体育馆与上海大舞台，把这次告别巡演的中国之行看作“重要一站”，称赞中国有“最棒的观众”，以此告别中国，结束自己长达44年的光辉演唱生涯！在中国除了演唱歌剧《波希米亚人》之外，他共演唱了30多首具有代表性的名曲：《哦，我的太阳》、《告别时刻》、《今夜无人入睡》、《纳布科》、《饮酒歌》、《桑塔卢琪亚》、《重归苏伦托》、《女人善变》、《妈妈》、《夫尼古利夫尼古拉》等等这些早已为广大歌迷所迷恋的歌曲！

莫德纳商人安德雷亚有一次在从石家庄到北京的高铁上对我说：“帕瓦罗蒂是莫德纳人‘心中的太阳’，因为他为莫德纳赢得了荣誉，使它变成一个响亮的名字！几十年来他唱响意大利，唱响欧洲与美国，也唱响全世界！谁不为自己家乡出了这位音乐天才而高兴与骄傲呢！当然他也不是完人，有过偷税漏税的丑闻与婚变引起的喧哗，一时闹得乌烟瘴气。但是，他一生的一些疑点或污点，随着他那洪亮的歌声慢慢冲淡了，莫德纳人原谅他，理解他！”

幕后“英雄”

话从AC米兰谈起

从荷兰“三剑客”开始，我爱上了AC米兰，慢慢变成它的铁杆粉丝。我特别喜欢它那红黑两色的球衣，很想有机会见到几位球星，同他们结识。

在约定的一天，我终于来到AC米兰总部。出来开门迎接的是一位年约四十、朴素大方、热情奔放的女士，名叫巴尔巴兰。我约见的本是AC米兰新闻部主任，可能有事，他晚到了一会儿。

她知道我来访的原意，想见一两位我心目中崇拜的球星，很有歉意地说，巴斯藤、古力特、巴雷西、马尔蒂尼他们都在郊外球场训练，今天没有赶上时机，很遗憾！女士滔滔不绝，一边带我观看橱窗里的一个个奖杯，一边讲起球星的故事，头脑里仿佛有着永远说不完的事。

等新闻处长出现时，他说我很幸运，遇到了巴尔巴兰，AC米兰俱乐部秘书长，一位人人夸奖的幕后“英雄”。从电脑储存资料到接客待人，事必躬亲，多少年如一日，一丝不苟，勤恳耐劳，从不叫苦。如果没有她，AC米兰就不会那么闪闪发光了！

正写此文时，2015年7月我在上海观看了AC米兰与皇家马德里的一场精彩比赛。好家伙，专机上皇马浩浩荡荡来了120多人，我想，除了少数来华观光的外，也有不少幕后“英雄”吧！一场激烈的比赛，幕后多少人为它出汗出力！足球俱乐部也好，任何别的部门也罢，出头露面的毕竟是少数，事业成功的背后，都有不少默默无闻的“英雄”。

我在外交部几十个春秋，几次派往驻意大利使馆，那里也有不少我所难忘的、不出名的“幕后英雄”呀，我想写写他们平凡的故事。

大使馆忙些什么？

话题转到20世纪80年代胡耀邦总书记对意大利的一次正式访问。局外人很难想象，国家领导人来访，我国驻外使馆该做哪些事？那些为了国家的外交事业，多年远离家小，默默工作的驻外使馆人员，为国家领导人访问，在忙些什么？

那个年代，国人到国外找开水常常成为一个难题。欧洲酒店一般是不备开水的。举例来说，胡耀邦总书记一行那次下榻罗马“大饭店”(Grand Hotel)，团里有不少上了年岁的领导，多年养成喝茶良习，他们每天少不了的开水只能由我大使馆提供了。我那几天虽然忙着为胡耀邦做翻译，但活动间歇，我也看到使馆几个人频频穿梭于代表团各个房间，忙着送进一个个暖瓶，早上一瓶，傍晚又换一瓶。几十个房间，开水需要量相当可观。首先必须备足暖水瓶，使馆凑起来还不够，为节省开支，就向侨居罗马的华侨借用。那几天，专门负责开水供应的好几个人，凌晨提前起床烧开水，没有大热水炉，只能一炉炉连续烧，灌满一瓶又一瓶，忙得满头大汗，甚至来不及吃些东西。

下午接着烧，连续几天几夜，要确保代表团所有成员都能及时得到开水供应。

送几瓶开水看来是件区区小事，其实不然。代表团访意期间，使馆忙忙碌碌，何止是几十个热水瓶的开水！

为访意日程安排，办公室主管礼宾的那一二位，应是最忙碌的。多少个星期，多少个日日夜夜，他们忘寝废食，常常是白天同意大利外交部及其他部门登门联络商谈，回馆整理资料，与国内沟通，直至深夜，甚至凌晨。不是说今天商定了的事，不会再变。意大利人向来多变，不说他们一天三变，至少常常会变。有些日程，直至专机离开北京才算最后敲定。

代表团成员乘车安排就是一个很大的学问。几十辆谁先谁后，都要一一安排妥当，保证代表团成员从专机上下来，很快有序乘上编了号的汽车。

几十人的行李，专机刚停稳，需快速有序卸下，分秒必争，火速装上面包车，力争赶在代表团下榻酒店前放到每人房间里。如果行李迟迟不到，后果不堪设想！因为同官方的接触一场接一场，出发前需要更换衣服。穿着端庄整洁是我们起码的礼貌，也代表国家的形象。

汽车进入市区，罗马道路狭窄，交通向来拥挤，如何在滚滚车流中杀出一条快速通道，事先需同意方充分商妥。重要国宾访意，意大利一般不采用交通管制，而全靠那些久经磨炼、经验丰富、颇有一套开路本事的摩托车警察的临场发挥！有的手持小旗，来回穿行，彬彬有礼地指挥着路上的车辆暂停片刻，杀出一条通道。

访意期间，代表团部分成员并不参加同意大利高层的会见与会谈，为了他们的观光与购物，使馆早就编写了十几页的意大利国情及文物景观系列介绍，装订成册，到时人手一份。

使馆另要安排领队、车辆、司机，陪同他们参观讲解。为考虑效果，需物色一位口齿清晰、普通话讲得好的人员前去陪同。有的代表团成员要来使馆用餐，厨房与食堂也应事先安排。

专机机组人员为专机飞行安全，一路辛苦。他们到了罗马，大使馆义不容辞，要派专人为他们提供优惠服务，让他们充分休息、适当观光、身心欢悦！

胡耀邦来馆会见华侨与留学生代表，事先也得敲定会见人员名单。旅意华侨华人数量可观，谁来谁不来，筛选确定名单也要动番脑筋。

为迎接胡总书记一行来大使馆，他们抵达罗马一周前，使馆早已利用周末休息，动员大家打扫清理花园及各个场所，有的当园丁，修剪花草；有的当搬运工，拉走草坪上的落叶与杂草；有的擦洗楼梯与通道；有的清洗公共卫生间，力争做到整理干净素雅。

两国领导举行会谈，会谈桌上放着一张张名卡，一面是中文，一名是外文。名卡对着中方一面的是中文，对着意方一面的是意大利文。别小看这件事，一张张卡片两种文字，一个个字母、一个个笔画都要反复认真检查，绝对不容半点差错，否则影响极坏。换位思考，堂堂外交场合，如果把你的名字写错了或者写颠倒了，哪怕一个字母、一个笔画的错误，你是什么感觉？领导人出访一场场活动，有时出席两国工商界研讨会，会场挂出的几种语言的大幅会议名称与标语，同样也要花费时间，一一仔细认真校对，保证准确无误。

随专机带来几箱赠送礼品，使馆人员在外交部礼宾司人员带领下，赶着分盒包装，一份份礼品，有工艺品，有国画，有花瓶，有绣花台布，花色多多，精心包装不仅是个工夫活，而且也得有点技巧！

胡耀邦总书记知识渊博，谦和好学，也爱名人名言。国内要求使馆挑选几条意大利名人名言供领导参考。事情没有那么简单，意大利语并非通用语，一时要找名人名言，犹如大海捞针！从但丁到达芬奇，从薄伽丘到曼佐尼，意大利的大诗人、作家与艺术家倒可列举好多位，但他们的名言就鲜为人知了，不像英法通用语言，名人名言不说家喻户晓，翻阅有关资料，至少也是不难找到的！而意大利的名人名言，几乎没有“现成货”！短短几天里，我们几位懂意语的，分工协作，到处“翻箱倒箧”，苦苦寻找；同时求助有学问的几个意大利朋友，其中有知识渊博的汉学家安娜，全力以赴，大家忙了好几天，辛苦终于有了结果，最后编写了几页，供领导参考。

答谢招待会

礼宾改革后，我国领导人出访就不举行答谢招待会了。但礼宾改革前是举行的，如1979年华国锋总理访意。为这场活动，使馆真的大忙了一阵。

使馆园子与各个客厅的清洁卫生就要花去很大工夫。还有一个重头戏，饭菜及酒、饮料的采购，大有文章可做。一种简单省时省力办法，就是“外包”，饭菜酒水饮料均由当地酒店承包，包括服务人员及所需餐具，但费用相当昂贵。为节省国家开支，让每个铜板用到刀刃上，使馆决定全由自己动手解决。为此专设几个组，有人负责采购厨房所需的原材料，有人负责客厅布置，有人负责盘子、水酒杯及刀叉的准备与清洗。每项工作都有不少学问，既要节省开支，又要讲究实际效果。意大利人颇喜欢春卷与大虾。包春卷很费时，那是全馆人员牺牲平时休息或周末，集体协作的结果。在使馆餐厅里，一张张饭桌上，放着厨师准备好的春卷料与春卷皮，大家围成一桌，你包一个，我包一个。十个手指各有长短，包得有快有慢，有好有坏。不会包的只得虚心求教，一次次实践，也增添了一份做菜的手艺。再说大虾，使馆就去罗马食品批发总市场采购，细心挑选价廉物美的，运回馆后又是一个动员，要众人坐下来一箱箱剥壳清洗，放入冷藏库保存。到招待会那天，经厨师灵巧的双手与高超的手艺，炸得略呈浅黄色、香气扑鼻的一盘盘大虾，端到分散在几个大厅的饭桌上，短短几分钟，便会“一抢而光。”

意大利虽然三面临海，生鲜颇为昂贵，尤其大虾之类海鲜，他们平时也舍不得多吃。常听意朋友幽默地说：“我们来你们招待会，就是等着吃大虾与春卷的。中国厨师炸得恰到火候，真有一手，连罗马大饭店也很难品尝到这种美味！”

布置招待会，使馆沙发、地毯、桌椅必须来个“大搬家、大变位”，确是一个名副其实的重活。就拿地毯搬家来说，十几个小伙子卷起大会客厅里重达几百斤的大地毯，弯着身子蹲下卷，既要出大力，更要有点技巧，力气用得恰当，卷得整齐。凡有切身经历，都知道一次就要卷好又重又大又厚的大地毯，实不容易！

招待会期间，台前台后少不了服务人员。有的送菜送酒，有的洗盘子、水杯、刀叉。连我国驻联合国粮农组织的几十位工作人员也都加入使馆服务队伍。他们中有官员、同声传译、打字员、司机、工勤人员，不论职位高低，好几个小伙子或小姑娘自告奋勇，穿上整洁的白色侍应服，来回端菜与撤回空盘空杯。有的抢着“打游击”，哪里需要就往哪里去！一个个环节，在忙碌中有序运作。

几百人的招待会，食具周转量相当可观，好比一台运转中的机器，那个环节都不容出半点差错。看来，光是招待会台前台后服务人员的安排，就是一门不浅的学问。

华国锋访意，已是11月的凉爽天，有的客人早已穿上夹大衣，来到大使馆，与主人热情寒暄后就要脱下外衣。此时此刻还要有人负责衣服存放，给客人一块号牌，出门时凭号牌取回衣服，做得井井有条。

我们的服务人员，前台后台，楼上楼下，有的跑得精疲力竭，连衣衫都湿透了。

驻外使馆每年都举行国庆招待会与建军节招待会，规模还要大。一次次经历，一次次深深的感受！

本来人与人之间就有矛盾与摩擦。当时那种条件下，驻外使馆吃喝拉撒往往都在一幢楼里，低头不见抬头见，磕磕碰碰在所难免。招待会的一片忙碌，汗水凝聚了人心，也常会“冲掉”不少前嫌与隔阂，增进了相互了解与交情。全馆上下一盘棋，温馨服务送真情。使馆每年好几次自力举办的大小招待会，赢得了罗马外交界的一片好评，为祖国争了光！

意外交部礼宾司一位高官有一次同我聊起招待会、鸡尾酒会这个话题时说：“各国驻罗马的外交使节，招待会一年到头频频举行，像你们这样自力举办的，实为少见！即使非洲与拉美国家，他们也是委托酒店承办的。你们很勤劳，懂得节俭，办理又好，中国人好样的！”

一位非洲国家使馆参赞对我说：“像你们这样全馆动员、自力举办招待会，我看任何大使馆也学不了。美国驻意大使也在大使馆邸自己举办招待会，但他们动员了美国驻罗马的食品公司，同你们不一样！中国人的艰苦朴素精神，我看到了！”

我听随华国锋访问的章文晋副外长讲过这样的话：“使馆招待会很成功，各个大厅布置得好，尤其是饭菜，不是山珍佳肴，但花色多，味道鲜。使馆忙了一阵，大家团结协作，拧成一股绳，不容易，为国家省了大笔钱，你们真的辛苦了！”

我知道，章文晋曾出任我国驻巴基斯坦、加拿大等国的大使，他有亲身经历，见识广，只有亲历丰富的人，才会说出这样的话来！

“参考新闻”

20世纪80年代末，国家主席李先念访意，随团备有翻译。当时我在使馆，给我分了个任务，每天要为代表团编写两页意大利国内外“参考新闻”。那时不像今天，没有电脑与手机，新华社的参考资料一时也传不到使馆。为这两页参考新闻，我从早到晚不离广播电视，躺在床上满脑都是国际与意大利的一件件大事，翻来覆去想的也是都是新闻稿，连做梦也没有离开如何去编写。凌晨起床，放弃漱洗，立奔附近报亭买上十几份报，快步拿回迅速浏览，开始编写新闻。

我没有学过新闻学，我想，应当遵循客观真实、准确无误的原则吧！参考新闻既要简单扼要，又要文字流畅。新闻讲究的是时效，要每天及时送到房间，让代表团每人一睁眼就能看到，从国家主席到服务人员，用不了几分钟就对国际与意大利形势有个大概了解。

我一边看报，一边就在脑里形成文字，力争一气呵成。文字力求端正易读，因为没有电脑，无法采用印刷体文字。时间紧迫，不允许先打草稿，再修改抄写一遍，而全靠头脑与双手的敏捷。写成后，马不停蹄，匆匆赶去打开影印机，复印上百份，再用订书机固定成一份份。

在使馆好办，李先念一行到了那不勒斯参观，在酒店编写新闻稿麻烦就来了。我少不了的那部影印机，在酒店“商务中心”，而“中心”规定9:00开门。只得事先同主管经理商妥，来个例外，让我6:30就去复印参考新闻。

紧张了几天，仅仅为了两页参考新闻。事后想想，流下的汗水很值得，让代表团及时了解国际与访问国大事，而自己也得到了一定的锻炼。

安排副总理访问日程

有一年秋天，邹家华副总理访意。当时我在使馆，专门负责日程安排，一次次找意大利官方商谈。意方同我接谈的是位参赞，讲一口流利的中国话，阅读中文能力颇强，他的同事叫他“中国通”。商谈日程有时很不顺利，变化多多，麻烦不断，他会对我说：“两国国情不同，你要多多包涵！意大利政策多门，有时谁的话也不听，我也很麻烦。”

他还说：“人有时会有些情绪。有一次我同一个地方部门联系，我说我是外交部，对方就说，你外交部算老几？我们有时无能为力。例如接待来访，政府资金严重不足，去外地参观访问，只能靠企业与地方招待。”

双方经过一番折腾，罗马的几场会见与会谈总算确定了。要安排去米兰、帕尔马、佛罗伦萨、费拉拉、曼多瓦等几个城镇的参访，所到之处接触的大都是企业，一天半内都要看完。意大利虽然版图不大，高速公路四通八达，但山丘几乎纵贯全境。所谓高速路，左右两侧也只有两个通道。有时卡车一多，高速路变成慢行道。博洛尼亚与佛罗伦萨之间虽然不到100公里，但高速路几乎都是弯弯曲曲的隧道与高架桥，群山环抱，云雾缭绕，起码也得跑上四五十分钟。汽车在群山中穿行，一分钟前云雾缥缈，飘着雨点，一分钟后烟消云散，再驶行几分钟又是阳光灿烂。安排日程就遇到了难题，是走高速公路还是乘特快火车省时间？那时意大利的特快火车远远不像今天我们讲的高铁。双方反复商量，最后敲定我代表团部分走高速公路，部分乘特快火车。

就这样，短短一天半，从帕尔马到佛罗伦萨，又到曼多瓦与费拉拉，辗转几个城镇，像接力赛一样，上一站是这家公司的汽车，下一站又是另外一家公司豪华大巴。一站接一站，接得几乎没有瑕疵。

代表团参观了意大利著名食品城帕尔马，又走访了波河平原上的一个化工企业与几个农庄，留下的印象，用邹家华副总理的话来说：“短短一天半，安排得好，充分利用了时间。都说波河平原富饶美丽，身临其境，果然名不虚传！这里既有高度发达的农业与食品加工业，又有优美的生态环境，工业与大自然和谐结合，说来容易，真正做到不简单！”

安排米兰与意大利几个大集团领军人物的座谈也费尽周折。企业领导人的安排千头万绪，例如，有一家大企业，今天允诺第一把手出席，几天后变了，改成第二把手。直到邹家华副总理一行从北京出发前两天，那家企业又改成第一把手，还说“中国市场潜力巨大，董事会研究再三，宁可推掉同别人的约会，中国不可缺少！”

仅仅为了一场历时一个多小时的座谈，同各方沟通，直到最后敲定，不知花去多少时间！

来自五湖四海

大家知道，我国驻外使馆人员并非全都来自外交部，还有商务部、科技部、教育部、国防部等好多部门。我在使馆期间，又有外交部从各省市临时借调来的工勤人员，如司机、厨师、招待员等等，他们来自祖国四面八方。就说厨师，我就结识来自四川、武汉、扬州、山西、山东的好几位。我在商代处工作，有位山东牟平来的年轻厨师，叫王宏安，为人和善坦诚，家境贫苦，读完小学就失学了。结婚不久他就被外交部借调到罗马。身在异国他乡，又不懂当地语言，我发现他思家心切，时而闷闷不乐。后来才知他好几个月未同家里沟通，原因是，书写家信有困难。我乐意相助，每次信使来罗马，主动为他写好家信。后来收到回音，得知家人安康时，他终于露出了久违的笑容。

驻外人员，过去受到条件限制，不能带上妻儿，远离祖国，在外一待就是三四年，甚至更长时间，为了国家外交事业，勤奋工作，常常加班加点，不求分文补贴，默默贡献了自己的青春。如果说他们不是幕后“英雄”，甚少也是我们心目中不能忘记的、勤勤恳恳的外交战士！

有人讲，人生无处不课堂，只怕没有用心人。我说，使馆也是一所大学校，只要你肯刻苦耐劳，虚心学习，在使馆几年照样也可学到许多有用的东西与本领。

20世纪60年代，周总理出访非洲，每到一国，无论多忙，日程安排多紧，日理万机、操劳为民的周总理，总要抽出时间去我国驻非使馆看望工作人员，尤其要同厨师、司机、招待员一一亲切握手问候，周总理的高尚风范体现在方方面面！这样的事，我在外交部时，一直传为美谈！

胡耀邦总书记最后一天在都灵，想到几小时后就要结束他的西欧之行回国，大使与我都同他坐在同一辆车，胡耀邦总书记语重心长地说：使馆人员来自五湖四海，因为工作需要来到使馆，好不容易，走到一起！生活中不会没有矛盾与摩擦，应当加强沟通与理解，应当相互关心，多多体谅！

他的这些话，朴素而平凡，我一直没有忘记，让我时时想起他对驻外人员的关怀与体贴！

“有时，这里像牢房”

讲这句话的是意大利一位老总统，当他辞职离开总统府时，还说：“9年里我笑得很少！”言下之意，心情很不舒畅。

事情发生在2015年1月14日。89岁高龄的纳波利塔诺签署了辞职书，完成了宪法规定的手续，终于露出了久违的笑容，告老回家了。

离开古色古香而又豪华庄严的总统府，他还说：“现在终于可以回家自由自在地散步了！”给人的感觉是，当了总统，在这幢华丽的宫殿里，处处受到束缚，很不自由！

当天，他所居住的罗马蒙蒂小区（Rione Monti）里，男女老幼涌向街头，欢迎老总统回到他们身边。因为纳波利塔诺在这里居住多少年，同他们混熟了。小区一位甜食店老板专为回老家的总统制作了一块罗马斗兽场形状的蛋糕，开了一瓶香槟酒，以示欢迎老总统回到故里。仪式虽然简单得不能再简单，周围老百姓却感到格外亲切！有的说，如果太隆重了，老总统反而不开心、不喜欢，他就是这样的人！有的说，我们了解他，他从不讲究什么隆重仪式，越简单，越平淡，越自然！

第二天意大利各大报纸纷纷于头版载文，有的大篇评论，有的篇幅不长，总之各说各的，归纳起来，所有媒体突出“9年里我笑得很少。这里，有时像牢房”这句话。为什么？

“你的任何活动都要事先安排”

纳波利塔诺本是意大利共产党一位很有声望的领导人，同党的总书记贝林格同属一辈。他远离党派纷争，还挂了个“教授”头衔，以为人正直、处事风格优雅而出名！2006年当选为总统，为战后60多年来意大利共和国历史上唯一获得连任的一位总统，因素多多，其中一点，人们普遍认为，他的声望还是很高的。

按宪法规定，总统任期7年，连任就是14年。可是连任后刚过2年，他就“深感厌倦，力不从心”，经过一段时间的反复深思，终于决定“解甲归田”！

对错综复杂的意大利政局，在意大利几十年日日夜夜的见闻，我是深有感触的，好多往事都在记忆中。但退休定居上海后，这几年那里发生的风风雨雨，就没有在使馆工作时了解得那么具体了。

带着这个问题，我向远方的朋友卡洛布蒂请教：“为什么老总统要说9年里他笑得很少”？他在米兰，我在上海，幸有互联网，大大缩短了我们之间的距离。他是已故参议长科隆博的紧密助手，我们已有几十年交情。他回答我：你这个“意大利通”还要问我，凭你的经历，应当不难理解吧！我说，这几年远离意大利，你们那里发生的风风雨雨，了解不多，真想听听你的高见。

他表示：“意大利的政局，一言难尽！如果有兴趣，可以写篇长文章。不过，看你文章怎么写，写得不生动，别人也许不爱看，因为我听过一些外国朋友对意大利政局的看法：太复杂，看不懂！

为了说明纳波利塔诺讲这句话的含义，现在我给你举个简单的例子。有一天下午，我陪科隆博去参加一场公众活动，司机为我们开车，说走就走。活动完了，我们随便找个地方小憩，喝杯咖啡，聊聊天，逍遥自在。我们还聊了一些访华见闻。中国一直是科隆博最关心与注视的国家。

当我们回到参议院时，保安就在参议院门口等着科隆博，以前从来没有的事，让他感到有些惊讶！保安一本正经告诉科隆博："此时此刻起，你就不能任意离开参议院了，因为你已选为参议长。你的任何活动都要事先安排。"

纳波利塔诺当总统，既是他的荣誉，更要有一份胆量。因为他从入主总统府那天起，就已经身不由己了。也可以说，他已"失去任何自由"。因为一直有人跟着他，有形无形，一天24小时。他已不能随心所欲，一举一动都要告诉他的秘书。因为他已经'不是自己了'，而是共和国的人了！你要知道，纳波利塔诺虽然从政几十年，但他从不热衷派系纷争，向来喜欢自由自在。当了共和国总统，跨进了总统府，偏偏失去了他所习惯的自由自在。像任何普通人一样，他要自由自在，你偏不让他自由自在！

你想想，他的任职已经长达9年，难道总统府有时不像牢房吗？这是一句心里话，他对公众讲了出来。"

"人在江湖，身不由己！"

俗话讲，人在江湖，身不由己。在官场，深陷其中，不受限制的日子一去不复返，又何尝不是这样！

意大利一家权威的报纸概括说：这位老总统的苦恼，不仅因为失去自由自在，更多来自意大利国内外层出不穷的矛盾与摩擦，来自说不尽的明争暗斗，党派之间的、政府之间的、朝野之间的争斗。在意大利，总统虽无实权，频频发生政府危机，便就成了个“大忙人”，让他伤透脑筋！

对复杂多变的意大利政局，我想起我在意大利所看到与经历的点点滴滴，也许有助于能理解这位老总统身在官场的烦恼与厌倦吧！

党派林立，纷争不绝！

第二次世界大战后意大利制定了一部意大利人人为之为骄傲的民主宪法。这是意大利人民浴血奋战20多年的反法西斯斗争的胜利成果之一。宪法规定的意思是，为了防止法西斯专制独裁的复活，建立的共和国民主体制要通过议会制约总统和总理的权力。每次大选实行按各党获得选票的比例分配议席的“此例制选举法”。大小政党当选的代表都有同等权利进入议会。客观上讲，这一规定虽有防止像墨索里尼这样的独裁制度再次复活的一面，但也造成了政党林立，派系繁多的局面。观察一国政局，都离不开他那远远近近的历史。因此，意大利党派林立，矛盾重重，许多问题议而不决，政府频频倒台，是有历史与现实根源的。第二次世界大战后的头四五十年里，活跃在意大利政治舞台上的党派，主要有：天民党、共产党、社会党、社民党、共和党、自由党与社会运动。而其他小党，诸如“无产阶级团结社会党”、“妇女党”之类，只是昙花一现。最近20年，传统党派不断消失演变，又冒出不少新党派，变得连意大利人自己也陌生起来，很难说得清楚，好多人连党派的名字都说不准，有的刚刚听说，或者刚刚记住，它又变了，让人感到厌倦！

“社会运动”战后以来一度常被人们称为“新法西斯党”，墨索里尼的孙女亚历桑德兰·墨索里尼曾是该党的一位领导人。但是客观讲，这个党并未继承墨索里尼的专制独裁，同日本少数人继承过去一套不一样，而是随着时代的变迁，一定程度上迎合了战后出现的新形势。党的一位主要领导人弗朗哥费尼曾经出任众议院议长及联合政府副总理、外长等要职，政策主张也摆脱了极端倾向，有些方面相当现实，曾访问过我国，主张积极发展意中关系。

意大利由于内阁短命，政府无暇顾及、也无力制定长治久安的政策与计划。胡耀邦总书记同意大利总理会谈，畅谈我国五年计划，这位总理笑着说："不要说五年，就连三年计划我们也搞不了，因为三年后谁也不知我们在哪里了？更谈不上五年或十年计划了！我们两国体制与实情不同，你们国家可行的，在我们这里就不一定行了。"

为了组阁，受委托的总理要同各个党派进行马拉松式的谈判，难题成堆，矛盾复杂，有时谈了个通宵。组阁期间，原总理与部长一一留存，但只能处理一般事务，重要决策都要等待新政府产生。岁月流逝，问题与矛盾越积越多，旧矛盾没有解决，新问题与新矛盾又冒出来了，于是组阁越来越难。

我可以列举以下一些例子。

佩尔蒂尼老总统对中国访问期间，我作为外交部工作人员一路随同，从北京到西安，从上海到杭州，顺便同总统府官员聊得不少。一位意大利礼宾员告诉我："外人总认为我们搞礼宾的跟随共和国总统，常常在聚光灯前出头露面很风光很吃香，其实他们不知道我们的苦处与难处！身在总统府有时很不轻松，每次政府危机爆发，安排一连串磋商，忙得伤透了脑筋。由于种种原因，有时刚刚谈妥，一二小时后对方又要求变更时间，我们被迫一改又改，总统不高兴，我们无可奈何！"

谈到他们的难题，新闻处官员也对我举了个例子。

有一次意大利南方卡拉布里亚大区发生强烈地震，老总统不顾年迈体弱，赶到震区视察，本来他得到的信息是内政部迅速行动，采取应急措施，已把帐篷、食品、矿泉水等救灾物资统统送到灾民身边；但总统到了那里一看，根本不是那么回事，有的灾民在痛哭，有的埋怨咒骂政府救灾不得力。现实摆在面前，同总统得到的信息相差甚远，总统深深同情灾民，不断安慰他们，又顿时发了脾气，他很激动，火气很大！消息传到罗马，新闻处忙作一团，急忙同内政部核实信息，问题究竟出在哪里？原来差错出于内政部，发布信息时，“把正在做的与将要做的事统统变成了过去式”。在老总统愤慨之中，最后内政部长被迫辞职了，而且留下了一个“办事拖拉不得力部长”的坏名声。

25年换了30个政府

据统计，1945年到1960年的15年里，意大利组阁15次，平均每次花去15天。

1972年到1982年10年里，组阁也是15次，平均每次长达48天，增加3倍多。

有一次安德雷奥蒂政府垮台后，组阁谈判居然拖了半年之久。媒体嘲讽：一年365天，竟有180多天闹政府危机，破世界纪录！意大利创造了一个不光彩的记录！

总统手中虽然不掌握实权，政府危机爆发前后倒是忙得不可开交！没完没了的磋商，朝野党派进入总统府，钩心斗角，明的暗的，谁都说不清楚，真的让他好辛苦、好烦恼，甚至头昏脑胀！

政府法案有时未被参众两院通过，按规定，并不要求政府辞职。但政府行动大受制约，手脚很不自由。科西嘉总理因为经济紧缩政策未获参众两院批准，总理深感伤心，要求议会投信任票，期望以此得到一口氧气。谁知仅以一票之差，信任落空了，科西嘉一气之下，立即辞职，政府垮台了。

有一次众议院辩论地方财政法，朝野党派与社会舆论闹得乌烟瘴气，愤慨之中，总理又要求议会投信任票。按惯例，信任票公开唱票表决，众目睽睽下，想要投反对票的议员不敢当面搞鬼，政府总算获得多数信任，总理大大松了一口气。没有料到的是，几分钟之后风云突变。一个“地方政府财政法”却在议会无记名投票中否决了。

此时此刻，克拉克西总理正置身于欧共体首脑会议，这位性格向来泼辣果断的政府首脑不顾欧共体会议议程，断然从荷兰海牙返回罗马向总统提出辞呈，政府危机爆发了。媒体普遍惊呼，这是“罗马政坛一场地震”！媒体认为，追其根源，是天民党与社会党之间的“总理宝座之争”，实际上同“地方财政法”毫不相关。那时，社会党人克拉克西执政已长达1000多天，3年里通货膨胀急剧下降，失业人数锐减，经济复苏明显，社会党影响力明显增大，成绩摆在众人面前。有的报纸说：可是，天民党作为最大的执政党却难以容忍社会党名声大震，千方百计，从鸡蛋里挑骨头，搞垮了政府。

“这个问题值得警觉！”

意大利由于党派纷争不已，争权夺利不息，丑闻迭起，时弊屡见不鲜，加上经济不景气，通货膨胀，失业严重，不满现实的不少人中冒出“怀旧”思潮，有的甚至怀念20世纪30年代，鼓吹墨索里尼法西斯统治时期的“繁荣与成就”。有本描写墨索里尼的情妇克拉雷塔传记的书，出版后居然成了畅销书，售完后再度出版，而且很快又被改编成电影剧本。“怀旧”派中有人主张要有一个铁腕人物执掌国家大权，当机立断，敢作敢当。认为有关经济发展与国家命运的重大问题，不能长期议而不决，决而未果。要求彻底改变优柔寡断者掌权的局面。

就此种种，我同科隆博参议员讨论过，他说，这股“怀旧”思潮的出现并不偶然，有其历史与社会根源。对祸国殃民的墨索里尼法西斯独裁，意大利民主宪法的制定，就是最大的否定，历史已经作了结论。法西斯毒瘤与专制独裁的社会基础随着二次大战的结束早在意大利土崩瓦解。意大利政府与德国政府对墨索里尼、希特勒的认识是清楚的，同日本不一样。战后几十年以来，以天民党为首的执政党，无论内政外交，早同“过去”彻底决裂！但是，社会是复杂的，历史不能割断。不能说法西斯独裁头子死了，一小撮极右分子也就偃旗息鼓了。尤其是极右思潮不是可以轻易消除的！极少数死而不僵的极右分子在一定土壤与气候下还会死灰复燃。虽然他们掀不起大风大浪，我们也不必草木皆兵；但是，有时这股势力相当嚣张，他们在墨索里尼百年出生日大搞“歌功颂德”，居然身穿三K党长袍，举起黑色的法西斯旗帜。这是一个令人头痛的问题，值得引起警觉和重视。不仅在意大利，而且在德国、法国等好多欧洲国家都有极右分子！

意大利人看意大利政局

意亚协会主席朱奥兰多参议员，曾任总理政治顾问，多次到过中国。有一次在北京，同中方接待部门经过一天紧张会谈后，去颐和园游览，在长廊里散步闲聊。聊起慈禧太后独断专行、垂帘听政，他幽默地讲了一番话：“我看了一本描写清王朝消亡的书，是欧洲人写的。读了之后，给后人的启发是，专制独裁都没有好下场，所以清朝垮台了！但世界上至今没有找到一种更加理想的政治制度，西方民主制度也不能说完美。意大利战后建立的民主国家是从墨索里尼的专制独裁中吸取了深刻教训后产生的。几十年来，讲民主，党派多多，争论不绝，埋怨与抗议也不少见！外国人经常看不懂意大利政局。现在我领导意亚协会，不仅在中国，有时在伊朗与沙特访问，饭桌上常听亚洲朋友讲，不理解意大利为什么频频发生政府危机？一位伊朗朋友笑着说：'刚知道你们总理的名字，发现又换了一个新的。意大利政局变化我们看不懂'！说心里话，我们意大利人自己也不愿这样，可是谁也没有办法。原因很多，其中之一就是战后制定的民主宪法，一个又一个党建立起来，党派争论终年不断，这是意大利的现实……"

意大利知名人士代表团由我国对外友协接待，代表团走访了北京、上海、苏州等地。途中，我们聊了许多话题，其中一个就是意大利政局。

很有幽默感的一位企业家说："我宁可去学一门深奥难懂的学问，而不愿谈论意大利政局，因为讲来讲去，你说你的，我说我的，究竟谁能说清楚，究竟谁有理？找不到一位公正的裁判！依我看，议论了半天，浪费时间，还不如坐下来钻研科学或技术！我记得菲亚特集团董事长阿湟利讲过一句名言：'意大利没有政府时比有政府时更好！'也许这是他讲的笑话，但也反映了许多企业家的心声！企业不要政府多管，搞政治的不懂经济不懂金融财政，他们插手反而帮倒忙……"

一位自由党人士说："我觉得党派多争论多，完全正常！一个社会只有一个党或者二个党，倒不正常！我们生活在现实之中，对问题对事物，你有你的看法，他有他的主张。每人学识与经历不同，看法与主张有异，并不奇怪。意大利在党派林立与激烈争论中照样发展。50年代末60年代初出现'经济奇迹'，后来继续向前。不要忘记，意大利是欧盟创始国与西方七国集团成员，不是都在这种现实中实现的吗！不要把党派多、争论多看得太重！有争论不是坏事，让大家把心里话放到桌面上讲出来，有什么不好?”

一位大学教授认为，别把意大利政府频频更迭看得太重，各国国情不同，不会千篇一律。意大利战后几十年来几个党联合执政，基本国策没有变，对外政策也没有变，要说变，只是随着形势的不断变化而作出的调整，这同政府更迭无关。意大利的内外政策并不披上浓浓的个人色彩。意大利的邻国法国，戴高乐上台后独立色彩浓厚，下令将北大西洋总部从巴黎撤走。不过凡是个人色彩浓的政治家，历史上就留下了他们的名字。如以“铁娘子”著称的撒切尔夫人，在英国推行私有化政策，同阿根廷围绕马岛打了一仗。如果有人问，战后以来西欧有哪些知名政治家，几乎都会列举阿登纳、戴高乐、撒切尔等人，而意大利的政治家，知晓者寥寥无几。任何事情都有两面性。

核污染事件闹得炸开了锅

有一次我去罗马“朱斯蒂尼亚尼大厦”拜访意中经济文化交流协会主席维科隆博。他出任过参议长，按国家规定，在这所毗邻参议院的大厦里，终生享有一个宽敞的办公室，同所有前总统、前议长一样。正巧遇见前总统科西嘉路过，他们两人的办公室紧挨着。科同我热情打了招呼，并说自己卸下总统一职，“现在一身轻、自由自在，不像那次会见中国总书记之时，我还在职，让我忙得一言难尽……”

科西嘉讲的是1986年6月，他在总统府会见胡耀邦总书记。那次会见的两个月前，即1986年4月26日，苏联切尔诺贝利核电事故发生，震撼整个世界，尤其是首当其冲的西欧，意大利广播电视一天24小时播放滚动新闻，无数生命死亡的消息不断传来，核污染的恐怖紧紧笼罩在人们头上，我是目睹了一切，可以举个例子。

1986年5月，意大利邀请中国足球友谊赛，赛场设在那不勒斯，我们前去观赛，为中国足球助威。早上，车从罗马出发，沿着弯弯曲曲的海边公路驶行。一边是蓝色的大海，一边是绿茵的菜地。汽车开了好长时间，竟未见一人采摘，反而有一辆辆铲土机正在铲除大片蔬菜。中午时分，我们进入一家普通饭店吃些东西。谁知，饭店服务员不让我们点菜，说菜单上的菜，凡是意大利的，蔬菜鸡牛肉，统统没有，有的只有澳大利亚或阿根廷牛肉。又说“实在对不起！现在核污染那么严重，江湖里、大海里的鱼虾，田野里的蔬果，谁还有胆量去吃呀！连西红柿酱罗勒面也没有了，因为新鲜罗勒长在地里……”坐在旁边的几个意大利人都在大声议论切尔诺贝利事件，个个谈核色变，深为眼前这场不知何时消除的核辐射污染而深深忧虑。

意大利朝野之间围绕核电安全的争论空前激烈。天民党赞同使用安全的核电，社会党联合其他左派坚决反对，街头一批批群众示威游行不断，抗议声不绝于耳，全国上下，一时闹得乌烟瘴气。此时，坐在总统宝座上的正是科西嘉。我为胡耀邦总书记做翻译，科西嘉会见时，记得他讲过一句话，意思是说，民主是个好东西，但有时争论太多也有负面影响。现在想起，原来科西嘉指的，也许就是让他焦头烂额、当时争论不休的核电难题。

围绕核电站、核安全、核污染的争论，意大利政府摇摇欲坠，最后于1987年被迫举行公民投票，结果，核电主张惨遭否决。意大利本在20世纪60年代就建了核电站，公民投票后，迅速关闭了全国仅有的4个核电站，本已电力短缺的国家陷入更为严重的缺电困境。

天民党参议员、意亚友好协会主席奥兰多同我聊起这件事，哀叹“太可惜太可惜”！他说：“由于公民投票的结果，意大利中部正在修建的一个核电站被迫停工拆除，好端端的设备顿时沦为一堆废铜烂铁，国家亿万资产抛进了大海，都是纳税人的血汗钱，谁不痛心呀？反对派为什么不算这笔账？”他又说，核能应是解决未来能源需要的一个重要领域，对资源极为匮乏的意大利来说，尤为重要！一次无聊的公民投票就可束缚自己的手脚，像毛泽东讲的，好比搬起石头砸自己的脚！太愚蠢太可笑！

核安全与核污染一时成了人们议论的一个热门话题。罗马大学一位教授在使馆招待会上也同我谈起，痛心万分地说：“反核者好像振振有词，其实他们都很傻！有的醉翁之意不在酒，有的善良人被人忽悠！他们不知，意大利能源严重短缺，几乎所有原材料都要依赖国外，连电力也不能全部满足需要，只得从法国、瑞士输入。事实摆在面前。法国核电比重高达全国电力总和的一半以上。你想想，法国近在咫尺，那么多核电站，万一核安全出点事，意大利躲得过吗，国家能迁移吗？苏联切尔诺贝利离开这里几千公里，我们照样受到核辐射，深受其害。问题要害不是要不要核电，而是核安全。”他认为，“意大利到头来，还是要建造核电站，总有这一天！当今世界先进技术突飞猛进，只要认真负责，一丝不苟，采取切实有效措施，核安全应是可靠的。反核者或别有用心，或盲从，或被人利用，太可笑，他们在科学面前完全输了理！”

中央统计局一位官员讲了一段深有感触的话，他说：“我是非党派人，依我看，那些反核者不是别有用心，就是好了伤疤忘了痛！第二次世界大战给意大利带来深重灾难，工厂民房大量炸毁，四分之一的铁路、三分之二的公路和桥梁、百分之九十的港口设备遭到破坏。在四五十年代重建家园与恢复经济时期，党派争论较少，经济迅速发展。可是70年代初西方能源危机一爆发，能源贫乏的意大利犹如祸从天降，落入狼狈地步。为减少汽油进口，节省能源，连晚间电视节目都被迫提前结束，霓虹灯锐减，周末限制汽车上街，意大利人惴惴不安！我认为，在能源这个敏感的重大问题上，意大利只有发展多种能源才是出路，拒建核电站的主张是极其荒谬的！可惜掌握权力的总统、总理与议长也决定不了！看来什么问题都搞公民投票并不明智！民主应有个限度！”

他还说：“这样的公民投票对国家与人民有百害而无一利！反对派荒谬到极点，等于说，因为害怕老虎狮子咬人就把它们统统杀光一样！会吃人的动物可以把它们关在铁笼里，核电站不安全可以建立安全的核电站啊！科技的发展突飞猛进，苏联切尔诺贝利出问题，我们不能从此谈核色变呀！要知道，世上已有多少核电站正在安全中运作？我们真的太傻了！”

飘香四方的节俭之风

意大利不是欧洲最富裕国家，这几年经济又下滑，难题也不少。但它毕竟是西方发达国家，人均国民产值远远跑在我国前面。

我在这个国家待过几十年，应当说，看到他们大部分人的生活还是蛮好的，不愁吃不愁穿，工作之余，尽情享受着生活的快乐。

但是，他们深深懂得，国家资源贫瘠，领土狭小，富裕了，也容不得大手大脚或半点浪费。节俭朴素的风尚，从亚平宁半岛到大小海岛，世世代代，犹如融入了他们血脉之中。

我总是发现，不少人生活中从不挥霍铺张，可以节约的尽量省一点；可以自己做的，尽量自己动手做。他们懂得富日子当穷日子过，民间飘香着一股浓浓的节俭朴素风尚！

又圆又大的“帕尼奥塔”

西方人吃面包像中国人吃米饭与面条一样，一天到晚少不了。意大利的面包价格也很合理，政府一只“无形的手”在监控着。我听国家中央统计局一位官员讲，市场经济放开是一回事，放开并不等于政府不管，例如面包价格，政府是要监控的。

他笑着说:“不是人们常常问，你要面包还是爱情吗?可见面包之重要!可是，尽管面包不贵，好多意大利家庭为了省一点，还是喜欢自制面包，尤其在农村。”

我认识一位罗马郊外阿纳尼镇的意大利朋友，他的老母亲叫阿松塔，好几次应邀去他家做客。进入餐厅，饭桌上放着一块又圆又大的乡村面包，起码几斤重，外壳脆硬，里面柔软，喷香扑鼻，稍带一些盐味，吃在嘴里，越吃越爱吃。这种面包称为帕尼奥塔（pagnotta），可以在常温下保存好几周。制作方法很简单，老母亲做了几十年，已经得心应手，烤得恰到火候。

这位朴素善良的老人笑着说，做帕巴奥塔，区区小事，容易得不能再容易了!只要今晚揉好面团，加上适量发酵粉，第二天清晨起来制作，放入烤箱就行。用的是硬小麦粉、水与盐等几种料，不加任何添加剂。每隔几天做一次，像空气与阳光一样，从大人到孩子，少不了的帕尼奥塔。

1986年前，在中意两国之间没有开通直达航线的年代，为了节省国家支出，我们好几次乘火车来往于罗马与北京之间。有一年夏天回国休假，使馆科技处负责人石广长与我同行。我们从罗马到北京，车上待了十天。他吃的面包就是帕尼奥塔。

说来也巧，出发前几天，他的一位意大利朋友带他到老家看看。那是一个位于亚平宁半岛最南方的卡拉布里亚大区，一个名副其实的穷乡僻壤，普遍认为是意大利最落后的地方。他在那里住了两天，告别时全家老幼十几人出来热情为他送行，这位朋友的老母亲，一位纯朴善良的年迈农妇带着重重的方言说:“家里没有什么可送的，送中国朋友3个帕尼奥塔，留着慢慢吃!”

连石广长也没有想到，这几个帕尼奥塔，恰恰成了他一路回国的理想食粮。

那次旅行正值盛夏，帕尼奥塔从罗马经莫斯科吃到北京，仍是一股香味，他说：“一路吃来，非佳肴胜过佳肴，口味独特，嚼后甘甜，回味无穷，有了切身体会。平时很难想象这种意大利人喜爱的面包之珍贵，十天里我是感触很深，为什么许多意大利人不是花钱购买，而要亲手制作了？看来有的意大利人宁可自己亲自制作，是为了舌尖上的享受！”

手工制作番茄酱

每到七八月番茄熟了的时候，从南到北的意大利人忙着手工做起西红柿酱。尤其在农村或郊外的第二套房里，家家户户，门前门后堆满了不知多少成熟了的西红柿！简直是西红柿的海洋！

别以为意大利人8月都去海边或山区度假了，恰恰相反，不少人正好利用休假大好时机，在家里忙着手工制作西红柿酱。

从地里摘下的大量西红柿，首先要用水洗净，然后切成碎片，用挤榨机压出果汁，加入多种作料，如盐、罗勒粉、洋葱小片、蒜末等等（各人口味不同，作料多种多样），然后一一灌入无数个啤酒瓶。精细一些的做法，先得去掉西红柿的皮与籽，那就很花时花力，也有不少人不去皮籽的，认为带皮籽也好吃。口味不同，做法不尽相同。给啤酒瓶封盖是个技术活，封盖后瓶子须在沸水中煮上20分左右，起杀毒杀菌作用。为了防止沸水中的瓶子互相碰撞，瓶子之间要安上棉布与其他织物。等大锅里的水完全凉了之后，一瓶瓶装着西红柿汁的“手工制作工程”就算大功告成，它们可以在常温下长期保存，甚至长达一两年。

但说时容易，做时难！看来并不麻烦的事，真正做起来，不仅需要眼疾手快，而且还要动番脑筋。啤酒瓶瓶颈小而细长，要在瓶颈口插入漏斗，并要用长柄汤勺上下疏通。灌满一瓶容易，灌满几十瓶，耗时就长了。

意大利人懂得忙中取乐，他们一边干活，有的谈笑，有的哼着歌曲，有的议论时政，有的痛斥社会丑闻、针砭时弊，有的闲聊柴米油盐或家常杂事，累了，不时喝杯浓缩咖啡或卡普奇诺提提神。老人身教重于言教，带头自己动手，掌握制作西红柿酱的关键技巧。例如，教子孙们不能灌得太满，否则在沸水中烧煮时瓶子会有炸裂的危险。

更多慈祥老人不乏严厉，要自己的子孙跟着学，一起动手制作，不准站在一边当看客、看热闹！他们总会唠叨一番："靠自己，靠两手，吃饭不用愁！生活的美好不靠天不靠地！"

同样，意大利人喜欢做各种果酱，有草莓酱、苹果酱、樱桃酱、桃子酱、梨子酱等。他们吃面包，离不开果酱或奶酪。也喜欢把青椒、茄子、蘑菇等多种蔬菜烤干或晒干后，切成一小片，然后加上作料，泡在一瓶瓶橄榄油与醋里存放。不过，青椒烤干后还要撕去皮。橄榄油与醋浸泡洋蓟（carciofi），制成罐头食品，味道格外鲜美，营养丰富，意大利人尤为喜欢，在我国知名度尚不高。随着经济发展与物质生活的不断发展，各种营养的需要也日趋增多，目前国内一些超市也可买到这种罐头，也许物以稀为贵吧，价格不低呀！

有一天我们应邀去拉齐奥大区合作社联盟负责人朱塞佩家里作客，他住在罗马郊外50公里的一个名叫苏特里的小镇上。我们到达时，他70多岁的老母亲玛丽娅刚煮好西红柿酱，是1小时前从啤酒瓶里倒出来煮浓的。她说，煮时要用中火，敞开锅盖，西红柿汁慢慢蒸发变浓。中午时分，送到我们面前的西红柿面，加上刚从地里采下的新鲜罗勒，味道可口鲜美。这种普通地中海美食，千家万户，深受喜爱。饭桌上，主人朱塞佩说，喜欢得五体投地，哪天少了这盘面，好像浑身不舒服！讲起西红柿营养如何有益于健康，一二三四，如数家珍。

吃饭闲聊中，玛丽娅总是抢着说话，她对儿子说："时代变了，越来越现代化了，但这套传统手艺千万不能丢！朱塞佩，你要永远牢记，什么都靠商店，什么都靠购买，太过分！有空闲自己做饭，不是很好？你负责农业合作社，自己可不要忘记农业，不要忘记做饭的本领！人活在世上，有了本领，永远饿不死！"

在那个国家待久了，常常听到、看到不少意大利人，尤其是上了岁数的人抽空去郊外挖野菜吃，有的说：全凭几十年的经验，哪些野菜可食用，哪些不可食用，野菜营养丰富，每隔一段时间吃些野菜，对身体大有益处而无害！有的老人，已经年过八旬，勤劳一生，在家不时制作乡式面包与刀切面。切成的硬小麦面，经烈日晾晒，也可保留相当一段时间。

有一次，我大使馆前的马路重新翻修，我看中午吃饭时刻，几个修理工个都从自己的包里取出乡式大面包、风干火腿、生菜、奶酪与葡萄酒，吃得很欢乐。其中一个讲，老家在偏僻的山区，家里人即便不出门，吃中饭也不进厨房开火做饭，只要切上几块乡式面包，夹进几片奶酪与生菜，几杯葡萄酒，既方便又卫生，荤素结合，营养全面。等晚上都回家时，才吃一顿丰盛的晚餐！

那所乡间别墅

我在大使馆工作那几年，使馆的所有汽车买了保险。意大利的大小保险公司难以计数，相互间竞争激烈，我们选了一家名声大、信誉好的。那家保险公司的经理朱迪切每年都要邀请我们到他家过周末。一来他想长期和我们建立商务关系；二来，他同我们交往与接触多了，对中国怀有几分感情。几年里我去过两次。他家在罗马西郊，沿着卡西亚古道驱车30多公里的一个小镇上。

罗马郊外遍地都是山丘，环境清幽，空气新鲜，姹紫嫣红，姿态各异。那天秋高气爽，我们到他别墅门口，汽车停了下来。别墅在一块高地上，还要爬几十个台阶才能进入。

铁门打开了，将近1000平方米的大草坪展现在我们面前，草坪上没有花与树，平整而又绿茵茵的一大片，让人顿时心旷神怡。穿过一条小路，来到一个两层楼的低矮别墅里，出来迎接我们的那位经理，完全变了样。在城里西服领带，衣冠楚楚，而现在浑身农民模样，脚穿长靴，头戴草帽，身穿粗布衫衣与牛仔裤，满头汗珠。没有一点不好意思，顿时伸出他那双带着老茧与泥巴的手，同我们一一握手，笑着连声说："欢迎欢迎！欢迎中国外交官来家作客！你们前来，是我们全家的莫大荣幸！"

带领我们进入客厅，只见茶几上放了几碟小吃，其中有两种不同的橄榄。我们刚坐下，朱迪切的家人莫尼卡一边热情打招呼，一边拿着托盘送来热腾腾的bruschetta（番茄蒜泥烤面包），要我们先品尝几小块。她说："我家吃的都是自己制作的土特产，没有什么名菜佳肴，没有专门准备，只是增加数量。你们到这里，请随便吃喝，像在自己家里一样。"

果然如此，后来正式用餐，从意面到葡萄酒、橄榄油、鸡腿、兔肉，除了火腿肉，没有一样是外购的。

她又笑着说："我们这里喝的水也是外面灌来的，不花钱！"

原来离这里3公里远的山谷里，青翠欲滴，满山野花，流淌着淙淙的纯正矿泉水。多年前，地方政府为民谋福祉，请营养专家检测鉴定后，筹资铺设了管道，引水到一块空地，在此修建了一个不大不小的取水站，还修了沥青路与停车场。清澈见底的一条小溪就在一边流淌。行人经过，可以随意灌上几大桶或几大瓶回家饮用，但真来灌上几大桶的寥寥无几。

朱迪切说："幸亏这里风调雨顺，从早到晚取水者络绎不绝，从未听说矿泉水枯竭过。也许因为大家心中都有一杆秤，生态环境的维持说到底，不靠天不靠地，只靠我们自己！人们懂得爱护生态。保护环境人人有责。你们去看，取水口很难看到丢下的纸屑或空塑料瓶。偶然有一些，概率很低！"我问：万一有人丢下垃圾怎么办？回答说：那里没有不准乱丢垃圾的告示，多年来养成了不成文的习惯，谁有垃圾谁就带走，绝不抛在这里！朱迪切一再强调：上帝给了罗马四郊美丽的大自然，我们感谢大自然的恩赐。方圆几十公里、上百公里的居民懂得，优美环境犹如生命！

人类离不开大自然，人类也属于大自然。世世代代，人生的悲欢是同大自然息息相连的。我想，环境美取决诸多因素，其中之一，人民自觉爱护环境，加强环保意识甚为重要。在我们国家有些地方，常常看到"禁止乱丢垃圾"、"禁止随地吐痰"、"禁止践踏草坪"的类似告示，但一些人视而不见，照样乱丢纸屑与塑料瓶，到处吐痰，绿茵茵的草坪上无情地踩出了一条小道。凡此种种，并不少见！有些人也会张口就说"爱护生态环境"，实际上忘了要从自我做起，爱护环境人人有责，不可将自己置身于外！生活中常常可见的这些恶习，令人痛心不已！

他突然问我们："你们知道，每年八月假期我们全家最爱去哪里休假？"没等我们回答，他又抢着说："不是海滨沙滩，也不是湖边或山丘，而那个地方就在你们大家面前——我的这所乡间别墅。工作需要，在罗马久坐办公室，没有办法呀！凡有空闲，我就爱回到乡间别墅劳动。人就是这样，既要用脑又要动手。脑力劳动之余干些体力活，大有好处，身体要多动，脑力与体力劳动需要平衡，掌握好了，身体就健康了，我是深有感触！"

饭后主人领着我们参观别墅，走到另一边，有块不小的果菜地，橄榄树、葡萄、菜园散布其中，还有一个鸡栅与兔子棚。主人讲，新鲜蔬菜全家一年到头吃不完，多余的兔子吃，鸡兔肥料撒在菜地上，造成有机循环，几乎没有废料。从蔬菜、鸡兔肉到橄榄油、葡萄酒，自给自足。

走进别墅地下室，原来变成了作坊或工场。内有一部旧式榨油机，几个橡木酒桶，还有铁锹、铲子等农具。朱迪切说："一年到头得完不完！忙是忙，只要安排得当，忙中可以取乐！土地给了我们永不枯竭的营养，'养育与滋润'了全家，劳动又锤炼了我们的身体，何乐而不为！相反，如果要我坐在沙发上无所事事，空谈消遣，好似一种享受，久而久之，手脚懒了，身体也糟蹋了！人各有所爱，我生来离不开土地，也同土地'结了婚'，我的爱好与习惯是祖辈父辈遗传下来的！"

我问他，像他这样的意大利人今天还多吗？他说："说不准。不过，你也知道，许多家庭都有'第二个家'（城里一个，郊外另一个），有的在湖边海边，有的在山丘脚下。郊外的房屋与土地，大小不同。利用周末或假期从事这样那样的体力劳动，相当普遍。意大利本来就是一个农业国，我的祖辈父辈一生几十年从来没有离开过土地，是他们给了我相同的基因。"

还说："将来即使高度现代化，高度发达了，人还是要吃饭喝水，永远离不开土地！"

"传家宝不能丢！"

一位博洛尼亚的小企业家，名叫亚历桑德罗，经营一家不大的精密机床厂，只有员工30多人。好多年前的一段时间里，我们常去那里谈生意，时间长了，混得很熟。

有一天买卖合同签署后，老板为我们设家宴，轻松一下。他驾着菲亚特生产的阿尔法罗密欧车。短短20分钟，汽车开到城外的一座郁郁葱葱的小山坡前停下，出来迎接我们的是他的全家，老母年近八旬，夫人西莫娜五十开外，长得文雅温柔；女儿瓦伦蒂娜是大三学生，一个溢满灵气的女孩。我们热情寒暄后，进入餐厅，吃了丰盛晚餐。前后有甜瓜加风干火腿、鸡汤、千层面、博洛尼亚式面条、烤羊排、烤鸡腿、什锦生菜，加上意大利人天天少不了的葡萄酒、奶酪、开胃酒、消化酒、巧克力、甜食与咖啡。面食与肉类各有两种，主人说，每种品尝一些，让我们看看家庭烹调手艺的水准。

席间，我们聊得很多，几乎无所不谈。

先说晚宴，原来这顿丰盛的宴席都是家里3位“女杰”亲手制作的。

老板说：照理我们可去饭店吃一顿，也可请大厨到家里做，又方便又简单；但我家的3位“女杰”偏爱亲自动手，几十年来养成的习惯！

老板即使不说，我们也已觉察到了。有时这道菜母亲做，女儿就当服务员，端到我们面前；有时那道菜女儿做，母亲就当服务员。老祖母行动稍有不便，坐在厨房帮助清洗蔬果与盘子刀叉。母女两人都说，能为中国客人做饭与端菜是全家的荣幸！

谈到他对女儿的培养，老板说：家庭教育重之又重，常常超过学校教育。身教重于言教，因为子女在你身边长大，朝夕相处，你的一举一动无时不在影响他们。

他认为，“讲一句句漂亮话，还不如多做身教榜样”。“我的企业是老父亲艰苦创业得来的。从小跟在父亲身边，他在创业的坎坷中久经磨炼，厂房由小变大，刚开始车间一角的一张桌子就是他的办公室；后来发展了，车间加固更新了，办公室移到车间楼上，但还是不大的几间，直至今天。我在他熏陶下长大，他的一言一行我都看在眼里！机床精密度高，有时公差只有一根头发丝的几分之几，绝对马虎不得。父亲带着员工操作，以身作则。业精于勤，才智出于勤奋。必须锲而不舍，刻苦探索，达到要求。今天达不到，明天再钻研，直至满足要求。老父临走前给我留下遗嘱，实际上就是他一生中强调的二句名言，一句是办企业重在品质，唯品质才可让企业兴旺而不衰！另一句是当你发了财，刻苦节俭精神不可丢！丢了这个传家宝，满堆金钱也会挥霍精光！”

他指着瓦伦蒂娜说：“你们别以为她穿着得体，长得线条优美，其实她身上没有一件品牌衣服，几个手提包也很普通。是的，我办工厂，利润丰厚，家里很有钱，照理完全可买宝马或奔驰车，但我想，阿尔法罗密欧车也蛮好，国产的，配零件到处都有，检修也方便。难道坐了宝马车，身价就高了？我并不认为！或者显得很阔气？我也不喜欢！人的欲望要有节制！女儿也许受我影响，懂得穿着打扮不追求、不过分、不夸张。我们心目中公主，这位全家疼爱至极的掌上明珠，却又不是弱不禁风、娇生惯养。在学校里不攀比，也不迷恋时尚。去年圣诞节之后商场都在打折，我叫她买件古驰（gucci）名牌套装，她脱口而出：‘爸，衣服只要吻合贴身就好，品牌衣服如果不合身，也不好！’每逢周末刚由学校回家，放下书包拔腿赶到工厂，来到我身边问长问短，有时跑到车间细细观望。不少员工也夸奖她‘好样的’也许是我教育与栽培的结果吧！我常会对她说：你要努力成长，书本上的东西要学，但知识并非全部来自学校与书本，还要多多接触社会与生活的现实。这个企业早晚总要交到你手里。你选了管理学，选对了，很有用，家族企业就是你最好的实践课堂！”

“不是夫妻，胜过夫妻”

皮革专家迪马里亚丧妻后，有一次在路上看到一对争吵打架的夫妇，丈夫对妻子狠狠施暴后，抛弃了她。他立刻前去细问这位可怜的女人，名叫朱塞比娜，年约40，黑眼睛，体态丰满，却满脸忧伤。原来，丈夫是屡教不改、深陷泥潭的赌徒。他对她深表同情，接触多了，发现她的善良、机敏与正直，感情油然而生。他们决定共居，女方带着一个小女孩来到迪马里亚家，相互体贴入微，相处和谐。但因她丈夫死不离婚，同迪马里亚始终无法结为夫妻。他有一个刚满20不争气的儿子，眼高手低，整天游荡，无所事事。朱塞比娜在佛罗伦萨一家医院当护士，天天上早班，每月一千多欧元，收入低薄，舍不得在医院旁租间小房。他们住在60公里外的桑塔克罗切，朱塞比娜很节俭，每天乘小火车来回，单程就要个把小时。迪马里亚年近60，凌晨起来为女友准备早餐，驾车送她去车站，赶上六点开出的慢火车。回到家里，洗漱一番，吃完早点，赶去附近皮革厂做试验。日复一日，年复一年。平淡的日子过得倒很幸福。共同的善良、体贴与节俭，让这对萍水相逢的情人发出了一致的感慨:“不是夫妻，胜过夫妻”!

这是迪马里亚对我讲的故事。他受一家中国企业招聘，来华开发意大利新潮皮革，从一个皮革厂到另一个厂，辗转中国南北。工作之余，他很想念他的女友，每晚回到饭店，赶着打开电脑，用skype通话，闲聊家长，问长问短，给她温暖!

按合同规定，他应一个月在华作业，一个月回意开发新产品。他收入不菲，月薪高达5000多欧元，每次离华前舍不得为自己买些什么，想的就是为女友购买新衣与女人用品。

他说，认识女友“也算上帝为我安排”了自己的后半生。

他贤惠的前妻因患癌症十年前去世，一度情绪低落，陷入无限痛苦。没想到半路上巧遇这位女人，催发了他的“第二春”。他深有感触地说：“家里有个聪慧的女人，你的幸福自然而来!”

他儿子本来游手好闲，贪图安逸，时而情绪低落。在朱塞比娜的耐心调教下，慢慢变乖了，懂事了。有一天他们正喝着咖啡，两个孩子坐在一边，女友笑着说：“别发愁，儿子的工作我找到了!”大家都很惊讶，工作在哪里？女友说：“迪马里亚，赶快让儿子跟着你学习皮革技艺，别再三心二意，儿子真正学了一门手艺，将来肯定饿不死!”女友很开窍，还说：“寄希望于社会或别人，常常会落空！凡事多多发挥主观因素。你有一手高超制革手艺，为什么不传给儿子？路在何方？摆在你们眼前的路不走，还想到哪里找?”

迪马里亚接着说：“女友有丰富的想象力，让我茅塞顿开，为儿子指明了前途。几年来，在我身边勤学苦练，儿子已经学了一手，尝到了一点生活实践的味道。我也为女友的女儿找到附近的学校。过去因为丈夫赌博输得精光，家庭拮据，女儿辍学了。我说，无论如何要让女儿上学，她也是我们的女儿，我们哪怕节吃俭用，也要供他上学！女友顿时热泪盈眶，紧紧抱住我，半天说不出一句话来！我们的小小别墅外，有块空地，本来长着些花草。女友利用空闲，清理了园子，种上了鲜艳夺目的玫瑰花，还开了个‘园中园’，种了迷迭香、罗勒两种香料与多种生菜。一年四季，园子里飘香着芬芳，象征着我们的生活!”

每逢节假日，他们驾车外出畅游一番，但不愿跑远路。有一次到了附近的温泉城蒙特卡蒂尼，游人接踵而来。因为闻名遐迩，物价昂贵。他们走进一家小饭店，一看菜单，比别处贵了好多。女友当机立断，建议找个乡村饭店用餐。还说：“开车要不了几分钟，我们节俭一点，算了吃，不是吃了再算。朴素节俭是美德!”在她提议下，大家欣然同意，两个孩子赞扬“妈妈有道理”。

平日里，从医院回到家，忙着整理卧室，到孩子房里“补课”，厨房与卫生间也清洗得一尘不染，以自己的行动为榜样。孩子看在眼里，发现自己的房间整整齐齐，慢慢养成了有条理的生活。女友爱说:“家里稍有些不干净，连坐在客厅看电视也不舒畅!”两个孩子在女友熏陶下，从不乱花钱，一到家里，有时帮做家务，有时外出采购，从不单独去酒吧或歌舞厅，消除了我在中国期间的后顾之忧。

谈到他的这个新家，迪马里亚对我说:“如果身边有个通情达理、勤俭持家的女人陪伴，就是你一生的福气！她是妻子，还是女友，对我无关紧要!”

自己动手

小企业主乔万尼，家在靠近阿尔卑斯山的一个小镇上，虽然40开外，却早已秃顶。他身材瘦弱，鬓角略现皱纹，是我在商代处工作结识的商人。后来相处久了，他聊起了当地的一个修房习惯。譬如，不少家庭建房，都是二三层，不建高楼，同建筑师商定房型结构后，先让建筑公司建起客厅、餐厅、卧室、厨房、卫生间，有意留出一个半地下室为毛坯房。为什么？不是没有钱，而是多少年来的习惯，自然成了爱好，要自己动手装修，用自己的双手显露一番多面手的才华！如果没有时间，就利用周末与节假日。他说，自己动手，也有一个学习与请教的过程。你配足了建筑材料，哪个工程在先，哪个在后，还要拜内行为师，虚心请教一番。既当木匠，又当瓦匠，就得边干边学。俗话说，以勤补拙，每人天资有高有低，能力也有差异，重要的是吃苦耐劳，加上虚心好学。

有一天我应邀到他家乡作客，只见森林环抱、峰峦连绵下的小镇，仿佛置身在瑰丽幽静的山水画卷中。因为镇小，四周邻居都相熟，他带我看了好几家。他所讲的半地下室或地下室，几乎都是自力装饰的汗水结晶。有的成了漂亮精致的客房，配了小厨房与卫生间；有的成了酒吧，放着几张不上油漆的木制桌椅；有的成了休闲室，内有健身器与淋浴室。有的说，一年的周末与节假日的心血都在这里了；有的讲，亲戚朋友帮了忙，半年里装饰完工了。

我很好奇，20多个春秋后的一天，应邀到“意亚协会”主席奥兰多家作客，他在亚平宁半岛南端，我想看看南方人的习俗。

奥兰多说，在马尔蒂纳弗朗卡（Martina Franca），自己动手修缮房屋也很常见。那里的民屋以“特卢里”（trulli）为特色，一种圆锥顶建筑，经济实惠，冬暖夏凉，深受喜爱。因为附近有漫山遍野的石头，百姓就地取材，几乎用之不竭。这种房子易建易修，屋的圆顶上有个石头尖塔，塔上又有大理石圆球，给人无限遐想的空间！里面的装修，几乎都出于民间工匠之手。不少家庭，自己慢慢装饰，是世世代代流传下来的一种风习。

奥兰多说：“我在罗马从政，又是参议员，实难腾出空闲自己动手。但我的邻居，四周许多人家，几乎都是自力更生修建‘特卢里’，里里外外，装修得风格不同，各有千秋。有的一进门就是客厅与开放式厨房；有的客厅在前，厨房与餐厅合二而一；有的配有几个小套间，卧室内都有卫生间。普遍的设计理念是舒适实用。邻居朋友间，建房与装修前，喜欢相互观望，汲取灵感，结合自身口味与需要，实现个性化住房。”

奥还说，意大利过去是农业国，漫长的岁月里，人民生活艰难刻苦，养成朴素勤劳的良习。现在到了新时代，青年流向城市与国外，留下的老人习惯没有变。也有不少青年，城里待了好多年没有安顿好的，返乡谋生了，他们在老一辈的影响与熏陶下，那些朴素节俭风情没有丢，很庆幸！

可惜也有不少年轻人，染上恶习，误入了歧途！奥兰多说，现代化不知不觉地影响着社会风气，意大利的风俗传到国外，国外的传到意大利，有好的，还有坏的。世界各国的文化与生活习惯相互渗透与影响是难以避免的，重要的是发挥教育正能量，从老一辈带头起示范作用开始。

他强调：教育下一代是件大事，年轻人正在成长，很不稳定，他们向何处去？这是摆在大家面前的一个重大课题！

“我们要靠自己”

我认识都灵的一家旅行社老板斯泰法诺Stefano Chiraviglio），光秃的头，瘦瘦的身躯，既热情好客，又机智健谈。他经营旅游业有一套丰富经验，专门组织意大利人去中国旅游。早从20世纪70至80年代初，每逢旅游旺季，不少意人涌向中国。中意之间尚未开通直航，为便捷省时，他几次租用我国国航包机，来回接送他的大批旅游团。

勤奋经营换来了丰厚回报，他的腰包鼓了起来。岁月流逝，人会慢慢老去，他一直精心栽培自己的两个女儿，向她们灌输旅游“细胞”，有意培育接班人。他说：“搞旅游业，不仅为了赚钱，而且可以用知识与见闻充实自己的头脑，格外有意思！即使我老去，这个传家宝千万不能丢！”

可是，好像现实同这位年过六旬的老板开了个大玩笑。

有一年盛夏，他邀我去意法边境的古马尤小镇游览，在阿尔卑斯山脚下的酒吧与饭店里，同我聊起了他的两个宝贝女儿。老大叫葆兰，拿了毕业文凭，就很快跨进了教师行列。她说：“孩子们天真可爱，活泼烂漫。有的接受良好教育，步入正道。

有的误入迷途，为什么？因为他们缺乏家教与学校教育，好好的年轻人，毁了自己的一生，太可惜！我为什么不去当老师？”葆兰果然走上了教学之路，天天早出晚归，回家忙着在灯光下孜孜不倦，批改作业，直至深夜。父母一再劝她改行，激发她对旅游业的兴趣，到头来还是无济于事。她知道父母的一片苦心，说：“每周三个下午学校无课，我可去旅行社助你们一臂之力。”不久，她又接受意大利外交部合作发展司之邀，去拉美教学，帮助南美洲发展教育事业。一个刚过二十的姑娘，好意婉拒了父母的善意，毅然离开富裕的家庭，漂洋过海，到了委内瑞拉一个自然条件恶劣、经济落后的小镇执教，宁愿在终年躲不开的蚊虫叮咬、烈日暴晒、暴雨袭击的荒凉之地教育拉美学生。面对种种困难，她忍受着肉体上的痛苦，毫不动摇，专心致志，刻苦学习西班牙语，用意西双语教育孩子。在给父母的一封封书信中，她一字不提面前经受的种种困难，而仅仅写道：“爸爸妈妈，我像一只小鸟飞到这里，我的羽毛已经丰满，我要远走高飞，自食其力。你们可以养我十年二十年三十年，但养不了我一生。我有双手，可用自己的头脑与心血去谋生，这样生活更踏实，吃得香睡得好……”又过了几年，她得到了意大利外交部的奖励，赞扬她不畏艰难、为拉美教育事业、加强意大利与拉美国家关系作出了自己应有的贡献。

斯泰法诺的第二个女儿西尔维娅比葆兰小五岁，大女儿走了，他们把接班人的希望自然转到她身上。谁知，充满魄力与激情的西尔维娅不知从何时开始，同考古学结下了不解之缘。课堂上，她认真钻研考古知识；课余，常常在断垣残壁与废墟中度过。有时回家，浑身泥灰，满头大汗，吓坏了父母。父母责备她：“面前轻松的工作不做，混在破砖烂瓦堆里有何意思？”她回敬说：“意大利拥有丰富灿烂的文物遗产，已经发现的仅仅是一部分，还有大量文物有待我们去发现、挖掘与研究，我不去，谁去?”一股对考古事业的热情常使这位美貌的姑娘废寝忘食，如饥如渴。在她的寝室里，摆满着残缺不全的陶瓷器及各种让父母看不懂的碎片。她常说：“意大利从埃特鲁里亚到古罗马、中世纪、文艺复兴，珍藏着无数文物遗产，值得好好开发与精心保护。但是，别以为文物是无限的，即使再多，不开发，开发后不妥善保护，就会丢失，丢失了，不会再来。”父母最初对她的选择很不理解，后来，非但变了，而且深为她的刻苦钻研精神所感动。

我们喝着咖啡，斯泰法诺笑着对我说：两个女儿走上了不同的道路。人生啊，要想开！天有不测风云，亲生女儿之心有时也是难以“驾驭”的！年轻人各有爱好与志向，父母可以引导与劝说，但凡事都要适可而止，绝不能勉强，强扭的瓜不甜。如果子女选择之路不合大人心意，一味干涉与阻挠，绝不可取！他搞了几十年旅游业，也带着全家走遍中国的大川名山，从上海、杭州、桂林到西安、北京，两女儿也赞扬过中国之美，也讲过“走遍天下、长知识、开眼界”这样的话，满以为她们会接他的班，谁知最终教育与考古的细胞深深流淌在她们的血液之中！他说：“不少人以为富家子弟容易娇生惯养，我的女儿恰恰又相反。”有一天，圣诞节快到，他给西尔维娅一笔钱，要她去美容店打扮一下，顺便买些名牌时装，准备过节。他又没有料到，女儿回答说：“爸爸，钱是你用心血挣来的，我够用就满足了。美容店与名牌时装制造出来的不是自然美，我不爱过度化妆打扮，难道你不喜欢我的自然美吗?”他当然说：“心肝，你的美喜欢喜欢!”

斯泰法诺感触万分地说：“人生没有十全十美，两女儿各奔东西，一次次回答我‘我们要靠自己’，走上了自力更生之路！想开了，我也满意。但我终生酷爱的旅游业不会从此停步，可以招聘一位事业心强的经理，继续组织更多游客去中国观光。”

《华盛顿邮报》的"报告"

当我写完本文时，正值2016年瑞士达沃斯论坛举行。美国新闻与世界报道等三家机构借这次论坛发布2016年世界"最好国家"排行榜，引爆了世界舆论场的种种争议。这种报告，根据与可靠性多大，你有你的看法，他有他的观点。但是，不管如何，可以作为参考与思考！

它们的报告指标繁多，不少国家都有"闪亮之处"。例如，《华盛顿邮报》认为，德国的"企业家精神"，世上其他国家无法相比；加拿大的"生活质量"笑傲群雄；而意大利的"传统"指标得分最高。

我认为，给意大利的"传统"打高分，不是偶然的，而是有道理的，是"华盛顿邮报"记者对意大利作了一番调查研究的结果，也证实了我在那里度过几十个春秋的人留下的印象！

上海世博会意大利馆里，不仅展出法拉利、兰博基尼这样的高速汽车，以及雕塑、油画、葡萄酒、橄榄油这些引他们为豪的东西，而且还在一个特制的玻璃房里，天天都有制鞋匠与裁缝低着头，专心致志制作皮鞋与缝制时装。可见到了规模盛大的世界博览会，意大利人仍然不忘他们所珍惜的优良传统！

传统，世界各国都有自己的传统，历史与文化不同，传统有异。传统文化就是反映该国历史与文明演变而汇集成的民族特质和风貌，也反映了这个国家的思想文化和观念形态。意大利的悠久历史传统是它的社会现象，是人们在悠悠岁月里创造与形成的积淀物。

我认为，意大利那些纯洁朴素的民风是他们一笔宝贵的精神财富！他们好的风俗习惯、生活方式，我们不必全部照搬，但是可以从中吸取养料。

各国文明与传统各有千秋，相互交流、相互借鉴，非但可以消除误解与偏见，增进了解与信任，而且可以变得更加丰富多彩！

一个伟大的比萨人

"两个伟大的比萨人"

有一次我应比萨大学邀请，以大使馆政务参赞身份前去那里，向热心了解中国的大学生介绍中国的改革开放。一个不大不小的教室里，坐满了人。我先讲了一番，介绍中国改革开放概况，然后留出时间回答他们的问题。

比萨大学一位教授当然首先来了个开场白。他说，比萨大学历史悠久，建于14世纪，久负盛名，因为这所高等学府栽培了"两个伟大的比萨人"，一个是伽利略，另一个是费米。他们生活在完全不同的两个年代，一个从封建主义向资本主义过渡的动荡年代里深受过煎熬，一个受过20世纪的墨索里尼法西斯主义的无情迫害！他们的伟大业绩都是逼出来的！费米被迫移居美国，历经千辛万苦，后来在他领导下终于建成了世界上第一座实验性原子反应堆，他是为后人制成原子弹以及和平利用原子能的奠基人！"两个伟大比萨人"，也是比萨大学的骄傲，是比萨大学启蒙与栽培了他们！大学因为历史悠久而出名，大学因为这两个伟大的比萨人而光彩！

接近中饭时间，邀请我去的那位教授热情请我去午餐，他说，大学附近有个著名饭店，可以品尝托斯卡纳大区的美肴。盛情之下，很难推托。我感谢了他，并说，简单一点，我们去附近酒吧吃份三明治、喝杯咖啡就可以了。我想顺便请你聊聊伽利略，虽然我已查阅一些资料，但总想有机会听比萨人讲讲这个伟大比萨人的故事。教授欣然同意我的建议。

教授说，伽利略的父亲是一位潦倒的绅士，酷爱音乐，对破解各种数学难题具有出色的才华。可是英雄无用武之地，他经营的则是一个普通的亚麻店，哪里用得上那门深奥的数学！他的妻子是个古怪的女人，脾气有些粗暴。因为亚麻店生意不好，经商路上的坎坷与挫折，常使妻子伤感而发怒，语言尖刻而辛辣。日子久了，潜移默化，小伽利略的一些个性受到母亲的感染，时而也很古怪。好的是，父亲的数学天赋的基因传给了儿子，小伽利略有一个聪明机智的头脑，但父亲偏不要幼小的儿子去钻研数学与科学，而要他去学弹琵琶与风琴。总之，伽利略从童年起，生活路上常有艰难与波折，很不顺当！

话从大教堂吊灯说起

有一天，小伽利略去比萨大教堂做弥撒，抬头看见大教堂里的那盏大吊灯，有人把吊灯拉到一边，点燃了它，然后放手。吊灯随着吊链在半空中来回荡来荡去，划出的弧线从天主教信徒的头上顶上一一掠过。伽利略完全忘了祈祷，却很有兴趣地注视着吊灯的摆动，弧线越来越短。当时大家认为，摆动弧线越长所需时间越长，弧线越短时间也越短。可是伽利略用自己的脉搏计算时间，发现并非是这样。回到家里，他立即进行类似试验，把不同重量的物体用不同长度的绳子吊在天花板上摆动。父母看着儿子试验得发痴发呆，竟忘了吃饭，发起火来。痴心的伽利略不理父母的情绪，干脆离家到附近树枝上继续试验，他观察得非常仔细，一次又一次实践，终于做了一个适当长度的摆锤，测量了脉搏的速度与均匀度。从这里他找到了摆的规律。

他发现并证实，大教堂里的吊灯不管摆动弧线大小，来回一次所需时间是一样的，同大家的看法截然不同。他发明了一种与人的脉搏同步的摆，并把跳动次数记录在一个刻度盘上。在没有钟表的年代，按照他测定的原理，医生就可以把病人的脉搏准确测量出来。

教授说，佛罗伦萨附近有个修道院，伽利略去了那里，教士对他进行教育。学了一段时间，父亲认为儿子已到就业年龄，要他回来一起经营亚麻店。在店里，他情绪低落，无精打采。父亲看他心思与兴趣根本不在亚麻店，就把刚满17岁的儿子送到比萨大学学医。但他的心思也不在医学上。好在当时学医学之前，先要学习早已死去两千多年的亚里士多德的哲学。学了之后，他反复思考，对亚氏哲学提出了种种质疑。

这些质疑，就是对天主教会的公开挑战。要知道，十五世纪到十六世纪的欧洲，正从封建主义转向资本主义。神权为了巩固封建主义的统治秩序，竭力坚持宣扬荒诞的神学理论，用野蛮代替自由，用高压代替辩论，妄图继续禁锢与束缚人们的头脑。教会顽固坚持“地球中心论”，说什么地球是宇宙的中心，月亮、太阳及其他微弱光点围绕地球转动。

而伽利略刻苦钻研与探索，找到了希腊伟大数学家与物理学家阿基米德的理论。他用这一理论发明了分析金属的天平，根据各种金属的重量来分析。还发明了测量固体重心的方法，随之，他的名声越来越大。他的天资与才华受到了社会上有影响的重要人物的赏识。在他们的帮助与推荐下，1589年，25岁的伽利略获得了比萨大学数学教授的头衔。

在研究院里，他做下落物体试验，又发现亚德士多德理论的另一个错误，根本不是物体的重量越大，下落的速度越快。据说，伽利略在斜塔上做了一次次落体试验，从实践中发现，所有物体下落时每个单位时间内速度都在加快，这种速度的增加是一个常数，不论它们的重量如何。他有力地批驳了亚氏物体下落快慢不一样的荒谬理论。

近两千年的谬论被伽利略揭穿了，这是一个划时代的挑战！

为比萨斜塔增光！

教授继续说，伽利略为比萨这个古城增添了无比光彩！斜塔因为倾斜而出名，因为伽利略而闻名天下！世上斜塔多多，唯独比萨斜塔家喻户晓，因为斜塔上做了伽利略的落体实验，因为比萨诞生了这位伟大的科学家！

1987年联合国教科文组织审定批准“比萨大教堂广场”为世界文化遗产，在众多的意大利文化遗产中名列第5。

科教文专家认为，不仅因为这里有比萨斜塔，伽利略在此发现了自由落体定律，而且也是同他在大教堂观察大吊灯、走上科学之路密切相关的。

世界各国游客来到比萨观光，切忌看热闹，一走而过，而要好好品尝这些古建筑所包含的深厚内涵。

这里除了斜塔，还有大教堂、洗礼堂与墓园。广场上的4大建筑，洁白晶莹、宏伟壮观、均匀和谐。这个建筑群一直视为世界建筑史上的一大奇迹，因此教堂大广场也称为“奇迹广场（Piazza dei miracoli）”。

一个10万人口的比萨，何以建造这些稀世建筑？有人说，离这里不远，几十公里外的卡拉拉盛产珍贵的意大利大理石，比萨，自然“近水楼台先得月”。

教授笑着说，讲得不全面！

看问题离不开时代背景与经济基础。中世纪的比萨，有着繁荣的海港，经济实力强大，西部海上的撒丁岛与科西嘉岛也在这个城邦共和国统治之下。还有舰队参加过十字军东征。所以，当你看了“奇迹广场”之后就能理解，世上任何宏伟建筑都以浓厚的经济实力为基础。

大教堂一边的洗礼堂（Battistero）呈圆形穹顶，直径34米，犹如缀满珠宝的皇冠，全由大理石建成。而大教堂北端的墓园（Camposanto），内部一圈回廊为长方形庭园，外墙又是白色大理石，长126米，宽52米，规模之宏大，实为少见！这些大理石建筑群，为人类留下了珍贵的文化遗产！就是你在里面转上一圈，慢慢赏赞独特的建筑韵味，也要花去半天时间！

教授自豪地说，从佛罗伦萨流淌到比萨的阿尔诺河（Arno），虽不是意大利第一大河，但它养育了世世代代托斯卡纳人，养育了但丁、达芬奇、米开朗基罗、薄伽丘与伽利略等等文艺与科学天才。阿尔诺，是托斯卡纳的母亲河！阿尔诺河水养育的英才是托斯卡纳的伟大儿子，意大利人为之骄傲！

今天如果你有时间，去比萨阿尔诺河畔的任何一家酒吧坐坐，听听比萨平民百姓的议论，你定为听到各种版本的伽利略故事！

有的给你讲大教堂吊灯，有的讲自由落体试验，有的讲发明望远镜，有的痛骂中世纪宗教裁判所对伽利略的种种迫害！但万变不离其宗，他始终是人民心目中的伟大天文学家与科学家，一位伟大的比萨人。

世上第一台望远镜

可是在亚里士多德理论风靡的环境里，有人讽刺伽利略“神经有病”、“异想天开”，各种刺耳的咒骂声向他袭来。他身处逆境，如逆水行舟！听了各种奇谈怪论，他毫不动摇，依然置身探索研究之路。

功夫不负有心人，功到自然成！

后来终于制成了世上第一架望远镜，可把原来物体扩大3倍。他不满足，继续试验，做了一次又一次改进，又扩大到8倍。仍不满足，再试验再改进，又几乎扩大到33倍。他用自己做成的望远镜每晚观察月亮，看到了月亮上的高山与深谷，还看到火山爆发后留下的一道道裂痕。一步又一步，他又观察太空，去探索宇宙的奥妙。他发现，银河是由无数小星星汇集而成的；太阳炽热的表面浮动着一层层稀里古怪的黑斑，而黑斑也不是一成不变，它们都在不断变化中。

这就是我们今天所称的“太阳黑子”。

他用无可辩驳的事实证明，地球并非宇宙中心，而是围着太阳在旋转。从而他又用自己探索到的事实证明了哥白尼的学说。哥氏早在1543年就宣布地球每天绕着地轴旋转，行星是绕太阳运行。

布鲁诺也宣布哥氏理论的正确性，面对宗教裁判所的种种指控与酷刑，宁死不屈，英勇就义，于1600年被宗教裁判所刽子手活活烧死于罗马鲜花广场。

恶讯传到耳里，伽利略异常气愤，表示毫不向教会的神学理论屈服，坚持科学真理，依然出版了“星空使者”、“关于两种世界体系的对话”等重要著作。

“说了些违心话，抹不了他的伟大！”

卡布贾尼，一位充满热情的意共党员，曾多年出任佛罗伦萨市长，在意大利政界颇有名气。他同我国驻意使馆交往密切，我几次到过他在佛罗伦萨“旧宫”里的办公室，他也到过中国。我同他相识多年，每次相见，总是谈起不少话题。

有一次他来我国使馆参加国庆招待会，随便聊起意中两党关系的风风雨雨，深为两党恢复正常交往而高兴！

他认为，好多往事，尤其涉及60年代国际共运大论战中的一件件往事，究竟“谁错谁对”，今天的人们都要宽容一点，不必再去计较；他说：“60年代的意共一次党代会上，是陶里亚蒂总书记首先批评了中共，挑起了论战；而你们写过两篇长文批驳我们。冷静想想，客观地讲，那时双方都讲了一些让对方难以接受的话。“谁错谁对”呀？我们不必再去追究！几十年前讲过的过头话，我们都要原谅与宽容！重要的是，贝林格总书记访华实现意中两党关系正常化后，我们之间相互尊重，交往不断。”

我说，今天我们讲起几十年前的往事，情况很复杂，所以发生，都不能离开当时的历史背景。是的，我们不必再去追求谁是谁非了，我们回顾过去为了更好展望未来。在生活与相互关系中，懂得宽容与理解很重要，也是一种美德。

讲到这里，站在一边的一位佛罗伦萨大学教授突然插话讲起伽利略，我没有想到他会提起几百年前的伽利略！

教授说，伽氏“屈打成招”，我们这些后人也都理解与宽容了。他在晚年，重刑与重压下讲了一些违心话。但历史是公正的，没有因此而抹去他的伟大与光辉！他是伟大的比萨人，是比萨的骄傲，也是托斯卡纳与意大利的骄傲！他说，这位伟大的科学家晚年遭受罗马宗教裁判所的种种肉体与精神折磨，有时要他双膝下跪，有时要他去教堂忏悔，最后判了无期徒刑，关入冰冷的监狱。后来在托斯卡纳公爵说情下，改为监外软禁，但他家周围天天密探出没，完全失去了自由。他已年近七旬，本来身患多种疾病，教廷裁判所使用恐怖的暴力，不断蹂躏与迫害他，让他极度虚弱，以致双目失明。

卡布贾尼说：“我们后人难道因为这些事而感到伽利略不伟大吗？置身处地想想，换了一个功勋很大的人，也可能会这样，难道因为晚年被迫做了些违心事而可抹杀他一生的功劳吗？”

霜雨傲骨的伽利略，“大逆不道”的伽利略，至死“死有余辜”，不准推进教堂，只能抛尸郊外。今天无数游客来到佛罗伦萨得以瞻仰这具大理石棺，是他死后百年才在教堂出现的！

这位教授激动地说：“伽利略一生坚持真理，却死无葬身之地！世上多少伟人为了追求真理，而受到迫害，付出了自己的宝贵生命！但是，真理之光是永远熄灭不了的！米开朗基罗去世那年，伽利略诞生了，那是1564年；1642年伽利略谢世，英国伟大的科学家牛顿又降生了。他接过伽利略点燃的火炬，创造了“牛顿运动定律”。人生满途荆棘，人世间也不可能处处公平公正。但是，未来是充满希望的！伽利略也是佛罗伦萨之子！”

卡布贾尼与教授都说，宗教裁判所无恶不作，手段极其毒辣，首先把他列入黑名单，传讯到罗马接受种种审讯，从肉体与精神上陷害他。人在酷刑下讲些违心的话，又算得了什么！不要说施加酷刑这种特殊情况了，就是在平常日子里，谁的一生，讲的话句句都对，做的事件件都正确？伽利略虽然“屈打成招，”临死前他又重复他爱说的一句话：“追求科学需要特殊的勇气！”伽利略的伟大在于把自己的毕生精力献给了科学真理。

我回答说：“文化大革命”期间，中国一些文化精英一度受过不少痛苦遭遇，有的在猪棚边，有的在遥远落后的农村，他们中的一些人讲了些违心的话。但“文化大革命”之后，大家都给予了宽容与理解，他们的一生并不因为几句违心话而留下什么阴影或黑点！

几百年了，比萨人依然崇拜！

“桑塔克罗切”（Santa Croce）毗邻比萨，几乎成了遐迩闻名的意大利皮革的代名词。这里，人杰地灵，多少年来皮革精英不断涌现。今天，在我们南北众多皮革厂中的意大利技工，十有八九来自这里。因为与比萨邻近，有的干脆说“我是比萨人”。为什么？因为他们心目中的“英雄”出生在比萨。

好多年来我结识了几位“桑塔克罗切”地区的皮革专家，他们经验丰富，颇有才华，各有所长。其中一位名叫强卡洛。

在一次次共事中，他提得最多意大利名人的就是伽利略。每到一个工厂，中方主人有时请他自我介绍，首先他会说“我是比萨人，我们那里出了个伟大的伽利略！”

强卡洛不厌其烦，以家乡这位科学家为豪。我发现他不仅在口头上，而且在行动上，坚持刻苦钻研，精益求精。

他说，在皮革试样车间，做成一块从意大利带来的新潮皮样，并不简单。因为有了一套工艺配方与所需化工材料并不等于“万事大吉”！来到中国，地方变了，水质与温度、湿度就不一样，因素多多，不能一蹴而就。同在中国，南方潮湿。北方干燥，情况也不一样。总之要用心与用脑，靠经验与实践。如果有了硬件就可顺利完成，世界上的事就很简单了。正像你买了一本菜谱，并不等于可以轻松做出各种佳肴来一样。必须反复试验，像伽利略爬上比萨斜塔做自由落体试验一样，不是一试就可发明规律的。失败了，再试，又失败了，再试。或许有人嘲笑，有人讽刺。他在恶劣的环境下毫不动摇，在痛苦与挫折中锻炼了毅力，以水滴石穿的韧性，终于发明科学的真理。所以要做成一款既有意大利新潮风格，又能满足中国客户口味的创新皮革来，真要花番功夫！

皮革专家贾钦托有一次在浙江一家皮革厂做试验，忙了半天，没有做成厂方要求的那种风格。我看他也忙了几天，在打样间来回折腾，反复试验，最后仍让厂方失望。但他听不进不同意见，又发了不小的脾气，一时关系闹得很僵。

过了两天冷静下来，他同我闲聊，承认自己刻苦有余，用脑用心不够，并举了伽利略的例子，深感愧疚。

他说，伽利略为了试验大炮的炮火，几乎着了迷。他既有激情与兴趣，又有刻苦耐劳的精神，用心用脑巧计算，在困境与失败中不断试验。从小他是听爷辈父辈讲伽利略的故事长大的。伽利略的风风雨雨，在比萨地区及托斯卡纳大区几乎老幼皆知。在那里，你可随便问路过的行人，都可讲上伽利略的一个个小故事。

听他爷爷讲，那个年代，炮手们知道，要击中远处目标，必须推高瞄准器。但究竟抬高多少？只是靠心算大概估计，不懂得如何确切计算。伽利略从无数次试验中证实，炮火的弹道是一条抛物线。要命中一个多远距离的目标，就要算出瞄准器需要抬高多少！他发明的这个理论，就是现代科学上称的动力学，所有物体保持静止不动，而运动中的物体如果没有外力作用，则保持匀速直线运动。惯性适用于地球或宇宙中的一切物体。

“帕多瓦欢迎他！”

好几年前，由意大利外贸协会驻沪代表处安排，帕多瓦的一位著名企业家马里奥前去上海东华大学，讲授意大利设计理念（从汽车、家具、皮鞋设计到时装设计），我为讲授做了同声传译。

事后这位企业家同我交谈，还在强调演讲中的一个观点，就是设计应是敢想多思，不带任何框框，别人的风格可以作为参考，但绝不能抄袭，要在自由自在氛围下设计出具有独特的新颖风格来！重要的是创新，有新颖的风格，让人耳目一新！

无意中，他提到伽利略。我深深感到，意大利人无不为有这位伟大科学家而自豪！他说，伽利略虽是比萨人，但同帕多瓦也有一段不浅的缘分。

事情追溯到16世纪末叶。伽利略发现了物体惯性，现在称为“牛顿第一定律”，为牛顿理论体系的建立奠定了基础。

然而，比萨大学的教授有的不愿接受他的实验结论，甚至气势汹汹，通过多种手段，让大学减低了他的薪水；有的变本加厉，妄图把年轻的伽利略驱赶出大学。在硝烟弥漫，世道混浊的年代里，伽利略对这帮小人十分厌恶，无可奈何，他便主动辞职，回到了父亲困境中经营的亚麻店。可是，他对亚麻店仍无任何兴趣，也产生过苦恼与焦急，一度情绪低落。

幸运的是，他已很有名声。消息传到威尼斯公国，那里向他伸出了橄榄枝，敞开了大门，聘请他到帕多瓦大学任教。帕多瓦欢迎他！

要知道，意大利统一之前的漫长岁月里，从北到南，四分五裂，一个个小国遍及半岛与几个小岛。伽利略到了帕多瓦，不仅拿了高薪，而且在充满自由的学术气氛中传授知识，做着多种科学实验。

年轻的伽利略在这里的18年里，从事城防工事、攻城机械与桥梁设计工程。发明了世上最早的计算尺，可以用来进行求平方根与立方根的运算，慢慢延用到天文罗盘上的角度与等分。

在帕多瓦大学，伽利略受到普遍器重，每逢他讲课，宽大的课堂里挤满了前来听课的学生，甚至站到课堂之外的走廊上。连北欧一些国家，例如瑞典、苏格兰与德国的权威教授与学生也不惜长途劳累，纷纷慕名而来听课。

他在课堂强调，宇宙中没有任何东西是一成不变的，所有东西都在运动之中。地球并不是宇宙中心，它仅仅是茫茫宇宙中的一个星球。他还把自己发明的望远镜拿到威尼斯最高建筑物——钟楼顶上去观望。在这里，看到了帕多瓦的街道与街上的行人，让威尼斯大公与议员个个目瞪口呆，简直难以相信自己的眼睛！尤其是那位身穿天鹅绒服装的大公，爬到将近百米高的钟楼之顶，仍在气喘吁吁之中，用伽利略发明的望远镜看到了20公里之外的帕多瓦，让他对这位科学家大为赞赏！

命名“伽利略”！

伽利略的意大利文是“Galileo Galilei”，按音译，应是“加利莱奥·加利莱依”。

1642年，78岁的伽利略走完了不平凡的一生。

今日欧洲为了纪念这位伟大的比萨人，以伽利略命名的重要研究项目不断涌现，其中有伽利略卫星定位系统。

比萨大学教授认为，欧盟以一位科学家命名当代宇宙科技研究计划，是经过一番深思熟虑的。

欧洲伟大科学家很多，中世纪以来就有哥白尼、布鲁诺、伽利略等，为什么取名伽利略？因为他的贡献大，精神更可贵！他的伟大涵盖力学、天文学与哲学等3大领域，他是近代科学的先驱者。

他创制的天文望远镜后来称为“伽利略望远镜”，发现了木星的4颗卫星，为哥白本学说提供了确凿的证据，标志着哥白尼学说的胜利！借助望远镜，他还先后发现土星光环、太阳黑子、太阳自转与金星、水星的盈亏现象；通过一次观察，以坚韧不拔的毅力又发现银河是由无数恒星组成的。

可以说，这位伟大的比萨人，开创了天文学的新时代！

为了纪念他的不朽业绩，人们把木卫一、木卫二、木卫三、木卫四命名为“伽利略卫星”。

不少意大利人为之自豪的是，哥伦布发现了新大陆，伽利略发现了“新宇宙”，一位是勇敢的探险家，一位是伟大的科学家！

有的说，为什么许多意大利与欧洲14到17世纪人才辈出，从但丁、达芬奇、米开朗基罗到伽利略？

因为，正是亚平宁半岛与古老的欧洲大陆从黑暗的中世纪向资本主义过渡的动荡年代，俗话说，乱世出英雄！

但丁由于佛罗伦萨残忍的派系斗争，被驱赶出故乡。漂流与苦难给了他“生命与水源”，压力与恶运成了他的精神兴奋剂。在逆境与颠簸中写出了不朽名著“神曲”！

英国狄更斯家境贫寒，十岁时随家人关进监狱，蒙受耻辱与辛酸！后来当童工，上学后半途辍学，生活的艰辛砥砺了他，他拼搏顽强，勤奋不懈，创作了名著《双城记》！

我同来自佛罗伦萨与比萨的意大利人谈到伽利略，他们认为，人在安逸中常常不思进取，挫折与逆境倒会催人奋进。

今日托斯卡纳风光无限好，可是几个世纪前，神学、禁欲、愚昧、无知浓浓笼罩着这块大地！这些伟人敢于打破枷锁，变苦难为激励拼搏的精神兴奋剂！

伽利略波澜起伏的一生，给了他展示雄才谋略的机会，他是伟大的比萨人，伟大的意大利人！

别开生面的“外交官聚餐会”

“咕咕朗咕”

我在中国驻意大利使馆三进三出，前后任职好多年。回想逝去的时光，在那里忙忙碌碌好多年，集中精力处理中意两国双边关系，大部分时光都在同官方与民间的交往中快速流逝。

而同其他国家驻意使馆的接触与往来几乎少得可怜！在罗马每次平均任职三四年，有时连其他国家的外交官还没有来得及结识，就匆匆离开了。那是因为意大利官方并不为外交官举办什么活动，不像我国，曾为驻华使节组织“使节旅行”，去外地参访，各国外交官相聚几天，交往机会就多了。

但罗马有几位热心外交官发起的一种名为“外交官聚餐会”，生动活泼，别有风趣，一定程度上填补了一些空白。

聚餐会选在台伯河畔的“咕咕朗咕饭店”。一听这个发音，仿佛听到布谷鸟的叫声，多么富有诗意与魅力！饭店老板讲，猜得不错，这里环境幽静，一片绿荫，常有布谷鸟自由飞翔，店名由此而来。外交官自由参加午餐会，到此品尝罗马佳肴美味，俯瞰蜿蜒曲折的台伯河泛起的层层涟漪，别有一番情趣，每次去的人还是不少的。

可是我觉得，绝妙之处更是聚餐会的形式与内容。聚餐会不定期举行，一年有八九次。一般由参赞及参赞以下外交官参加，我是常客，体会深深。

聚餐会历时约三小时，首先在饭店花园里品尝醇和香浓的开胃酒（campari），大家边喝边聊，气氛既热烈又平和，因为好久不见，要聊话题很多，从气候、地理到内外政策、国际热点问题，什么都聊；而且自由自在，彬彬有礼。

聊了一段时间，在组织人的授意下，大家随意入席，吃完面食、主食和果品甜点后，开始喝咖啡，由聚餐会组委会推荐一位主讲人站起来讲一番。主讲人可以是意大利政府部长、国会议员、市长、党派领袖、工会头目、企业领军人物、影星歌星，或社会名流，也可是某国外交官。讲话限制半小时，可以充分阐明自己的观点与立场，宣传纲领、政策与政见。但要精彩引人，不可泛泛而谈，也不可炒冷饭、重复老一套。因为大家都在罗马，熟悉意大利，你来重复天天从媒体上知道的那些玩意，没有谁爱听！这一点，主讲人心里明白，事先必须“充分准备，花时间做足功课”，然后留出一小时回答大家的问题。

问题五花八门，多种多样，有的温文尔雅，大多刻薄挖苦，一针见血。好比一场紧张而又激烈的记者招待会。外交官聚餐会的精华，不是罗马的美食与名酒，而是精心准备的问题，利用机会“猛烈炮击”一下主讲人，像挤牙膏一样，尽量挤得多一点。

“意大利式”的政局

有一次，主讲人是执政的天民党议员，曾任多年国库部长，衣冠楚楚，仪表堂堂，谈吐尖锐泼辣，柔中有刚。他说，你们生活在意大利，常常对错综复杂的党派之争和频频爆发的政府危机迷惑不解。其实这仅是问题的一个方面，不是问题的全部。每个国家的国情与历史不同，不能用同一标准要求一个国家怎样怎样！我们同美英法德等大国有着不同的历史变革，意大利法西斯独裁垮台后，物极必反，制定了一部民主宪法，民主党派纷纷成立。党派林立、自由纷争，防止一党专制独裁，就是我国政局的一大特点。战后以来几十年，美国、德国、法国、英国朝野党派几上几下，而意大利天民党连续执政了几十年，一直活跃在政治舞台上，只是联合政府的形式时有变化，有时“中左”有时“中右”！。政府更迭虽频，政府成员总是那么几个人，手中一直手掌要权，处于关键地位。意大利历届政府的政策都有连续性，从未因为政府更迭引起政策大起大落，这是我国政局的另一特点。

这位议员激昂慷慨，谈得很多。也许是频频竞选与议会辩论中炼出的一副口才吧！他一句是一句，从不修正或补充。给人感觉，满脑子都是文章。根本不像我们生活中时而见到的领导人，大庭广众，讲话结结巴巴，前后重复，缺之逻辑性，连念稿也念不好！

让大家提问的时候到了，有位外交官说：“议会争吵不断，好多议案议而不决，你们习惯了，我们很好奇啊！”议员继续慷慨陈词，笑了回答：“太多的争吵确实不好，也许同我们意大利人爱讲话手势多、爱争论有关，但争论可以越争越明，避免决策错误。你们知道，凡属重大工程，考虑不全面，正反两面的影响估计不足，科学论证不够，势必产生严重后果及重大经济损失。我们动嘴不动手，可以让大家充分发表不同看法。吵完了，没有伤感情，有的走出议会就进饭店，党派不同，饭桌上还是朋友，各自为了摆明观点与立场，有时难免用词激烈，或者有些刺耳，但一般来讲我们不会记仇！民主，就要让人把肚里的话讲完讲透！如果不让人讲话，不在公开场合让他讲完，势必会在背后讲，会在老婆孩子面前讲，别人听不见，我认为倒不是好事！让人把话讲完不会垮台，不让人讲话就隐藏祸患，很危险！”

另一位外交官问：“你们长期议而不决，不觉得效率低下吗？”议员答：“我承认，是有这个问题。看来民主也不能过头，而要有个度。什么事都要适可而止。强调了一方面，也不应做得过分！因此我们从来不认为意大利的民主体制是完美无缺的，确有改进的地方。世界上也没有一种完美无缺的体制，什么都是相对的！”还说：“政府频频更换，说实话，也不好。不仅百姓指责，我们也头痛呀！不过事物都有两面性。意大利也有两三年不换的政府，时间长了人们反而不习惯；他们认为老在台上容易守旧，安于现状，不再刻意求进，弊端也不少！意大利人喜欢变，政府常常变，倒很习惯，觉得正常，老不变，觉得不正常，这种思维很普遍！”

“失去1个顾客，最终失去99个！”

另有一次，主讲人是戏剧游览部副部长，午餐会请他来介绍意大利发展旅游业的经验。这位部长开口就说：“意大利的风光无需我来介绍，向世界一直敞开着大门，像一张打开的地图，一本翻开的书，随便你们去翻阅！我这次来个例外，不想主动讲一番，也许我想讲的你们不感兴趣，倒不如留出时间全让你们提问。”

一位菲律宾外交官首先提问：“一个小小的卡普里岛一年到头游客络绎不绝，大把美金落到你们腰包，我们很眼红，菲律宾的大小海岛多达好几千，如果都像卡普里，或者有几十个岛像卡普里，那不是变成了‘金岛银海’了！我们很羡慕你们，我们很想靠旅游业致富，请听听部长的高见”！他的问题引起一片笑声。

戏剧游览副部长也笑着说：其实我们也没有多少奥妙可言！发展旅游，无非要让游客舒适而愉悦！多宣传增加知名度，固然重要，但关键还是让游客真正从心里感到满意！发展旅游，离不开安全、基础设施、自然环境、服务态度、收费高低几个因素，一个也少不了，一个也忽视不得！

就拿收费标准来说，市场经济吗，我们完全放开，政府不插手！但是还有一只政府"无形的手"，也就是积极指导，谆谆告诫饭店、旅馆、博物馆各个部门从长远考虑，绝不因小失大，要让游客离开时说句心里话："下次再来！"收费是个大学问，不要到了门口买票，让游客吓得止步不前！门票不可轻易涨价，涨价是短视的，反作用的，好比竭泽而渔，或者杀鸡取卵！到头来吓走了游客，损害了自己！要知道"回头客"的重要性，他们这次满意了，一传十,十传百，转告亲戚朋友，比你花广告费宣传更灵更有实效，游客自然越来越多！你得罪了一人，意大利有句名言："失去一个顾客，最终失去的不是一个，而是99个！"他们的嘴可厉害，你是堵不住的！

这位部长还讲了爱情与面包的故事，他自问：爱情与面包哪个重要？我先回答，面包也重要！你当然也可以讲爱情更重要，站的角度不同，答案也不同。但作为政府，要管面包价格，绝对不允许面包价格随意涨！要知道，平民百姓离开面包要饿死，政府能不管吗？旅游也是同样的道理，市场经济是一回事，市场经济并不等于政府不能用一双"无形的手"去监控它，政府对那些不规范的，或者太离谱的做法不能坐视不管。否则，还要政府干吗？

写到这里，不禁让我想起这几年，在我国发生的一些不良现象，令人痛心！据报道，某个热门景点旅游资源属一流，而有些人头脑发热发昏，不择手段，拼命坑害游客，令人作呕！

大批游客高高兴兴到了那里，碰到让人扫兴的一连串事，例如，出租车不打表；进饭店吃饭，老板听游客口音定价，服务人员懒得像大爷。还有因为吃饭人多了，大肆敲诈勒索，供应馊饭馊馒头，一只虾38元……诸如此类，人们百思不得其解，游兴大打折扣！

人们要问，那些地方的管理层该做什么，不该做什么，难道不知道？他们究竟管不管？是走走过场，还是真正去管？游客不是傻瓜，心里都有一杆秤！不要以为你这里风光独一无二，何愁四海宾客不纷至沓来！那就大错特错了！

热心筹办人

类似这样的问答，题材多样，内容丰富。随着聚餐会的陆续举行，从内政到外交，从经济到文化，从党派到社会变革，包罗万象，使外交官兴趣越来越浓，聚餐会的引力越来越大，但也增加了组织者筹办的难度。理论上讲，他们希望一次胜过一次，越办越精彩！这就要求筹办人下番苦功夫，物色到理想而精彩的主讲人。

马尔蒂内斯夫人是筹办聚餐会的热心人，年近五十，风度潇洒，笑容可掬。她与热情奔放的丈夫都在阿根廷驻意使馆任职。有一次我巧坐她一边午餐，好奇打听筹办聚餐会的经验。她说，世上认真办好每件事都要付出辛劳。为了每次聚餐会，物色主讲人，有时登门拜访，有时电话或书信联系，前后花费时间可想而知！你知道，政治家与社会名流都是大忙人，有时日期刚定，因有急事而延期了。“主角”好不容易选中，还要考虑外交活动的特点，选个“黄道吉日”，避免那天有某个使馆举办招待会或其他重要活动。午餐会上，我看她一面与人交谈，一面眼观四方，顾前顾后，如果偶然发现服务员忽然有些疏忽，便会及时提醒。有一次，服务员一不小心，忘了先给坐在她旁边的女外交官上菜，顿时把自己面前的一盘菜端到她面前，道声“对不起”！可以说她是罗马一段时间里外交官聚餐会上的一位出色“导演”。

那么奥地利驻意使馆的一位参赞就是不可缺少的前台指挥了。他的意大利语讲得并不流畅，不时还有语法错误，常会引起一些笑声，但他能说会道，敢讲敢说。一到提问时刻，不愿错过机会，浪费珍贵时间，常会开“第一炮”，提出尖锐泼辣问题，活跃聚餐会气氛。例如，有一次主讲人是一位意共领导人，讲了党的总书记贝林格红极一时的“历史性妥协”。刚讲完，又是他放了第一炮，问道：基辛格惊呼掀起了“地中海红色浪潮”，你们不怕大洋彼岸那个大国插上一手吗？我看在场的好几位美国外交官对着他有的耸肩，有的眨眼，有的挤眉弄眼，而这位意共领导不慌不忙地说：“‘历史性妥协’只是针对意大利国情谋求政局稳定的一种探索与尝试，最终为了国家利益，不是别的什么，所谓地中海红色浪潮，我们也不懂！谁都知道，一个国家没有稳定的政局，经济发展与人民安宁势必受到影响，不管你怎么解释！我们怕什么？那个大国早就到处指手画脚，不是什么新鲜玩意”！

就这样，外交官聚餐会搞得有声有色，每次约有一百多人。组委会采用“罗马式聚餐”，即我们习惯称呼的AA制，散席时每位付款2万多里拉，合50—60元人民币，比当地中等饭店用餐还便宜。普遍反应是，饭店价格公道，聚餐会广交了朋友，扩大了视野，增加了知识！我发现，参加的美国外交官每次起码六七位，从参赞到随员，远远多于其他使馆。聚餐会不排座席，自由结合，美国外交官主动灵活，分别坐在不同位置，有的与欧洲外交官为伴，有的找亚洲、非洲、大洋洲的朋友为伴，天南海北，什么都聊，一边吃饭，一边宣传美国政策，探摸意大利与别国动态。美国外交官不仅是常客，而且最为活跃。怪不得有人开玩笑：缺了美国外交官，聚餐会这场戏不好唱！

有趣的另一个午餐会！

罗马还有一个“领事俱乐部”，不时举办午餐会，轮流挑选罗马的不同饭店。有一次却改在画家费尼琦家中举办，我好奇地去了。

领事俱乐部主任卡帕内拉看出了大家的意外，解释说，这样不好吗？让大家熟悉一下意大利人的家庭生活！

宽敞明亮的客厅里充满了阳光和愉快轻松的气氛。应邀而来的20位客人边吃边聊。客厅里摆着两张长桌，一张摆满火腿肉、香肠、烤羊排、烤猪排、奶酪、比萨、奶油等食品，另一张净是可乐、橙汁、啤酒、葡萄酒与咖啡等饮料。

年过六旬的画家费尼琦格外亢奋，忙着招待各国客人。饭菜是她亲自制作的。客人们没有想到，画家也是一位烹调高手，不仅心灵手巧，而且能说会道。我看到画家的儿子、儿媳与三个孙子来回穿梭，招待客人。儿子是罗马医院心脏科副教授，稍有名气，笑着当起了服务员。饭后大家喝起了消化酒与浓缩咖啡，领事俱乐部主任卡帕内拉起小提琴，边唱意大利民歌“重归苏伦托”，画家儿媳钢琴伴奏，两人配合得天衣无缝。然后又是一曲“蓝色的多瑙河”。客厅里回荡着悠扬悦耳的声音，让人陶醉让人入迷！画家与三个小孙子随着乐曲翩翩起舞。虽已上了年岁，她那热情奔放的感情，熟练轻捷的舞蹈动作，使人为之感动！

环视客厅四周，挂着画家创作的几幅风景画。画中古木参天的林区，泉水淙淙的山谷，波涛汹涌的大海让人陶醉在大自然的美景之中！

午餐会采用自助餐方式，客人自由交谈，方便自如。一位非洲外交官说："这位意大利家庭让人羡慕！欧洲经济跑在世界前列，而非洲远远落在后面。世界发展极不平衡，我在罗马几年，向国内报了不少意大利发展经济的有益经验，可惜国情不同，欧洲的经验并不完全适用于非洲。"

"青山处处埋忠骨"

我在聚餐会上，遇到一位赞比亚外交官，闲聊中知道他在赞驻华使馆待过四年，目睹了从粉碎"四人帮"到中国开启改革开放的重要变化。他说，印象太深，四年里中国仿佛走过了几十年！太多的见闻太多的感慨都在他的记忆之中！

尤其让他难忘的是，我国修建的那条坦赞铁路，震撼过世界，也引起一些不怀好意的西方媒体的非议与歪曲评论。为此，他在北京翻阅了大量资料，他才知道"中国人不忘非洲兄弟，毛泽东周恩来慷慨援助我们，当时你们饿着肚子、勒紧裤带，向我们伸出了友谊之手。为建设这条铁路，多少中国工程人员不远万里，来到我国与坦桑尼亚，前后好几年，日夜奋战在两国的荒山野岭！"

让我感到惊讶的是，这位赞比亚外交官还用不流畅的意大利语十分吃力地讲起周恩来引用的一句名言，我马上懂他意思："青山处处埋忠骨，何须马革裹尸还！"他还说，为了修建这条铁路，不少中国专家与工程人员翻山越岭，在条件恶劣的崇山峻岭中献出了自己宝贵的生命。周恩来了不起，他不仅是中国的杰出政治家，也是非洲人民的伟大朋友，赞比亚人民忘不了他！是他要让死者安息在我们非洲大地上！

接着说："中国人不像有些西方国家的专家，他们在非洲，工程一完，卷卷铺盖就走，还要附加不少条件，让我们难以接受。而你们不同，铁路建成了，还留下来帮助我们经营与维修！要知道，建铁路难，保障铁路正常运行也不容易啊！我认为，只有中国人才能做到，因为你们真心实意，为我们谋福祉！”

我能在罗马听到非洲一位外交官的这些肺腑之言，多么难忘的聚餐会啊！

听了他的一席话，我感动万分！可惜由于工作调动，我再也没有遇到这位善良正直的外交官。

但我想，几十年来风云变幻，中国与非洲的关系经历严峻考验，中国人民真心诚意，实实在在，帮助非洲，为他们谋福祉；非洲人民看在眼里，心中有数，是忘不了的！这位赞比亚外交官用他的真实感受讲了时光碎片中的真实故事，实为难能可贵！

人啊，真难说！

人生对每个人来说，都有各种不同的路可以走，有光明大道，羊肠小道；有正路，也有歪路；没有人看了一本事业有成的书，或者听了别人的经验介绍，可以一劳永逸轻松走上正确之路的；人生路上，每走一步，都要三思而行！

生命不是用来消磨的，更不是用来颓废的。人生一世要好好珍惜。

可是我们在日常生活中经常看到了人生百态。且举以下几个实例来说！

那位英俊的老外

听一位朋友讲，她家有套可供出租的高雅公寓，位于上海闹市，又邻近地铁2号线，可直达虹桥与浦东两大机场，一直为“抢手货”。前几个房客，她很喜欢，因为这些房客很有素质，公寓保持整洁干净，十多年来，除粉刷过一次墙壁，几乎没有大的修缮，一直保持完好。

几年前，一位英俊潇洒的年轻老外欲租套公寓，中介带他到这里，刚看一眼，爱不释手，短短几分钟，就同业主爽快签下了租赁合同。

说实话，租赁房屋虽是金钱关系，但这位业主还是蛮挑剔的，对房客要有眼缘，如果第一印象不好，便会托词婉拒。对这在上海工作的潇洒老外，则是格外称心。

过了一段时间，因为修理家电，他们在约定时间进入公寓。只见清洁女工正在打扫，看她满脸不悦，满口怨言。原来是，老外要她每周来这里打扫2次，每次2小时，活怎么也干不完。本来整洁雅致的这套公寓，在业主面前仿佛变了样，简直“惨不忍睹”！

厨房里，刀叉锅盘堆成一团，吃剩的食物散发出难闻的霉味；卧室里，被子、床单、衬衣、短裤乱成一团，也有一股令人难以容忍的异味；地板上，皮鞋、拖鞋、袜子东一只西一双；卫生间，浴巾、毛巾随便乱丢；客厅里，茶几与沙发上摊着多种杂物，杂乱无章……

真没有想到，一位外表英俊、讨人喜欢的小伙子如此邋遢，在业主眼中的美好印象，顿时冲淡了！清洁工的报酬，本来说好每月支付一次；因为老外失信拖延，女工要他做一次付一次，后来又不算数，女工只得苦苦求人帮她讨回辛苦费。最后，无奈之中索性走了。

外表博人眼球的英俊老外，如此对待一个勤劳朴实的清洁女工，实为少见！

有一天，老外以调动工作离开上海为由，要求提前退房。按合同规定，两个月的押金可以不退。业主怀着宽容之心，让他一步，同意退回押金。

交房那天，清算水电煤气电话等开支，老外极尽赖皮之伎俩，一概拒绝支付，视业主的宽容为好欺。争执之下场面很尴尬！

更令人可笑的是，大门钥匙丢失了，卧室钥匙不翼而飞，客厅墙上一个古雅的挂钟也不见影迹。对此，老外均无言可答，不愿任何补偿。僵持的难看场面，照理可以同他争个高低！最后都在业主的宽容中了结了。

俗话说：人不可貌相，海不可斗量。

人啊，活在世上，真是无奇不有。不要以为官员、领军人物、专家、教授、律师、工程师等等，个个知书达理，善解人意，完全不是！

像世界色彩斑斓、气象万千一样，百人百样，一人多面。人是好是坏、是善是恶，不可以职业、学问、身价、地位来界定。他们为人处世常常带来多种变数。有人品格高尚，臻于完美；有人乐观开朗，豁达大度；有人胸襟开阔，宽容大量；有人穷奢极侈，竞相变阔；有人内心空虚，架子大，盛气凌人。一面之交不能评论一个人怎么样，马上下个结论。生活中从外貌评论一朵花一只蝴蝶是可以的，但不可断定一个人，因为人与动植物是不同的。

俗话又说：知人知面不知心。有些光鲜亮丽的美人，虚荣性强，生活杂乱，家里乱成一片。也许由于经济拮据，栖身蜗居，值得同情。

但生活有否条理，不以房屋大小为标准吧！有人相貌一般，却勤快耐劳，精打细算，勤俭持家，屋子小一点，倒是井井有条，朴素而温馨，活得很舒悦。

那个中年意大利人

当然也有相貌与品行相吻合的，生活中并不少见。

让我难忘的是一个普通的意大利人的平凡故事。

意大利北方布雷夏（Brescia）的一位机械企业老板冈巴里，多年前在安徽铜陵与江苏镇江开设两家实业公司，负责管理镇江企业的是一位精干利索的意大利中年人，名叫维托里奥。不懂英语，当然更不懂中文，到了镇江，他就硬着头皮，勤学耐劳，不畏艰难，苦学中文，常年不请翻译，慢慢能同中方人员简单沟通，管理企业独有一招。

而他的夫人在意大利患了怪病，久治难愈，瘫痪在床。为了事业，将病榻上的老伴安置在幽静的撒丁岛家中，精心雇了一位善良的护工专心照料她，几乎三天两头电话沟通。

他在镇江孤单一人，兢兢业业，一住就是七八年。生活上无所求，好言婉拒公司要他在市中心租赁高档公寓的好意，而在车间顶上临时搭建了一个不足百平方米的小房，集卧室、卫生间、客厅、餐厅、厨房于一屋。他很满足，说住在工厂吃在工厂，既省了开支，又免了来回上班的折腾，何乐而不为！我想，维托里奥也许是受老板“基因的感染”吧！

铜陵那家合资企业，每年一次董事会，我受邀去过几次，为节省时间，做董事会同声传译，开到中午时分，中意双方董事长、总经理、财务经理、生产经理等二十多人没有踏进饭店一步，大家就在会议桌上吃盒饭了事。

有人以为，不少富有的老外很阔气、讲排场，其实并非全都如此！有一次我去上海金桥一家意大利扎努齐家电公司做翻译，年底前总公司派来上海一批技术专家，检查机械设备。在那一周里，每天中午大家吃都是简单的盒饭，连带队的意公司副总经理也不例外。

话题回到镇江。有一次，老板岗巴里从意大利赶来镇江商谈业务，维托里奥作为主人，忙着精心安排商务谈判的每个细节，快到开饭时刻，他就提前半小时回屋顶上的小屋匆匆准备午餐。老板一行刚步入他的套间，摆上桌面的是从镇江超市买来的面包、奶酪、哈密瓜、葡萄酒、矿泉水，加上从意带来的香肠与生火腿，热情招待老板一行。闲聊之中，维托里奥开大火煮起意面，不到半小时，热腾腾面条搅拌番茄酱、罗勒粉，一盘盘端到大家面前。第二道主菜他说就免了，最后便是消化酒与浓缩咖啡。就这样，用完一顿简单而实惠有味的午餐。

我从老板言谈与表情中看出，对这位在华久居的部下那种朴实与节俭精神，充满了钦佩与赞赏之情！

不仅如此！第二天一早他还一路驾车陪同老板去南京与铜陵洽谈生意。到了铜陵公司，维托里奥顾不上休息，又同他的意大利同事在公司附近的一套住宅里，一起抢着准备晚饭，招待老板。

我常听他说，凡是可省的，不要多花老板一个铜板。自己动手，可以省一点就省一点，从小养成的习惯。幼小时父母讲了许多在第二次世界大战中艰难度日的故事，血液里流淌着简朴的基因。

后来，因为总公司战略调整，老板决定出售镇江的那家工厂。有一次，维托里奥陪同中意双方老板，从镇江乘高铁去上海找意大利律师办理镇江公司的出售业务。

到达上海火车站，下起倾盆大雨，下得不停，谁也没备雨具，怎么走？此时，维托里奥毫不犹豫，建议大家乘地铁去静安寺律师事务所，中意两位老板满口答应了。我熟悉上海，主动当起向导，抢着买了几张地铁票，带着大家乘1号线至人民广场转乘2号线，出站时大雨未停，离目的地还有近百米，如果乘出租车，可以免受大雨淋洗，但也得跑到路上去找。无可奈何之中，又是嘴快的维托里奥，抢着说："我们跑几步就到了，还可省些时间！"两位老板顿时欣然同意，奔跑中个个淋得够呛！

但一路上这位意大利人的节俭风尚！

淋湿了衣服的中方老板笑着对意老板说："你这位维托里奥好样的，处处为你省钱，如果我手下有这样的员工就放心了！"

意老板岗巴里笑着说："我的布雷夏总公司里，像维托里奥那样的，为数不少！大手大脚的员工，在我手下吃不开！"

我多次去过镇江，闲聊中，我发现维托里奥已对镇江独有情钟。他居然问我“水漫金山”的含义，我乐意讲了“白蛇传”的神话故事，让他听了津津有味。

而且，他还向我打听美国作家赛珍珠在镇江度过的岁月，看来他对镇江确有感情。他说，抽周末休息，翻阅了镇江的历史。我告诉他，美国这位女作家在镇江、南京、宿州等地生活了40年，那是灾难深重的旧中国。她在中国写的长篇小说“大地”荣获诺贝尔文学奖。尤其在镇江，赛珍珠度过了艰苦而又难忘的时光，她母亲也永远安息在中国这个江南古城。

有一次去镇江火车站接我们，走出车站，维托里奥一边开车，一边滔滔不绝讲起镇江的变迁，路过那个街区都有话说，那一个旧区拆除了，那条路加宽了，漂亮的万达广场建成了，好像他已成了一个“老镇江”，变迁中的镇江都在他的记忆中，如数家珍。

低调的意、法两位老板

他是一个做事谨慎、格外低调的人。

意大利的巧克力虽没有比利时与瑞士的出名，但“费列罗（Ferrero）”这个品牌在中国也有相当名气。你知道吗，有着“费列罗之父”称呼的米歇尔·费列罗，曾经拥有资产234亿美元，一度列为意大利全国首富，也是全球第5大果糖制造商，20多家工厂遍及许多地方，员工多达2.4万人。

可是，这位老板向来不愿抛头露面于公众场合，有时实在避免不了，他就戴起特大号的太阳镜应付场面。

据报道，直至2015年2月14日离开人间，他一生中从未单独接受记者采访。平时兢兢业业，行事低调已成习惯；上下班总喜欢用太阳镜竭力遮住半张脸，以最大程度地减少自己出现在公众视野中。他常说，人有了钱，为什么要张扬，为什么要架子大，为什么要以为自己了不起？

在阿尔卑斯那一边，法国品牌“米其林”的大老板，于2015年88岁时去世。这位执掌企业长达47年的法国人，一生勇于创新，刻苦敬业，一丝不苟；人们知道，他的快乐是从劳动中得来的；也有更多人知道，他认为金钱永远只能做他的仆人，不能做他的主人。

这就是人们心目中的轮胎大老板！

他给世人留下的深刻思考是，从一个典型的家族企业成为具有重大影响力的、代表法国形象的轮胎公司，靠的是勤奋踏实，苦干实干，诚信经营。

人们一想起“米其林”三个字，坐上安着“米其林”轮胎的汽车，随之的感觉是安静、舒适、平稳。

米其林先生在生前最后一次答记者问中，他讲了这样的意思，他认为，无论科技怎样进步，如何怎样突飞猛进，人活在世上就要从别人身上学些什么，不断完善自己，人与科技相比，人永远是最重要的，是第一位的。

这让人想起科学家屠呦呦出国去领诺贝尔奖的一件事。登机前，她选择普通通道，不要贵宾通道，避开在贵宾厅等候送行的官员。

屠呦呦获奖后，没有居功自傲，正像她几十年如一日潜心科研一样，她的低调就是她处事风格的自然体现。她工作严谨认真，生活粗线条，总是想着把事情做好，没有时间去想别的。表现出中国一位科学家善养浩然之气，淡泊名利的可贵精神！

这些事值得人们认真思考，从中汲取教益！

我们生长在信息时代，天天大量信息在我们身边滚动！如果整天忙忙碌碌，应酬不绝，做着一夜暴富、纵情享乐的美梦，而把做人的道理、道德品质忘得一干二净，那就非常危险！

不少人从早到晚离不开手机与电脑，手掌先进科技，已是越来越普遍。但无论如何，应当留些时间思考做人的道理！

人是会变的！

经济急剧转型的年代，生活节奏大大加快，不少人太浮躁，不读书不学习，从不操心如何做人，而是经不起利益引诱，违背道德价值观；严重者，甚至达到利令智昏之地步，精神贫瘠，信仰空白，虚荣性强，酒池肉林，荒淫无耻；有的狂妄自大，不懂得如何处世做人，自以为是，老子天下第一！

要知道，人是会变的。

有些人幼年时，含辛茹苦，吃糠咽菜，熬过多少苦难岁月！好不容易到了今天，奋斗了几年，发财了，腰包鼓得满满的，有的成了巨富，一席万金；多少年前，住的是茅舍破屋，今天却是豪宅成片，这些一夜暴富的土豪仿佛从地狱到了天堂。有的竟变得残忍贪婪，嗜钱如命，贪得无厌，吃喝奢靡，他们彻头彻尾变了，简直像换了一个人。

要懂得，物质的转移同精神面貌的升华绝不是同步的。绝不是说人富了，精神也随之升华了。也许有的是这样，但更有许多人恰恰相反，他们发财了，精神反而贫瘠了，很快沦为无耻之徒！

时代被浮躁污染，社会被浮躁裹挟。有些人本来是国家精英，在物欲横流的急流中，开始按捺不住，迅猛堕落与蜕化！有些人，在物欲横流的社会中，心急如火，投机取巧，热衷追求利益，将道德品质抛到九霄云外，不择手段搜括钱财，排斥应有的担当，一天天变为十足的功利之徒！有的人，隐藏在国企内部，手握大权，名为国企管理高官，出门乘坐豪车，张嘴山珍海味，吃里扒外，实为肆无忌惮挥霍全民财富的大贪官，臭不可闻的腐败分子！也有的，一人当官，全家发财！他们热衷官商勾结，演“双簧戏”，借壳捞钱，进行名目繁多的利益集团交换勾当，躲在国有企业里，干着肮脏的权钱利益互补交易！

凡此种种，让人惨不忍睹，让亿万善良的百姓所痛恨！

要知，古今中外，历史教训非常深刻！功名利禄侵蚀肌体，腐蚀灵魂。

世上任何腐败分子，中国的也好，外国的也罢，凄惨的命运就是他们的最后归宿！

还有恭维拍马的！

还有一种人恭维拍马，极尽捧场之能事，踩着别人肩膀向上爬。

有这么一件事。好多年前，一位小伙子整天吹捧一个驻外机构第一把手，围着他团团转。周围人员看在眼里，早有议论，连厨师与司机对他也都小视相看。可惜这位第一把手，年事已高，一时没有觉察。

有一天他们几人乘火车外出，这位第一把手又聊起早已一次次聊过的、几十年前的革命故事。坐在他身旁的小伙子顺着说：“你讲得精彩，应当多讲多说，让年轻人接受教育，很需要”！老人讲呀讲，闭着眼睛情绪很高，一路上讲个不停。

谁知这位小伙子早已很不耐烦，写张纸条给坐在对面的同事看：“老不死！讨厌，啰唆！烦死人！”

这位溜须拍马的小伙子，居然成了老人眼中的红人，一直受到重用。没有让他料到的是，退休回国后，因为家里有事，几次求他帮个忙。小伙子居然毫不理睬，躲得远远的。从国外到国内，小伙子判若两人，才使他对小伙子茅塞顿开，仿佛做了一场噩梦。苦苦地见人就说："过去我在国外好像瞎了眼，看错了人，那么糊涂！"

养生"专家"忽悠人！

生活中经常碰上一些养生"专家"向你推销多种"神学"，有的戴着金边眼镜，把自己打扮成医疗"专家"，或者权威医学"教授"，花言巧语表演自己的专业才华。

有一次，几位老人的信箱里塞进一张告示，说什么为老年人免费体验，进行健身讲演。到了那里，大门口便是一番热情迎接，无微不至的体贴关怀，专人送老人去会场，顺便给了一大包健身资料。所谓体检，不过是量一下血压与心跳，问问血糖血脂、颈椎与腰椎之类情况。

不久讲演开始了，"神医"讲得滔滔不绝，教人如何如何健身，然后热衷推销他们的健身养生妙药，以推广健身知识为名，煞有介事，吹成灵丹妙药，包治百病，引经据典，以大力推销山寨医学产品为实，以此牟取暴利。还用各种花招，送你礼品，喂你吃饭，给你叫车回家；说什么买二盒送一盒，买五盒送三盒，诸如此类，"优惠多多"。

善良的百姓，尤其那些靠养老金节衣缩食攒钱的老人，辛苦了一生，渴望有个健康的晚年，对那些匪夷所思的健身产品，趋之若鹜，常常会被精心包装的骗子忽悠上当，甚至同劝阻的子女翻脸也要买！

人的身体与健康是门大学问，人类早在20世纪60年代就已登上月球。科技发展突飞猛进，但至今治疗高血压、糖尿病之类，仍未找到一次治愈的特效药。如有什么保健品可以治愈百病，那么，还要越来越多的制药厂与医院干什么？

静心想想，世上哪有长生不老的"神药与妙药"呢？

伪装巧妙捞黑金

狐狸尾巴早晚露出来!

还有些人,平时穿着破旧,一副朴素老实模样,为人低调,伪装了多少年,最后狐狸尾巴露出来了。

据报道,西南地区有个地方,一个大贪竟隐藏16年之久,敛财超千万。他口头上装着天天喊廉政与艰苦朴素,身上用的是裂成四五段的皮带,穿的是补丁衬衫,以此骗取善良人的好印象。谁知,暗地里滥用职权,热衷权钱交易,受贿不断,玩弄多名女性。

可是,不管他伪装得多么巧妙,狐狸尾巴最终遮盖不了他的罪恶面貌!

还有"黑金掮客",藏在公司或新闻机构里,肆无忌惮,敲诈勒索,骗取钱财。

某地区一家经济导报,几个头头利用手中的工具,挖空心思负面报道某某企业业绩,致使该企业的股票大跌,他们趁机买入。然后以天使般的美言引诱惨遭损失的企业,在他们报上忍痛花大钱做广告。果然机会来了。他们狮子大开口,敲诈大笔广告钱财,"神奇"广告一登,某企业股票很快反弹。这些手掌笔杆子的吸血鬼,又趁机卖出股票,两头捞足赃款。

黑金掮客像吸上毒瘾一样,不走回头路,躲在阴暗角落,仅仅动用他们手中的笔杆子,干着种种肮脏的罪恶勾当。

此类败坏鬼迷心窍,诡计多端,利令智昏,令人发指!

他们口蜜腹剑,戴着假面具,无法不有,终将受到法律的严惩,关进冰冷的牢房!

追求财富可以,但要用自己的智慧与辛劳,绝不可邪门歪道,不择手段!

善良的人，对社会上的种种人，要小心呀！

“简单一些，随便吃些什么！”

有时你请朋友到家吃饭，常会听对方说“简单一些，别太麻烦！”此话是真是假，是否出于内心，就要看你朋友了！

外交上有时也有同样的事。我就遇见一次。好多年前的深秋，一个很大的代表团访问欧洲几国，最后一站来到意大利，我正在驻意使馆工作。

代表团在罗马活动时，部分随行人员难得碰上一个没有安排正式活动的夜晚，从代表团那里有人传来话说，部分人员想到使馆吃顿便饭，交待使馆“别太麻烦，简单一点，随便做些什么。”

这就给使馆出了个“难题”！

“简单一点”，究竟吃什么？如果说宴请，准备几道菜，倒好办。后来随行人员中有人解释，“可做些米粥、面条，加上罐头酱菜之类，因为连续在国外多天，西餐吃多了，想换换口味”。

谁知使馆真的做得简单了一些，后来听说，有的人前脚离开使馆，后脚就骂娘，发了一些不大不小的牢骚。

两年后，章文晋副外长出席联大后经罗马回国，谈起那次“简单一些”的晚餐，他也很有感触。那次他作为副外长陪同访问，亲身的经历，他说历历在目，甚至还想起有些人的怨言。

章文晋对我说：“人心呀，真的很难摸透！来使馆吃些简单中国饭菜，不是很好吗！整天吃好的，牛排与海鲜吃多了，说到底，对身体也不好呀！真是难为了使馆。”

章副外长最后叹了口气说：“是的，生活中摸透人心实不容易！无论到哪里，人不要装饰，而要坦诚！”

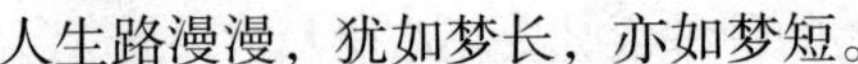

人生路漫漫，犹如梦长，亦如梦短。

人生中的快乐与不幸说到底，犹如过眼云烟。

人活在世上要老实做人，做好人，珍惜生命！

至于世界上的好多事为什么发生，究竟怎么样？普通人活在世上不是为了弄清这些事情的奥妙与原委才生活，而只要摆正心态，克制无止境的欲望，知足常乐就可以。

人的修养，人与人之间的关系，好比是一面照亮自己的镜子。人活在世上要学会如何做人。

德国大哲学家康德讲过，既然是人，就应当具有人的基本原则，也称为道德律令。如果在一点点小事上想占便宜，或者不愿吃亏，那就是违背最起码的道德律令。

人活了一生，不看书不讲道德，为满足私欲，一意孤行，混混沌沌，很可惜很遗憾，枉费了短短的几十年！

从那位瑞典教练开始聊足球

这几年“中超”大笔“烧钱”，2016年初江苏苏宁以5000万欧元从乌克兰买来巴西球星特谢拉，广州恒大以4200万欧元引进哥伦比亚射手马丁内斯，“砸钱”换来好多外籍球星，一下子“中超”成了世上昂贵的超级联赛。

不仅引进身价昂贵的大牌球星，而且招聘了著名教练，他们来中国执教的，有位早已年过六旬的瑞典教练埃里克森，先在广州执教富力队，后又到上海为上港队效力！

冷静沉着　音乐陶冶

我在意大利几十年，正是埃里克森风靡欧洲与世界的时光。他执教拉齐奥，有一年勇夺意甲联赛桂冠与意大利杯赛冠军，获“双冠王”美称，罗马沸腾了，拉齐奥大区充满欢呼声，球迷心花怒放，埃里克森自己说：“执教生涯迎来最美好的一周”。

那时他已执教24个春秋，从北欧到南欧，辗转欧洲绿茵场，饱经风霜，厉兵秣马，丰果硕硕。自1976年开始走上教练之路以来，先是奋战在瑞典，出任德杰福斯队、哥德堡队绿茵场，历时5年。后来到葡萄牙与意大利多家豪门俱乐部，执教了本菲卡（2年）、罗马（3年）、菲奥伦蒂纳（3年）、桑普多利亚

（5年）、拉齐奥（3年）这几支中国球迷熟悉的球队，联赛冠军、杯赛挂冠、意大利与欧洲超级杯冠军频频“飞”到他身边，光辉夺目的奖杯凝聚着他的毅力与智慧，也是他刻苦探索、勇于拼搏精神的结晶。他在瑞典采用4–4–2模式，后来推广到南欧，执掌教鞭多少个春秋，势如破竹，屡获战功。他勤动脑筋，灵活机智，也很幽默。

他说过：“做足球教练难，常常取胜更难。重要的是随机应变，足球场上没有永恒的模式，不要做模式的奴隶。”

不过话是这么说，我有时也发现他指挥球队，当场上失利时，随机应变似也不够。可见，口头上说容易，真正做到不简单！

在绿茵场边，不管场上如何风云突变，他时而坐着，时而站着，总是冷静观察，不动声色，同有些爱激动、表情丰富、频做姿势的教练截然不同。

有一次我同拉齐奥的铁杆粉丝闲聊，这位名叫西尔维尔的中年人，家住罗马70公里郊外的维泰尔博，拉齐奥到哪里他就跟随到哪里，场场不漏。他是拉齐奥农业合作社里的一位负责人，我们每次谈完工作，话题自然转到足球，不是他先转，就是我先转。他对埃里克森的执教风度佩服得五体投地，说：“最让我钦佩的是，他冷静沉着，指挥球队不仅用脑，更是用心。场上常会风云突变，任何人无法预测比赛如何进行。如果发展想象不到的变化，他会及时调整策略，时而立刻奏效，有时也难挽危局。怎么办？赛后，他会冷静分析，同球员一五一十沉着剖析发生在场上的风风雨雨，讲得头头是道，对在哪里，错在哪里，以理服人，而不是以教练身份压人。凡是好的，发扬光大；凡是坏的，吃一堑长一智。一堂堂课，在实践中学，从理论上提高……”

我说“你怎么知道得那么细，好像你在拉齐奥俱乐部、亲临分析会一样?”他说，球星曼契尼是他的密友，从他那里了解颇多。曼契尼同埃里克森合作八年，赞扬埃里克森最为可贵之处，“身教重于言教，传授球艺，满头大汗，不遗余力。”

在他熏陶下，尚不能说青出于蓝胜于蓝，曼契尼慢慢也成了一位名气不小的教练，在英超与意甲联赛中执掌教鞭，露出了他的才华。曼契尼告诉他:“严师出高徒，从埃里克森身上学到不少东西，现在即使羽毛丰满了，我也忘不了这位恩师!”

曾有好几年，埃里克森是在亚平宁这块足球热土上执教的唯一外籍教练，他的名字在意大利南北早已家喻户晓，不少粉丝没有当他为“老外”，好像也是“意大利人”。他自己也说:“我生长在瑞典，我爱自己的祖国，那里仍有我的好多朋友，每逢圣诞节我要回老家过年，同他们叙叙旧情，讲些新鲜事。但我更爱意大利，这是我的‘第二祖国’……只有你在罗马待久了，才会真正‘品尝’出这座古都的‘滋味’，罗马是世上最美丽的城市……”

每隔一段时间，只要有些空闲，他会应邀去罗马一家电台唱歌，通过电波将歌声传遍千家万户。他说，从小爱上了音乐，9岁开始吹小号，吹得相当出色。只是由于后来全力置身足球世界，音乐成了生活中的最大嗜好。无论到哪里安家，音响跟到哪里。贝多芬、舒伯特、斯特劳斯、威尔第的名曲回荡在大厅与卧室。“尤其是帕瓦罗蒂、波切利的金嗓子，不仅让我很快消除疲劳，重振精神，而且唤起无限激情。优美的音乐陶醉着我的心野!”他又说，“作曲家绞尽脑筋创作出优美悦耳的音乐，作为足球教练，也应在瞬间万变的绿茵场上苦苦思索，探索出奇制胜之奥妙。”他从罗马到佛罗伦萨，从热那亚到罗马，足迹遍及各地，汗水湿透衣衫，指挥过一场场精彩缤纷的激战，赢得了千万球迷的喝彩与赞赏。

曾在拉齐奥俱乐部队的球星西涅里是我的好友，有时他来大使馆喝茶，有时我们在酒吧闲聊。谈起埃里克森，他伸出大拇指说："虽不是常胜将军，但归纳起来可以说，是一位多年少见的出色教练，他见解独特，思维敏捷，气质高雅，指挥有方，给意大利人留下了很深的印象！"

身价高了，架子小了

我在意大利，正是古力特大出风头的时光。

世上，有的人因为身价显赫，口气大了；有的人因为腰包鼓足了，架子大了。我看到的古力特，却是身价高了，架子小了。

肤色棕红、留着小胡子和棒针毛线般披肩发的古力特，因为球艺高超，AC米兰如虎添翼，一度震撼国际足坛。在米兰，他有一所幽静舒适的住宅，学校、商店、医院、影剧院、体育设施配备齐全，草坪花圃点缀其间。古力特早起晚归，有的粉丝在他家门口等候，要他签名留念；有的请他共进晚餐；有的约他去迪斯科舞厅。凡有可能，他会设法答应。但毕竟时间有限，好些难以承诺的，他会耐心解释，以礼相待。

我在大使馆工作，每天必读意大利第一大报"晚邮报"，有位该报体育记者很有哲理地写道："做好球星，先要懂得做人。如果连做人的道理都不懂，做人做不好，那算什么球星"？他认为，棕色脸古力特为我们树立了榜样。他，平易近人，和蔼谦虚，很少计较得失。他的魅力既来自绿茵场，又隐藏在日常碎事中。每次从绿茵场激战中回来，他会痛快睡上一觉，醒来后，又会抢着去超市购物，减少妻子伊范娜的负担。他说，休息并不等于躺在床上或者久坐电视机前，帮助做些家务也是一种不错的休息。他有一个可爱的女儿，常常鼓励妻子带她出入绿茵场，并说，看足球比赛既是精神享受，又可灌输足球细胞，利于健康成长。

古力特爱好音乐，是“电视5台”的常客，粉丝们常从电视屏幕前欣赏他的歌声。有一次荷兰国家队召他回国参赛，赛后速回米兰，如期上“电视5台”演奏了吉他和邦戈斯。球迷面前的古力特，热情洋溢，潇洒豪放。他还经常参加米兰与罗马一些社会团体组织的义演，为救济灾民与帮助顽症患者渡过难关慷慨捐款，充满一片爱心。他说过：“在这个不公正的世界上，对弱势群体大家都要贡献一份爱心！”

1987年他荣获“欧洲最佳球星”誉称，后来在AC米兰与尤文图斯一场焦点战之前，面对座无虚席的观众说：“我愿把自己获得的最佳球星奖献给南非黑人领袖曼德拉，以声援这位长期深受折磨的不屈战士。”他面对几万球迷还大声疾呼：“人人都有权利享受自由生活，南非种族主义应受谴责！”

古力特与巴斯腾、里杰卡尔德被人称为荷兰“三剑客”，他们配合流畅，一气贯通，以精湛的球艺为AC米兰迎来百花盛开的春天。AC米兰冠以“欧洲雄狮”美称，古力特谦虚地说：“雄狮不是靠几位尖子养壮的，靠的是场上的11个人，靠场边的教练，还靠球迷们看不见的‘幕后英雄’，总之，要靠AC米兰这个早已拧成一股绳的集体！”

钱包鼓了，人生价值没有丢！

有人说：球星的血液里流淌的都是足球细胞。那么，细胞从哪里来？那是需要“灌输”的。

话说几十年前的墨西哥足球世界杯赛。因为与意大利时差，球赛几乎都在深夜二三点。刚满5岁的维亚利，正在熟睡中，却被他父亲一次次叫醒，起来同全家坐在电视机前观看精彩的世界杯赛。一场场比赛看得维亚利手舞足蹈，如痴如迷。连续多少个深夜，让他喜欢得一场不漏，足球细胞灌进了他的体内。他崇拜意大利球星里瓦（Riva），成了他心中的偶像，立志长大了要当“里瓦二世”。

维亚利出生在“小提琴之都”克雷莫纳，这个流水潺潺、苍郁葱茏的小城，几乎无人不晓的音乐之乡。像许多克雷莫纳人一样，他从小受到熏陶，音乐就是他的爱好。小提琴演奏的优美乐曲犹如风光绮丽的美景，让人爽心悦目，心灵舒畅。无论在哪里，家里、汽车上、山区、海边，他都离不开优美乐曲的陪伴。他说：“音乐可以消除疲倦与烦恼，增添生活的乐趣”。他常去迪斯科厅跳舞，也喜欢听摇滚乐。他说：“音乐同足球一样，时而高亢激昂，时而深沉委婉，可以牵动人的心，陶冶人的情操”。父亲是企业家，经营预制件建筑材料，家庭条件优越。他有一个姐姐三个哥哥。他懂事时就说过：“我兄弟姐妹多，不是独生子，不会娇生惯养，我不要父母的溺爱”！父亲从企业经营中懂得，孩子要在生活与实践中锻造，才子并不出于温室。

维亚利本想学习几何，将来当一位出色的建筑设计师。连他自己也没有想到，墨西哥足球世界杯赛一次次熬夜灌入的足球细胞，为他以后赫赫有名的足球生涯播下了种子。

在勇猛拼搏的足球场上，他没有忘记人生价值。作为一名青年，他说，“要有理想，要出淤泥而不染。口袋鼓满了，人生价值不能丢。”有一次家乡的一家报纸记者采访他，要他畅谈人生价值。他回答：“大道理讲不出来。不过我认为家庭、事业、爱情、友谊是人生中最有价值的几个东西。现在大家像法拉利一样拼命向前跑，每小时超过200公里，不少人一门心思为了金钱、为了富贵，其他一切觉得可有可无了。我不能接受，难道父母姐弟、亲戚朋友都可抛到九宵云外吗？那是不道德的！”他又说：“意大利讲究传统。但不能说人人讲究，也有一些人不讨厌传统、不讲人生价值，很不幸！在人生道路上，我会一边踢球，一边考虑这些东西。不懂得如何做人，拼命向前跑，有何意义？我宁可以100公里的速度前进。”

接受记者采访时，他还没有成家，他的未婚妻乔范娜是面容俊美的妙龄少女，明亮温存的眼睛里充满着柔情，维亚利深爱她，有时赛程紧张，不能回家，只能电话谈情说爱。姐姐米拉对他体贴入微，他对姐姐也是一片温情。凡有空闲，他会常回家看看，不忘全家团圆，会见老朋友。他说：“克雷莫纳养育了我，这里的水、这里的土都是命根子。为了事业，我虽然离开故乡，但我忘不了父老乡亲。”

有一次在欧洲优胜杯赛中，桑普多利亚队同瑞典一支劲旅相遇，客场1比2失利，决定胜负的主场激战，本应在热那亚举行，因为那时球场正在整修，临时改为克需莫纳。维亚利面对挤满球场的家乡球迷，在大军压境、千钧一发之时，破网立功，为桑普多利亚淘汰客队大显了身手。球场沸腾了，消息传到几百公里之外的热那亚，那里也顿时沸腾了！维亚利热泪盈眶，“感谢克雷莫纳，家乡给我好运”！

有一年维亚利荣获“意大利最佳球星”的称号，足球专家认为维亚利是意大利自里瓦、罗西之后第三位最佳前锋。

身价高了，荣誉与赞扬多了，四面八方的豪门俱乐部纷纷伸出橄榄枝，以重金收买他。AC米兰、国际米兰、尤文图斯、罗马、拉齐奥，还有几支其他欧洲豪门，竞相招之幕下。阿涅里说：“维亚利应当属于尤文图斯！”贝卢斯科尼说：“除了高价，维亚利的生活与经济待遇可以全部满足，只要来AC米兰！”

可是面对金钱引诱，他没有动心。热那亚最大报纸“19世纪报”体育记者采访他说：“别人说你有点傻，大把钞票你不要！”他笑着回答：“球员转会早已习以为常，无可非议。但各人有各人的自由与想法。桑普多利亚老板曼托瓦尼花心血精心栽培了我，教我如何踢球、如何生活，这里的球迷对我有感情，我不能为了金钱而抛弃他们。”他又说：“利欲要有止境，金钱同友情相比，应当排在后面。”那时不少人议论他，世界一流俱乐部一再重金招聘他，他不予置理，觉得不可思议，舆论对他很有压力。他回答好心的朋友，不要把种种议论传到他耳边，说：“我想过宁静的生活，已在绿茵场上花尽精力，回家休息总该平静一点吧！”

他信天主教，有时也去教堂做弥撒。他说：“信教只是一种信仰与精神寄托，不是相信上帝。有时进入绿茵场，也用手指做个十字架，只是希望带来好运！”

“台上一分钟　台下十年功”

我喜欢看足球，已经入迷了几十年。绿茵场上变幻莫测、美不胜收的足球，像但丁的优美诗篇与达芬奇、米开朗基罗的油画与雕塑一样，总有一股迷人的魅力！为什么一到世界杯、欧洲杯世界大赛，像一块强力磁铁一样总是吸引着无数球迷？

人们对戏台上、荧光屏的精彩表演爱说“台上一分钟，台下十年功”。

我想，一场场爽心悦目的足球比赛何尝不是这样！

特拉巴托尼曾执教国际米兰，在硝烟滚滚的意甲联赛战场上，它的国际米兰几次击败过荷兰“三剑客”时代的AC米兰、马拉多纳、卡雷卡的那不勒斯、普拉蒂尼的尤文图斯。

有一次，米兰“体育邮报”记者前去采访，试图探测他的执教奥妙。这位个性泼辣开朗、出类拔萃的教练回答说：“其实没有什么诀窍，说到底，就是刻苦两字”。

特拉巴托尼出生米兰近郊古萨诺。有一次我们去米兰办完公事后，顺便乘上出租车去古萨诺看望侨居米兰的年迈侨胞胡锡珍。路上同司机聊起特拉巴托尼。说来也巧，他同这位教练生在同一个小区，谈起特拉巴托尼，滔滔不绝，大讲他如何不畏艰辛刻苦练功。半个小时的路程，司机看我是球迷，兴奋异常，聊得没有完。他说，只要一提他的名字，古萨诺人个个伸出大拇指，无不引以为豪。

后来我翻阅一些报道，其中有一篇写道，特拉巴托尼为什么执教有方？

因为，球员流多少汗，他也流多少汗。成绩来自他的披星戴月，苦心经营。八月的意大利干旱少雨，有时热到将近40度。正当人们正在海边或山区避暑时，他已带领球员苦练绿茵场，不畏烈日，刻苦磨炼，时而长跑，时而短跑，既练耐力又练速度，准备新赛季的到来。他常说，不要以为出名了，被人称为球星了，就可不练功夫了。世上没有轻松可得的事！业绩从天上掉不下来，而来自我们的汗流浃背！他还说："没有坚韧不拔的精神与不屈不挠的毅力，冠军与奖杯不会向我们发出微笑！"在训练场上，他是绝对的权威，球星也好，一般球员也罢，在他眼前，谁也偷不了懒！他身教重于言教，只要球员应做的，他先做出示范，尤其是任意球、角球、点球及中场防守及时转换等等。有时他会大发脾气，嗓子喊得嘶哑。有时心花怒放，手舞足蹈。偶尔发现有的球员不出大汗不卖力练功，他会铁面无情，大声疾呼，严加指责。事后又像慈父般地耐心解释，过错在哪里，让人口服心服。离开球场没有半点架子。在酒吧、阅览室、饭店、娱乐室，无所不谈，平易近人。

特拉巴托尼1939年出生，从小迷上足球，不仅舍得花大气力练基本功，天天脚不离球，球不离身，练得废寝忘食，而且惯于勤动脑，苦苦琢磨足球技巧。他说，足球既是毅力与身体素质的较量，又是智慧与技巧的对垒，而且更要懂得默契配合。

有一次他身穿AC米兰队红黑球衣同世界球星贝利角逐，同队友紧密配合，利用灵活多变的硬功夫，巧妙拦阻了贝利一次次气势如虹的进攻，使这位巴西大佬的精湛球艺“光开花不结果”。事后记者采访他，特拉巴托尼笑着说：“举个例子，好比矛与盾的相互关系，他有尖尖的矛，我有厚厚的盾。盾的厚度与坚固是用汗水与心血凝成的。”

他在AC米兰与国家队奋战12个春秋就脱袍挂靴了。辞别球员生涯，却没有离开绿茵场。他说：“我一生离不开足球，足球是我的爱，也是我的第二生命。”

1973年，34岁的特拉巴托尼为AC米兰执掌教鞭，3年后又转到尤文图斯执教，长达十年之久。在那里，他施展了出色的执教才华，常常发挥得淋漓尽致，度过了一生中最辉煌的执教时光。在他带领下，罗西、普拉蒂尼、佐夫、博涅克等大牌球星闪闪发光，震撼世界足坛。

1982年意大利荣获世界杯桂冠，国家队队员中大多来自他所执教的尤文图斯，如佐夫、罗西、卡布里尼、塔尔德利、希莱阿、詹蒂利等等。

大赛结束后，国家队队员乘上意大利总统专机、并由佩尔蒂尼总统亲自陪同由马德里返回罗马，都灵“新闻报”在评述中写道：“虽然执教荣誉要归属多谋善战的贝阿佐特教头，但是知情者心里明白，这支以尤文图斯为基础的国家队，所以能在西班牙世界杯赛上所向披靡，登上顶峰，因为映射出特拉巴托尼的智慧与辛勤，是他几年如一日锻造了一支熠熠生辉的尤文图斯队，在那些峥嵘岁月里，这位教练呕心沥血，满腔热忱，凝聚着他的全部心血……”

他常说：两支劲旅相争，不一定强者取胜，要看两强心态与教练的指挥艺术。比赛的胜负常常取决于技巧、体力、意识等诸多因素。谁能融意识、技巧、身体素质于一身，谁就能出奇制胜。场上有时风云突变，对可能发生的变化，赛前要做充分动员与布置，比赛期间还要随时调整。

当他执教国际米兰时，有一天在圣西罗体育场对阵那不勒斯队，场上坐满8万球迷，国际米兰的几十万粉丝在场外焦急等候比赛结果。如果国际米兰取胜，就意味着登上意甲联赛宝座。特拉巴托尼谆谆教导教导队员脚踏实地，摒弃侥幸心理，一丝不苟，容不得半点疏忽，哪怕到了加时最后几秒钟。要以平常心态发挥最佳水平，即使先丢一球二球，也要拼搏到最后一秒。场上，马拉多纳与卡雷卡的猛烈攻势在主队的坚强防守下一次次“暗淡”了下来，胜利的天平最后没有斜向那不勒斯，他执教的国际米兰迎来了良辰美景。

终场哨声吹响，在新闻发布会上，特拉巴托尼幽默地说：“奖杯来之不易，它是个特殊的奖杯，不是用那种金属可以制成的，而只能用汗水凝制而成!”

“变压力为动力”

有一次AC米兰给我送来了两张VIP票，邀我去罗马奥林匹克体育场观战。

另一张我给了酷爱足球的《人民日报》驻罗马记者史克栋。当我们到那里时，才发现贵宾票还可享受一顿丰盛午餐。许多AC米兰的粉丝边吃边为教练卡佩洛捏一把汗，因为他所执教的AC米兰至今已经连续48场不败，不仅在意大利，而且在欧洲不可一世，所向无敌。但是遇到杀气腾腾的罗马队，是否凶多吉少？ 48场不败的光彩纪录是否会在罗马就此终结？

那个赛季罗马队虽然处于中游，但依然挺拔于欧洲联盟杯赛，教头博斯科夫赛前大摆擂台，信誓旦旦，“非要啃下AC米兰这块硬骨头，让人看看罗马队并非泛泛之辈!”罗马队球星贾尼尼、卡内瓦勒、卡尼吉亚也夸下海口：“要决一雌雄，让AC米兰败倒在我们脚下!”

奥林匹克球场8.5万个座位几乎没有空席，我们坐的贵宾席看台倒很平静，而对面与两边的球迷看台上，云腾雾涌，鞭炮声、呐喊声震耳欲聋，空气里弥漫着一股浓浓的火药味，连葱郁的蒙特马里奥山丘也在一片迷雾中。坐在我身边的斯麦食品公司经理说："我们是AC米兰的赞助商，AC米兰到哪里几乎跟到哪里，这样的热闹场面也不多见。不仅热闹，而且场上火药味太浓，不知会怎么样，很担心出事。希望卡佩洛的不败纪录不会到此终结……"

话说两强角逐，激战刚开始5分钟，久经沙场磨炼、经验丰富的"自由人"巴雷西就被罚出场外。这是AC米兰的中流砥柱，谁也没有料到的一张红牌使客队少了一位中坚。防守反击常常是制胜的一种有效打法。防守是关键，巴雷西是防守的核心。他走了，谁来替补？罗马队员此时精神大振，频频发动攻势。卡佩洛当机立断，将前卫马萨罗换下场，派员填补了防线空白。教练向球员传递信息，越是困难越要沉着应战，变压力为动力。AC米兰阵容调整后，挡住了主队的一次次猛烈进攻。巴斯腾与里杰卡尔德因病伤缺席，荷兰"三剑客"只有古力特在场，实力大减。但不愧为久经考验的AC米兰，在稳扎稳打中顶住了主队的攻势。激战进行到29分钟，技术娴熟、战术运用自如的古力特操刀破城，客队以1比0领先，这一结果一直保持到终场。

罗马队多一人的优势始终未能发挥出来。到下半场最后15分钟，主队球员在众多球员的呼声中因为光开花不结果，急躁情绪蔓延，而变了心态，越踢越被动，球场上出现了倒喝彩，有的罗马球迷开始起哄教练博斯科夫："摆擂台，一场空！"

当我离开贵宾区时，斯麦食品公司经理说：场上少一个人，理论上讲球队实力会受影响，但并不等于一定输球。足球场上风云变幻，谁也无法预测。重要的是，球员在不利情况下仍要不惊不慌，更要注重战术，变被动为主动。

次日我读罗马“共和国报”的报道，卡佩洛在回答记者提问时讲到，足球场上变幻无常已是家常便饭，对教练来说最重要的是及时调整策略，变压力为动力；对球员来说，罚出一人，天塌不下来，切忌手忙脚乱，而要心态平和，沉着应战。他们少了一人，心态比对方好，他们最终赢了……

球星的胸襟

球星常常红得发紫，尤文图斯的皮埃罗（Del Piero）也一样，有过光辉夺目的美好时光。但有时，盛名之下，其实难副。

有一次我去都灵出差，在饭桌上闲聊这位球星，菲亚特集团一位经理说：他重伤痊愈后复出，教练安切洛蒂像无数“黑白”粉丝一样，对他寄予厚望。到头来，意甲联赛的冠军擦肩而过，皮埃罗在联赛最佳射手榜上名落孙山，令众多球迷为他叹惜，甚至落泪。批评、指责，甚至非难、咒骂声向他席卷而来。作为超级球星，皮埃罗经历着一场不同于绿茵场的“考试”。尤文图斯的期刊“我的球队”记者就此事写了一篇采访报道。

记者开门见山：“阿莱克斯，你遭到了前所未有的批评与指责，难道不难受吗？”

他笑了一下，回答说：“我听了很多，耳朵里塞满了各种声音，我不会无动于衷，我已做了深刻反思。听听不同声音也好，甚至那些尖刻辛辣的挖苦！让我头脑清醒一点，有什么不好！退一步，天地依然很宽阔！”

记者问：“听了那些无中生有的指责，你不怨吗？”

“那有什么关系！人的一生，受些怨算得了什么？我从不同的声音中可以吸取教益，作为鞭策。”

那次乌迪内赛场严重受伤后，皮埃罗严格遵照医嘱，以非凡的毅力，忍受病痛的折磨，天天坚持康复锻炼，将养伤健身、恢复球艺训练融为一体。他说："养伤让我成熟了好多，有充分时间反思人生路上的风雨，得到了在顺境中难以得到的收获。"他认为，射门进球的灵感失去了，再要找回来，真不容易！唯一办法就是多流汗，多下苦功夫，不能投机取巧，要小聪明。

教练安切罗蒂面对滚滚而来的批评也为皮埃罗说话。他认为皮埃罗的情况不同于罗纳尔多，两人伤势不同，体质不同，分析问题不能一概而论。谁不盼望他尽快恢复到伤前水平，重现精彩射门的英雄本色？

教练一番温暖之语传到耳里，皮埃罗无限感激。他说：我有决心与信心。足球是我的生命，种种批评与指责反而让我充满活力，浑身有劲！

菲亚特集团的那位经理是尤文图斯的铁杆球迷，他对我说："绿茵场上，无论球员、教练或裁判都有可能犯错，失误与挫折有时是躲不开的。比赛可以异常激烈，心地却要宽宏，一时冲动、情绪偏激只会恶化事态，激化矛盾。"他举了个例子，有一次尤文图斯与帕尔马踢得难分难解，笼罩一股火药味，帕尔马队的迪诺巴乔同裁判发生严重争执，当场被红牌罚出了场。赛后不少球迷要皮埃罗讲句公道话。他说，我难当"法官"，迪诺巴乔是我的好友。不过，他少了些冷静。遇事少冲动，不感情用事，就可避免好多憾事。

这位经理补充说：皮埃罗在尤文图斯球迷心目中，不仅是大名鼎鼎的球星，而且是懂得做人的榜样。他是个大忙人，踢球不忘攻读英语，他常说，时间是挤出来的，你不善于利用，白白浪费了。时间比金钱更可贵。多年前，他离开绿茵场，前去服兵役，照样利用空闲潜读英语。在尤文图斯踢球，他还是大学社会学系学生，还抓紧复习功课，应付考试。他常说：踢球也要有知识，头脑丰富了，人会变得更有价值……

有一个星期，意甲联赛、欧洲冠军杯赛、21岁以下青年队赛交叉进行，皮埃罗几乎两天一赛。他幽默地说：几十年难逢，机会难得，好好应战！都灵“新闻报”以“皮埃罗最繁忙的一周”进行报道，赞扬他充满活力、胸怀大志、心地宽宏。球迷纷纷点赞：不仅以高超的精湛球艺令人信服，而且以高雅的素质与情操陶醉人心！

皮埃罗是出色教练里皮开始重用的。那时，里皮刚由那不勒斯转为尤文图斯执教。皮埃罗还很年轻，在一个赛季里他踢进了8个球，共踢23场，其中有一球堪称为“世界波”，成了里皮眼中的“金童”。后来很快又成了尤文图斯与国家队的主力前锋与顶梁柱，风华正茂，技艺堪称一流。

据统计，意大利出色前锋中，参加各种比赛之多，皮埃罗当之无愧排在第一。他参加的比赛有：意甲联赛、意大利杯赛、意大利超级杯赛、意大利军队杯赛（服兵役期间）、意大利青年杯赛、意大利明星杯义赛、欧洲三大杯赛、欧洲超级杯赛、欧洲明星队赛、丰田杯赛，以及世界足球杯大赛。

专家认为，人的精力总是有限的，体力过度消耗，让这位球星累坏了。那次乌迪内球场严重受伤、伤后很难恢复到伤前的高超水平，究其原因，不难理解。而他自己心安理得，毫无怨言。我在意大利，常常听到球迷聊起这件事，他们说：“这就是球星的胸怀！”

挽弓射天狼

任意球怎么开花结果？从普拉蒂尼、马拉多纳到贝克汉姆、孔卡等球星，我们看他们常会发出精彩的任意球。

我在意大利期间，有一次同意大利足协一位官员谈起任意球，他举了佐拉的例子。

他说，佐拉加盟那不勒斯队后，为马拉多纳高超的任意球技艺而入迷。训练场上，他站在一边，聚精会神观察马拉多纳的每个动作，一举一动都仔细看在眼里。马拉多纳用左腿劲射，判断准确果断，皮球应声入网。佐拉利用一切空闲练发任意球，身体如何转动，用多大劲，脚的哪个部位用劲，角度多斜，一再反复琢磨与推敲。一次又一次，一天又一天，风雨无阻，用心向任意球行家学习奥妙，刻苦探索训练。佐拉讲，有时在睡梦中练发任意球，成功了笑醒了；失败了哭醒了！

有一次那不勒斯队与亚特兰特队交锋，90分钟的苦战，那队始终未能敲开对方大门，伤停补时到了最后几秒钟，幸得一个任意球良机。教练要佐拉发，刚开始他紧张得两腿发抖，他知道场上几万球迷盯着他，千钧一发决胜负之时，压力太大。可是很快就沉着下来，因为他知道，心态不平静，谈不上成功。日日夜夜多少血汗的训练，现在该用上了。他起脚劲射，皮球从壁垒上空飞入网内，守门员目瞪口呆，那不勒斯赢得了胜利。佐拉高兴得难以克制，同队友紧紧拥抱。

据统计，马拉多纳在意甲联赛6个春秋，共踢进14个任意球，而佐拉仅在意甲联赛的的3个赛季里，也踢进了14个任意球，人们冠以他“任意球球星”之美称。

他的成功的秘笈在哪里？那不勒斯“晨报”体育记者采访他，佐拉说：怎么发准任意球，的确很难解释。对我而言，倒很自然。要在短暂时间里作出准确判断，离球门多远，什么角度，守门员位置，好几个因素综合考虑。我同守门员好像在下棋，要出其不意。发球时身体要向前倾斜，起脚要有劲，用力要恰如其分。角度不准，用力过度或太小，不是飞出球门就是偏到门外。起脚劲射，脚上的力要柔韧，不能一味硬踢。起脚时不容三心二意，或者有半点犹豫。还要有敏锐的眼光测量人墙壁垒。佐拉深有体会地说：我发任意球，在那一瞬间，我总用眼睛盯住守门员，任意球的成败是我与守门员之间的竞争。每次发任意球之前一刹那，要由队友紧密默契配合，尽量拉长壁垒，挡住守门员的视线。

那几年巴乔、西涅里、马萨罗等意大利球星的名望远远高于佐拉，但就任意球而言，他们在佐拉面前又显逊色了。有的球迷形象地说："佐拉，挽弓射天狼，好样的！"

狂热的足球

我在意大利，自荷兰"三剑客"加盟AC米兰后，我就喜欢上它，成了它的粉丝。但是这次我去罗马奥林匹克球场观战，是拉齐奥同国际米兰的交锋。拉齐奥足球俱乐部送我一张贵宾票。

我到那里，体育场周围几乎成了球迷与彩旗的海洋。一个个摊贩手忙脚乱出售着皮球、气球、T恤衫、钥匙链、彩旗、围巾、纪念册，说不尽的小商品琳琅满目，令人眼花缭乱。一位球迷问喜得合不拢嘴、满头汗珠的小商贩："一次能赚多少？"他说："趁机赚些钱，发些小财谁不想？辛苦做小生意，疯狂的足球养活了我一家。"

一场精彩的比赛，我在意大利那几年，门票收入大约400到500万美元。遇上决赛半决赛，或者欧洲冠军杯赛，更是财源滚滚。足球专家说，养活足球要靠钱，财源来自门票、广告、赞助以及经营足球衍生产品，来自多方面。意甲几家豪门曾有一段岁月，经营有方，轰轰烈烈，不乏金钱。几十年河东，几十年河西，后来由于种种因素，财政收支捉襟见肘、处境很不乐观的意甲，慢慢被英超、西甲超赶。不过老板也好，球迷也好，一到赛场，所有人间烦恼全都抛到九霄云外，喜怒哀乐一起跟着一个皮球滚动。

进入球场区，我出示了贵宾票，在警察指引下，通道稍为畅通。安检很严格，像飞机场一样，先要用先进仪器在你身边晃几下，所有包裹都要检查，如果发现违禁品，安检员首先向你发出微笑，然后按规定处理，快速处理完毕后，彬彬有礼地让你进入场内，一切为了确保场内安全，狂热的球迷都能理解。

球场正面是“中立区”，设有贵宾座位。我问坐在附近的一位球迷贵宾票价格，我算了一下，折合人民币约为4000元。主场俱乐部为贵宾票持有者供应自助餐，进入餐厅，宽大的桌上放着烤牛排、烤羊排、烤鸡、熏鲑鱼、风干火腿、面条、比萨、千层面、面包、生菜及各种饮料。中场休息时，也能进入厅内喝咖啡与饮料。

比赛开始时间严格掌握，甲级联赛在规定时间同时展开，一分不差，尤其是最后决出胜负的一轮。为保证门票收入，不允许任何电视台实况转播，但允许电台现场直播。绿茵场外千万球迷，无论到哪里，带着半导体收音机收听电台直播。如果你去公园漫步，草坪上、树林里，男女老幼很少有人不在收听现场转播的。他们仿佛置身于球场，时而喜形于色，时而目瞪口呆，同绿茵场边的球迷一样，一个皮球在转动，千万颗心在飞旋。

广播里的解说员头脑敏捷，知识渊博，口才滔滔，善于争分夺秒表述球场变幻莫测的一场场角逐，好似精彩球赛在你眼前一一闪过一样。有一次几个工人正在使馆地下进行维修作业，一场欧洲冠军杯赛正在举行，他们口袋里带着收音机，一边听着AC米兰对阵贝尔格莱德“红星队”的实况转播，一边干活。当AC米兰取胜时，在那阴暗狭长的地道里个个手舞足蹈，喜悦心情难以克制。

为什么广播有此魅力？节目编制动了一番脑筋，形式别具一格，将意甲联赛9个赛场连成一片，导演指挥9位身临其境的解说员，重点放在最精彩的一场比赛，适当兼顾其余8场。重点比赛有时也会踢得沉闷或处于低潮，其余8位解说员则会分别用1—2分钟快速报道，讲话速度快，语言简练，综合能力强。8个赛场上，如有高潮迭起的动人场面，解说员可以征得导演同意后马上插播，90分钟里让千万球迷深深吸引住！广播间歇也有智力测验，葡萄酒、烈性酒、橄榄油公司出面赞助。观众重在参与，题目很简单。例如联赛开始时问，“你们预测今日菲奥伦蒂纳主场迎战那不勒斯，结果几比几?”听众可以打电话抢答，等待比赛最终结果，猜中者可获丰硕奖品。有的顽童也会抢打电话，说是7比9。他那离谱的回答，引起哄堂大笑，增添了节目的幽默感。

罗马奥林匹克球场经上次举办世界杯足球赛扩建与整修，气势恢宏，8.5万个座位分隔成许多区，互相不能随便往来。票位不同，入口处相距甚远。角逐两队的球迷分坐在球场两端的弧形区，相距遥远，利于避免暴力事件。置身球场，只见弧形区的沸腾狂热和绿茵场上弥漫硝烟，你会顿时热血澎湃，仿佛每根神经都受牵动。国际米兰攻入拉齐奥禁区时，拉齐奥球迷顿时一片嘘声，以此干扰客队球员。如果拉齐奥球员奔向客队门面，又会迅速转为一片震耳欲聋的欢呼声。

有一次，意大利商业银行罗马分行经理在西班牙广场边的一家豪华饭店宴请我们，席间不知哪位突然将话题转向足球。经理说，他的分行里有位尤文图斯的超级球迷，无论工作多忙，几乎球队到哪里，他会千方百计赶到哪里，为它摇旗呐喊，时而心花怒放，时而伤心落泪。受他熏陶，他的两个子女，两间卧室成了“黑白世界”。床单、被单、枕头、书包、收音机、文具盒、钥匙链、T恤衫、裙子、袜子、球鞋等等，统统都是黑白两色。墙上挂满了他们酷爱的球星照片，从普拉蒂尼到罗西，从佐夫到皮埃罗。尤文图斯滚滚向前，他们欣喜若狂，如痴如醉；尤文图斯失利败落，他们垂头丧气，甚至神魂颠倒。尤文图斯成了他们的“精神支柱”。

有一次，都灵地区下了一场多年不见的大雪，“千里冰封，万里雪飘”，一场精彩激烈的比赛快要在这里举行。这是一场尤文图斯与利物浦的巅峰角逐，以此决出欧洲超级杯桂冠的归属。连续几天大雪，欧洲从北到南几乎全被大雪覆盖，离阿尔卑斯山100多公里的都灵埋在一米深的大雪之中。为了让这场比赛如期举行，尤文图斯动员好几百人的扫雪大军，冒着零下20℃的严寒日夜奋战在绿茵场上。积雪清除了，离比赛还有一天，鹅毛大雪又下得没有个停，直到比赛开始前几小时，场上又覆盖着40厘米厚的积雪。这支大军连续奋战，赶在比赛前，终于基本清除积雪。

再说，从英国出发前，利物浦队乘坐的包机一直同都灵机场保持联系，准备了几套落地方案，如果都灵下降不了，或降在法国尼斯，或在意大利热那亚、比萨机场。几天来，都灵机场的扫雪车超负荷运作，积雪清除了，又覆盖了，直到英国飞机进入意大利领空，一号跑道总算清理完毕，飞机在都灵机场顺利落地了。

而两队球迷来自四面八方，从英国到西西里，从罗马到撒丁岛，都有利物浦与尤文图斯的疯狂球迷。好几万张门票在很短时间里一抢而光，收入9亿里拉，是多年来的最高纪录。本来四五个小时的高速路行程，因为冰冻气候，时间加了一倍。有的乘火车，有的乘飞机，因为大雪，车站与机场等候厅挤满了球迷，他们焦急等候着发车与起飞的好消息。据报道，这是一场半个世纪以来少见的大雪，树木、蔬菜受大雪深压，损失惨重。压塌的大树一棵棵斜躺在路边，交通严重受阻。不少旧房屋、老厂房及年久的桥梁也在这场雪灾中难免倒塌的恶运！可是大雪没有压垮狂热的球迷，不少人说：意大利人向来酷爱足球，去球场观战似有排山倒海之威力！

那是一月严冬季节，我在大使馆坐在电视机前，津津有味地欣赏了这场精彩难忘的比赛。只见绿茵场外的积雪高到几乎同最低层看台连成一片，球场上的两强角逐在一片银白世界中显得更有一番魅力。加盟尤文图斯的波兰球星博涅克像一把锋利的尖刀，以两个漂亮的进球为主队立下赫赫战功，最后以2比0取胜的尤文图斯登上了欧洲超级杯赛顶峰！

都灵“新闻报”说：“难忘的大雪奋战，难忘的超级杯赛，难忘的狂热足球！都灵，难忘的都灵！”

“星期日欢聚一堂”

意大利“电视一台”每逢意甲、乙、丙三级联赛的周日下午，有个“星期日欢聚一堂”的节目，意文简称为“Domenica In”。如果有空，我是一位忠实观众。规定电视不能现场转播球场比赛，节目竭力弥补空白，在联赛开场哨声吹响时开始，直至比赛结束，大约历时120分钟。同我国春晚节目有些类似，歌舞与说唱穿插其中，内容丰富多彩，有美声经典歌曲，有圣雷莫音乐节上获奖的名曲，也有很潮很酷的现代歌舞，但以足球为主线。哪个球场出现精彩射门，哪个球场以世界波发出任意球破门，哪个球场发点球，要不了几分钟，迷人的镜头便会展现在荧光屏前。有时精彩镜头接二连三，不断呈现。上半场结束不久，比赛“结果表”很快展现在电视观众前面。就这样，不少球迷进场观战，更多球迷在荧光屏前照样也可饱赏眼福。

我听一些球迷说，各有各的长处与短板。临场观战，球场整个气氛一览无余。但有时因为坐在看后后面，离绿茵场较远，精彩镜头远不如坐在电视机前看得清楚。

他们认为，去酒吧闲聊，去影戏院看戏，去商场购物，到郊外吸收新鲜空气，去图书馆浏览书报，人各有爱好，像吃饭一样，口味与爱好不同，众口难调，不可强求。但是，如果你选择电视与足球，同它们为伴，可以大大丰富足球知识，增加音乐细胞，度过一个身心健康的星期日！

联赛结束后一小时，“电视二台”开始播放遴选出的一场精彩比赛，压缩成45分钟。解说员最受人喜爱的，有资格最老的劳伦蒂斯，以及20世纪60年代最有声望的前锋季季里瓦。他们不仅口才出众，出口成章，而且满脑子都是足球细胞，解说中不断传授足球知识，让人慢慢入门。他们说：欣赏足球的，有外行看热闹，有专家看本领，有球迷看结果。其实，最有意思的欣赏是，看懂了足球，去真正品尝足球的“美味”。因此对球场上任何有争议的裁决，一般人很难识别的越位，他们会重放慢镜头，加以一一剖析，裁判对在哪里，错在哪里？虽然错判不能改正比赛结果，但是通过认真分析，用事实与科学说话，让人口服心服。在一个半小时里，为了传播足球知识，帮助观众开阔足球视野，从中受益，我发现剖析足球花了相当时间，正是解说员所说，目的为了提高广大球迷的欣赏水平，不是挑起争议、激化争执双方的矛盾。

当晚十点，“电视一台”又会播出“足球联赛集锦”，历时一个半小时。内容丰富多彩，形式灵活多样。节目由资深足球专家桑得罗乔蒂主持，先请年轻美貌、口齿清晰的女士快速宣布比赛结果，她那苗条的身材、流畅的语调、爽朗的性格像块强力磁铁，深深吸引住观众。然后是甲乙丙三级联赛几十个赛场上的射门集锦，通过精湛的艺术加工，时而如瀑流奔腾，时而如飞花溅玉，电视机前展现一派如诗如画的美景。还有，一些大牌球星赛前虎视眈眈，不可一世；赛后，有的如愿以偿，痛痛快快、干脆利索露了一手；有的放了空炮，豪语大话付诸东流，垂头丧气走出绿茵场。马拉多纳发任意球很有把握，有一次面对主场近8万观众，在决定胜败的关键时刻，一脚劲射，皮球偏偏高出横梁，令人失望伤心！有时球员发角球，说时迟那时快，一脚踢出，让守门员与门前争抢的双方队员没有料到，竟飞速破门入网了。有时发点球，连名牌球星也会马失前蹄，飞出界外；有时皮球碰在横梁上或者立柱上弹出。技巧、心态、运气，种种因素交织一起，令人难以捉摸！让无数球迷感到足球这玩意，多么难以驾驭，多么难以预测！硝烟弥漫的绿茵场上多少个球星的命运多么难卜！球星像普通人一样，有情绪有感情，有亢奋有低落，有高潮也有低潮，人间酸甜苦辣他们一样也少不了！红得发紫的巴斯腾因为伤病在身，养身康复期间，宣布决定永远告别足球生涯。解说员说，对深爱他的球迷来说，这是痛苦的时刻；对他自己而言，又是深思熟虑的选择。人生总有遗憾，而没有永远的完美。当一个伤痕累累的球星决定退役时，他的内心之痛超过任何人。生活的道路不会永远平坦，有鲜花，也有荆棘。

从娃娃抓起

好几年前，当我在南京同意大利企业家见面，他们是随意大利总理普罗迪一起来华访问的。我匆匆见到老朋友蒙特泽莫洛，相互寒暄后，他突然问我："中国足球进步了？"我真没有想到，事隔多年，他还是那么关心中国足球。我能讲什么呢？只能说："很遗憾，至今依然远远落在后面，令中国千万球迷伤心！"他说："不是我在1990年前就说，从根本上讲，中国足球要从娃娃抓起才有希望吗！"我说，你的这句话永远不会忘！

站在一边的另一位企业家来自彼埃蒙特大区，那里有豪门俱乐部尤文图斯，他是十足的黑白球迷，他马上引用菲亚特集团头号人物阿涅利讲过的一句名言："搞活一支足球队不知要比搞活一个企业困难多少倍！”何况要振兴一支国家队，谈何容易！还补充说：“中国是大国，经济迅猛发展，随着国家经济实力的增强，也应在足球上花些大功夫，因为所有体育项目中足球最有代表性。”

1990年意大利足球世界杯大赛前，我在驻意使馆工作，几次拜访过这位风云人物。他，蒙特泽莫洛，不仅是意大利世界杯大赛筹办委员会主任，而且有着丰富的管理经历，从菲亚特集团最高领导层、意大利工业家联合会主席，到法拉利、马塞拉蒂、兰博基尼汽车公司第一把交椅，后来又是意大利高速火车公司大老板。有人说，几十年来意大利最有声望的领军企业家中，这位赫赫有名的风云人物应当名列前茅。

那次我去意大利足球世界杯筹办委员会大楼拜访后，他请我吃饭。我们的话题当然集中到足球。

蒙特泽莫洛说，中国队未能闯进世界杯决赛圈，未能来罗马，太遗憾！他要我向热爱足球的邓小平转达他的祝愿。他说，读了一本介绍邓小平的书，知道他年轻时就在法国勤工俭学，不但喜欢上欧洲面包牛奶，而且爱上了足球。

又说：“邓小平伟大，引导中国改革开放。中国队未能进入世界杯决赛圈，没有关系，这次不行还有未来呀！希望寄托在娃娃身上，从根本上说，你们要从娃娃抓起，脚踏实地从头来，中国足球是有希望的。”

有“世界足球小姐”美称的杰出球星孙雯在题为“足球怎样从娃娃抓起”一文中，编译了德国精英生产线如何从破败走向繁荣的经过。看看别人，想想我们的国足，读了值得令人深思。

孙雯列举了一些数据。德国8千万人口，B级教练2.84万，A级教练5.5千人。中国13亿人，A级教练不足5百人，B级教练不到1千人。2500人口的上海，AB两级教练不超过100人。

差别之大，天壤之别！

足球运动有其自身规律，欧洲足球所以蓬勃发展、充满活力，因为它们实事求是，把足球当作客观规律性事物来科学看待。说到底，盼望出现一支强大的足球队愿望是好的，但绝不是在急功近利、浮躁情绪下，靠主管领导“拍脑门、拍大腿、拍屁股”拍出来的；也不是临时抱佛脚，四处寻找一位“天才”洋教练作为救命稻草，可以一步登天的。造就一支强大的国足，要从长计议，有远大眼光；要脚踏实地，艰苦拼搏！

自那次我同蒙特泽莫洛交谈之后，多少年过去了。我知道足球是个难以驾驭的东西，风风雨雨永远说不完。欧洲国家足球所以久盛不衰，因为他们懂得从娃娃抓起，有一套健全的栽培机制。

但是，有了这个科学机制，也不等于一帆风顺，足球场上永远没有“常胜将军”，有高潮有低潮，不足为奇，完全正常。

意大利1982年夺取世界杯桂冠，到了4年后的墨西哥大赛中，竟在同法国队的激战中败倒了。那天我正为访意的胡耀邦总书记做翻译，比赛结束时，看了一场精彩比赛，很兴奋的胡耀邦总书记说：“上届冠军，这次踢得不理想，淘汰出局了，足球是圆的，也属正常！”

今日“英超”，有声有色，财源雄厚，号称“世上第一联赛”，但是精英拔萃的英国队2014年到了巴西世界杯大赛，来了个小组积分垫底，早早就卷铺盖回了老家。

2006年，再次登上世界杯顶峰的意大利，到了南非与巴西两届大赛，连小组赛就惨遭了淘汰！荷兰队在巴西大赛中荣获第三名，后来球星青黄不接，两年后却残酷地排斥在欧洲杯大赛之外。

曾在拉齐奥奋战的球星西涅里是我的朋友，有一次他来大使馆见我，我们边喝龙井茶边交谈，话题转到意大利的足球机制上。

他说，足球强队明星多多，光靠购买明星不是最佳办法，主要靠自己培养。一个俱乐部队要站稳脚跟，出奇制胜，主要精力还应放在一层层的培育机制上。意大利的名牌俱乐部从孩童开始培养，按不同年龄层次，取不少名字，如“小鸡队”、“少年队”、“希望队”等等。从小大力培育是关键。

他又说，人总会老，球员的生涯很短暂，最多二十几年。一代又一代，要寄希望于培养，形成一套健全的、雷打不动的机制，管理人员走了，机制不变，而只能更加完善……

交谈中，他强调培养球员从孩童开始的重要性，像植树一样，要有各种各样的苗圃，灌水流汗，辛勤耕耘，时间长了，慢慢栽成一片郁郁葱葱的树林；而从外面移来的几棵大树，即使很粗大，但成不了林。当然，各国情况不同，培育机制也不尽相同。阿根廷、巴西的好多球星是从贫民窟里冒出来的。他们从小在屋前屋后的弹丸之地踢过球，滚得浑身泥浆。南美洲的不少俱乐部有慧眼识人才的特殊本领，发现这些天才少年，很快移植到俱乐部苗圃加以精心培养。

西涅里认为，世上没有千篇一律的东西，中国可以根据自己的国情去做。

他说：“你们的乒乓球为什么一直风靡世界？因为很普及。我听去过中国的朋友讲，学校、工厂、街道，都有乒乓球，打的人多了，人才就出来了！你们应当创造有利条件，普及足球运动。有一天普及了，足球人才也冒出来了。”

意大利足协一位官员对我说，第二次世界大战期间意大利称为“欧洲病夫”，经济困难也使国家足球陷入低潮。而在1934年与1938年意大利两次荣获世界冠军，为什么？因为那时就已建立起一套培养球员的有效机制了。都灵、米兰、热那亚为什么冒出尤文图斯、AC米兰、国际米兰、桑普多利亚？因为那里商品经济发达，远远跑在全国其他地区之前。在那里，最早学习与引进了英国管理足球的机制。北部“工业三角洲”是意大利波澜壮阔的足球机制发源地，从北到中，最后到南部与岛屿，从弱小到强大，完整的全国联赛机制是慢慢形成的。如果没有远大的眼光，不建立一个健康有效的竞争机制，光靠外购几名出色球星，球队难以久盛而不衰。所以，立脚点还是大力培育本国球员。

一支球队没落破产，为什么？

西西里首府巴勒莫是一座风光美丽的海滨城市，古希腊、阿拉伯、西班牙等多种风格的古建筑散布在城市的各个角落，德国文豪歌德赞扬它是一座世上最美丽的城市。

今天巴勒莫这支俱乐部队仍在意大利足球联赛中迈进。

可是，它有一段悲惨的过去。

时光穿越到20世纪80年代，巴勒莫，一支好端端的足球队，被意大利足协取消了资格，陷入了破产的泥潭。

消息传开，全国上下闹得满城风雨。罗马靠近博尔盖塞公园附近的“国家足协”大楼前，增加了许多持枪的警察与宪兵；巴勒莫大街小巷、体育场四周，“豺狼窃贼”、“卑鄙龌龊”、“厚颜无耻”这样的标语，字体大小不同，比比皆是；无数辆汽车被砸毁与焚烧；在港口与码头，人们大声疾呼：“远征罗马，上首都告状”！另有大批球迷拦阻着开往罗马与米兰的火车，他们竭力滋生闹事、扩大事态。有的说：“闹得越大越好！”

究竟发生了什么？

原来是，那几年，围绕巴勒莫足球俱乐部管理层背后发生了许多怪事，涉及面之广、问题之复杂都是少见的。拿例来说，巴勒莫球场约有3万个座位，在一段时间里，真正能够买到票的只有1万人，其余票到哪里去了？原来是疯狂的票贩子四处出售假票，他们凭借高超的制作技术，以假乱真，竟让人难以识别！而为什么球场入口处又不用验证仪器，不少人凭假票就能顺利进了场？是谁印的假票？是谁决定不验票？这些票贩子的后台是些什么人？一个个难以解开的谜团笼罩在巴勒莫，大街小巷议论纷纷，人们在问：难道正气压不倒邪恶？这是为什么？为什么？

一波未平，一波又起。

巴勒莫俱乐部老板，据报纸透露，是执政的天民党安插在海岛首府的一个爪牙，他又是电网维修承包公司老板。作为交换条件，通过他所掌控的球队为天民党捞取大量选票。官商勾结的丑闻，如司马昭之心，路人皆知！后来这位老板突然遭黑手党暗杀了。死后，俱乐部公司的大多股份以及他留下的大笔遗产落到了他尚不懂事的3岁女儿身上。不久，另一位犯罪集团的头子通过各种肮脏手段，又掌控了足球俱乐部的大量股份。他的金钱从何而来？据说是操控足球彩票，相互串通作弊，好多次谋取了奖金。消息传开，引起了彩民公愤，抗议声不绝于耳。后来，狡猾的新老板使尽诈骗手法，又编制俱乐部一连串假赤字，以此骗取公共机构的可观资助。一个赛季里，竟骗到的金额高达10亿里拉。一个个丑闻，还有还有！

世上没有永远不透风的墙，最狡猾的狐狸最后终会露出尾巴。

这位老板面临社会舆论的种种指控，他倒反向法院提出控告，谁知两个月后，他又突然被人暗杀了。

一个历史相当悠久的足球俱乐部，就这样走进了死胡同。疯狂票贩子无法无天，大捞钱财，泛滥成灾的假票满天飞，官商权钱交易畅通无阻，各种犯罪集团肆无忌惮，没完没了的丑闻，为这支海岛俱乐部深挖了一个臭黑的墓穴，巴勒莫足球俱乐部在暴风雨中彻底垮台了。

一个风景如画的城市，在黑手党风声鹤唳的猖獗日子里，贩毒、诈骗、恐吓、暗杀层出不穷；加上失业严重，尤其青年失业，有时高达50%，不少人因为无所事事，失望与绝望情绪蔓延，慢慢落入迷途。棘手问题接踵而来，足球在乌烟瘴气恶境中，也深受了污染与龌龊的毒害。足球无疑成了这种恶境中的牺牲品。

巴勒莫、罗马、米兰、都灵的一些报纸就这支足球俱乐部的破产纷纷发表评论，它们惊呼："巴勒莫的足球死于那里的恶臭之中"，"是罪恶的黑手党扼杀了这支好端端的足球队"，"任何肮脏不可能养活一支健壮的足球队"，"没有健康，那有健壮？足球'肌体'也是一样"！

从穷小子到"最佳球星"

意大利绿茵场上曾有个叫斯基拉奇（Schilacci）的球星。

你知道他从哪里来的吗？

他出生在西西里巴勒莫一个贫穷的家庭，父亲是普通职工，收入微薄，母亲是耿直善良的家庭妇女。父母终年操劳，全家还是穷困潦倒。斯基拉奇的家在贫民区，那里的青少年，有的失学，有的失业，生活异常艰苦。人们开玩笑说："大海与阳光为我们营造了优美的自然环境，但没有让我们摆脱贫穷落后"！

不知从什么时候开始，年幼的斯基拉奇爱上了皮球，无论到哪里，皮球不离他的身！小而窄的阴森巷子里，地面高低不平，只要有片小空间，他会来回踢球。有时把球踢到垃圾桶里，有时踢到小摊贩身边。如果不小心碰到了人，他会笑着致歉，很有礼貌地避免了不必要的麻烦。这位穷小子，后来居然成了意大利最佳球星。

有一次意大利总理安德雷奥蒂访华，正是斯基拉奇在意大利足球世界杯大赛上无限风光之时。在参观游览途中，我们聊起足球，意总理笑着对我说："我年幼时也酷爱足球，踢呀踢，甚至踢到议会大厦门口。可是我后来从政了，没有成为足球人才，而他（指斯基拉奇）成才了，成了最佳球星，显然他比我更能吃苦，业绩来自艰苦与毅力！"

是的，家里的贫穷没有减少斯基拉奇对足球的酷爱，尽管有时父母嘴里有过不少怨言，说他不务正业，应该快快找个工作谋生。在逆境与困境中，斯基拉奇并不灰心，勤奋与拼搏精神一点未减，屋前屋后都留下了他的足迹与汗迹。肚子饿了，回家啃几块母亲做的"帕尼奥塔"乡村面包，狂喝几杯自来水，继续与足球为伴。生活的苦难，因为爱上了足球，对幼小的斯基拉奇来说，好像并没有什么，倒在清苦与坎坷中炼出了一套好本领。开始他加入了街道足球队，14岁转入巴勒莫丁级队，3个春秋后晋升到丙级队，又过了4年，加入乙级俱乐部。他腿肌健壮，爆发力强，反应机灵，擅长踢中锋。从丁级到乙级，像一颗闪闪发光的新星，已经初露锋芒。

西西里文物荟萃，风光绮丽，大海碧波万顷，是游人梦寐以求的地方。有些球迷到了那里，好不容易碰上一个球赛日，买了票兴奋进场，败兴出场。原来地方足球队都是泛泛之辈，西西里的几支足球队同亚平宁半岛上的大牌俱乐部相比，水平落后一大截。可是有一次，人们在墨西拿足球队里发现了一位初生之犊不怕虎的球员，他就是斯基拉奇。有的球迷欣赏他的才华，说是一颗被埋在沙滩里的珍珠。后来，尤文图斯去国内外市场到处寻找球星，无意之中发现了他。俱乐部主任博尼佩尔蒂亲临赛场，看他满场跑动，神出鬼没，速度快，盘带娴熟，过人巧妙，当场一口决定要买他。

从西西里穷乡僻壤到都灵这个花花世界，从默默无闻的乙级足球队到大名鼎鼎的尤文图斯，斯基拉奇不禁有些受宠若惊。连他自己也没有想到一夜之间身价倍增。到了都灵，他一切都感好奇。不久却传出风声，有的权威说他“资历太浅薄”，先要将他转租给同城的都灵队“下去锻炼几年”。可是亲自拍板成交的尤文图斯俱乐部主任将他叫到身边说：“孩子，放心，你那里都不去，就在尤文图斯！”斯基拉奇感激不尽，心如潮涌，暗暗下决心：“斯基拉奇一定有出息，绝非庸庸碌碌之辈！”

后来意甲与欧洲三大杯赛的战火点燃了，绿茵场上硝烟滚滚，斯基拉奇历经枪林弹雨的考验，进步很快。同意大利与欧洲足球精英拼搏刺杀，他很高兴。有一个赛季，他射进了19个球，平均每175分钟拔下一寨，同曾经荣获“欧洲最佳球星”称号的巴斯腾平均每111分钟进一球相比，差距并不大。不久，意大利作为东道主，主办了足球世界杯大赛，列入国家队名单的斯基拉奇，因为队里明星荟萃，第一场球对奥地利对垒，教练显然对他少了些信心，让他坐了冷板凳。维亚利等球星频频发动攻势，那惊心动魄的场面令意大利球迷欢呼狂热。不幸的是，足球不是被奥地利守门员拍出，就是碰上横梁或立柱弹出。有的球迷很惊讶，“难道上帝站到奥地利一边？”、“天时地利人和的优势去哪里了？”比赛还有最后15分钟，焦急万分的教练维奇尼再也不能等待了，决定派斯基拉奇上场，换下卡内瓦勒。3分钟后，机灵的斯基拉奇在激战中分秒必争，巧妙头锤破门，终于首开纪录，为意队赢得了胜利。从第二场起，斯基拉奇由替补变成了主力前锋，而维亚利坐上了冷板凳。意队与捷克队角逐，刚打10分钟，斯基拉奇一鼓作气又下一城，再建功勋。在与乌拉圭队的比赛中，哨声吹响后，意队攻势犹如山洪暴发，5分钟内2次射门，斯基拉奇单枪匹马直逼对方大门，可惜皮球被守门员抓住。下半场激战到了第20分钟，越战越猛的斯基拉奇甩开了对方后卫的坚强防守，在混乱的禁区内风驰电掣般地左脚劲射，皮球从两名后卫之间呼啸而过，一蹴破网，速度之快、角度之刁，令乌拉圭门将望尘莫及。击败了乌拉圭，意队杀入八强。斯基拉奇雄态焕发，热血沸腾。4场比赛，他已射进了决定胜负的3个球。

斯基拉奇怎么也抑制不了内心的波澜起伏，人们称他为“罗西二世”、“里瓦二世”，世界杯大赛更加激烈的比赛还在等着他，撼人心魄的场面还在后头。果然名不虚传，在最后3场的精彩角逐中，又射进了3个球。他的射门技艺发挥得淋漓尽致，连巴乔、维亚利等球星也说，“射门得分的灵感转向了斯基拉奇”。

在同阿根廷的关键性半决赛中，斯基拉奇带着受伤的肌体，咬紧牙关，激战了120分钟，可惜上帝没有保佑意大利队，在残酷的点球大战中输给了阿根廷队，在自己家门口，痛失夺魁的良机。然而，新星斯基拉奇荣获了本届世界杯大赛“最佳球星”、“最佳射手”的两个闪闪发光、永载世界足球史册的誉称，为东道国意大利增添了光彩。

虽败犹荣。光彩夺目的意大利队，风华正茂的斯基拉奇仍然激起了无数球迷的赞颂之情。他把肉体痛苦抛到九霄云外，圆睁虎目，咄咄逼人，绝不放弃任何射门机会，一个个精彩场景，使人难以忘怀！面对这位耿直朴素、刻苦耐劳的西西里新秀，曾在意大利奋战多年的杰出球星普拉蒂尼、济科、博涅克、法尔考都异口同声说：“仿佛罗西再生”、“新罗西”、“罗西二世”、“意大利队的希望”！

在荣誉与赞扬声中，斯基拉奇很谦虚谨慎，他接受记者采访，说：“当我射进第一个球时，顿时想起了罗西。8年前他在西班牙战场，我在一部小小的黑白电视机前。今天我在场上，他在场外。请不要叫我新罗西，我比不上他，他是真正的球星，我是斯基拉奇。”

有的记者追问：“你出了大名，今后有什么打算？”他回答：

“我首先想的是西西里，我可爱的家乡，那里有洁白的沙滩，灿烂的阳光，有我的父老乡亲，我忘不了他们。他们给了我温暖与热情”。”其实那里不缺什么，缺少的只是工作，我希望乡亲能过上好日子。可惜许多人背井离乡去海外谋生。将来有一天结束我的足球生涯，我还要回到乡亲之间。”

谈到他的家庭，他说妻子丽塔心花怒放，世界杯期间生下了第二个孩子，全家喜出望外，给婴儿取名为玛蒂娅。斯基拉蒂将他射进的6个球，1个献给他女儿，等她长得天真烂漫、开始懂事时会说：“我的肌体里流淌着充满足球细胞的血液，我也会像爸爸一样，酷爱足球！”

质量犹如生命

“质量考验着人的良心”

自菲亚特集团20世纪90年代在南京立足生产“伊维柯”面包车之后，进入21世纪，意大利的这家汽车老大又物色常州，计划与常州联合生产一种豪华大巴。为此专在常州名都饭店开设为期4个月的培训班。

菲亚特为培训班动了一番脑筋，到意大利各地挑选与聘请有经验的教授来华授课，一周派来一位，有都灵、米兰来的，也有罗马、博洛尼亚来的；他们都供职于大学或企业。课程从产品设计、生产流程、质量监控、物流管理，讲到市场营销、售后服务以及员工敬业精神等多方面，向中方传授意大利式的一套套理论与经验。经朋友推荐，菲亚特聘我去做同声传译。我也等于参加了培训班，颇有一些感触。

虽然后来由于多种因素，这个联合生产豪华大巴的计划未能如愿以偿，但我在那里经历的4个月，依然留下不少记忆。

他们传授的理念，让我尤为深刻的是质量与保养两方面。一位年近六十的质量教授来自米兰一所大学，他强调：质量要从构思设计抓起，每个生产流程，直至安装，以及保养、物流、售后服务等等，哪个环节都离不开质量。

一个产品，例如汽车，有千万个零件部组成。每个零部件符合质量要求后，安装时要讲究流程监控。每个安装流程都要符合标准，如果那个安装流程出问题，部件应当随时淘汰，不要等到木已成舟才淘汰。如果产品形成后才检查质量，为时已晚。质量监控是每个流程的监控，缺一不可。质量与物流也是有关的，例如运输方式与过程千变万化，是平稳还是颠簸，都应考虑周全。万一考虑不周，好端端的产品交到客户手里，可能又成了次品，实在太可惜！

谈到质量与数量等其他因素的关系，他认为，质量是第一位的，有的产品效益很高，但造成严重污染，它的品质肯定就是不好。牺牲生态环境的产品，平民百姓能容忍吗？绝对不能！老板口袋鼓包了，环境污染了，人民遭殃了！

人们追求的应是产品质量好、又利于生态环境的生产，绝不是造成污染的生产！他说，国家要的，自然就是这个概念上的GDP，绝不是仅仅老板赚钱、实际造成污染的GDP。意大利有过惨痛教训，米兰消除雾霾与污染耗费大量资金与精力，直至今天尚未彻底消除，还不十分满意。优美的环境一旦污染了，再去消除污染，不知要讨出多少倍的代价！过去，人们只谈“雾伦敦”，其实，米兰的雾霾在意大利人心目中永远是个“难忘的伤痕”！任何一个国家发展经济都要从别国的教训中吸取“营养”。

这位教授，满腹经纶，爱憎分明，很健谈，爱聊天。

有几次，课余休息或中午吃饭时他又同我聊起企业家的良心。他说，正直而有远见的企业家懂得把钱用在刀刃上，重视产品研发，大抓质量关，一步一个脚印。而另有一些奸商“见奶就是娘”，花大钱于广告，高价招聘美女，大做广告文章，以此忽悠与坑害消费者；这些人，卑鄙无耻，应受谴责！好多年前，意大利发生过奸商廉价收购其他地中海国家的低质葡萄酒，经一番豪华包装，充当品牌酒高价售销的丑闻。后来这只狡猾的狐狸终于露出了尾巴，在意大利全国上下闹得沸沸扬扬。最终换来的是，公司伤筋动骨、倾家荡产！

他强调：惩罚绝对不能不痛不痒，一定要严厉！如果违法成本低，哪有什么用？谁都可以违背良心坑害百姓了！因为食品卫生任何时候都是生命攸关的大事！难道人民的健康能作儿戏呢？

这位正直善良的教授愤慨地说："质量考验着一个企业家的良心！也许这位奸商的良心给野猪吞食了！"

我说：世界无奇不有，生活五花八门，中国也有类似奸商不断被曝光与揭发，这些丑事，百姓痛恨不绝！因此，善良的消费者挑选商品，真要多用点心！

另有一位讲保养与维修的教授，她强调：意大利企业遵用日本"5S"工作法，机器设备的保养必须定期进行，工作环境必须每天保持整洁，犹如人的身体，要遵循生活规律，按时吃饭睡觉一样。如果机器设备平时不保养，油腻灰尘越积越多，好比生活杂乱无章、没有规律，早晚会病倒。此时机器"病倒"，就不是小毛病了！

教授举了电梯的例子，她说，生活改善了，大楼越建越多，千千万部电梯如果不定期认真保养，而在发生故障才匆匆赶去抢修，那么，不仅需要付出几倍代价，而且还可能已经赔上几条生命！保养电梯是铁的规则，不是可有可无，或者敷衍了事、走走过场，而是必不可少！保养员还要拥有敬业精神！

这番话不禁让我想起一位意大利皮革专家的敬业精神。他在打样车间试制皮革涂饰，有时不小心，少量调料溢到桌上或地上。自然养成习惯，他会立即找块擦布擦净，有时找不到擦布，宁可用工作服袖子抹去桌子上的调料油迹。他说：工作环境像家里一样，随时都要保持整洁。人在整洁的环境下工作，心情舒舒畅畅，多好！他们那里，皮革厂里的机器设备，下班前20分钟，都要清洗干净；谁不清洗，谁就不准离开厂门！这位专家还说：贴在墙上的规则是要员工遵照付诸行动的，不是应付上级领导的，也不是做给参观者看的。贴不贴不是关键，关键是实际行动，坚持下去！如果墙上的大标语只是用来当“花瓶”，那是一纸空文，自欺欺人、荒唐可笑！

德国人的严谨，深有领教！

十几年前，在上海大众汽车公司我待过一年时光。那是大众公司购买米兰一家不大的公司生产的磨具而来的机会。

米兰那家公司派来的技术员因为语言沟通的需要，邀我从中协助。局外人可能不太清楚，一款汽车的大小部件，要有好多套相应磨具压制而成。那时，大众公司的冲压车间里，有意大利的，西班牙的，德国的，捷克的磨具公司技术员，德国专家每隔几天都要开个碰头会。德国人的严谨与认真我是深有领教。

他们要求误差不超过多少多少，既然已有规定，实际操作中就毫不含糊，一丝不苟。有时，意大利人、西班牙人觉得已经做得“差不多”，德国人回敬“不是差不多，而是差得多”，一次次摇头否定，坚持要求修改磨具，直至完全符合质量要求。

汽车磨具重达好几吨，甚至几十吨，磨芯都是超硬度的不锈钢，你去修正，精确到毫米微米，谈何容易！修正要恰当，修正过头又不行！规模宏大的冲压车间，磨具不知放着多少台？车间再大，毕竟空间有限，不允许所有模具全都打开。你要修正那台模具，还得安排吊车，排队等候。好几家磨具公司同时在那里作业，有先有后，不是你想要吊车，吊车就到你的磨具那里。局外人很少知道车间操作的复杂性。

意大利这家磨具公司招聘来3位罗马尼亚技工。为了相互语言沟通，我整天穿梭于5000平方米大的冲压车间与大众工程师之间。车间里，一台台巨型冲压机的作业声大得震耳欲聋，不管谁讲话，都要拉大嗓门，一天下来，嘴皮发酸，喉咙疼痛，走得两腿酸痛乏力，疲惫不堪。

任何一行都有学问，光是冲压与模具那些专有名词就会让你看得眼眩。什么冲孔、拉伸、转向、缓冲、转弯、剪切、翻边、扭转、抬顶、弹顶、导板、磨芯、磨板、废料板、弹顶梢、定位棒、圈孔、模座、托架、刀座、凹模、料片等等，让人眼花缭乱，好多名词连中文概念也不懂，何况还要翻成外文呢！想到我在那里的一年里，要为大众公司添砖加瓦，而不是增添麻烦！我狠下苦功夫，虚心求学，甚至死记硬背，很快背熟了一套专用术语。道理很简单，汽车模具都是一块块重重的“家伙”，要是翻译不准造成误会，引起老外操作错误，种种麻烦后果不堪设想！

任何人有时都会有些情绪。意、罗两国技术员偶然情绪一来，常会抱怨德国人“太过分！鸡蛋里挑刺！”有时骂得很不雅观！但他们抱怨归抱怨，在严厉的德国人面前，还是一次次认真修正了磨具，流尽了汗水，最终通过了“考试”！尝到甜头之后，他们也不得不承认，德国人因为严谨刻苦，德国的产品质量赢得欧洲与世界的赞誉，名不虚传！

相处久了，混熟了，可以聊得更透一些。一位德国经理同我谈到质量时说，质量是企业的生命，是企业在激烈竞争的国际市场中立于不败之地的根本。质量也体现了企业家的做人与品行。你可以用巧妙的营销与巧舌如簧的广告，骗人一时，但骗不了永久。

他认为，从一个企业扩大到国家，要的是有质量的GDP，而不是有油水的GDP！从根本上讲，质量反映了一个民族的精神。一个商品落到客户手里，是好是坏，往往首先讲是哪个国家的。因此企业家不应先想着赚钱，而要为国家与民族争光！甚至他还说，经营企业无论大小，首先学会做人的道理，你能正直做人，自然也会正直经营企业。赚钱要讲良心！

商品再小也有质量关！

在我国东部沿海一个城市周围，聚集着不知多少家“接头”企业。别小看千万种型号不同的接头，食品、化工、机械等许多部门都离不开它。而接头质量的高低又影响着使用设备的功效与寿命。意大利北方企业家朱塞佩，早就生产工艺先进、质量稳定的接头。但随着欧洲生产成本的不断增加，他在急流中快速转型，关闭了自家工厂，来中国经商，采购我国接头，转售至亚、欧、南美许多国家。

我同他接触了几年，说到底，围绕小小的接头，经历风雨波折，头疼的还是质量问题。例如，小小的气动接头，零件真也不少呀！好比麻雀虽少，五脏俱全一样。材料有塑料、铜、锌合金等好几种。原料采购后，经一台台塑磨机、一台台切割机加工与制作，直至组装、监测、包装、发货、仓库等等，流程一个也少不了！

朱塞佩又在巴西开设贸易公司，从中国采购接头后直接发运至这个南美洲最大市场。几年里，虽然同中国供货商摩擦不断，总体来说，情况还算顺利，在巴西慢慢打开了市场。

谁知天有不测风云。有一天清晨，他被一个电话惊醒，电话那边传来“破口大骂声”。过了一会，同样的电话又接到好几个。原来一批刚运到客户手里的货，发现严重漏气，气得用户一个个发了火。麻烦来了，客人纷纷退货，几天里好几万个接头又积压在他的巴西仓库里。朱塞佩毫不客气，要求中方索赔。据他讲，就这批货，好像一锅稀饭掉进一只苍蝇一样，简直乱了阵脚。不少巴西用户开始痛骂起来："这些中国破玩意！中国货，统统大陆货，一分钱不值！"等等，从此中国商品在他们心目中的形象一落千丈！

好在他来往中国多年，对我国很了解，即使自己一时也很愤慨，但他没有感情用事，而是忙着向巴西客户解释，努力消除他们对中国商品的不良印象。

经查，原来问题出在小小簧片与垫圈几个零件上。生产商把良莠不齐的接头统统发了出去，一时贪财，闯了大祸！换来的恶果，不仅全额赔偿，而且丢失了巴西市场。平时稍有温情的朱塞佩，变得很严肃，说："恶有恶报呀！还算客气，没有让他倾家荡产！面对产品质量，谁要打滥竽充数的小算盘，至少让他伤筋动骨！"

小小的接头，说来话长，任何环节不容半点疏忽！他对我说，质量开不了半点玩笑！例如欧盟对接头这个小商品的原材料，早有明确规定，严格限制含铅量，以免造成环保污染。我故意问，欧盟那么严格？他说：如果不严格，蓝色的海洋与江湖，碧蓝的天空从何而来？局外人谁能想到，小小的接头居然也同环保拉上了关系！

他还说，污染，不仅来自人们天天看到的汽车排放与工厂冒黑烟，而且来自难以捉摸的方方面面，有时看不见摸不着。就拿用在汽车焊接车间的接头来说，制作过程中，一个名为涂胶的工序，使用的胶水绝对不容含有微量硅油，否则会使汽车油漆表面引起凹凸不平。一部豪华车到了用户手里，过不了一段时间，光滑的油漆慢慢凹凸不平，逐步变成大花脸。罪魁祸首，可能由于小小的节头里含有硅油的污染。好端端的一部车，毁在看不见的硅油手里，损失惨重！

朱塞佩讲，科学就是科学，一是一，二是二，科学不是描写风光，可以随你感觉与想象使用形容词，科学绝对疏忽不得呀！

“格拉纳”奶酪的故事

我在一次食品展览会上碰到意大利著名的“格拉纳”奶酪（GRANA PADANO）生产商弗朗切斯科。

讲起这种奶酪，他认为历史悠久，话题要追溯到公元1000年。那时一大批修士对位于蒂奇诺河与阿达河之间的大片山谷荒地进行开垦改造，不管刮风下雨，他们坚持下去，用汗水与辛劳换来了甜果。后来，这里慢慢面貌变了，昔日荒山丘，改成了水草肥美的一大片牧场。农民开始在此养育奶牛，奶牛多了，大量牛奶需要得到适当保存，怎么办？在没有制冷设备的年代，他们从实践中吸取经验，用智慧炼出了奶酪。从小块到大片，直至整个波河流域，后来，成了意大利著名的奶酪产地。

如果你去意大利逛街，抬头可见食品店里放着一块块圆鼓似的东西，它就是“格拉纳”奶酪，圆柱形状，硬硬的，重量在24到40公斤之间。它的典型特点为颗粒状，意大利文的“颗粒”叫“格拉纳”(grana)，奶酪名字由此而来。因为产在波河平原（也称巴丹平原（Pianura padana)，奶酪的全名为Grana padano，完整讲，应叫“巴丹格拉纳奶酪”。

我在意大利期间，曾好几次到过这块美丽的地方，看过他们制作奶酪的过程。

这种奶酪用的牛奶，产自天然牧草、稻谷或干草做成的混合饲养喂养大的奶牛，一天只能挤两次，进行放置及局部脱脂处理而成，凝乳用的是酸性酵母，一年四季都可生产。窖藏很常规，要保持在15到22度的环境下。成熟期大约需要8至24

个月。成熟过程中必须经过专家仔细监控和不间断的观察。他们说，严格的监测与筛选是必不可少的。窖藏到一定时候，还要由专家作出最后鉴定，测检通过后才能烙上菱形标志，带有“GRANA”和“PADANO”字样的点针式菱形标志交叉印在奶酪外皮上。如果没有这个标志，市场上严格禁止以“格拉纳”奶酪的名字出售。技工将火印打印在奶酪外皮之前，需用一个特殊的小锤子敲打奶酪，测量它的密实度，用一根针插入奶酪中提取部分奶酪来检查它的味道。奶酪表皮上还有四叶苜蓿标志，表明产品的原产地。

这种奶酪外皮硬厚光滑，呈深黄色，里面则为淡黄色，没有气孔。用力加压会变成薄片状，味道芬芳，口感独特而精美，但不辛辣。奶酪中含有蛋白质、氨基酸、钙、磷、钾、镁、锌、铁等多种营养。1公斤奶酪相当于15升牛奶，100克奶酪相当于160克牛肉，50克奶酪能满足成年人每天所需钙的60%。老幼及孕妇尤宜食用，切成小薄片可同生火腿、生菜、面包、水果、葡萄酒或气酒搭配着吃。

为保证奶酪质量，早在1995年就获欧盟法定保护品种的认证。明确规定，凡是“格拉纳”奶酪，波河流域是世上唯一产地。后来法定生产地扩大到意大利北方5个大区，近30个省。随着科技的发展，他们又从科研中总结经验，对奶酪的生产与调味处理与制作技术进行改良和提升，获欧盟授予的DOP（法定保护品牌产品）证书。

我几次好奇地问主人，每一步都要严格认真？回答是：绝对这样！早在1954年，波河流域的生产商、加工制作商与经销商就组成了“格拉纳”奶酪“保护联合会”，在意大利国内外举办大量活动，保护与宣传这个品牌。品牌要久而不衰，靠的是质量。质量要有保证，靠的是铁的规章制度。如果没有质量意识，没有规章保证，要经得起千千万消费者的嘴巴考验，那是一句空话。

他又强调："格拉纳"奶酪的品牌绝不是花大钱做广告得来的，是由千千万消费者的嘴巴树立起来的！

我又问，你讲了那么多，局外人很难记得住，怎么查你们的产品信息？

他说："任何一个消费者可以随意查阅'格拉纳'奶酪的痕量分析，它详细记录了整个生产过程，从成品源头开始，直至产品形成。规定稻田里、牧场上不准使用复合化学物质（如肥料，除草剂、杀虫菌剂），以确保牧草与稻谷的质量要求，还有所有地区的土壤与微气候分析资料。他们也可以查阅奶酪生产过程中的某个'中间站'，抽查某一流程是否达到质量要求。"

我说，中国有句名言："差之毫厘，失以千里"。

他说，他们也爱讲一句土语："差之一根毛，失以千头牛"！哪一环节的质量哪怕稍有些差错，如果不去及时处理，最终的损失可能将是倾家荡产！

质量，尤其是奶酪的质量，不仅关系到消费者的日常营养，而且关系到他们的生命安全！谁敢马虎！质量啊质量，分量太重了！因为这种奶酪已经畅销世界，它的品牌与声誉也已深深扎根于消费者之心，面对品质，谁有天大胆量开半点玩笑？

风干火腿

意大利的风干火腿畅销世界，几乎无论走到哪里都可买到；在中国不少城市的食品商场也是这样。

如果你去意大利，吃冷盘或在酒吧买块夹着火腿、奶酪与生菜的三明治，风干火腿就吞到了你的肚里。

先说冷盘，常见的就是一咸一甜的火腿加甜瓜，火腿切得像纸一样薄，稍感咸味，但只有薄薄几块，而且被几片甜瓜冲淡了，咸甜两种味道回味无穷！

你知道这种火腿怎么制作的？先说风干火腿的名字，意文叫prosciuto，由拉丁文perexsuctum演变而来，原是“干燥”之意。风干火腿的的制作过程沿循着悠久的传统，它离不开海盐、自然风干与清凉山风三个因素。

早在古罗马之前，人们就用海盐来保存猪肉。后来人们发现优越的地中海气候这个“大自然”，就为猪肉风干创造了良好的条件。民以食为天，在悠悠岁月里，无论战乱还是和平年代，人们除了五谷杂粮，还要制作可以长期保存的、含丰富蛋白质与其他营养的肉食，这种在漫长生活实践中制成的风干火腿就是其中最好的一种。

意大利从北到南都有山丘，三面临大海，制作风干火腿尤其需要地中海轻柔的海风，交杂着山丘吹来的凉爽清风，从而形成了适合火腿风干的理想低水分气候。有人认为这种意大利气候独一无二，完全不同于世界任何气候。

我在罗马久住，深有体会与感触。盛夏的罗马有时中午超过35℃，但湿度不大，到了下午四五点，海边的微风吹来，很快凉爽起来，罗马人称这种微风为venticello，一个词典上找不到名词，却在意大利家喻户晓。

风土这个因素常常影响着食品的特色与品质，正像遐迩闻名的青岛啤酒因为用了崂山的水，以及景德镇的瓷器、宜兴的陶器因为用了周围的土一样。意大利风干火腿在这种自然风的风干下，至少历时8个多月，慢慢产生一种独特的香味。而整个生产环节至少长达一年。从动物筛选开始，喂养的饲养与放牧环境，欧盟早就制定严格法律与法规，所用的唯一配料就是海盐。每个制作程序都受严格监控，以保证风干火腿的卓越品质。

有一次我在布雷夏地区看过一家风干火腿加工厂，老板说：为什么风干火腿营养丰富，又充满香味？一切归功于天然与品质。你想，它在凉爽的阿尔卑斯山清风吹拂8个多月，一天天慢慢风干，会是什么味道？是天然给了它无限魅力！还有一个重要因素，养猪饲料都是严经查核的天然食物。这里，制作的每个环节要让科学与事实说话，光是口头上讲没有用，要经得起检查！

谈到风干火腿的营养成分，他拿出了一张表格，上面写着，含丰富的钙、铁、锌与复合维生素B，每100克干火腿中胆固醇的含量少于66毫克。

我在国内举办的多次国际食品展上，也同意大利风干火腿参展商聊过，他们普遍认为，这种特产之所以举世闻名，就是因为严格把了质量关。

意大利从北到南优越的自然环境固然必不可少，但最重要的还是靠人去掌控，一丝不苟，锲而不舍。

一位参展商笑着说：风干火腿早已走向世界，如果没有卓越的品质保证，所有生产企业，甚至意大利的名声就会毁于一旦！谁敢冒这个风险？

所以，归纳为一句话：风干火腿生产商视质量为生命！

看不透的梵蒂冈

小中有大

有人问，罗马城里最大的广场在哪里？好似脑筋急转弯，还要有机灵的头脑，才会马上想到，在“城中之国”梵蒂冈。都说梵蒂冈国家小，是的，0.44平方公里的国土，只有摩纳哥的七分之二，列支敦士登的三百分之一。但是，弹丸之地却有罗马最大最奇妙的广场。

这里离罗马著名的台伯河不远。台伯河畔原来是一片蚊虫滋生、毒蛇出没、洪涝频繁的沼泽地带。梵蒂冈城堡就在这里。公元4世纪时，罗马第一位基督教主宰康斯坦丁大帝想在这里为圣彼得建造一个圣陵，因为人们相信尼禄大帝处死他后，遗骨就埋葬于此。圣彼得广场的名字由此而来。

如果你去观光，不知不觉中穿过世上最狭的边界线，不查护照与身份证，就从罗马的“和解路”跨进了梵蒂冈。你踏上的就是这个大广场。1929年墨索里尼同梵蒂冈达成政教协议，相互承认为国家，这条通向梵蒂冈的大街后来取名“和解”，以此作为纪念。广场略呈椭圆形，地面铺砌着经久耐用的黑色小方石块，两侧由两组半圆形大理石柱廊巧妙环抱。柱廊设计与

作者第一次踏上梵蒂冈。

建筑艺术之高超、气势之雄伟，自然让人想起艺术大师贝尔尼尼的卓越才华。两组大理石柱廊由284根圆柱与88根方柱组成，犹如4人一行的队伍排列在广场两边，构成梵蒂冈广场举世无双的装饰性建筑。每根石柱柱顶上，各有一顶大理石雕像，神态各异，栩栩如生。贝尔尼尼是巴洛克艺术的代表人物，喜爱华丽怪诞，罗马纳伏那广场上的众多雕塑，最集中地反映了意大利风靡好久的巴洛克艺术，影响着欧洲许多国家。

当你置身广场时，千万不要一走而过，而要仔细欣赏贝尔尼尼和他的学生花费11年心血设计与建筑的奥妙。如果你的目光伸向广场两侧，那一行行4根石柱的柱廊，因有好几百根，顿时产生参差不齐、眼花缭乱之感。只有走到广场某一点，你的视觉立即变了，你会看到四行大理石柱排列得整整齐齐，无论两侧柱廊的那一行。此时此刻，你也会看到不少参观者都在好奇寻找什么东西，原来为了找到这个“神秘点”！

广场中央，矗立着一根方尖石柱，同罗马城里一根根类似石柱一样，均由埃及运来。4只铜狮伏卧在石柱上，背负着石碑，铜狮之间镌刻着展翅欲飞的老鹰。这座方尖石柱本在罗马的一个广场上，16世纪末，教皇西斯汀五世下令将此搬迁到这里，花尽九牛二虎之力，仅动用搬运工多达上千人，骏马150匹及多种运输设备。短短一段距离，竟耗时5个月之久。广场左右两侧各有一个造型别致的喷泉，泉水从顶端中央的小口喷出，形成几十根水柱，中心的一根水柱喷射出4米高的水，抬头远望，似无数银花在阳光中闪闪发光。广场正面是圣彼得大教堂，也就是人们常说的梵蒂冈大教堂。其宏伟气势，高度46米（不包括大圆顶），长度186米多，规模之大在世界各大教堂中很难找到类似的。因为它有一个价值连城的大圆顶，同文艺复兴时代的艺术大师米开朗基罗相关，有着一段动人的故事。这个大圆顶，好几百年里一直是古城罗马的最高点，可以爬上去眺望全城景色，展现在你眼前的，没有一幢摩天大楼，也没有什么现代化建筑，有的只是一座座在其他地方看不到的、独具特色的古建筑，古罗马的那种古色古香，也许只有站在梵蒂冈圆顶上，才能给你一种特有的视觉享受。

梵蒂冈教堂同意大利所有教堂一样，都是免费开放的。但登上梵蒂冈圆顶是要买票的，一是为了增加旅游收入，二是，我想，从安全考虑，可以控制客流。因为上下都有三百几十个台阶，越到上面台阶越小，毕竟已是好几个世纪前的老建筑，有时吱吱发响，并不允许大客量人流同时攀登。说实话，真要爬到顶，非有一股坚强韧性与毅力不可。有一次我陪同国内来罗马的一位部长登高，劝他在扭弯处仅有的小小空间里，不时停下休息。我们登上圆顶时，虽然已是凉爽天气，衣衫照样湿透了。

独一无二的卫兵

去梵蒂冈游览，夺人眼球的便是穿着华丽的瑞士卫兵。人们常说，麻雀虽小，五脏俱全。梵蒂冈作为一个袖珍之国，有国家元首、政府首脑、国旗、国徽、广播、银行、邮票、邮局、火车站等等，但没有正式的军队与警察。从某种程度上讲，瑞士卫兵起了现代警察的作用。但按意梵两国协议，如有重大活动与集会，维持安全的重任落到了意大利警察的肩上，梵蒂冈毕竟是罗马的“城中之国”。

梵蒂冈最头痛的一个问题是如何控制游人数量与保护好价值难以估计的无数珍贵艺术珍品。

20世纪70年代初，圣彼得教堂发生不测事件，一位捣乱的游人用锤子打碎了米开朗基罗的“母爱”，让许多酷爱艺术与深爱艺术大师的人为之而痛心！后来，经梵蒂冈修复专家精美绝伦的复原技艺，复原得几乎没有人能够觉察得它曾经被损坏过；并在四周装上了防弹玻璃，用闭路电视与其他先进电子设备加以严密防卫。瑞士卫队也在其中发挥特殊作用。从此游人前去观赏，就不能靠得很近了。

我刚去罗马留学时，一次次近距离来到这座艺术瑰宝前面，懂行的意大利朋友畅谈了米开朗基罗的故事，引起了我的兴趣与爱好。

有一次汉学家安娜陪我去看梵蒂冈教堂，她说：“你可以来看看热闹，看看它的五花八门的表面；你也可以看它的内在，深入了解一个个宗教历史故事；两种不同态度，差别很大。如果你用点心，了解更深入的东西，可以丰富你的头脑。你来到意大利，尤其在罗马，生活了好几年，如果别人问你一些宗教与艺术问题，总不能讲不出所以然、敷衍了事吧，总不能一问三不知吧”！

再说瑞士卫兵，他们的年龄严格限在19到30岁之间，身高不能低于5.8英尺，个个武艺高超，还得熟练掌握柔道与擒拿术，擅长施放催泪弹。最重要的，要忠实于教皇，历史上发生过两段故事。1527年5月6日，约有2万多名德国、西班牙等国的雇佣兵进攻罗马，屠杀居民好几千，大批财物一抢而空，尤其是金银珠宝遭受无情掠夺。雇佣兵打到梵蒂冈时，189名瑞士卫兵拼死捍卫教皇，147名卫兵在激战中献出了生命，得以救出了克莱门特七世教皇。从此，梵蒂冈对瑞士卫兵的忠诚度再也没有丝毫疑虑了。

另一个故事仅在几十年前，那是1981年5月12日，我正在罗马。那天坐在电视机前观看教皇一场重要活动，突然间，意大利电视的现场直播乱了方寸，镜头一片混乱。“出事了，出大事了……”现场解释员调门都变了。原来发生刺杀教皇事件，凶手对约翰保罗二世教皇连开两枪，教皇顿时倒在他乘坐的白色吉普车上。这时两名瑞士卫兵用自己身体护住了教皇，使他免受凶手的进一步袭击。另外20名瑞士卫兵在一片混乱中杀出一条通道，让教皇的救护车直奔罗马最好的圣杰梅利医院抢救。又是瑞士卫兵，挽救了这位波兰籍教皇的生命。

这些瑞士卫兵共有100人，头戴钢盔，身披铠甲，手持钢戟，几百年来一直保留了中世纪的风格。可是他们晚上值勤时，穿的却是现代的蓝色束腰军服，头戴黑色贝雷帽。平时他们必须穿上红黄紫三色条纹的宽松上衣和灯笼裤，自文艺复兴时代以来没有变化。手里拿的是长矛与战斧构成的钢戟。瑞士卫兵纪律严明，不得留络腮胡子，身穿制服时不得同女人拥抱与接吻。但站岗时，如果漂亮可爱的小女孩想同他们合影留念，他们便会欣然同意，露出笑容。他们工作时间很长，经常要加班，一年只有四周假期。据报道，他们的年薪并不高。毕竟到了21

世纪，体育与音乐是他们的业余生活的主要内容。一支奏出悦耳音乐的军乐队是由他们中的三分之一组成的；如果碰得巧，你还可以享受一番耳福。我就有过几次不浅的感受。

两位国务卿

梵蒂冈的政府首脑称为国务卿，是袖珍之国仅次于教皇的第二把交椅。我在意大利工作期间，正是两位国务卿任职，一是卡萨罗利，二是索达诺，历史上留下了他们的名字。

阿戈斯蒂诺卡萨罗利1940年进入梵蒂冈，先后为5位教皇效力，长达半个世纪。1978年约翰保罗二世教皇登机后半年，卡萨罗利被任命为国务卿。在他11年的政府首脑生涯中，以推行“东方政策”闻名于世。他频频奔波于苏联与东欧国家（阿尔巴尼亚除外）之间，为梵同这些国家建交铺平了道路。1988年卡跑到莫斯科，会见戈尔巴乔夫。1989年11月戈尔巴乔夫访问梵蒂冈，梵苏两国宣布建交。媒体评论，这是这位梵蒂冈国务卿“推行促苏联与东欧发生巨变的一个杰作！”有的说：梵蒂冈在苏联与东欧发生巨变中起了“推波助澜的作用，因为卡萨罗利就是推行‘东方政策’的一位急先锋。”

国际政治中，两国建交或复交，标志着关系的改善，实属正常。但过来人记忆犹新的是，20世纪90年代初，柏林墙推倒，苏联解体，戈尔巴乔夫下台，罗马尼亚头头被处以极刑……在这些惊心动魄的一幕幕后面，卡萨罗利推行的“东方政策”究竟起了什么作用，是个什么因素？媒体与社会舆论的评议持续了好久，各有各的说法，多少年一晃而过，看来依然披着一层神秘的面纱！

卡萨罗利76岁时离开了国务卿宝座，接替他的是索达诺，他出生意大利北方阿斯蒂。父亲拥有大片土地，天民党人，曾是意大利三届议会议员。索达诺从小攻读神学，获神学与教会法典学两个大学文凭。1950年起在阿斯蒂大教堂任圣职，传授神学。索身材魁梧，思路敏捷，深受梵蒂冈国务卿安杰洛德拉奎赏识，后被送到梵蒂冈高等学院深造，同时开始周游世界许多地方。在他的漫长外交生涯中，20年是在拉美度过的，先后出任梵蒂冈驻好几个南美国家的圣使，频繁走访智利与阿根廷，忠实遵循教皇旨意，调解智阿两国“运河之争”。他的调解努力取得了成功，不仅避免了智阿两国可能爆发的一场武装冲突，而且在一定程度上扩大了梵蒂冈在拉美天主教世界的影响。索达诺劳苦功高，召回梵蒂冈后很快升为外交部长，时隔两年，青云直上，出任国务卿，地位显赫。媒体称，他的任职是“摆在梵蒂冈餐桌上一盘用拉美作料精制的意大利风味”！索不仅是梵蒂冈的一位“拉美通”，而且熟悉苏联与东欧事务，他曾作为卡萨罗利的助手多次走访莫斯科。梵蒂冈认为，欧洲一体化进程、中东冲突、海湾危机、贫富差距、第三世界债务等现实问题摆在面前，教廷如何从中权衡利弊，采取对策，以维护天主教在东西方关系中，尤其是亚非拉国家中的影响，显得格外重要。索达诺的拉美与苏联东欧经历，无疑是他出任国务卿的最大资本。那几年，南美一些国家冒出了“解放神学派”，天主教世界的离心倾向日趋严重，梵蒂冈为此颇感忧虑。据报道，不少天主教徒在理想与现实之间深感苦闷；有的认为他们生活的现实太残忍与冷酷，开始咒骂上帝没有给他们带来幸运，甚至到了绝望地步。正像意大利一家刊物对此登了一幅漫画，用了这样的解释:“不要以为教堂里布满着精美绝伦的油画和回荡着悦耳动人的音乐，就可让信徒心安理得了。其实，教堂冷冰冰的大理石地板上早就落下了斑斑血迹!”

神秘的电台

据报道，梵蒂冈国土虽小，拥有境外地产却不少，约有50万公顷。长期以来梵蒂冈就利用其特殊地位与巨大财力物力人力，设置广播电台，大力宣传，扩大影响。

它的电台创建于1931年，从西印度洋群岛到黑海，从爱尔兰到澳大利亚，再到美国、拉美，从东半球到西半球，都可听到罗马教皇的声音。广播使用几十种语言，同许多国家有分量的电台相比，并不逊色。甚至还有几十种方言，包括多种黑非洲方言。例如，普通人连听都没有听到过的非洲阿姆哈拉语、埃维语、兰加拉语方言。撇开英法中西阿俄几种通用语言不说，从亚美尼亚语，罗马尼亚语，阿尔巴尼亚语，土耳其语，瑞典语，芬兰语，冰岛语，斯洛文尼亚语、斯洛伐克语到越南语，泰国语等等，几乎包罗万象。电台采用纯正的拉丁语做弥撒，罗马是千年古语——拉丁语的发祥地，用拉丁语做祷告早已成为众多天主教徒不可缺少的精神食粮。

据说，梵蒂冈广播电台播送拉丁语弥撒开始于1959年约翰二十三世教皇，那时日本天主教徒已经使用精致小巧的半导体收音机，他们听不懂英法语，教皇就下令广播拉丁语祷告。

二次大战期间，意大利法西斯政权投降后，德国国防军进驻罗马，梵蒂冈电台对德军巡逻队占领圣彼得广场于以揭露，以示抗争，坚持维护神权。

据报道，一个巨大的电子发射台一直鲜为人知，蜂拥而至的各国游人难以跨进那里。宏伟的梵蒂冈大教堂与终年常绿、茂盛高大的雪松相互掩映，葱郁青翠的绿荫之下，一片闲雅宁静。你从梵蒂冈博物馆的窗口可以看到这一美景。那里有着难以罗列的花草树木，一片片绿茵地让人心旷神怡。一棵棵松柏树亭亭玉立，多彩的玫瑰、康乃馨布满其中。梵蒂冈电台的电子发射台就安装在这里。

我在罗马时，夏天常去大海游泳，时而也去离城大约20公里的勃拉恰诺湖（lago bracciano）游泳。驱车临近时，蓝蓝的天空下高架天线层层林立，电线交织如网，在灿烂阳光下闪闪烁烁，分外夺人眼球。游了一段时间，我躺在湖边休息，同几个意大利人闲聊，原来他们是一家。连七八岁的儿童都知道眼前密密麻麻的天线是梵蒂冈的，他的爸爸年仅30多，自称“一位不虔诚的天主教徒，因为一年到头忙着谋生，去教堂做弥撒寥寥无几。梵蒂冈，生来去过3次，只是为了欣赏雕塑艺术，而不是因为信教。”孩子妈妈很随和，自称无神论者，不相信有上帝，在中学当数学老师，她笑着说：“梵蒂冈电台离我们又近又远，高架天线在头上，但我们从来不听它的广播。我要了解新闻，打开意大利广播电视，好多个台，直截了当，何必还要收听梵蒂冈电台的宗教与新闻，浪费时间呢！”

据说，梵蒂冈电台的技术装置甚为先进而完备，播送节目除宗教内容与新闻外，也有音乐，包括立体声音乐，交响乐，古典乐曲（尤其是贝多芬、斯特劳斯、巴赫、海顿等人的音乐），流行歌曲，中世纪乐曲和风靡一时的摇滚乐等等。媒体认为“节目丰富多彩”。我在罗马时，收听过几次中文广播，除了几条感兴趣的国际与意大利新闻外，那教堂音乐倒是蛮悦耳引人的，但它那冗长的传教节目，我实在缺乏耐心去听完。

波兰籍教皇伏依蒂瓦执掌梵蒂冈宝座期间，据报道，波兰的听众一度有300万人之多，显然是名人效应之故。而在拉美广袤大地上，梵蒂冈号称那里有世界上最多的天主教信徒，但也不是铁板一块。“解放神学派”的出现，天主教世界分崩离析的倾向日趋严重，有的意大利报纸说，“拉美教徒对梵蒂冈电台的播音大都来自盎格鲁撒克逊人的灵感，非但没有兴趣，甚至又很反感”。意大利境内有几千家私人电台，梵蒂冈自称它的电台“在以天空为战场，争夺听众的激烈角逐中，首屈一指。”但事实究竟如何，局外人并不掌握可信的统计资料，就不得而知了！

梵美关系，说来话长

美国这个超级大国的分量决定世界上每个国家同它的关系都是重要的。梵美关系在梵蒂冈的对外关系中，应是仅次于梵意关系。

梵蒂冈同美国直到1984年1月10日才建立正式外交关系，互派大使。在此以前长达100多年的光阴里，两国关系走过了一段漫长的路，一条说来话长的弯路。

美国与教皇国建交于1848年，那是欧洲资产阶级革命风起云涌的年代。意大利四分五裂，美丽的亚平宁半岛深陷外族统治。令人难忘的是，那个教皇国也霸占着以罗马为中心的大片土地（今日拉齐奥、翁布里亚等大区），最多时竟达4万多平方公里。意大利人民历经艰苦卓绝的斗争，于1861年3月宣告成立了“意大利王国”。然而，国家统一尚未完成，教皇国、奥地利、法国成了实现统一的主要绊脚石。民族英雄加里波第两次率军进攻罗马，惨遭教皇国与法国联军的残酷镇压。地中海的这场革命浪潮震撼大西洋两岸，美国国会眼看教皇国朝不保夕，意大利全国统一迫在眉睫，就利用教皇在罗马“封闭长老会教堂事件”为由，于1867年2月28日通过决议，取消美国政府给美驻教皇国大使的拨款权，导致两国关系的断裂。美国同时同“意大利王国”建交。不过，美梵断交，并未中断所有交往。1870年，意大利实现最后统一，收复了教皇国霸占的罗马城以及周围大片领土，剥夺了教皇的世俗权力，“意大利王国”的首都由佛罗伦萨迁至罗马。教皇被迫退居位于罗马城西北的梵蒂冈。同一年，美国同梵蒂冈建立领事级关系。第一次世界大战结束后，美总统威尔逊访梵，会见教皇，这是历史上美总统同教皇的首次会晤。后来梵国务卿访美，会见罗斯福总统，表示愿同美国主动靠拢。3年后正当西方天主教世界沉浸在一片圣诞气氛时，罗斯福总统宣布泰勒为总统驻梵私人代表。这一决定，在新教占优势的美国掀起了一场轩然大波。广大新教徒上街抗议与谴责，迫使总统急着站起来解释，表示美国无意同梵蒂冈建交。而国内新教徒的强烈反应持续了好久，吓得泰勒不敢常驻梵蒂冈，只得指派“代表的代表”，隐居罗马教廷弹丸之地。12年后，杜鲁门总统任命克拉克为美驻梵私人代表，遭到同样厄运，在全美新教徒的一片抗议声中被迫撤回任命。20世纪整个50年代与60年代，虽然梵美两国交往不断，肯尼迪与约翰逊总统先后访梵，但两国关系正常化的尝试未能取得明显进展。尼克松入主白宫后，于1970年6月委派洛奇定期走访梵蒂冈。随后，福特、卡特、里根总统先后效仿他们的前任向梵派驻私人代表。波兰籍教皇约翰保罗二世上台后第二年访美，媒体称这是一次“哗众取宠的访问”，也成了历史上跨进白宫的第一位教皇。梵美关系得到明显改善，两国向建交迈出了一大步。1983年11月，里根总统签署文件，撤销了1867年美国国会的决定，为美梵关系正常化开了绿灯。

1984年终于建交，互派大使。这是形势发生明显变化情况下美梵互有需求的必然结果。美国国内的天主教徒大大增加，至美梵建交时，已超过5000万，形成一股不可忽视的政治力量，美总统想从天主教徒中捞取更多选票。从梵蒂冈来说，约翰保罗二世是456年以来的第一位非意大利人教皇，在全球交往日趋频繁的年代里，教皇想借助美国的大国地位扩大梵蒂冈在国际上的影响与发言权。梵美建交双方都有打算与需要，两国的意图昭然若揭，在扑朔迷离的国际关系中似乎少了几分神秘！

我在大使馆工作期间，目睹了梵美关系中的许多风风雨雨，至今仍在我的记忆中。

铁板一块？早已不是！

世界各国有多种社会体制，政教合一是梵蒂冈体制的最大特点。教皇拥有君权、行政权、立法权与司法权，通过其代表行使这些权力。国务卿也称为梵蒂冈首相，主要负责梵蒂冈的政治与外交事务。教皇为终身制，自称为世界十多亿天主教徒的精神领袖。

我在意大利几十个春秋，碰上好几次教皇选举，场面之大，气氛之悲壮，只有亲历，才有切身感觉。

教皇一死，那号称罗马最大广场的圣彼得广场，日夜挤满了信徒，少则几万人，来自世界各大洲，有的为刚刚去世的教皇痛哭流泪，有的默默哀思，有的谈笑风生，心态各异，无奇不有，他们等着一位新教皇的出现。有人很着急，盼着认识天主教世界的一位新领袖、新面孔；有人很有耐心，说："我们远道而来，好不容易到了天主教世界的心脏，心安理得，自由自在，难得多待几天！"

而新教皇则由世界各地的一百多位红衣主教选举产生，但要选出一位新教皇谈何容易！快的要等几天，慢的要等十几天。一轮轮无记名投票，一百几十个红衣主教，统统"封闭"在那个狭小空间里，紧锣密鼓地进行着一轮轮选举。

20世纪70年代末，新教皇终于选出来了，但一位红衣主教在选举中猝死了。西斯汀小教堂，这个有着文艺复兴艺术大师的巨幅油画的闻名教堂，成了选举教皇的唯一场所。全世界红衣主教为了选举教皇，他们就在这个小小的空间里，与世隔绝，直到梵蒂冈一个高高的烟囱由冒黑烟改为冒出白烟，才算了结。那里，相互争论之激烈、空气之污浊与灼热，令人难以想象！正像罗马一家报纸所说，否则一位红衣主教怎么可能魂断西斯汀小教堂呢？

局外人前去梵蒂冈参观，哪里知道这个袖珍之国的种种内幕！我不知去过多少次，也没有很容易听到什么奇闻呀！只有坐下来花点时间，慢慢翻阅资料，才能恍然大悟。

理论上说，教皇权力至高无上，实际上，早被教廷的庞大行政机构大大削弱了。世界在变，好的坏的，外面世界有的，梵蒂冈不会没有，高高的围墙挡不住外面吹去的风！

神职官员起草文件，撰写教皇宣读的讲稿，安排大小不同的仪式，挑选由教皇批准的教会高职位教士，管理梵蒂冈金融财政事务等诸多方面，常会在事先没有同教皇商量的情况下，以他的名义做出各种决定。举例来说，几十年前挪威发现海上石油财富，教廷财产管理委员会在没有经过认真评估的情况下，一位世俗官员就可打电话指示苏黎世一家银行认购挪威新发行的欧洲美元债券；或者梵蒂冈银行的另一位职员向华尔街一家经纪公司发出抛售股票的通知。

有的媒体说，没有任何人，包括教皇本人，了解在梵蒂冈大教堂周围那一幢幢大楼总共1000间房间里，每天从早到晚，人们究竟在忙什么？但是这些职位高低不同的人员，一切言行都是以教皇的名义进行的。意大利一家杂志说："小小的梵蒂冈，不要以为不足半个平方公里就简单了！要知道，在这块弹丸之地却有着一部难以驾驭的庞大机器，比人们以极大的胆量想象的还要难！"

梵蒂冈里有个秘密档案，资料之丰富，有人讲，一册册卷宗排起来长达六七十公里，里面包含着大量宗教发展史与人类智慧。档案建于1622年，教皇保罗五世时期。创建的目的是同梵蒂冈图书馆有所区别，加上“秘密”两字，其实真正含义是“不公开”。从古罗马开始的各个年代，来自各地的资料陆续存档，其中有圣彼得初抵罗马、后来被钉死于十字架的详细资料。可是在公元1000年前留下的资料寥寥无几。因为公元9世纪前纸张尚未发明，文字记载困难。中世纪教会大分裂，罗马与阿维尼翁两地形成三教皇鼎立的局面，秘密档案也就一分为三，存放三地，导致不少文件遭受毁损厄运。1809年拿破仑以驴、牛车将全部秘密档案拉到巴黎，直至拿破仑大败后才逐步运回梵蒂冈。档案中，资料内容之多，简直难以置信，包括教皇保罗三世指定米开朗基罗为教廷专任艺术师，音乐家罗西尼请示教皇准许女性加入歌咏团行列等珍贵文书。秘密档案来自多种渠道，有各国驻教廷使节，秘密情报员，一般旅行者。十七世纪初，一位档案掌管人接受贿赂，将教皇秘密泄露给了他国间谍，发现后判处下狱好多年。可见梵蒂冈保存档案资料的规定严定之重！

约翰·保罗二世是波兰人，起草的通谕最初为波兰文，然后译成意大利文与拉丁文，语言专家对照波兰文与拉丁文，再译成英、法、德、西、葡等多种语言。一一核对完毕，把文件装进标有“秘密”字样的卷夹里，送至梵蒂冈印刷厂印刷。一家米兰周刊说：这里堆积如山的文牍工作和官僚主义蔓延，工作人员多达四五千，好多人分散在罗马城的不少办公楼里。

忙碌了一个上午，午餐后，同罗马人一样，梵蒂冈各级政府人员便进入懒洋洋的半睡眠状态。罗马向来有午休的习惯，许多机构索性把下午的作息表改为4点到8点工作，中午1点到下午4点为午饭与午休。梵蒂冈官员当然也有浓浓的罗马色彩，始终保持午休习惯。

可是约翰·保罗二世教皇让人大吃一惊，午饭后并不休息，从下午2点到5点他会接着干活。他的充沛精力，以及与众不同的生活习惯打乱了与他关系最密切的随从的生活节奏。曾有几次，他想唤醒正在熟睡中的几个部下，居然没有如愿以偿，后来只好作罢。在罗马待久了，这位教皇也慢慢觉得午餐后休息一段时间是有好处的。

其实梵蒂冈大多数部门的工作并不紧张，而且从来也没有紧张过。保罗六世教皇下令规定80岁才是红衣主教强制退休的年龄。他们衰老缓慢的步子使梵蒂冈的工作节奏慢了下来。不慌不忙，慢吞吞办事，成了袖珍小国的出名作风。因为最后的发言权，最终的决定权都在梵蒂冈。有句流传很广的俗话：罗马教廷说了话，事情就算终结了！

在梵蒂冈狭小的空间里，意大利人长期把持着许多关键职位，而非意大利籍的高级教士常常派去主持世界各地的主教区。有抱负的神职人员在梵蒂冈谋职得有超大耐心。一般来说，要熬上主教，得10年时间；要当上圣部秘书，得20年；要升到圣部部长从而戴上红衣主教圣冠，得30年耐心等待。此时，大部分竞争对手不是早已死去，便是告老退休了。媒体认为，授予一个人神职，与其说要有诚笃、才干与功劳，不如说，善于通权达变。

在梵蒂冈里面，可以享受意大利享受不到许多优惠，如汽油比意大利便宜40%，药房里拥有多种医治疑难疾病的珍贵药品（走遍意大利全国都买不到的药，这里都有，例如令人头痛与讨厌的花粉过敏药），等等。（我在罗马最后几年，每逢早春到来，就花粉过敏。有一位意大利医生告诉我，梵蒂冈药房可以买到有效药。我托朋友购买，用了果然很灵。）

于是，亲戚、朋友、朋友的朋友、甚至一面之交的朋友，想尽办法，随时从梵蒂冈神职人员与世俗工作人员那里得到帮助，捞点实惠。媒体称，这是地道的罗马风气。在梵蒂冈电话总机工作室里的修女，从早到晚忙着接听外面打来的电话。这些电话同梵蒂冈公务毫无关系。有的求他表弟当教士的舅舅在梵蒂冈超市买几种罕见的进口商品；有的家庭主妇求一位做弥撒时认识不久的主教给意大利某位部长的大秘书说几句好话，为其侄女谋一份差事。看来“走后门”之风早就吹遍世界许多角落。

对多种流言蜚语，成了不少人的嗜好。这种嗜好如果没有古罗马那么悠久，至少也同梵蒂冈的历史相差无几。一些年轻的英俊教士与头发花白的红衣主教，以及长得清淡雅致的修女热衷相互传播小道珍闻。例如，教皇贴身随从传出谁要晋升、谁要外调，诸事此类的人事变动，传到几千公里之外的那些人耳边，有的不以为然，有的认为毫无根据的流言而不予置理。但是几个星期之后，命令一来，流言居然变成事实，他们才相信这些流言并非空穴来风。按规定，传播个人隐私、琐事、谣言是同梵蒂冈的严格保密制度格格不入的。教廷人员履行职责时必须宣誓绝不泄露任何机密，否则甘受自动开除教籍的惩处。有一次我同意大利一位资深的法学教授议论这些事，他说：凡此种种并不奇怪，不乏那些传播小道消息，或者说一套做一套的人，有时说得越好听，你越要小心这种人。梵蒂冈尽管教规严格，但那里也不是铁板一块！

梵蒂冈内花园繁花似锦，触眼新奇。除了园丁之外，参观者无法进去欣赏一番美景。约翰二十三世教皇在世时每天都去那里散步与健身，同偶而相遇的教士也会打个招呼。保罗六世教皇性情有些孤僻，他在教皇宫的屋顶上修建了一条气势宏伟的游廊，为的是散步时避开好奇的人群。不料游廊的巨石地板不久把宫殿的基座压裂了，建筑师担心有一天会影响下面教皇寝室的安全。梵蒂冈里没有体育场与体育馆。教皇约翰·保罗二世经常乘坐直升机，到罗马郊外阿尔巴诺火山湖畔的教皇夏宫（甘多尔福）休养，吸收新鲜空气，居高临下欣赏罗马郊外独有的美景。那里，还为他特修了一个露天游泳池。报纸说，出身波兰的这位教皇新花样多，毕竟同他的众多意大利籍前任不一样呀！

梵蒂冈里也没有咖啡馆，餐厅或夜总会。无怪乎红衣主教与各级任职人员中，许多人都愿意住在罗马城里。有的红衣主教在离梵蒂冈不远处的一条窄巷饭店里舒适用餐，消磨时光，不用担心讨厌的新闻记者上来打扰。他们一面还能欣赏贝多芬的奏鸣曲，一面谈些闲话或公务。饭店古色古香，幽静雅致，法式佳肴美酒供消费者随意品尝，穿着华丽的年轻侍者总是满面陪笑，她们大多是菲律宾或非洲人，是从年轻的修女中挑选出来的。服务结束后，年轻的修女还要赶去做晚祷，才可上床休息。每日清晨，也有身穿长袍的上班族跑步进入办公楼的，他们注重身体锻炼。每逢周末，众多教士涌入罗马郊外的高尔夫球俱乐部，或打高尔夫球，或跳进游泳池。这是他们的私人的健身与消遣之地，不受外人任何干扰，高兴时饮上一杯开胃酒，享受生活的乐趣。

一个躲不开的话题

你在意大利和梵蒂冈，无论走到哪里，一个避不开的话题，就是“宗教”两字。达芬奇的“最后的晚餐”，米开朗基罗的“母爱”（又名“怜悯”），油画也好，雕塑也罢，如果你没有一点宗教知识，你就很难理解这些艺术大师遐迩闻名的杰作之真实含义。

曾任意参议长的科隆博有一次对访意的中国朋友说过：“你们来到罗马或佛罗伦萨欣赏意大利的艺术品，顺便读些宗教书籍，开阔一下视野，除了可以增添人生兴趣，肯定也可帮助你们如何透彻理解这些艺术品的深刻意义！从古罗马到中世纪，从文艺复兴到今天，欧洲的许多杰出艺术品常常会同宗教捆绑在一起，你中有我，我中有你！”他还补充说：“多了解些宗教与艺术，也利于深入了解欧洲，了解欧洲的风土人情与人心所向……研究欧洲，离不开欧洲的政治经济与文化科技，此外，宗教也是一个组成部分……”

科隆博作为一位虔诚的天主教政治家，讲得是有道理的。他还幽默地说：“到现代，意大利的最大执政党也带上天主教的名字，全称为“天主教民主党”，宗教避不开呀！”

是啊，两位艺术大师的杰作都以耶稣为主题，不知多少年来，围绕耶稣这个话题，一直争论不休。天主教会与不少西方学者认为耶稣创立了基督教，耶稣是救世主，上帝的独生子。耶稣的母亲玛丽亚许配给了约瑟，尚未成婚，受“圣灵”的感动而受孕，生下耶稣。他30岁时开始传教，但遭犹太教与罗马官员嫉恨，被判死刑，钉死在耶路撒冷一座小山的十字架上。不久，他复活升天，回到上帝那里，留下一个由他信徒组成的教会。一些西方学者认为耶稣真有其人。20世纪80年代，我正在意大利，不知从哪里传出消息，都灵的一座教堂里发现了裹包新生耶稣的一块布，上面沾满了耶稣的鲜血，一时传得神乎其神，引起无数虔诚教徒蜂拥而至，简直风靡整个天主教世界。

本来古罗马是镇压基督教徒的，到了康斯坦丁皇帝皈依基督教，耶稣的头上出现了光环。但人们心灵中的偶像是各式各样的，全凭自己对耶稣的理解与想象。进入20世纪，知名画家毕加索把他画成一个斗牛士。美国画家威斯特又把耶稣画成跪在帐中祷告的印第安勇士。

多年来的科学研究得出了相反看法，认为，圣经中有关耶稣的种种传说与描述纯属虚构，找不到一件真实的历史资料来证实耶稣确是一个历史人物。因此，耶稣创立基督教的结论是站不住脚的。两种观点截然不同的争论，至今没有结束。

但是，争论归争论，那些在梵蒂冈与意大利千百个教堂和博物馆里珍藏着的艺术珍品，虽然或多或少包含宗教题材或古希腊神话故事，却是全人类引以为傲的精神食粮，一笔宝贵的精神财富。

我们今天漫步其中，一一加以欣赏，都要想到艺术大师生活的历史时代。像我国历史上有些宫殿诗人与作家一样，意大利文艺复兴时代的艺术大师常受大家族、教皇或教会招聘创作。达芬奇是米兰最富有的大家族斯福尔扎邀他去为感恩修道院的扩建而画的。他在那里辛勤创作的“最后的晚餐”，千古留芳，为世界各国游客前去米兰观光少不了的一个景点。

米开朗基罗年仅19岁，精心雕刻的大理石“母爱”，圣母玛丽亚抱着刚从十字架上抱下的、遍体伤痕的耶稣尸体，放在自己的膝盖上，低头垂目，欲哭无泪，米氏将人体肌肉刻得入木三分，表现出一种超乎亲情、纯粹惋惜的爱！天才的艺术家把母亲的慈爱，女性的纯真和温柔，都凝聚在冰冷的大理石上。当时有人说雕塑并非他的亲手之作，米氏一气之下，在“母爱”上刻下了他的名字，这是他一生中唯一一件雕塑留下名字的作品。

教皇聘他去创作梵蒂冈教堂大圆顶，那个弓高70米、周长71米、直径42.75米的巨大圆顶，浸透了米氏20年的艰辛，直至90岁去世。两位艺术大师为艺术献出了毕生的智慧与心血。你能说他们受大家族与教皇之邀创作宗教题材的作品而不伟大吗！正像意大利画家朗世宁在清朝宫廷辛勤作画，留下这些中西结合的优美画卷而不伟大吗！

天主教、东正教与新教

当你走进梵蒂冈时，常会听人议论天主教、东正教与新教这几个名字。意大利、法国、西班牙、葡萄牙以及拉美一大片，信徒大都为天主教，而德国、英国、荷比卢、北美等地则为新教。希腊、土耳其、俄罗斯、保加利亚等国则有许多东正教徒。

同世界上一切事物一样，宗教这个社会现象也经常处在不停的变幻之中。变是绝对的，不变是相对的。在不同的国家和地区，宗教由于历史与社会情况的变化，它的表现形式也是多种多样的。就拿基督教来说，没有纯而又纯、固定不变的，分裂现象始终贯穿其中，主要分为天主教、新教与东正教三大派系。

两千年前，基督教产生后，逐渐分裂为以希腊为中心的东派和以拉丁语为首的西派。公元4世纪末，罗马帝国分裂，东派天主教与西派天主教之间的争夺越来越烈，达到不可调和的地步，终于1054年正式分裂。以罗马教皇为首的西派当仁不让，标榜西派的“普世性”，自称为公教或天主教（意文为cattolici）。以君士坦丁为首的东派毫不示弱，自称为正教或东正教（意文为ortodossi）。

宗教作为一种社会意识形态，它同社会的变革与发展有着密不可分的联系。人类社会步入16世纪，欧洲封建制度瓦解，出现了新兴的资产阶级。为了迎合他们的利益与要求，德国、英国等国家宗教改革呼声日趋强烈，慢慢出现了代表新兴资产阶级利益的新宗派，即新教（意文为protestanti）。

因此摆在任何一位教皇面前的艰巨任务就是如何处理好天主教、东正教与新教的关系。

我在意大利期间，碰上一次教皇与东正教领袖的历史性会晤。那是遥远的1964年，保罗六世教皇勇敢迈出第一步，同东正教领袖雅典那哥拉的一个拥抱，结束了长达900年基督教大分裂后产生的疏远与隔阂。那次会晤两个教派建立了紧密联系，相互之间常有对话与接触。但围绕一系列差异巨大的核心价值，仍然无法达成一致，历史留下的伤痕难以很快消除。长期以来，东正教不承认罗马教皇的权威与领导，自设牧首区。但东正教一直没有统一的全球性教会首脑机构。从莫斯科到雅典，实际上也不受君士坦丁堡大牧首的节制。

现教皇方济各2016年2月访问拉美时，在古巴哈瓦那机场同俄罗斯东正教大牧首基里尔会晤了两小时，消息传开也挺有轰动。媒体讲，“这是1054年基督教大分裂以来俄东正教大牧首与梵蒂冈教皇之间的千年首次会晤”，尤其处在叙利亚危机深重、伊斯兰恐怖主义猖獗、俄罗斯与西方关系冷淡这个敏感时期。人们认为，方济各教皇此举向世界发出了“弦外之音”。

在此以前，方济各跑到耶路撒冷那个普遍认为耶稣受迫害、埋葬与重生的“圣墓教堂”里，拥抱了东正教普世牧首巴塞络缪，意在进一步弥合两教派几乎长达一千年的深深裂痕。罗马教皇还称东正教徒为天主教“兄弟”，双方表示要用爱来化解恐惧、憎恨与极端主义，用爱包容他人，包容不同信仰的人们。已有越来越多的积极因素表明，天主教与东正教正在进一步靠拢，朝着承认罗马教皇为第一主教的方向迈进。

意大利一家报纸的评论是，“天主教与东正教今天走到这一步，实不容易！但教派这个玩意错综复杂，扑朔迷离，你花时间与功夫去研究，还是似懂非懂，令人费解”！

我在罗马时，问过几位意大利天主教信徒。他们认为，天主教与东正教应当相互妥协，向前看。不少东正教徒生活在伊斯兰国家，那里矛盾复杂，冲突不断，成了危险的“火药库”。我们同东正教只有多对话、多沟通，才能消除误解、隔阂与分歧，除此没有别的路可走。

话题转到新教

新教的代表人物是马丁·路德，一位德意志划时代的宗教改革家和实践家，虽然是个有争议的历史人物，但从客观上说，他的宗教改革思想促进了欧洲封建社会的解体，加速了西欧从封建社会向资本主义社会的过渡。他主张政教分离、教会不干涉政治、政府不干涉信仰、信仰自由、重视法律等原则。

欧洲的中世纪漫长而黑暗，封建社会的一个重要支撑就是天主教会。教皇作为基督教世界精神领袖，拥有绝对权威。为加强统治，维护特权，教会设立“异端”法庭，残酷镇压农民与平民的反抗。一旦教廷认为“越轨”，就被宣布为“异教徒”。教会又对经济上富裕、政治上分裂的德意志大肆掠夺，德意志一度成了罗马教廷的“摇钱树”。这不仅加深了德意志民族对教廷的憎恨，而且也激发了民族意识，一场反对天主教会的社会运动势不可挡。马丁·路德就是代表人物。他走过了坎坷的道路，顶住了教皇施加的种种威胁和利诱。本来他无意同罗马教皇分道扬镳，也无意建立新教。但教皇对他的压力与迫害变本加厉，让他从斗争中认识到，要使罗马教皇自行改革，无异缘木求鱼。终于1520年12月采取果断行动，发表了他的五篇著作，以示同教皇决裂的破釜沉舟之决心。

有一次我同科隆博谈起天主教16世纪的大分裂，他说，尽管天主教与新教分属两个不同的派系，但从发展的眼光看，不得不承认，马丁路德的主张顺应了时代发展的潮流。

意大利的不少天主教信徒也有议论，有的说，历史上的重大事件说来话长，且抛开16世纪那次分裂谁是谁非不说，新教几个世纪前就主张“政教分离”，现在早已成为世界发展中的一大潮流，从这一角度看，虽然梵蒂冈的特殊性我们可以理解，但它仍然站在一个孤岛上。

有的认为，时代变了，宗教与世俗的关系也在变，任何人任何力量阻挡不了！20世纪70年代与80年代，意大利两次公民投票先后确认了同天主教义直接相悖的“离婚法”与“堕胎法”，让早就深陷苦恼的许多意大利人松了一口气。夫妻长期争吵不休，家里闹得鸡犬不宁，就是不能离婚，这样荒唐的局面一直持续到那次公民投票。

意大利又同梵蒂冈修改了“拉特兰条约”的协定，废除天主教作为意大利国教的规定。随之，学校教育、婚姻家庭、宗教礼义等多方面的规定也摒弃传统观念，发生一系列变化。宗教在学校不再作为必修课。中小学生可以自行决定是否上宗教课，不上宗教课的学生可以任选一门替代课。罗马《共和国报》、《信使报》认为，意大利人的世俗化倾向已是一股不可逆转与抗拒的潮流！人们希望在科技迅猛发展的新时代，摆脱宗教神权的精神束缚，过着健康的生活！

梵蒂冈，看不透的梵蒂冈！

正如意大利一位历史学家所说：“小小的梵蒂冈，如果你去精心研究，哪怕十年八年，或者更长时间，还是看不透！”

闲聊意大利歌剧

意大利是歌剧的故乡

我们刚学意大利语，每人都有家庭教员，我的家庭教员是酷爱音乐的中学教师，每次讲完语法，她会利用几分钟讲讲意大利歌剧作曲家罗西尼、威尔第、普契尼，不仅说，而且还为我送来《茶花女》、《阿伊达》、《奥赛罗》、《纳布科》、《蝴蝶夫人》等歌剧的简介。她说："你边学意大利语，边了解意大利歌剧，一举两得。"

从那时开始，我就慢慢喜欢上歌剧。

话从"今夜无人入睡"开始

今天，我们经常可以在多种场合听到早已家喻户晓的"今夜无人入睡（nessun dorma）"这样的经典名段。优美的乐曲听多了熟悉了，既是一种美好的精神享受，也是鉴测美声歌手唱得是否到位的机会。

这段名曲的歌词是：

“无人入睡！无人入睡！公主你也是一样，要在冰冷的闺房，焦急地观望，那是因为爱情和希望而闪烁的星光！但秘密藏在我心里，没有人知道我姓名！等黎明照耀大地，亲吻你时，我才对你说分明！用我的吻来解开这个秘密，你跟我结婚！(众女人的声音：没有人会知道他的名字，而我们就得去死，哎！)消失吧，黑夜！星星沉落下去，星星沉落下去！黎明时得胜利！得胜利！得胜利！”

它出自普契尼(Giacomo Puccini)的歌剧《图兰朵(Turandot)》，取材于我国元朝。描写公主图兰朵，为了报复她的祖先深夜被人掳走之仇恨，下令如果有男人可以猜出她的三个谜语，她会嫁给他。相反，要是谁猜错了，将被处死。三年下来，不知多少人为此丧了性命。流亡元朝的鞑靼王子卡拉夫同父亲及侍女在北京重逢后，目睹了波斯王子因为没有猜中而被公主监斩的悲凄场面。但是，公主的美貌深深吸引着卡拉夫，他不顾父亲与侍女的阻拦，坚持前去应婚。他终于破了三个谜，分别是“希望”、“鲜血”与“图兰朵”。但是，不愿嫁给卡拉夫王子的公主并不服输，向父皇耍赖。卡拉夫王子于是自己出了一道谜题，只要在天亮之前知道他的名字，不但不娶公主，而且也愿被她处死。公主捉到了卡拉夫的父亲与侍女，对他们施以严刑逼供。忠实于公子的侍女为保守秘密而自尽了。卡拉夫指责公主太残酷无情。天亮时公主仍不知他的名字，但王子强吻的温暖融化了她一颗冰冷的心，王子把自己的名字告诉了公主，此时公主也未说出王子的真名，却公告天下，要嫁给王子。

《图兰朵》是普契尼晚年创作的最后一部歌剧，创作过程不是一帆风顺。

大约在1910年，他从一个爱好旅游的朋友那里得到一首中国名歌的曲子，他听了这首歌曲的优美旋律，大为激动，让他越听越爱听。这就是《茉莉花》。1921年年初，忙完其他作品后，他开始创作《图兰朵》，到了8月，他的好友、伟大歌星卡鲁索（Caruso）突然与世长辞的恶讯传到他耳里，让他久久陷入悲哀之中，精神难以重新振作。

半年多前，卡鲁索在演出时突然喷血，几位医生先后误诊，竟耽误了手术治疗的良机，因胸膜炎与肺炎而去世。卡鲁索完全自学成才，发现了放松喉咙和舌头肌肉的方法演唱，攀升高音时不费吹灰之力，保持气息与均匀度，演唱堪称完美，那时赢得了“最伟大男高音”的誉称。普契尼对卡鲁索怀有深深的友情。

1923年，普契尼才写到《图兰朵》的第三幕。直至去世，没有最后写完，最后一幕是由阿尔法诺作曲家根据他的草稿写成的。

1926年著名音乐家托斯卡尼尼在米兰“斯卡拉”歌剧院首演《图兰朵》，当他指挥乐队演完普契尼完成的部分时，管乐队突然停止了，他转身对观众说：“歌剧演出结束了，因为作曲歌剧的大师写到这里离我们而去了，永远地走了。”

2001年另一位作曲家贝里奥按照普契尼的手稿完成了另一个结局。

因为普契尼有长期抽烟的习惯，从1923年起，慢性喉咙痛一直折磨着这位作曲家，后来诊断为喉癌，意大利医生建议他去比利时首都布鲁塞尔进行放射治疗。他念念不忘《图兰朵》的创作，离开意大利时，手提包里还带着《图兰朵》剧本的草稿。1924年11月29日，动手术时因为流血过多无法控制，导致心肌梗死，普契尼告别了人间，享年65岁。

伟大作曲家的死讯传到罗马时，剧场正在演出他的歌剧《波希米亚人（la Boheme）》，演出顿时停止，全场沉浸在一片悲痛之中，乐队演奏了肖邦的《送葬进行曲》，为普契尼送行。

他的遗体本来安葬在故乡别墅的一个小教堂里，两年后移葬在米兰，米兰是他步入音乐殿堂、走向世界的地方。

音乐与咖啡

在普契尼出生地卢卡，一个位于佛罗伦萨与比萨之间的恬静小城里，在古朴典雅、绿树成荫的街道上，人们享受着宁静生活带来的温暖。

我在意大利几十个春秋，仅仅一次来到这里。那天登上城墙漫步，可以说这是世上保存得最完美的宽大城墙，给了我不小的惊奇！小小的卢卡，竟有如此规模宏大的防御工程，简直不可思议！

正如无数游客所说，沧桑巨变，古代的防御墙早已成了今日人们加强沟通的平台。我问城墙上的咖啡店老板："是这座城墙，卢卡人引以为豪？"他说："不仅仅如此，还有音乐与咖啡"。我又好奇地问："以音乐与咖啡为豪？"他说是的！

音乐与咖啡？

当我走下城墙时，路过一位年近八十的老人，我请教他，"卢卡的音乐与咖啡有什么特殊含义？"

老人说："因为这里出了伟大音乐家普契尼。论名胜古迹，首先是坚固厚实又宽又大的城墙，在灿烂阳光照射下，显得华丽而耀眼；其次是教堂、钟塔、雕塑、古剧场，什么都不少！如果你去意大利其他城市，也许同样可以看到这些古老的建筑艺术与文物。但是，这里有音乐与咖啡，在离圣米凯尔大教堂不远的地方，有'图兰朵咖啡屋'，飘散出阵阵芳香，吸引着无数音乐与咖啡爱好者。人们边喝咖啡边听音乐，听人讲述着音乐大师的故事。"

普契尼生在一个音乐世家，5岁时父亲去世后，就送他到叔叔那里学音乐，但叔叔认为这个小侄子粗俗而无教养，没有出息。

其实叔叔看错了，他很有音乐才华！年幼的普契尼就去卢卡的教堂演奏风琴，成了一名出色的唱诗班教师。在教堂里，他血液中流淌的音乐细胞越来越多。

有一次，威尔第（Giuseppe Verdi）的歌剧《阿伊达》在比萨演出，为了观赏，他与朋友从家乡出发，步行了足足30公里。观赏这部气势宏伟的歌剧，正如后来不少评论家所说，"为他打开了一扇音乐的窗户"。威尔第的名作激发了他的创作热情，从此暗下决心，想成为一位歌剧作曲家。后来，幸得一笔奖学金与叔叔的资助，他满怀热情与渴望，进入米兰音乐学校学习与深造，热情参加歌剧作曲竞赛。21岁，他以天主教弥撒为背景，创作了《安魂曲》，如今留下的作品，以《光荣弥撒（messa di gloria）》命名。

1900年他在远郊的一个湖上买下一块土地，建了所别墅，一直住到去世前三年。今日，这里成了"普契尼别墅博物馆"（Villa Museo Puccini）。

据歌剧作曲大师的家人说，"普契尼一生最难以割舍的就是歌剧与咖啡。"在宁静的环境里，普契尼喝着一杯杯浓郁芬香的咖啡，创作灵感油然而生，咖啡成了他不断探索优美乐曲的一座桥梁。当他苦苦思考韵律时，轻呷一口咖啡，瞬间涌向咽喉，再浸入腹内，激起一股香醇的暖流，而浓浓的苦味残留在唇间，存溢于心上。几十年的辛劳，《波希米亚人》、《托斯卡》、《蝴蝶夫人》、《西部女郎》、《图兰朵》等名作一一诞生了。

在纪念普契尼诞生一百周年的时候，故乡为他修建了一座铜像。不远处开了个"图兰朵咖啡屋"，时间久了，闻名遐迩，成了一个著名品牌。普契尼创作的歌剧从美国到意大利，从欧洲到亚洲，不断上演，大师的名声随之越来越大。

随着中意两国文化交流的不断密切，新形势下，歌剧“图兰朵”的演出也到了北京鸟巢，让“图兰朵咖啡屋”更加名闻天下。许多人慕名而来，咖啡屋成了人们品鉴音乐与咖啡的一片小小的“圣地”，终年顾客盈门，生意兴隆。不同肤色、不同种族的人，在这里尽情享受着咖啡带来的快乐与温暖。热气腾腾的咖啡从杯中徐徐喝下，一阵沁人心脾的味道幽幽然然钻入鼻息，顷刻间感到舒畅安宁。有的说:“我们在意大利其他地方也可品尝芳香的浓缩咖啡，但是来到卢卡，我们还可目睹音乐大师的风采，边喝咖啡，边听曲调优美、抒情与悦耳的音乐，也许可以同样激发自己的音乐灵感!”

据报道，终年络绎不绝的顾客中，不仅有来自于意大利国内外的游客，而且有开着私人飞机飞越重洋、远道而来的“大咖”！他们到了比萨机场，再驾豪车来到卢卡。

“图兰朵咖啡屋”，融咖啡文化与音乐艺术于一身，折射出意大利咖啡文化的魅力！咖啡屋里优美的乐曲一阵阵飘逸，人们的心也在飞扬！一边品味着咖啡的芳香，聆听着普契尼歌剧中的经典旋律，无不温馨、舒畅、惬意与浪漫！

普契尼大胆运用意大利传统中的自由旋律，又采用现代音乐中的新要素，创作了色彩丰富、细腻婉转的管弦乐，他善于不断探索与创新，他的作品充满异国情调，剧情紧凑，题材新颖。他创作的《图兰朵》，以中国元朝为背景，情节跌宕起伏，配上优美的《茉莉花》音乐旋律，舞台表演讲究，富有礼仪，更有复杂的谜语，采用戏剧性夸张与戏剧性变化的手法。歌剧《蝴蝶夫人》采用了美国国歌与日本歌曲《樱花》的旋律。他那种追求异国情调的不懈精神，大大激发了他的创作灵感。

他是威尔第之后意大利最伟大的歌剧作曲家，是“真实主义”派的代表人物。

在斯卡拉看《蝴蝶夫人》

《蝴蝶夫人（Madama Butterfly）》是普契尼的三大经典歌剧之一，多少年来在世界各地不时上演，久盛而不衰。

有一次，我应意大利银行朋友邀请，去“斯卡拉”歌剧院观赏了这部歌剧。

剧院落成于1778年，这座坐落于米兰闹市中心的音乐殿堂，折射出新古典主义的建筑风格。由于它建在斯卡拉圣母玛丽亚教堂的地基上，名称由此而来。人们誉称为世上规模最大、音响效果最好的歌剧院之一。场内不用任何扩音器，人们认为，无论在哪个座位、哪个角落音响都很好。剧场有6层楼座，1至4层为包厢，最上面两层为普通座位，共有2200个座位。舞台面积780平方米，乐池面积121平方米。

陪同我们观看的银行经理是位歌剧迷，聊起罗西尼、威尔第、普契尼，满脑子都是音乐故事。他说，不能说凡来“斯卡拉”演出的歌剧，都可一鸣惊人。商场充满风险与争斗，音乐与艺术之路也不平坦。普契尼的《蝴蝶夫人》第一次在“斯卡拉”歌剧院上演时，谁也没有料到，以失败而告终。有些观众中途起哄，他们的嘲笑与嚎叫声淹没了音乐，甚至有人倒喝彩，迫使演出中途停止。为什么？看来他们对这部歌剧的情节与音乐旋律不适应、不满意。本来满怀希望的普契尼，目睹眼前发生的一切，陷入失望与伤心之中。他沉思了好久，后来又振作精神，重新处理与修改剧情，苦苦精炼了音乐的风格。1904年在米兰东南近百公里的布雷夏再次公演，获得了巨大的成功。从此《蝴蝶夫人》慢慢成了受人喜欢的一部经典歌剧。

《蝴蝶夫人》的故事发生在日本明治时代的长崎码头，大约1900年。一位天真活泼、纯洁善良、也很幼稚的日本少女巧巧桑，刚刚15岁，为追求爱情，背弃了自己的宗教信仰，爱上了美国海军上尉平克尔顿。他们婚后不久，丈夫返回美国，一走三年，杳无音信。纯朴的巧巧桑深信丈夫一定能回来。但无情的海军上尉回到美国又有新欢。有一天，当他偕美国夫人同回日本时，悲剧发生了。晴天霹雳的巧巧嗓交出了孩子，吻剑自杀了。

普契尼为这部抒情悲剧谱曲，倾注了他的大量心血与精力，对一位纯真、美丽的姑娘的悲惨命运表示极大的同情，无情批判了损人利己、卑鄙无耻的背叛与丑恶。在音乐创作上，像《图兰朵》采用《茉莉花》民歌旋律一样，他用了《樱花》等日本民歌来，深刻刻画巧巧桑艺妓身份与天真心理。他把日本旋律同意大利音乐风格有机融为一体，毫无不协调之感。

“啊，明朗的一天”是这部歌剧优美动听的一段，不知多少年来，为千万歌迷百听而不厌。这首曲子唱的是优美动听的咏叹调。自她丈夫离她而去之后，她面对辽阔的大海，她的女仆认为他不会回来，但忠于爱情的巧巧桑依然幻想着一个云高天蓝的早晨，平克尔顿乘美国军舰归来的幸福时刻。普契尼运用朗诵式旋律，细致刻画了蝴蝶夫人埋在内心深处的幸福向往。也形象生动地揭示了蝴蝶夫人盼望丈夫归来、幸福重逢的迫切心情。普契尼创作的这段乐曲，手法高超细腻，表现出一位音乐大师的创作天才。

意大利人对歌剧的欣赏水平很高。观众步入歌剧院，当几百盏电灯突然熄灭、演出开始时，场内顿时鸦雀无声，安静得好像剧场内没有一个观众。尤其演到《啊，明朗的一天》这一幕，优美流畅的旋律，清晰优雅的音乐，让所有观众深深陶醉与入迷！普契尼将更多的爱与慧悟赋于巧巧桑的生命，在配乐方面，在《啊，明朗的一天》中，音乐更为典雅与轻盈。歌剧的交响乐前奏一段乐曲，像一幅精美的水彩画，顿时把观众带入日本长崎那蓝色的海洋世界，闪现出作曲大师绝妙的创作灵感，引起了强烈的艺术感染力。巧巧桑对纯洁爱情的期盼与追求，那种沉醉于爱情的喜说，天真烂漫的执着，催人泪下。

凡是优美动听的音乐，像这段曲调一样，为什么多少年来深受歌迷喜爱与陶醉？绝非偶然！

《阿伊达（Aida）》的魅力

在普契尼之前，另一位更加出名的伟大作曲家威尔第的名作《阿伊达》，一直风靡世界几大洲。

我有幸在罗马废墟露天剧场看了一次，那里，原是古罗马的“卡拉卡拉澡场”（Terme di Caracalla），意大利人的智慧，后来巧妙利用废墟，建了个露天剧场，把历史故事与历史遗迹完美结合一起，让观众直接领悟当年的历史韵味。设计与建筑师匠心独运，十分成功。

每年夏秋季节，这里经常演出歌剧。意大利足球世界杯举行闭幕式音乐会，世界三大男高音帕瓦罗蒂、多明戈、卡雷拉斯就是在这里演唱的。尽情看完一场场足球赛，几大洲的几千人又在此欣赏了世上三大“金嗓子”的音乐美感！有的说：“足球加音乐，典型的意大利美”！

《阿伊达》讲的是非洲三个主人公之间的凄美爱情故事。一位是，原为埃塞俄比亚公主、后来被迫做埃及奴隶的阿伊达，另一位是英俊而又潇洒的埃及青年将军拉达姆斯，第三位是单恋着拉达姆斯的埃及公主阿姆纳丽断。

剧情是：几千年前，埃及与埃塞俄比亚发生了战争。在埃及宫殿里法老宣布，因埃塞俄比亚威胁着埃及的安全，埃及青年统帅拉达姆斯为率军进攻埃塞俄比亚的总司令，拉达姆斯也暗下决心等他凯旋归来时，同深深爱着他的女仆阿伊达结婚。

同样爱恋着拉达姆斯的埃及公主阿姆纳丽斯十分妒忌，百般折磨天真美貌的阿伊达。拉达姆斯终于胜利归来，并得知俘虏中有阿伊达的父亲，他是埃塞俄比亚的国王，请求法老释放他。法老答应了他的请求，同时宣布了埃及公主与拉达姆斯结婚的消息。埃塞俄比亚国王阿莫那斯罗让女儿阿伊达从拉达姆斯身上刺探军事秘密。阿伊达为了爱情，提议与拉达姆斯远走高飞。拉达姆斯无意中向她泄露了机密，在一旁偷听的埃及公主叫来士兵逮捕了拉达姆斯。公主许诺，只要拉达姆斯放弃对阿伊达的爱情，可免他一死。可是拉达姆斯至死不从，最后被处极刑。阿伊达赶至神殿墓窟与她所爱的人永世长眠。

日常生活里，在忠于祖国还是忠于爱情这个两难棘手问题上，不少人会处于矛盾的尴尬境地。阿伊达为了祖国与爱情，毫不犹豫、勇于献身的精神令人感动与钦佩！歌剧中的乐曲，如泣如诉，凄婉动人，为千万观众所痴迷。

1869年年底，一家意大利歌剧院在开罗竣工开业，当时的埃及总督不惜重金邀请威尔第为新建的歌剧院写一部歌剧，庆祝苏伊士运河竣工通航，这是世界航运史上一件划时代的事件。在此以前，从欧洲进入印度洋与太平洋，都要绕过非洲南端的好望角，非但千里迢迢，而且又耗时耗费。苏伊士运河的开通大大缩短了航程。埃及总督还要求威尔第创作的歌剧要有埃及民族特点，从描写历史故事中讴歌文明与进步。威尔第考虑良久后，还是拒绝了。

生活中常会有巧合。当威尔第再次拒绝埃及总督的请求后，从一位巴黎的朋友那里得到一份可供创作歌剧的简短提纲，引起了他的浓浓兴趣。在只有短短4页的基础上，他与朋友紧密合作，朋友忙着撰写歌词，要求严谨的威尔第，则花了大量心血，不断修改加工剧情。艰辛与智慧换来了丰硕成果，一部新歌剧的歌词写成了，它的轮廓乐曲也终于勾勒出来了，取名为《阿伊达》。

歌剧原计划应于1871年1月在开罗上演，由于1870年普法战争的爆发，歌剧的布景及服装道具都被扣在巴黎，演出被迫拖延了。

《阿伊达》首先在开罗的演出，盛况空前，获得了巨大成功。第二年,《阿伊达》在米兰“斯卡拉”歌剧院上演，谢幕多达30多次，也轰动了欧美等西方国家的音乐界。从此，从非洲到欧洲，歌剧《阿伊达》香遍世界各个角落!

有位音乐评论家在“晚邮报”上写道，创作《阿伊达》时的威尔第，正处于他的巅峰时期，创作风格与音乐旋律比以前任何时期更加成熟，展现出音乐大帅在声乐艺术上的独特魅力，这是威尔第音乐灵感中的杰出天赋的体现，也是艰苦探索后达到尽善尽美的反映。

威尔第创作《阿伊达》时，注重音乐色彩同戏剧性语言及情感的结合，彻底改变了过去传统歌剧为了炫耀歌唱技巧同剧情时有脱节的弱点。女主角阿伊达唱的咏叹调，富有热烈而真实的音乐旋律，把自己的思想、情感与心理变化一一体现在唱腔里。歌剧的重唱与大合唱，尤其是那段凯旋“进行曲”，听了让人激动人心的歌唱旋律此起彼伏、波澜壮阔，一直是歌剧史上最为令人喜爱的大合唱乐曲。

另有一位音乐评论家认为，没有一部歌剧能像《阿伊达》那样把大众化的表现手法和典雅的风格、高超的技巧融合得如此完美。威尔第一生创作了26部歌剧，拥有深刻的民族性、人民性与真实性，生动描绘了社会生活与历史故事中的各个侧面，为人类留下了一笔极其宝贵的文化遗产，为意大利歌剧书写了光辉的篇章，人们冠以他“意大利歌剧之王”，并不过分。

我在罗马“卡拉卡拉浴场”露天剧场观看时，好几百个演员以及几匹马相继登台，场面气势非凡，已经深受观众感叹!

据报道，有一次在埃及卢克索演出《阿伊达》，是维罗纳歌剧院去埃及的演出，出场演员，加上埃及演员，多达1200人，还有60匹马与2头狮子。剧场设在由石圆柱围成的约长45米、宽35米的庭院里。舞台右侧是巨大的神庙与石像，左侧是排着一个个狮身人面像的大道。舞台上，高大的圆柱、古雅的浮雕、精美的壁画；尼罗河畔，皓月当空，星光闪烁。历史遗迹与舞台布景交融成一体，重现了威尔第在这部乐曲中描绘的特定历史场景，既古老典雅，又雄伟壮观，使观众身临其境如醉如痴，尽情领略了几千年前的历史韵味，得到了难以言说的音乐之美的享受！不少观众深深感到千里迢迢来埃及观赏，“不虚此行，人生难得一次!”

这次盛大演出需要相当可观的一笔费用，由一位侨居维也纳的埃及亿万富翁发起与赞助。如果没有巨额赞助费，很难成行。记得中意建交后不久，意大利第一位外长访华，两国文化交流方面，中方提出希望“斯卡拉”歌剧院派团来华演出。因受当时条件所限，找不到一个赞助部门而搁浅了。

而维罗纳歌剧院多年前去拥有3400历史的卢克索演出，除了意大利，还有奥地利、埃及、英国与德国的积极参与，才得以实现。从组织剧组、剧场设计、交通与食宿等多方面都是一笔可观的开支，即使门票昂贵，也难以填补财政所需。

意大利，歌剧的故乡

歌剧起源于16世纪末的意大利佛罗伦萨。歌剧将诗歌、音乐、舞蹈等艺术形式融为一体，是一门综合艺术。它之所以发生在佛罗伦萨，因为那里有发达的手工业与商业，是欧洲最富庶的地区，也是举世闻名的文艺复兴的摇篮。

那里的一批人文主义者，为了复兴古希腊时期的戏剧传统，创造了一种新颖的音乐形式。也可以说，这是人文主义发展的一种结果。但是，歌剧艺术形式的最早根源要追溯到古希腊时期的悲剧。在文艺复兴时期的佛罗伦萨，巴洛克风格盛行之时，有些文艺界名人经常在贵族家里聚会，他们热衷恢复古希腊的戏剧形式，力图创造出一种将诗歌与音乐相结合的艺术形式，人们称为“带音乐的戏剧”，有乐队伴奏，有场景与服装，在综合的舞台效果中通过演唱，一一传达情节与感情。他们盼望摆脱宗教造成的种种束缚，打破中世纪的禁欲主义，不仅是绘画与雕塑，音乐同样需要贴近人民，反映人民的生活。

随后产生了一部最早的歌剧，人们称为田园剧，取名《达芙妮》，由于它的乐曲只留下一些残片，后来上演的另一部歌剧“优丽狄茜”，又称为世上真正的最早歌剧。

1637年威尼斯创建了第一个歌剧院，取名圣卡西亚诺。18世纪初意大利歌剧的中心由威尼斯转到那不勒斯。斯卡拉蒂成了这一时期意大利赫赫有名的歌剧作曲家。他一共创作了25部歌剧，500部清唱剧，数量之多令人赞叹，被称为“意大利歌剧之父”。

歌剧在18与20世纪以前，常以虚构的历史或英雄事迹取材，后来的取材逐步转变到日常生活、剧情诙谐与音乐质朴的喜剧上。文化从来无国界，歌剧就是一个例子。意大利的歌剧传到法英德奥等国，与它们丰富多彩的文化相结合，向前走了一大步。德奥民族歌剧的代表作有莫扎特的《魔笛》。

19世纪后，罗西尼、威尔第、普契尼、瓦格纳、比才、柴可夫斯基等歌剧大师相继出现，为歌剧的发展作出了重要贡献。

19世纪末到20世纪初，意大利出现了“真实主义”的歌剧流派，他们善于从日常生活中吸取创作题材，他们创作的歌剧，曲调抒情，感情自然，情节富有戏剧性。普契尼、马斯卡尼等人就是这个时期的代表人物。主要作品有《蝴蝶夫人

（Madama Butterfly）》、《艺术家的生涯（la Boheme）》、《乡村骑士（Cavalleria rusticana）》等等。

普契尼从米兰音乐学院毕业后，事业尚未起步，生活极为贫困。对下层民众的苦难体会颇深。艺术的灵感来自于生活，他充满热情为歌剧“艺术家的生涯”（又名“波希米亚人”）作曲，手法独特而又细腻，旋律丰富。他创作的这部歌剧就是反映当时社会底层人民的生活以及他们的悲欢离合，没有多大的情节或轰动的故事内容。

第一幕写的是，19世纪的法国巴黎拉丁区，一间破旧简朴的阁楼公寓里，诗人鲁道夫与画家马尔切洛、哲学家柯林、音乐家舒奥纳在冰冷的冬天艰苦度日，正当他们相互关怀、设法取暖时，房东敲门进来收房租。生活苦涩，无奈之中，他们哄旁东喝酒，微醉时把他踢出了门外，暂时应付过去。体弱多病的女邻居咪咪，拿着蜡烛来借火，由于走楼梯太快而昏倒在鲁道夫怀中，咪咪叙说着自己的身世，由于生活孤单，靠绣花为生，盼望春天的来临。共同的生活遭遇，相互体贴，他们擦出了爱情的火花。

波希米亚是捷克离德国不远的地方名，这些艺术家来自那里，歌剧名称由此而得。

这一幕里，两段咏叹调:《你那冰冷的小手（che gelida manina）》与《我的名字叫咪咪（si，mi chiamano Mimi）》，由于音乐舒缓温柔，在我们看到的许多音乐会上，常常作为独唱经典曲目而演唱，也是对欲想跨进美声殿堂的男高音来说，两个检测水平的唱段。

1986年6月，胡耀邦总书记访意时在罗马见到了帕瓦罗蒂，帕说，他很快就要随热那亚歌剧院去中国访问演出。他在北京展览馆剧场演出的《波希米亚人》中扮演了鲁道夫。帕瓦罗蒂的一口金嗓子不仅轰动了北京，而且在中国也引起了共鸣，那是我国执行改革开放不久的年代！

“意大利歌剧之王”

罗西尼（Gioachino Rossini）、威尔第（Giuseppe Verdi）、普契尼（Giacomo Puccini）三大歌剧作曲家中，威尔第，当之无愧地被称为“意大利歌剧之王”！

他于1813年10月10日生在帕尔马远郊的一个小镇，我有幸参观了他的故居，兴趣浓浓地听着讲解员的介绍，看着这位音乐大师用过的家具与乐器。

他的父亲当过杂货商与小客栈主，家境相当清贫。为了维持全家生活所需，父亲要他去附近一家鞋匠家住下，学习管风琴。后来去米兰音乐学院学习时，因为年过14岁而遭拒绝。但是生活路上的坎坷与风波没有减少他对音乐的兴趣，没有改变他对音乐的爱好。他26岁时创作的歌剧在米兰“斯卡拉”歌剧院上演，一举获得了成功。

威尔第生活在人民中间，深深了解人民的呼声。1842年因为创作“纳布科”的巨大成功，一跃成为意大利名列前茅的作曲家。但是创作过程并不顺利。刚开始，他拒绝了一个剧院经理要他为“纳布科”作曲的请求，因为正在集中精力创作另一部歌剧，回家后便把“手稿狠狠掷在桌子上”。天亮前他又反复阅读了好几次，可是当他读到“犹太奴隶大合唱”的歌词，是巴比伦河边被囚禁的千万犹太人为了他们被掠走的土地而沉痛合唱的一段歌词，联想到北部的意大利人民还在异族统治的铁蹄下挣扎，顿时让他热血沸腾，一股爱国热情涌入全身，创作的激情与灵感油然而生。他决定为《纳布科（Nabuco）》作曲。

歌剧是根据圣经故事改编的。描写几千年前巴比伦国王纳布科击败犹太人，进入耶路撒冷发生的一连串事情。

好战残暴、野心勃勃的巴比伦国王纳布科，率军进入耶路撒冷前，他的次女费蕾纳被挟为人质。危急之时，她的恋人、犹太国贵族以实玛利救出了她。纳布科征服犹太国，野蛮地摧毁了那里的圣殿，驱赶与流放犹太人到巴比伦。纳布科的长女阿碧凯利也深爱着以实玛利，但遭到了拒绝。当她得知自己为奴隶所生后，对父亲与妹妹怀恨在心，想铲除两人，夺取王位。不可一世的纳布科被胜利冲昏了头脑、竟要求犹太人放弃他们的信仰，于是犹太人的神从天而降，狠狠惩罚了纳布科。他的大女儿阿碧凯利趁机登上王位，想要杀死妹妹及所有犹太人。纳布科爱女心切，祈求犹太人的神宽恕自己，赋予他力量拯救女儿。后来纳布科受助，在被奴役与被压迫的绝境中，犹太人坚守着自己的信仰，丝毫未减对自由的渴望，最终感化了纳布科。纳布科及时赶到，费蕾纳解救了，犹太人的自由也归还了。阿碧凯利服毒自杀了。

当时的意大利北方还在奥地利占领之下，风起云涌的“复兴运动”席卷亚平宁半岛，尤其是米兰、都灵等发达地区，如火如荼。人民摆脱外族入侵、争取民族独立与自由的呼声日益高涨。歌剧“纳布科”表现了爱国思想和反抗异族压迫的崇高精神。这部歌剧的上演对意大利复兴运动起了鼓舞作用。人们深为音乐大师的伟大爱国精神所感动。

歌剧中有一段经典乐曲,《飞吧，思想，乘着金色的翅膀（Va pensiero，sull’ali dorate）》是犹太奴隶的大合唱，当时的意大利人深深受到乐曲中奴隶渴望返回自己家园的强烈情怀所产生的震撼力，到处都在传唱。但奥利统治下的意大利北方，一度严禁演唱。感人心腑的乐曲，旋律明朗，优美激情，气势雄伟，情绪激昂，自始至终洋溢着爱国主义精神，听了谁不热血沸腾！因此意大利民间把这一段誉称为意大利的“第二国歌”。

世界经典歌剧《茶花女》

《茶花女》的意大利语叫“la Traviata”，意思是“堕落的女人”、“失足的女人”、“误入迷途的女人”。

威尔第为创作这部歌剧，倾注了他的心血与热情。因为自己出身贫寒，他极其同情社会底层的弱势群体或者生活中凄惨遭遇的人群，无情揭露了社会上对被侮辱人群的偏见与藐视。他把小说精心搬上歌剧舞台，是他这一崇高品质的真实体现。

故事发生在19世纪上半叶，巴黎社交场上的一位名噪一时、才华出众的妓女，名叫玛格丽特，她喜爱茶花，是歌剧中的女主角,《茶花女》名称由此而来。

她原是一名商店职员，后来沦落为妓女。花天酒地的生活让她在肉体与精神上蒙受巨大痛苦，因此身染重病。她没有追求名利世俗之风，为了真正的爱情为了幸福安静的生活，渴望尽快摆脱肮脏之地。也许是生活中的偶然或巧合，她结识了青年阿尔芒，后来才知阿尔芒已在暗中爱了她四年。两人见面时，她正在发病，周围其他人漠不关心，只有阿尔芒真心体贴她关怀她。爱的火花点燃了她的心，深受感动的玛格丽特接受了阿尔芒的爱情。早已厌烦那种一掷千金生活的她，盼望快快离开令人窒息的龌龊之地，她毅然拿出了自己的全部积蓄，与阿尔芒离开巴黎，到乡间共同生活，呼吸着新鲜空气。他们很恩爱，过着平静的生活。

谁知阿尔芒父亲得知后怒发冲冠，急忙赶去乡间兴师问罪，硬要拆散他们的爱情。虽然父亲后来发现玛格丽特真心爱着他的儿子，一时有过触动，但依然坚持要她断绝同儿子的关系。玛格丽特为了阿尔芒的未来与幸福，忍着痛苦答应了父亲的要求，离开时给阿尔芒留下一封信。信上找了个“自己做了别人情妇"的理由，重又回到巴黎。不知真情的阿尔芒回来时，指责她为了贪图骄奢淫逸的生活而负心绝情。遭受心灵上沉重痛苦打击的玛格丽特，顿时晕倒了，生命垂危。当阿尔芒父亲告诉儿子真相时，阿尔芒怀着万分歉疚之情再次回到她身边。但她已经奄奄一息，就这样，带着无法实现真爱与享受家庭幸福的遗恨，玛格丽特告别了人间。

威尔第的这部歌剧我在米兰"斯卡拉"歌剧院与罗马歌剧院两次观赏过。罗马歌剧院坐落在闹市一条很不起眼的幽静小街上，从建筑风格与规模大小来说，都是无法同"斯卡拉"相提并论的。作为意大利首都，许多人感到罗马"少了一座与首都相匹配、壮观阔气的歌剧院"；也有人认为，"罗马有的米兰并没有，不能事事攀比！"

两场演出剧场虽然不同，因为演员班子与舞台布景各不相同，不能说哪场演出胜过一筹，应当说各有千秋。

那次我去罗马歌剧院观看，从民族路走去，附近路上，以及并不宽敞的歌剧院门口，不少人都在等候退票。我很好奇，并非一部新编歌剧，已经上演了不知多少年，为什么？

后来我翻阅了罗马报纸的报道，有位记者采访没有买到票的观众，为什么苦苦死等？有的说：看过多次了，《茶花女》百看不厌呀！有的说：每看一次，都可享受到威尔第的音乐魅力！有的说：唱词中没有一句谴责语，看完演出，歌剧大师揭露社会丑恶、同情民间弱势群体之心，再次油然而生，这就是艺术的威力！

所以人们不难理解，为什么演了多少年的这部著名歌剧，每次谢幕总是多达十几次，甚至几十次，深受观众喜爱？

因为作曲大师使用极其细微的心理描写了落入风尘的玛格丽特这位主人公，心地纯洁善良，充满自我牺牲精神！不仅歌词诚挚动人，而且音乐优美舒畅，是一部感人肺腑的悲剧故事！尤其是那段脍炙人口的《饮酒歌》，一直为美声歌星所爱，为广大歌迷赞赏与传唱！

同我国小说《杜十娘怒沉百宝箱》有些相似，一个美丽善良、多才多艺的女子沦为妓女，为了追求真正的爱情与自由幸福，将自己的真情寄托于纨绔子弟李甲。不料他是个骗子，杜十娘惨遭污辱，最后怒沉百宝箱，造成一场不可逆转的悲剧，令人惋惜，催人泪下！现实冷酷，历史无情！作者通过这个故事揭露了中国封建社会的罪恶。看了《茶花女》，同样让人感到，在资本主义的欧洲，也不乏人间悲剧！威尔第毅然选择这个爱情悲剧题材，一直感动着几代人！

《茶花女》原是法国作家小仲马的小说，威尔第改编成歌剧后，名声大增。连小仲马自己也说，50年之后或许谁也记不住他的小说《茶花女》了，但威尔第却使《茶花女》成为一部不朽的作品！

才华横溢的音乐大师

闲聊意大利歌剧，不得不提及一位杰出的音乐家、指挥家，他就是阿尔图罗·托斯卡尼尼（Arduro Toscanini）。

1867年，托斯卡尼尼出生在意大利北方帕尔马的一个穷困裁缝家。9岁那年，他考取了帕尔马音乐学院，又一次次参加课外乐队的演出，他想通过自己的辛勤，在音乐道路上提高与磨炼自己，也可挣些钱改善生活，可是受到了学院的处罚。他并不灰心，后来先后在几家歌剧院的乐队里当大提琴手。19岁那年他得到了随歌剧院去巴西演出的良机。本来他仅是乐队大提琴手，一个偶然的机会让他一鸣惊人。

那是在第一场上演威尔第的歌剧《阿伊达》。开演前几小时，歌剧团里突然闹起一场纠纷，剧院领导顿时辞退了一位巴西指挥。代替他的意大利指挥又被巴西观众哄出了乐池，矛盾激化，事态扩大。眼看演出就要开始，千钧一发之时，乳臭未干的年轻大提琴手托斯卡尼尼走上了指挥台。演出开始，已经平静下来的剧场里鸦雀无声。他平静而沉着地指挥着乐队，简直可以听到观众的呼吸声。

第一炮打响了，托斯卡尼尼一跃成为乐队指挥。据资料说，那次在巴西，他连续指挥了18场歌剧，取得了成功，赞扬声不绝于耳。人们注意到，他指挥乐队，不是看乐谱，而是凭记忆。可见他在当大提琴手时，就刻苦好学，做足了功课。

他有格外敏锐的听力，不满时大发雷霆，已是屡见不鲜。他常常指挥100种管弦器组成的交响乐团，如果有的乐器发出微弱的含糊音，哪怕这种杂音来自远离指挥台的第二提琴手，或者来自超低音度的乐器，他会马上发现。而且毫不放过，事后无情指责。

他脾气之暴躁与厉害，谁都“谈虎色变”。有一次，一位有着动听委婉歌喉的女歌星参加排练时，因为几个音没有唱准，本来也受他喜欢的这位歌星，从托斯卡尼尼口中听到“世上最糟糕的歌星”的咒骂声，几乎让她下不了台。可是，当女歌星认真唱准后，他又温柔和蔼地说：“你的歌声就像天使一样甜美”！

他常说，音乐同其他艺术一样，要追求完美。他的指挥风格以强度与完美主义，以及对管弦乐的细节与旋律敏锐的听觉而闻名。许多美国音乐评论家认为，高度近视、全靠记忆力指挥的托斯卡尼尼，指挥艺术是“完美无缺的，这种完美来自于他几十年的刻苦严厉，是在锤炼中产生的，完美是他严谨、精湛、精确、质朴、热情的结晶。”

乐队演奏一些大作曲家的名曲，他以特殊的魅力和手势指挥乐队，让他感到满意的，几乎寥寥无几。如果排练中效果不好，没有达到他希望达到的效果，或者发现谁不认真，敷衍了事，他会板起一副难看的面孔，甚至翻脸不认人，严加指责。即使是明星，照样铁面无情。严厉时会说："明星是我，不是你"！或者说："星星在天上，不在人间"！离开排练场，回到家里气未消，甚至拒绝进餐，弄得全家不愉快！

他强调，演奏名曲要极其忠实地把原作的意境传达给听众，既不添枝加叶，也不偷工减料。演奏要连贯、和谐，切忌矫揉造作之感！

有一次我同意大利一位歌迷提及托斯卡尼尼，他说：这位首屈一指的音乐大师、乐队指挥家，因为发现乐队演奏不好，让他怒发冲冠，还发生过折断指挥棒、撕毁乐谱的事件，怒火一时压不下来，连他的手表与近视眼镜也踩在他脚下。

这位在几十年指挥乐队的艺术道路上取得了卓越成就的指挥大师，被誉称为"世界音乐天才"。

可是他反对别人宣传他自己，认为"自己没有什么了不起"。一生不知指挥过多少次轰动的演出，演出完了，谢幕一次又一次，他感到不安，第三次谢幕后，他就走到台后说"算了算了"，要乐队立刻起身离开乐池。

他不愿抛头露面，据说，在他几十年的艺术生涯中，从欧洲到美国、南美洲许多国家，从未作过一次公开演说，对新闻记者与摄影师并无好感，甚至还有些厌恶。他说："我仅仅是一个普通的人"，有时说"我出身低下，是一个农民！"

他指挥乐队，十分注重个人仪表与风度，无论气温如何变化，绝不会只穿衬衫指挥。细心人注意到，他穿的上衣是高领子，吸水性强，即使满身汗水也不会塌架。在幕间休息时，他会忙着擦洗或更换衬衣。

有人一度指责他是"指挥台上的暴君"、"狂热分子"，实际上却是一个心地善良、充满爱心的艺术家。

他一度成为“赚钱最多的音乐家”。第一次世界大战后第二年，米兰“斯卡拉”歌剧院演出音乐会，一张门票相当于一个中等家庭一个月的收入。20世纪30年代，他在美国已是家喻户晓的音乐家，美国国家广播公司每播出他一个半小时的节目，就要付给他4000美元。他很富有，又很慷慨，热衷慈善事业。第二次世界大战后的意大利，人们在战争的废墟上艰难度日。据报道，他赠给意大利穷苦百姓3万双鞋子，还为交响乐团的音乐家抚恤金基金会进行义演。二战期间，有个可怜的儿童给他寄了一张明信片，说他的父亲悲惨丧生于战乱，要想听“贝多芬的英雄交响乐”来得到心灵上的安慰。托斯卡尼尼收到明信片，很感动，毅然决定为这位儿童安排演奏。但苦于找不到这个小孩，特地做广告寻找。他做慈善事业，喜欢隐名匿姓。他说:“我并不图别人的感谢！活在世上，助人为乐，应该的”！

1957年1月16日，身材瘦小的托斯卡尼尼，跨越了70年的音乐生涯，在纽约家中走完了他的一生，享年90岁。

他坚强不屈的、高尚纯洁的品质使他成为世界乐坛上一位不可估量的伟大音乐家，意大利人心目中的一位举世瞩目的杰出音乐家!

人们提到20世纪世界乐坛的指挥大师哪位最杰出时，普遍认为“非托斯卡尼尼莫属了”。

因为在从19世纪下半叶到20世纪上半叶，音乐艺术蓬勃发展的一百年里，任何人的指挥艺术与成就都替代不了他。称托斯卡尼尼为20世纪世界乐坛上当之无愧的指挥鼻祖，毫不过分!

图书在版编目(CIP)数据

穿越意大利时光 / 郁泉锡著. —北京：世界知识出版社，2017.1

ISBN 978-7-5012-5413-2

Ⅰ.①穿… Ⅱ.①郁… Ⅲ.①回忆录—中国—当代 Ⅳ.①I253

中国版本图书馆CIP数据核字（2016）第325382号

责任编辑 侯新鹏
责任出版 王勇刚
责任校对 马莉娜

书　　名 **穿越意大利时光**
Chuanyue Yidali Shiguang

作　　者 郁泉锡

出版发行 世界知识出版社
地址邮编 北京市东城区干面胡同51号（100010）
网　　址 www.ishizhi.cn
电　　话 010-65265923（发行）　010-85119023（邮购）
经　　销 新华书店
印　　刷 北京京科印刷有限公司
开本印张 880×1230毫米　1/32　15½印张
字　　数 393千字
版次印次 2017年1月第一版　2017年1月第一次印刷
标准书号 ISBN 978-7-5012-5413-2
定　　价 36.00元